10

王先林·主编

竞争法律与政策评论

第10卷

上海交通大学竞争法律与政策研究中心
上 海 市 法 学 会 竞 争 法 研 究 会 组编

法律出版社
LAW PRESS·CHINA
北京

图书在版编目（CIP）数据

竞争法律与政策评论．第10卷／王先林主编；上海交通大学竞争法律与政策研究中心，上海市法学会竞争法研究会组编．-- 北京：法律出版社，2024．-- ISBN 978-7-5197-9854-3

Ⅰ．D922.294.4

中国国家版本馆CIP数据核字第2024ZN8899号

竞争法律与政策评论(第10卷)
JINGZHENG FALÜ YU ZHENGCE PINGLUN(DI-10 JUAN)

王先林 主编
上海交通大学竞争法律与政策研究中心
上海市法学会竞争法研究会 组编

策划编辑 林 蕊 周 洁
责任编辑 林 蕊 周 洁
装帧设计 臧晓飞

出版发行 法律出版社
编辑统筹 司法实务出版分社
责任校对 王晓萍
责任印制 胡晓雅
经 销 新华书店

开本 710毫米×1000毫米 1/16
印张 22.5 **字数** 383千
版本 2024年12月第1版
印次 2024年12月第1次印刷
印刷 唐山玺诚印务有限公司

地址：北京市丰台区莲花池西里7号(100073)
网址：www.lawpress.com.cn
投稿邮箱：info@lawpress.com.cn
举报盗版邮箱：jbwq@lawpress.com.cn

销售电话：010-83938349
客服电话：010-83938350
咨询电话：010-63939796

书号：ISBN 978-7-5197-9854-3　　**定价**：86.00元

凡购买本社图书，如有印装错误，我社负责退换。电话：010-83938349

卷首语

在本卷执行主编侯利阳教授以及中心执行主任李剑教授的精心策划和各位作者的大力支持下,《竞争法律与政策评论》(以下简称《评论》)第10卷的审稿编辑任务已经完成,本卷所载的大作很快就要面世了。

与前面9卷一样,《评论》的栏目既有连续性和稳定性,又根据每年的新情况做出必要的调整和更新。本卷共设置了6个栏目。近期,围绕竞争法律与政策的理论和实践都有很多热点问题,引起了学界和业界的关注。为此,本卷设置了"竞争法律与政策热点问题笔谈"栏目,5位专家从不同角度发表了自己的看法,分别是:王先林教授的《进一步优化营商环境的公平竞争维度》,李剑教授的《反垄断法创新目标的挑战》,侯利阳教授的《经济下行更要强调反垄断执法的常态化》,丁文联副会长的《中国反垄断法的竞争观》,黄武双教授的《互联网平台公开数据保护的合理边界》。在"学术专论"栏目,选用了5篇论文,分别是丁茂中教授的《平台互联互通的反垄断监管手段择用问题》,王仁荣副会长的《从案例看模仿包装装潢的不正当竞争行为的认定》,翟巍副教授的《全国统一大市场视野下上海市浦东新区公平竞争审查立法路径》,应品广副教授的《竞争政策的国际协调——困境与路径》,以及尚立娜讲师的《再议我国著作权集体管理中的反垄断问题》。在"学位论文摘登"栏目,选用了3篇竞争法方向学位论文中的一部分,即曹汇博士的《论平台经济领域反竞争集中的危害》,冯锦如博士的《虚假宣传消费纠纷中的法律适用困境与出路》,以及陈可博士的《电子商务平台买方势力规制研究》。在"新锐论坛"栏目,选用了2篇青年学者的论文,即喻张鹏博士生的《标准必要专利许可层级争议中反垄断法的介入与限度》和朱维蕊博士生的《商业特许经营中垄断行为规制的解释论展开——从凯瑞案谈起》。在"研究报告"栏目,继续发表了3篇中国反垄断法实施的系列年度分析报告,分别是林文律师的《中国反垄断行政执法年度分析报告(2023年)》,杜爱武、陈云开律师的《中国反垄断诉讼案件年度分析报告(2023年)》,以及潘志成律师的《中国经营者集中反垄断审查年度分析报告(2023年)》。在“学术动态”栏目,收录了《上海交通大学竞争法律与政策研究中心近期动态(第10期)》。

《评论》从第1卷起就是“中国知网”的文献来源,每卷出版后的全部论文都被“中国知网”全文收录上线,各卷在出版后所有文章的全文都可很快在该数据库中检索和下载;同时,《评论》也已经加入了“北大法律信息网”法学期刊数据库,所刊载的所有论文也可以在该数据库中全文检索。此外,《评论》还于2022年1月成功入选《科学引文数据库》(*Science Citation Database*,*SCD*)2021年来源期刊。我们衷心感谢国内外专家学者的大力支持和无私帮助。在学界同人的共同支持和帮助下,《评论》已成为有一定特色和影响的连续性、专业性的学术出版物。由于上海交通大学竞争法律与政策研究中心和上海市法学会竞争法研究会学术规划的调整,今后的学术发展不一定继续以这种方式,但我们会以其他合适的方式继续推动中国竞争法律与政策研究的进一步发展。

王先林

2024年6月23日

于上海

目　录

竞争法律与政策热点问题笔谈

学术专论

学位论文选登

新锐论坛

研究报告

研究中心动态

TABLE OF CONTENTS

Competition Law and Policy Review(Vol. 10)

WRITTEN DISCUSSION ON HOT ISSUES OF COMPETITION LAW AND POLICY

ARTICLES

THESIS

YOUNG SCHOLAR FORUM

REPORTS

NEWS

竞争法律与政策热点问题笔谈

进一步优化营商环境的公平竞争维度

王先林*

随着我国社会主义市场经济的发展和全面依法治国的推进，党和政府不断强调和大力建设市场化、法治化和国际化的一流营商环境。在这个过程中，促进市场公平竞争是其内在要求和核心内容，而公平竞争制度或者广义的竞争政策对优化营商环境有着基础和核心的作用，因而日益受到关注和重视。党的二十届三中全会通过的《中共中央关于进一步全面深化改革推进中国式现代化的决定》进一步强调要"构建全国统一大市场"，"推动市场基础制度规则统一、市场监管公平统一、市场设施高标准联通。加强公平竞争审查刚性约束，强化反垄断和反不正当竞争，清理和废除妨碍全国统一市场和公平竞争的各种规定和做法。规范地方招商引资法规制度，严禁违法违规给予政策优惠行为"；同时提出"营造市场化、法治化、国际化一流营商环境"，并作出了新的部署。这是中国在新的历史起点上把优化营商环境进一步引向深入的动员令。这深刻地揭示出公平竞争制度与优化营商环境的关系。

一、优化市场化法治化国际化营商环境对公平竞争有着内在的要求

营商环境通常是指"企业等市场主体在市场经济活动中所涉及的体制机制性因素和条件"①，实际上是一国治理能力、体制机制、社会环境、资源禀赋、基础设施和思想观念等因素的综合反映。自党的十八届三中全会提出建设法治营商环境以

* 王先林，上海交通大学讲席教授、竞争法律与政策研究中心主任，国务院反垄断反不正当竞争委员会专家咨询组成员，中国法学会经济法学研究会副会长。

① 《优化营商环境条例》（中华人民共和国国务院令第722号）第2条规定："本条例所称营商环境，是指企业等市场主体在市场经济活动中所涉及的体制机制性因素和条件。"

来[1],各种重要的会议、文件中不断强调并丰富营商环境的内涵。2021年第十三届全国人民代表大会第四次会议通过的《中华人民共和国国民经济和社会发展第十四个五年规划和2035年远景目标纲要》提出,深入推进市场化法治化国际化一流营商环境建设。党的二十大报告进一步强调要营造市场化、法治化、国际化一流营商环境。2019年10月国务院公布的《优化营商环境条例》第4条明确规定"优化营商环境应当坚持市场化、法治化、国际化原则"。因此,优化营商环境就要围绕市场化、法治化、国际化的原则进行。

根据学者的解释,营商环境的市场化是指遵循市场经济规律,破除制约市场作用发挥的体制机制障碍,充分激发市场主体的活力;营商环境的法治化是指通过法治建设为市场主体活动提供公正、稳定、可预期的法治环境,涵盖立法、执法、司法、守法等多个层面;营商环境的国际化是指扩大对外开放,对标国际先进水平,推动相关领域改革创新。这三者之间不是简单的并列关系,而是相互融合、相辅相成的有机整体。其中,市场化是基础,是核心要义;法治化是保障,是基本方式;国际化是开放,是改革动力。因此,优化营商环境需要整体推进市场化、法治化、国际化改革,使各项改革相互促进,相得益彰,形成强大合力。[2] 显然,无论是营商环境的市场化、法治化还是国际化,都对促进市场公平竞争有着内在的共同要求。其中,营商环境市场化的一项基本要求就是公平竞争的市场环境,否则,市场机制就会被扭曲;营商环境法治化既要以公平竞争作为其重要内容,又要为实现公平竞争提供法律保障;营商环境国际化既是相关国际经贸规则的共同原则,更是开展国际贸易和国际投资的重要前提。

实际上,营商环境建设涉及方方面面的问题,而其中一个基本的方面就是公平竞争的市场环境。建立和维护公平竞争的市场环境是现代市场经济条件下政府的基本职能之一,是在"使市场在资源配置中起决定性作用"的基础上"更好发挥政府作用"的一个重要方面。政府在制定和实施各项经济政策特别是产业政策时,首先要着眼于建立和维护公平竞争的市场环境,不得阻碍和破坏市场的公平竞争。而这正是公平竞争制度或者竞争政策所要解决的问题。正如有分析指出的,"一些行业或领域存在隐性准入壁垒仍是制约市场主体公平竞争的"瓶颈",解决这些问题

① 2013年11月,党的十八届三中全会通过《中共中央关于全面深化改革若干重大问题的决定》,在"加快完善现代市场体系"部分,明确提出要建设法治化营商环境,建立公平开放透明的市场规则。

② 参见沈荣华:《优化营商环境重在市场化法治化国际化》,载《国家治理》2021年第9期。

应成为持续优化营商环境的着眼点和发力点”①。

在国务院2019年10月出台的《优化营商环境条例》中，维护市场公平竞争不仅是贯彻该条例的基本理念和原则，而且在相关具体条文中得到了明确直接的体现。前者主要体现在“总则”第5条的规定，即“国家加快建立统一开放、竞争有序的现代市场体系，依法促进各类生产要素自由流动，保障各类市场主体公平参与市场竞争”。后者则体现在多个条文中，主要有：“国家坚持权利平等、机会平等、规则平等，保障各种所有制经济平等受到法律保护。”（第10条）“国家持续放宽市场准入，并实行全国统一的市场准入负面清单制度。市场准入负面清单以外的领域，各类市场主体均可以依法平等进入。”（第20条第1款）“政府有关部门应当加大反垄断和反不正当竞争执法力度，有效预防和制止市场经济活动中的垄断行为、不正当竞争行为以及滥用行政权力排除、限制竞争的行为，营造公平竞争的市场环境。”（第21条）“制定与市场主体生产经营活动密切相关的行政法规、规章、行政规范性文件，应当按照国务院的规定进行公平竞争审查。”（第63条第1款）

二、世界银行营商环境新评估指标中对促进市场公平竞争有更明确的要求

在世界银行营商环境评估中，与2021年9月之前的营商环境评估项目（DB）一级指标相较，2022年2月发布的新的营商环境评估体系（BEE）以及2023年5月正式发布的B－READY指南手册和方法论手册都突出强调市场竞争。B－READY一级指标虽然在数量上没变，但内容有较大改变，其中，市场竞争是其两个新增的一级指标之一。B－READY的方法论指出：大量的经济证据表明，公平的市场竞争通过提高行业和企业创新水平、刺激经济增长，从而带来更好的产品、更多更好的工作以及更高的收入。拥有一个充满活力和竞争的市场，是实现一国更快增长的关键。竞争很少是完美的。企业行为或政府干预都会造成市场失灵。竞争政策是一套确保市场上的竞争不会以减少经济福利的方式受到限制的政策，对于营商环境至关重要。②

就新引入的“市场竞争”（Market Competition）这一指标，新版评估体系（B－READY）从监管框架、公共服务和效率三大支柱出发，明确了从促进市场竞争的监

① 袁东明、韩鑫：《促进公平竞争 优化营商环境》，载《人民日报》2021年9月23日，第11版。

② See Business Ready, *Methodology Handbook*, May 2023, https://thedocs.worldbank.org/en/doc/357a611e3406288528cb1e05b3c7dfda－0540012023/original/B－READY－Methodology－Handbook.pdf.

管质量、促进市场竞争的公共服务水平、促进市场竞争关键服务的便利度三个维度进行评估。有学者指出,该指标旨在全面衡量经济体私营企业部门在市场公平竞争方面的综合情况。“实质上,这是将《反不正当竞争法》和《反垄断法》等立法有关促进市场公平竞争方面的核心理念,通过指标设置方式,充分融入营商环境供给项目,成为营商环境综合评估、改进以及提升的重要一环。新指标的纳入,同样也是认可了如下的理念,即公平竞争之于市场经济发展以及营商环境改善的重要价值。”①具体来说,世界银行从三个层面(前述的三大支柱)来衡量与执行竞争政策、知识产权和创新政策有关的良好做法,以及侧重于改善政府作为服务或商品购买方市场中有关竞争和创新的法规。“第一个支柱评估促进市场竞争的法规质量,包括法规框架的法律特征,使企业能够参与公平的市场竞争和创新,参与开放和竞争性的政府市场。第二个支柱衡量的是促进市场竞争的公共服务的充分性,从而评估事实上提供的服务,这些服务为市场创造了平等的竞争环境,并促进和推动了创新。第三个支柱衡量促进市场竞争的关键服务的实施效率(反映有关法规质量和公共服务充分性的两大支柱如何在实践中促进市场竞争)。”②当然,每个支柱都下分三个二级指标,二级指标下又进一步细分。

不难看出,世界银行营商环境新评估指标中对促进市场公平竞争有了更为明确的要求,也成为今后各经济体应对这个评估工作必须着力解决的问题。而这正是公平竞争制度或者竞争政策所追求的目标。

三、在进一步优化营商环境背景下持续促进和维护公平竞争的市场秩序

在进一步优化营商环境的背景下,我国应着力加强公平竞争制度建设,以促进和维护公平竞争市场秩序。

首先,确立和强化竞争政策基础地位,坚持竞争中性原则。相对于其他经济政策,竞争政策应是市场经济条件下的一项基础甚至是优先的经济政策,这是由市场经济本身的特点所决定的。在短短几年里,从“逐步确立”到“强化”,从“基础性地位”到“基础地位”,竞争政策在我国经济政策体系中的地位不断得到加强。具有特

① 李曙光:《世界银行营商环境新指标的法治内涵及制度价值》,载《中国政法大学学报》2023年第6期。

② Business Ready, *Methodology Handbook*, May 2023, https://thedocs.worldbank.org/en/doc/357a611e3406288528cb1e05b3c7dfda-0540012023/original/B-READY-Methodology-Handbook.pdf.

别重要意义的是,2022 年修改《反垄断法》时,第 4 条第 2 款增加规定“强化竞争政策基础地位”,从而实现了我国竞争政策正式“入法”。这意味着,“强化竞争政策基础地位”不仅在我国重要的政策层面而且在直接的法律层面都已经得到了明确的确认,从而成为我国公平竞争制度建设的顶层设计。强化竞争政策基础地位内在地要求确立竞争中性原则,在国内经济活动中强调对各类市场主体(包括国有企业和非国有企业)一视同仁,这既与市场经济的基本要求相一致,也是我国进一步深化改革的重要目标。

其次,落实公平竞争审查制度。公平竞争审查制度是公平竞争制度建设的重要内容和关键环节,也是强化竞争政策基础地位的重要机制和有力抓手。公平竞争审查针对的对象主要是行政机关和法律、法规授权的具有管理公共事务职能的组织(统称政策制定机关)制定市场准入、产业发展、招商引资、招标投标、政府采购、经营行为规范、资质标准等涉及市场主体经济活动的规章、规范性文件和其他政策措施。我国公平竞争审查制度随着 2016 年国务院《关于在市场体系建设中建立公平竞争审查制度的意见》落地,随着 2021 年《公平竞争审查制度实施细则》进入具体的实施,以及 2022 年修改的《反垄断法》第 5 条第 1 款“国家建立健全公平竞争审查制度”的原则性规定和 2024 年国务院公布的《公平竞争审查条例》,我国公平竞争审查制度不断得到完善。尤其是《公平竞争审查条例》的出台和实施就标志着中国公平竞争审查制度的进一步健全和完善。一方面,《公平竞争审查条例》总则的规定为公平竞争审查制度的落实提供了充分的组织和经费等方面的重要保障;另一方面,《公平竞争审查条例》对审查标准、审查机制和监督保障方面的基本规定为落实公平竞争审查制度提供了可操作的制度规则。今后主要是将这些制度规则进一步细化,使之得到真正的落实。

再次,加强反垄断、反不正当竞争。反垄断法和反不正当竞争法作为竞争法的两大组成部分需要密切配合,共同发力,担当起公平竞争制度或者广义的竞争政策核心实现机制的重任。随着我国《反垄断法》于 2022 年进行了第一次修改、《反不正当竞争法》正在进行第三次修改①,我国竞争法律制度的基本制度规则已经确立和趋于完善,今后的主要任务是有效实施这些规则。在我国目前的市场竞争中,既有经营者实施的竞争违法行为,包括垄断行为和不正当竞争行为,也有政府及其部

① 2024 年 9 月 29 日召开的国务院常务会议讨论并原则通过了《反不正当竞争法(修订草案)》,决定将这个草案提请全国人大常委会审议。

门等行政主体实施的行政性垄断行为,并且两者往往交织在一起,形成更加复杂的情况。行政性垄断不仅具有垄断的一般危害性,而且较经济性垄断对市场经济的危害更为严重、广泛和持久,对营商环境的危害性也更大。尤其是,行政性垄断往往与经营者的垄断行为和不正当竞争行为联系在一起。例如,一些经营者借助行政权力的介入(如指定交易、签订协议或者备忘录等)获取在正常市场竞争中所无法取得的优势并获取不正当利益,或者在行政主体的庇护下从事各种不正当竞争行为,这就造成了对公平竞争市场环境的破坏和扭曲,也给反垄断和反不正当竞争带来了更大的挑战。在我国当前进一步优化营商环境和常态化监管下,公平竞争制度建设的基础保障就是要切实加强和改进竞争执法,及时发现和制止垄断行为和不正当竞争行为。

最后,引导和激励经营者开展公平竞争。公平竞争制度建设不仅需要有刚性的法律制度及其实施,也需要有柔性的竞争倡导。竞争倡导是许多国家和国际组织认可的推动竞争政策落实以及构建竞争文化的重要机制,一般是指竞争执法机构实施的除竞争执法以外的一切改善竞争环境的行为,通过多层面、多角度去影响政府行为、企业行为和民众意识,优化竞争环境,构建一个良好的竞争文化的环境。其中,对经营者竞争合规(尤其是反垄断合规)的引导和激励是一个非常重要和直接的方面。经营者反垄断合规管理是企业规范健康持续发展的内在要求和优化营商环境的重要内容,作为内部经营管理的经营者反垄断合规管理也需要有效的外部引导和合理的外部激励。2024年4月国务院反垄断反不正当竞争委员会修订的《经营者反垄断合规指南》在这两方面都有很大的突破和创新,必将推动反垄断合规的更好开展,从而进一步优化我国的营商环境。

总之,在我国持续建设市场化、法治化、国际化一流营商环境的进程中,公平竞争制度或者竞争政策将会发挥越来越重要的作用。

反垄断法创新目标的挑战

李　剑*

2022年6月,《反垄断法》迎来了久违的第一次修改。此次修改尽管从整体上而言并不算是重大修订,但也涉及引入公平竞争审查制度、平台反垄断、垄断协议安全港以及强化反垄断法责任等多个方面的内容。其中,《反垄断法》第1条中引入"鼓励创新"是此次修订中较为引人注目的部分。这一修改强调了创新的重要价值,并希望以此引导反垄断法促进和保护创新。这在当今科技快速发展、经济增长更大程度上依赖于创新的背景下,尤其具有正向的意义。也正因此,《反垄断法》的这一修改得到了众多反垄断法学者的认可。有学者认为,我国反垄断法不仅在总体制度框架上通过维护公平竞争体现了对创新的促进,而且在具体的领域通过反垄断与保护知识产权的协调兼顾体现了对创新的促进。① 还有学者认为,将"鼓励创新"新增为独立的价值目标,体现《反垄断法》以创新为基础驱动要素,在创新基础上推动社会主义市场经济运行效率的提升,进而为消费者提供更加丰富的产品或服务,维护消费者利益和社会公共利益,促进社会主义市场经济健康发展。② 更有学者主张通过"鼓励创新"这一增设的目标,将反垄断法从"价格中心主义"向"创新中心主义"转变。③ 即便对此有所疑虑的学者,也认为将"鼓励创新"引进法律制度,表明了国家积极鼓励和支持创新的态度。④

---

* 李剑,上海交通大学凯原法学院教授、博士生导师、副院长。

① 参见王先林:《反垄断法与促进创新》,载《中国市场监管研究》2023年第8期。

② 参见时建中:《护航创新环境与创新动力 以反垄断法实施促进高质量发展》,载《中国市场监管研究》2023年第8期。

③ 参见袁嘉:《〈反垄断法〉中的鼓励创新目标与反垄断分析范式革新》,载《南开学报(哲学社会科学版)》2023年第5期。

④ 参见王晓晔:《〈反垄断法〉(修正草案)的评析》,载《当代法学》2022年第3期。

不过,尽管促进创新的意义得到共同的认可,这一目标的实现也面临诸多挑战。这里至少包含以下两个方面的内容:首先,《反垄断法》原有的目标体系就较为复杂,加入“促进创新”的新目标之后使得协调不同目标更为困难。此外,既有的目标中已经包含了经济效率目标,而创新原本就是经济效率的组成部分。其次,分配效率有相对成熟的分析框架,而如何在反垄断案件的分析中发展出分析创新的框架,则具有很大的挑战性。

一、目标协调的挑战

法律目标具有重要地位,直接决定了法律存在的意义与制度构建的方向。中国《反垄断法》当然也有其目标。《反垄断法》第1条规定:“为了预防和制止垄断行为,保护市场公平竞争,鼓励创新,提高经济运行效率,维护消费者利益和社会公共利益,促进社会主义市场经济健康发展,制定本法。”从这一条文的表述中可以看到,《反垄断法》具有多重目标,不仅有经济性目标,也有社会性目标。多种目标的设定可以更好地回应现实的多重需求,但也会造成理解、协调不同目标之间关系上的困难。预防和制止垄断行为、保护市场公平竞争、提高经济运行效率、维护消费者利益和社会公共利益等目标之间的位次应当如何排定?相关关系如何?这些都是难以回答的问题。在既有目标体系缺少清晰规定的情况下,增加“促进创新”的目标则会使得这一体系更为复杂,并影响到实际效果。

2020年年底对于互联网行业的反垄断监管政策的变化,是应对法律目标体系不清晰所带来的冲突的例证。在此前相当长的时期中,中国对于互联网行业都相对宽容。其中重要的原因之一,在于主张互联网对于经济发展、消费者福利提升的价值。① 在行政执法上秉持“审慎监管”“谦抑理念”也符合《反垄断法》的目标。但2020年年底对于互联网行业的密集执法,体现了反垄断执法理念的明显变化。此时,执法机关强调的是实现“保护市场公平竞争”这一《反垄断法》的目标。② 虽然在产业发展的不同阶段实现不同的反垄断法目标具有一定的合理性,但是无疑也暴露了反垄断法目标缺少体系性所带来的问题。

---

① 参见焦海涛:《论互联网行业反垄断执法的谦抑性——以市场支配地位滥用行为规制为中心》,载《交大法学》2013年第2期。

② 参见张叶丽:《强化反垄断监管 维护市场公平竞争》,载《中国价格监管与反垄断》2023年第2期。

与此同时，“促进创新”与既有的目标还有内在冲突。反垄断法中的“效率”包含了静态效率、生产效率和动态效率三种含义。其中，静态效率是指分配效率，即将资源分配到对其最有价值的地方；动态效率是通过研发、创新所获得的好处，又被称为创新效率。① 也就是说，既有的经济效率目标中实际上已经包含了创新目标，那么再单独添加“促进创新”就违背了“如无必要，勿增实体”的原则。如果说是通过这样的方式凸显创新的重要性似乎也不太成立，因为除了《反垄断法》第 1 条有提到“创新”之外，仅有《反垄断法》第 20 条规定的垄断协议豁免条件中提到“为改进技术、研究开发新产品”，第 33 条规定的经营者集中审查考虑的因素中包括了“对市场进入、技术进步的影响”。② 此外，单独强调创新这一动态效率，似乎显得分配效率这一静态效率不够重要，这和现代反垄断法的基本分析框架在静态效率上的构建事实不太相符。

二、创新目标分析框架的挑战

经济效率目标中，静态效率的分析有较为连贯、可行、统一、客观的分析框架 ③，也是现今理解反垄断法竞争损害的理论基础。在静态效率下，反垄断法通过福利标准来判断相关行为是否违法。福利标准通常分为消费者福利标准和总福利标准两种。消费者福利标准关注交易中产生的消费者剩余；总福利标准则强调同时考虑消费者剩余与生产者剩余。④ 在这一分析框架下，反垄断法能够引入量化工具，并通过分析经济福利的变化，来区分合法与非法的行为。尽管这一分析框架也存在一些争议，却是当下被接受的分析方式，并应用到大量的案件分析之中。

但是，对于创新来说，反垄断法缺少静态效率分析那样被广为接受的分析范式。尽管有学者认为，《反垄断法》在相关条款中专门考虑到了科技创新等因素，但

---

① See Eleanor M. Fox, Daniel A. Crane, *Cases and Materials on U. S. Antitrust in Global Context* (*4th edition*), West Academic Publishing, 2020, p. 60.

② 在《反垄断法》配套法规中有部分涉及。例如，《禁止滥用市场支配地位行为规定》第 22 条规定，认定抗辩理由时应考虑“有关行为对经营者业务发展、未来投资、创新方面的影响”；《禁止滥用知识产权 排除、限制竞争行为规定》第 5 条规定，界定相关市场要“考虑知识产权、创新等因素的影响”。

③ See Joshua D. Wright, Elyse Dorsey, Jonathan Klick, Jan M. Rybnicek, *Requiem for a Paradox: The Dubious Rise and Inevitable Fall of Hipster Antitrust*, Arizona State Law Journal, Vol. 51, No. 1, p. 351 (2019).

④ 参见李剑：《平台经济领域的反垄断法实施——以经济效率目标为出发点》，载《中外法学》2022 年第 1 期。

不管是在垄断协议的豁免条款中,还是经营者集中的审查因素中,都没有明确应当如何予以考虑。① 而创新对于具体案件的结果而言则具有实质性的影响,同时也对经营者的预期具有重要意义。例如,相关经营者的行为导致了产出下降、价格上升,但与此同时又推动了技术创新,那么,该行为是否违反了反垄断法?这里的判断无疑需要更为精细、具体的分析。但目前的反垄断法理论并没有提出和静态效率分析一样的分析框架。

创新的评估需要预测未来的效果,而未来会如何则充满不确定性,这是建立客观、统一和连贯的分析框架的难点所在。当然,现有的反垄断法研究中并非没有将当前竞争活动与未来结果联系起来的分析,例如,掠夺性定价的博弈模型、策略性进入威慑分析以及经营者集中分析。② 不过,这些预测更多的是说明存在的多种可能性,并通过其他制度予以配合处理。例如,在经营者集中规制中禁止和附条件批准的案件总体上都非常少,大量的案件转向事后方式予以规制。就竞争与创新的关系而言,尽管不少学者都提到创新与竞争强度存在"倒U形"关系,但是,仅仅知道这一关系对于分析具体行为、具体案件仍然过于粗糙。必须要看到,市场的竞争状态非常多样,创新也有不同程度,再加上不同行业所具有的特点,都使得分析变得非常复杂。

当然,说明当下《反垄断法》中"促进创新"目标面临的挑战,并非否认创新在反垄断法中的价值,而是想说明,要真正通过反垄断法来促进创新,还存在不少理论性的问题。只有直面这些挑战,并通过理论创新解决这些挑战,才能将促进创新从宣示性内容转变为反垄断制度的有机组成部分。

---

① 而且,相关规定中所要考虑的因素实际上都不单一。例如,在垄断协议豁免中,技术创新虽然是豁免理由,但要获得豁免,还需要满足消费者能够分享利益以及不严重限制竞争的条件。

② See Douglas Ginsburg, Joshua Wright, *Dynamic Analysis and the Limits of Antitrust Institutions*, Antitrust Law Journal, Vol. 78, No. 1, p. 2(2012).

经济下行更要强调反垄断执法的常态化

侯利阳*

2023年后，中国经济开始迈入所谓的“后疫情时代”，社会发展的压力开始转入经济恢复。事实证明，经济恢复的情况比预期设想得更为复杂。2023年年底中央经济工作会议指出，“进一步推动经济回升向好需要克服一些困难和挑战，主要是有效需求不足、部分行业产能过剩、社会预期偏弱、风险隐患仍然较多，国内大循环存在堵点，外部环境的复杂性、严峻性、不确定性上升”。我们目前面临的国内国际经济发展压力可以说是改革开放以来空前的。在这样的经济发展大势之下，目前隐约之间浮现一种论调——反垄断执法与经济发展之间存在正相关的关系；换言之，当经济发展向好时，应当积极执行反垄断法；当经济发展处于下行期时，应当尽量避免反垄断执法。不知是有意还是无意，我国的反垄断执法工作从2023年年底起忽然进入“沉寂期”。更有悲观人士认为我国的反垄断执法自此之后将会进入长时间的低潮期。那么，反垄断法与经济下行的关系如何？我国未来应当采取何种反垄断执法态度？本文拟对此进行解读和分析。

一、反垄断法的出现与扭转经济下行密切相关

反垄断法是19世纪末出现的经济性部门法律。反垄断法的产生跟19世纪末的经济下行密切相关。第二次工业革命一方面极大地提升了社会的生产效率，另一方面也带来各种隐藏的危机。这些危机既有政治层面的，也有经济层面的。在经济层面，蒸汽机的发明带来了第一次产业革命，也带来人类历史第一次经济危机，即1825年从伦敦爆发的经济危机。内燃机的出现引发了第二次产业革命，也诱

* 侯利阳，上海交通大学凯原法学院教授、博士生导师。

发了1873年始于维也纳的又一次国际经济危机,正是此次经济危机开启了反垄断的各种思潮。

1873年的经济危机对于全球经济的影响是致命的。经济危机的基础表现为社会产出量大大高于社会消费量,从而引发各种商品的滞销。在此次经济危机之初,各个厂商往往尝试通过价格战的方式进行应对。但1873年的经济危机延续10年之久,几乎没有任何一个厂商能够连续10年降低价格。因此,在经济危机持续一段时间之后,各个厂商即意识到价格战不是度过经济危机的有效手段,因此开始通过"抱团取暖"的方式苟延残喘。在这个过程之中,各种形式的横向垄断协议层出不穷,欧洲称之为卡特尔,美国则更多采用托拉斯的形式。这也回应了为何德国反垄断执法机构被命名为联邦卡特尔局,而美国反垄断法则被命名为反托拉斯法。除了卡特尔和托拉斯之外,还有辛迪加、康采恩等其他垄断组织形态。

此类横向垄断协议在产生之后广受社会的赞誉,认为其为稳定物价、保障就业率、促进社会稳定等方面提供了时代之需。但垄断的负面效果在这种赞誉浮现不久即开始暴露。物价虽然稳定,却居高不下;就业率虽然在一定程度上得到了保障,却无法增加;各种负面现象开始引发新的社会不稳定问题。因此,大致在19世纪80年代对于垄断行为的反思开始大量出现,终于在19世纪末人类社会推出了世界上第一部反垄断法,即美国的《谢尔曼法》。因此,从产生历史来看,反垄断法并非抑制经济发展,反而是人类社会为了迅速走出经济下行而出台的方案。

二、反垄断法律分析与经济下行无关

从历史发展来看,反垄断法的执法模式大体上经历了三个阶段,即传统法学,哈佛学派,以及芝加哥学派。在反垄断法产生之初,国际社会基本上援用传统法学的执法分析思路,由此产生了本身违法与合理原则的两大执法路径。前者推定特定类型的垄断行为本身违法,一经发现应立即禁止;后者则需要分析这些行为是否属于附带性的或者对于竞争的影响不大的,并进行个案分析。哈佛学派在历史上首次将经济学理论引入反垄断执法,开创了所谓的SCP执法范式,也即在案件分析中首先界定涉案的市场结构,不同的市场结构对应不同的竞争损害,从而对相关的垄断行为进行禁止。此种执法模式的背后是垄断必然导致剥削消费者的假定。第三个阶段的芝加哥学派并未推翻哈佛学派对于反垄断执法的经济学设定,而是认为应当将执法目标设定为保护生产效率;换言之,即便是垄断状态的市场结构也可能是促进竞争的。

这三种执法模式在对竞争损害的认知上存在一定的差异，但无论是传统法学还是哈佛学派抑或芝加哥学派，在分析垄断行为的时候均未考虑经济下行的因素。经济危机所形成的原因非常复杂，如何迅速走出经济危机也无统一的方案，但保证市场经济的活力在所有的方案中都是重要的考量因素。这三种模式都在分析垄断行为对于市场经济所造成的损害，其目的正是保障市场经济的活力，促进经济发展。

以芝加哥学派为例。该学派并非简单认为所有的垄断都是坏的，而是强调生产效率的作用。若“垄断”是组织某种商品或者服务最为有效的方式，则应当认定“垄断”合法。这样的例子在历史上比比皆是。比如，在各国的反垄断执法中，固定价格的横向垄断协议总是本身违法的，著作权集体管理组织在确立音乐版权费率的时候，确实存在横向固定价格之嫌，但这种方式是进行著作权集体许可最为有效的方式，因此各国均未将这种行为认定为非法。又如，低于成本销售也是各国禁止的垄断行为，但互联网行业将免费经济作为主要的商业模式进行推行，为了推广互联网这种新型的商品或者服务，实行免费经济或者低于成本销售似乎是现在有效的市场组织形式。反映到现实中，笔者也未见任何一个国家将互联网领域的低于成本销售作为垄断行为对待。

在反垄断法所有的分析要件中，是否存在经济下行与垄断行为的成立没有任何关系。退一万步来说，即便反垄断执法加速经济下行，从教义法学的分析逻辑来看，我们甚至无法将之纳入垄断行为的分析要件之中。从本质上来说，反垄断执法的目的是保障市场经济的运行活力，是为了提高生产效率，是为了提升社会福利，这些目标与迅速摆脱经济下行的目标是完全一致的，并未呈现相互背离的情形。

三、疫情结束后世界各国的竞争发展举措

新冠疫情之初，经合组织（OECD）于2020年年底组织各国反垄断执法部门开展了一次圆桌会议，主题为“反垄断法在促进经济恢复中的作用”。① 在此次会议上，各国执法机构一致认为“反垄断法有助于更快及更为持久的经济恢复”。在这次会议中，各国的执法机构也认为疫情期间不同于正常的经济发展期间，属于紧急

① See Caroline P. Boisvert, *Highlights from the OECD Roundtable on the Role of Competition Policy in Promoting Economic Recovery*, https://www. competitionpolicyinternational. com/wp - content/uploads/2021/01/EU - News - Column - January - 2021 - 1. pdf，最后访问日期：2024年6月20日。

经济状态,因此可以对于某些领域中的反垄断执法进行暂停,或者对于某些垄断行为进行豁免。比如,意大利反垄断执法机构报告了他们豁免了几家医疗机构共同采购和销售医用口罩的行为。欧盟为此专门针对紧急医疗资源发布了临时性的豁免框架。

但是,上述的宽松政策并非跟经济下行相关,而是跟疫情紧张时期的经济状态相关。进入2023年,各国的疫情开始放缓。2022年10月国际竞争网络(ICN)发布题为《竞争法与竞争政策在经济危机中的作用》的声明。[①] 该文件指出:在疫情解除后一段时间内,反垄断执法机构由于担忧执法将会降低企业的生产积极性,可能会阻碍执行反垄断法。但是,竞争性的市场才是恢复供需活动的良药。竞争机制能够保障资源向最有效率的地方流动,能够帮助经营者尽快适应后疫情时代的经济发展。虽然疫情会弱化市场机制,但弱化反垄断执法只会增长地方保护主义,从而导致更长的经济恢复时间。因此,该文件建议在经济危机得以缓解之后,反垄断执法机构应当更加积极地进行反垄断执法。

反映到反垄断执法中,美国从未为了疫情控制而为放松反垄断执法作出过任何立法性举措。欧洲诸国从2023年开始也逐渐取消对于相关行业的反垄断豁免举措,继续进行常态化的反垄断执法。2023年年初,意大利反垄断执法机构宣布对七家能源集团涉嫌非法提高电力和天然气价格的行为进行反垄断调查。西班牙反垄断执法机构公开表示突击搜查了几家西班牙的能源公司,怀疑他们利用石油市场上的市场地位,实施了固定价格的垄断行为。葡萄牙反垄断执法机构处罚了一家行业协会及七个主要私营实验室集团,该集团参与了设立固定新冠核酸测试服务价格的垄断协议。这些声明和举措代表了国际社会完全肯定反垄断法在促进经济发展中的正面作用。

四、常态化反垄断执法的良性发展

反垄断执法与经济下行并不存在任何紧密的关联。形成这种关联错觉的主要原因可能是我国2021年以来在平台经济领域中的几个重大反垄断执法案件。这些案件的执法虽然为我国的反垄断国际地位作出重大贡献,但从严格意义的规范性

---

① See ICN, *The Role of Competition & Competition Policy in Times of Economic Crisis*, https://internationalcompetitionnetwork.org/wp-content/uploads/2022/10/SG_Statement-Role-of-Competition-in-Times-of-Economic-Crisis-2022.pdf,最后访问日期:2024年6月20日。

分析来看,这些案件可能并非纯粹意义上的反垄断案件。平台经济与传统经济无论在形式上还是在本质上都存在重大差异。时至今日,无论是学界还是实务界对于数字平台营利职能之外的组织管理职能都已经存在共识。但平台组织管理职能却在现行法律中缺乏直接对应的法律,且在实务中引发诸多问题。在其他法律尚未对于平台的组织管理职能进行全面规制之前,利用反垄断法对于平台进行规制是各国政府不得不做的事情。客观来看,不只我国存在类似的案件,欧盟亦存在对于平台组织职能的反垄断执法。

可能是这些执法案件引发了人们对于反垄断法促进经济发展作用的质疑。悲观者甚至指出我国再也不可能出现类似的大案要案。但是,我们必须清醒地认识到在平台经济领域的反垄断执法只是规制出现之前的次优策略,并不代表反垄断执法的正常状态。近年来我国平台经济领域的市场结构发生巨大变化,各种竞争和创新层出不穷,垄断行为的担忧逐步下降,该领域的反垄断执法关注度降低也是市场的客观情况。因此,未来的反垄断执法也不应当以平台经济领域中的执法工作作为标杆。

不过,平台经济领域的反垄断执法也表明反垄断法的执法工作确实存在较大的不确定性,稍有不慎就可能会融入该法无法承载的非经济性社会利益。这些非经济性因素的融入使得反垄断法不再只是纯粹地保护生产效率,而可能会被期待成为全面保障经济发展的“万能法”。但反垄断法并非无所不能。在某些情形中,比如缺乏直接规制的法律工具,反垄断执法可能存在正面意义;但在其他情形中,强行运用反垄断法进行处罚可能会带来执法效果难以达到预期的风险,从而产生反垄断法与经济发展呈现负相关的假象。

有鉴于此,笔者以为在经济下行的背景下讨论是否需要放松反垄断执法并非当前反垄断执法的主要矛盾。当前的主要矛盾应当是探讨如何让反垄断法回归反垄断法,不要给反垄断法赋予过多的经济调整的功能,而是让反垄断执法更好地反映相关市场中的竞争现实,仅仅从是否影响竞争关系这个单一要素判断相关行为是否构成垄断行为。平稳、迅速地度过经济下行期更要塑造开放的、有活力的竞争秩序,反垄断法对此足以胜任,也能较好地促进经济恢复,切实保障中国特色社会主义市场经济的长治久安。

中国反垄断法的竞争观

丁文联[*]

对于竞争的认知以及追求什么样的竞争,可以称为“竞争观”。一个国家的竞争立法往往建立在对于竞争的认知与追求基础之上,因此一个国家竞争的立法总有其所蕴含的竞争观,而竞争观是竞争法最为重要的基因。中国的竞争法,无论反不正当竞争法还是反垄断立法,从条文规则上借鉴了欧美立法,但似乎在法律实践上总不能非常贴合中国市场实际解决中国特殊问题,比如不能解决在中国极为突出的低水平竞争问题,底层的原因应该是没有从塑造竞争文化的角度建立合乎中国需要的竞争观,并由此出发设计竞争法制度与规则。

一、从德国竞争法的竞争观说起

德国在加入欧盟以前,其反不正当竞争法留给世人最突出的印象是对于竞争行为极为严苛的规范要求,对于竞争方式极窄极低的容忍度。比如,在商品价格打折这件事上,规定商品平时打折不能超过3%,除非这个商品是货不全或者鞋、服装码不全,允许10%折扣,销售不出才允许50%折扣,还必须用特殊颜色标签提醒消费者。再如,不允许上街招徕生意,不允许电话推销、邮件广告……所有这些限制,归结起来就是,鼓励经营者在商品和服务质量上竞争,而不鼓励甚至是非常排斥在价格、广告上竞争。这种对待竞争的鲜明态度,可能来源于德国深厚浓重的工程师文化,严谨地对待产品质量,蕴含了这种竞争观的反不正当竞争法也反过来塑造着德国非常简单纯粹的竞争文化,德国拥有高水平制造业和高质量产品与此很有关系。

---

* 丁文联,北京市金杜律师事务所高级顾问、法学博士,上海市法学会竞争法研究会副会长。

一般认为,德国反垄断法的思想基础在于弗莱堡学派提出的“秩序自由主义”。弗莱堡学派是德国新自由主义的象征,诞生于20世纪30年代,以“秩序”为出发点,试图建立一个“有运作能力和合乎人类尊严的经济结构”,主张把秩序与个人主义结合起来,在自由中建立秩序。既反对政府干预市场,也反对私人经济力量的过度扩张,主张减少大企业,建立由中小企业组成的具有竞争性的经济体系。弗莱堡学派的“秩序自由主义”体现了当时德国国家干预经济和私人经济力量集中的双重抵制,第二次世界大战之后,联邦德国的《反限制竞争法》在“秩序自由主义”思想基础上制定,对于卡特尔协议、滥用市场支配地位行为有非常严格的规制,凸显了对私人经济力量集中的高度警惕和抵制,同时也坚决反对政府干预市场。今天,我们看到德国很少有美国式的全球巨无霸体量企业,却有全球数量最多、水平最高的细分行业、细分领域的“隐形冠军”企业,正是弗莱堡学派所主张建立的由中小企业组成具有竞争性的经济体系,也是德国反垄断法竞争观的实践成果。

二、欧美反垄断法竞争观差异:更有效率的竞争

美国与欧盟的反垄断立法与实践,在竞争观上有着基本共同之处,那就是对于自由竞争的保护,对于经营者获得竞争机会的强烈维护,因此欧盟反垄断法与美国反垄断法的结构基本一致,都是针对市场活动中容易减少竞争机会的三类情形:垄断协议规制针对多个主体联手排除、限制竞争;滥用市场支配地位规制针对单个市场绝对优势主体排除、限制竞争;经营者集中规制针对不同主体间组织化的结合而潜在可能带来的排除、限制竞争。

但是,欧洲反垄断法实践也与美国存在一个明显的差异,欧盟反垄断执法与司法对垄断行为采取了更为严厉的态度,亦即,相较于美国,欧盟在垄断行为认定上采取了较低标准,在处罚上则可能采取更强措施。欧洲反垄断法、欧盟反垄断法较多受到德国反垄断法影响,在竞争观上更是坚持“效率竞争”主张,也就是相较于美国,欧洲不仅强调不能排除、限制竞争,还强调市场竞争应该富有效率,换言之,不仅竞争机会应该存在而且竞争是实质意义上的竞争而非形式意义上的竞争。因此,欧盟反垄断法保护“同等效率竞争者”与垄断行为实施者之间的竞争,在限制交易、掠夺性定价、歧视待遇等问题上哪怕是经营者实施的行为对同等效率竞争者造成成本或其他方面的压力,也可能引起反垄断的关注。总之,欧盟反垄断法的竞争观似乎更关注竞争的实质,追求更有效率的竞争。

三、中国反垄断法的竞争观:从竞争机会到竞争水平

从文本来说,中国反垄断法的竞争观体现在《反垄断法》开篇前几条的条文表述中,《反垄断法》第1条规定,“为了预防和制止垄断行为,保护市场公平竞争,鼓励创新,提高经济运行效率,维护消费者利益和社会公共利益,促进社会主义市场经济健康发展,制定本法”。第2条规定,“中华人民共和国境内经济活动中的垄断行为,适用本法;中华人民共和国境外的垄断行为,对境内市场竞争产生排除、限制影响的,适用本法”。第4条规定,国家制定和实施与社会主义市场经济相适应的竞争规则,完善宏观调控,健全统一、开放、竞争、有序的市场体系。从这几个条文看,中国反垄断法的目的在于保护公平竞争,手段在于禁止具有排除、限制竞争影响的垄断行为,目标在于健全统一、开放、竞争、有序的市场体系。关于“公平竞争”,这应该是反不正当竞争法、反垄断法共同的价值预设,作为反垄断法更为重要的价值追求,似乎更应该将“自由竞争”写进立法宗旨。当然,将针对的行为聚焦于具有排除、限制竞争效果的垄断行为,这一点和欧美反垄断立法与法律实践完全一致,实质也在于保护竞争机会,维护自由竞争。至于健全统一、开放、竞争、有序的市场体系,确实针对了中国的具体国情即地域、行业市场具有一定程度的分割和封闭性,但重点依然在于保障竞争机会,而没有上升到竞争效率、竞争水平这个层次。

应该承认,保障竞争机会是反垄断法最基础最重要的任务,也是中国反垄断法律实践的当务之急。如前所述,中国从计划经济向市场经济转型过程中,很长时期内还存在由于行政原因导致的地域市场分割、行业市场封闭,加之中国在历史上不是一个市场经济发育成熟、具有丰富市场经济经验的国家,市场竞争非常需要培育和鼓励,因此,现阶段将加强市场的统一与开放,保障竞争机会、提高竞争的充分程度作为中国反垄断法的主要价值或者主要目标是必须的。

但也应该充分认识到,保障竞争机会、提高竞争充分程度只是反垄断法促进竞争的初级目标,类似德国竞争法强调产品质量竞争、强调中小企业的可竞争性,以及欧盟反垄断法强调保护有效率的竞争,中国在注重保护竞争机会的同时应该关注竞争质量、竞争水平,这样才有利于长期塑造健康的竞争文化,提升市场竞争的效率与水平。让人担忧的是,竞争质量、竞争水平问题目前似乎完全没有进入中国反垄断立法与法律实践者的视线,中国反垄断法律文本只体现了对竞争机会的重视与保护,而中国反垄断法律实践则更是反映出非常狭隘的竞争观。这突出反映在两个方面:

其一，把竞争狭义地理解为价格竞争，重视保护价格竞争而忽略非价格竞争。比如，在转售价格维持（RPM）问题上，主流观点一直认为 RPM 先天就损害竞争，只是在法律评价上由最早阶段的“本身违法”逐渐过渡转化为可以接受一定范围一定程度的 RPM，即采用安全港安排，允许体量不大的小企业实施 RPM。底层的逻辑并不接受“合理分析”原则，也就是只盯住 RPM 对于价格竞争的限制，并不关注和认可 RPM 在非价格竞争上的促进竞争效果。中国产业实际的情况是，中国大多数行业都容易形成过度竞争、低端竞争，中国企业更愿意进行低水平的价格竞争，而由于缺乏创新意愿、创新能力导致产品质量难以提升。中国反垄断法如果过分强调对于限制价格竞争行为的关注，必然是价格竞争更加大行其道，而非价格竞争难以进行，这是中国不同于欧美的特殊国情所在。所以，可以看到多年来对于 RPM 的严格执法并未见得改变各行业的竞争状况，更是未见得提升了各行业的竞争水平。

其二，仅关注竞争机会而少考虑竞争生态。这突出体现在对于互联网平台经济的反垄断，非常重视对于竞争机会的保护，比如对于“二选一”限制交易行为的严厉规制，却比较缺乏对各平台竞争生态的关注。各平台之间的互通性不足容易被人重视，各平台上经营主体之间的恶性竞争却不容易被人关注。类似于物理学上的相对论主张，一个物体引起了物体周围时空的弯曲，从而影响接近该物体的其他物体的运动，一个互联网平台往往会创造一种场，即围绕该平台的竞争生态，影响乃至改变进入该场该竞争生态经营者的行为。我们可以看到的是，大部分互联网平台所营造的市场或者竞争生态还不够健康，因此在每个互联网平台的竞争生态中，以价格战、侵犯知识产权、损害网络信息安全、损害消费者权益为特点的竞争方式成为竞争常态，以创新和提高消费者权益保护的竞争方式很难发端、很难展开。

关于上述两个突出问题，如果没有竞争观的提升，没有从竞争认知和追求上做出改变，恐怕长期将难以得到改变，中国各产业在世界经济舞台仍然缺乏在效率和质量上的竞争力。

因此，从长远计，中国应该借鉴欧美竞争文化塑造、竞争观打造与竞争法律实践的经验，在反垄断法竞争观上尽快引入竞争效率、竞争质量、竞争水平的考量，实现竞争观由初级阶段向高级阶段的跃升！

互联网平台公开数据保护的合理边界

黄武双[*]

当前,随着大数据、云计算、生成式人工智能等互联网技术的创新应用,人类正在进入到一个数字经济时代。在我国,实施国家大数据战略、建设数字中国、发展数字经济也已成为国家的战略选择。我国数字经济规模体量已连续多年创出历史新高,稳居全球第二,是引领全球数字技术创新和数字经济发展举足轻重的力量。

公平竞争是现代市场经济的灵魂和本质特征,也是推动数字经济高质量发展的关键和重要前提。但在激烈的市场竞争过程中,一些平台企业间的不正当竞争、低水平竞争、重复竞争、恶性竞争等,则会妨碍数字经济市场循环畅通和新发展格局构建。数据领域的不正当竞争就是其中一个重要的方面。互联网平台的数据分为公开数据和非公开数据。凡是没有采取技术保护措施,通过爬虫技术可以抓取的数据都属于公开数据;与之相对应,凡是采取了技术保护措施的数据,就属于非公开数据。为了维护互联网市场的公平竞争,贯彻互联网开放、共享的核心精神,互联网平台应当满足互联互通的功能,针对没有采取技术措施保护的数据,其他平台可以自由访问和通过网络爬虫自由抓取,其中涉及个人身份等敏感信息的,在使用前应当作去标识化和匿名化处理。对于采取技术保护措施的信息,不得破坏该技术保护措施来抓取数据。在我国,破坏技术措施抓取数据,可能涉嫌违反《刑法》第285条规定,构成非法获取计算机信息系统数据罪。本文拟对互联网平台公开数据保护的合理边界进行探讨。

一、抓取互联网平台公开数据是否应当认定为不正当竞争?

自数据被列为生产要素以来,对于数据价值的挖掘和利用越来越深入。公开

* 黄武双,华东政法大学知识产权学院教授、博士生导师。

数据作为重要的数据资源,对其合理地开发与利用,才能充分发挥其价值。数据本身不符合所有权的原始取得和继受取得要件,因为数据不是由平台从无到有“创造”出来的,而是网络用户上传到互联网的数据、网络经营者购买的数据和网络用户在互联网上各种活动所留的痕迹信息的记录数据。若要径行创设数据所有权,既不符合法理,也将造成以下负面影响:

1. 阻碍其他主体向市场提供创新产品的可能。将从其他平台抓取数据的行为认定为不正当竞争,阻断了其他主体利用这些数据开发出新产品、新服务的可能性。有些产品或服务创新的基础就是借助于某种类别的数据,而拥有这种想法的人通常没有数据基础,必须使用他人所收集的数据才能完成产品或者服务创新。

2. 阻碍人工智能产业的发展。众所周知,人工智能算法的改进依赖于投喂大量的数据,如果什么数据都要靠人工智能开发者自己去收集的话,而人工智能开发者在数据收集方面又不具有能力,因而会影响人工智能产业的发展。

3. 阻碍数据的流通。认定从其他平台抓取数据的行为构成不正当竞争,意味着平台抓取数据后实际上拥有了所有权,让每个平台抓取的数据成了数据的孤岛,不能流通。数据只有在流通过程中才能发挥数据的最大价值。在不能流通的情况下,就不能为充分使用数据研发新产品创造条件。

4. 阻碍公平竞争。爬虫几乎可以爬取任何网站的公开数据,即只要没有对网站所收集的数据采取保护措施,都是可以抓取到的。数据一旦成为不可流通的孤岛,意味着数据作为市场基础资源的作用,不能发挥出来。在不影响数据收集者市场竞争优势的情况下,应该鼓励其他平台对数据进行充分利用,这样才能在公平竞争的环境下使消费者福利最大化。

目前从各家互联网平台采取的技术保护措施实践来看,主要有两种做法:一是对不受欢迎的其他网络平台设置黑名单来阻止其抓取数据;二是将允许抓取其数据的其他网络平台放在白名单中。

笔者认为,可以将那些不听劝阻抓取隐私信息和长时间在平台抓取数据造成网络堵塞的其他平台放在黑名单中,通过 robots. txt 文件等来限制特定爬虫抓取数据,这是互联网领域的惯例,列入黑名单的爬虫是有限的,并不会妨碍多数平台的爬虫自由抓取数据。而设置白名单就显得不是很公平合理了,因为设置白名单就是对不同的网络平台采取歧视对待,只有在白名单之内的网络平台才可以抓取数据,不在白名单里的平台不能抓取数据。这就相当于剥夺了不在白名单里的平台抓取数据的可能性,由于白名单不可能穷尽所有的平台,因而会导致多数平台失去进入其他平台抓取数据的资格。

二、互联网平台数据有关竞争行为的正当性边界在哪里?

仅抓取公开数据而不以与原平台同样的方式使用数据,不影响收集数据平台构建的竞争优势。数据的价值在于使用,以与原平台不同的方式使用所抓取的数据,对原始数据进行深度开发,数据产品具有功能用途的特指性和确定性,而且当其被加工处理到不具有数据特征时,就可能超出原始数据的范畴,与原始数据分属两个不同的市场,二者之间没有竞争关系,不存在使用利益的冲突,因而无须禁止基于原始数据的开发和利用。这种对数据的使用行为应该受到鼓励,因为增加了消费者的福利又不影响原平台的市场利益。

事实上,我国司法机关此前通过不少判决形成的以下规则很值得推广,即:只要从其他互联网平台抓取的数据不以与原平台相同或者实质相同的方式使用,就不构成不正当竞争,反之则构成不正当竞争。如果允许以与数据来源平台相同或者实质相同的方式使用数据,则会在几乎没有数据搜集成本的情况下与数据来源平台争夺市场,损害数据来源平台所累积的竞争优势,这也是法律要禁止的原因。

在世界各国司法判例都基本遵循这个标准来判断从其他平台抓取和使用数据的行为是否构成不正当竞争的情况下,我国没有理由建立一套不考虑消费者利益和社会公共利益的判断标准。一个好的司法判决,将会推动一个产业的发展;同样地,一个不好的司法判决,将阻碍一个产业的发展。在全球都制定促进公平竞争、鼓励基于数据的产品或者服务创新的标准的当下,我们不能把自己的手脚捆绑起来,使我国置身竞争政策的洼地。这样必然使我国在基于数据的产品或者服务开发的国际竞争中处于不利地位,长此以往,必将使我国基于数据的产品或者服务开发在数量和质量上远远落后于其他国家。

其实,世界各国的司法判决标准已经在我国《反不正当竞争法》第1条立法宗旨条款中作出了明确的规定,即"为了促进社会主义市场经济健康发展,鼓励和保护公平竞争,制止不正当竞争行为,保护经营者和消费者的合法权益,制定本法"。因此,不管是制定竞争政策还是制定司法判决标准,都应当考虑这种政策或者判决的效果是否与《反不正当竞争法》第1条规定"鼓励和保护公平竞争""保护经营者和消费者的合法权益"的立法宗旨相符。

值得肯定的是,越来越多有关不正当竞争纠纷的判决已经将"鼓励和保护公平竞争""保护经营者和消费者的合法权益"纳入考量因素。保护经营者和消费者合法权益，乃是鼓励和保护公平竞争的前提。公平竞争的最终结果是增进了消费者福利。被控行为未能完全避免用户产生混淆，但也会在一定程度上增加消费者的福利，为用户提供了更多的选择。

三、如何判断互联网平台数据竞争行为的正当性？

《反不正当竞争法》第 2 条可以为判断这种类型的不正当竞争行为提供法律依据。

经营者在生产经营活动中，应当遵循法律和商业道德。这里所称的商业道德主要体现为商业惯例。我们要回答的问题是，在互联网领域是否存在不得从其他平台抓取数据的惯例？答案是否定的。尽管我国在互联网实践中存在一些公约，但是这些公约尚不能成为行业惯例。

所谓行业惯例，必须是体现了经营者、消费者和社会公众利益的行业交易规则。而目前互联网领域的各类公约，基本上仅有经营者参与制定，没有体现消费者和社会公众的利益，因此笔者认为，互联网领域的公约不能理所当然地成为行业惯例。这些公约必须经过司法审查，看其是否兼顾了消费者利益和社会公众利益，只有兼顾了这两种利益，才能成为行业惯例。

而在缺乏行业惯例的情况下，应该以效能竞争理论来判断行为的正当性。所谓效能竞争，即以自己的商品或服务的优质优价或自己经营活动的业绩展开竞争。如果竞争者提供的创新商品或者服务，使消费者能够享用创新产品或者服务，这就符合效能竞争理论。效能竞争理论兼顾了经营者、消费者和社会公众的利益，所以符合行为正当性标准。

学术专论

平台互联互通的反垄断监管手段择用问题

丁茂中*

平台互联互通的反垄断监管手段不仅可以有多种，而且它们在刚柔及其程度上存在实质差异，平台互联互通的反垄断监管对象的特定性及其影响需要针对不同的情形采取刚柔及其程度相适的监管手段来推动平台互联互通。

一、强制平台开放的滥用市场支配地位的行政处罚及其应用

《反垄断法》第57条规定："经营者违反本法规定，滥用市场支配地位的，由反垄断执法机构责令停止违法行为，没收违法所得，并处上一年度销售额百分之一以上百分之十以下的罚款。"如果平台经营者的拒绝平台互联互通被认定构成滥用市场支配地位拒绝交易，那么反垄断执法机构就有权责令其停止拒绝平台互联互通，也就是强制平台开放。由于责令停止违法行为对停止违法行为的要求往往是即刻的，因此强制平台开放往往也是即刻的。即便是面向所有竞争对手的，亦是基本如此。不难想象，这给平台经营者的产品开发、业务模式、合作方式等带来的冲击应当是比较剧烈的。不仅如此，与之相伴的还有比较严厉的经济处罚。"由于在反垄断案件中违法所得往往数额巨大，而《反垄断法》在罚款问题上又设定了上一年度销售额1%的最低限制，这些对于部分企业来说，可能构成一个难以承受的过大的数额。"①事实上，即便是在客观上没有违法所得或者因违法所得难以计算等缘由而变相没有进行没收违法所得，而只是对所涉的平台经营者按照上一年度销售额百分之一以上百分之十以下进行罚款，域内外互联网领域的反垄断执法已经充分证

* 丁茂中，上海政法学院教授、博士生导师，上海司法研究所常务副所长。

① 张昕：《垄断行为没收违法所得的美国经验及对我国的启示》，载《价格理论与实践》2013年第11期。

明这通常也是个不小的数字,由此带来的财务影响对于任何平台经营者来说都是绝对不容小觑的,更别说二到五倍的加倍处罚了。

而且,垄断行为的认定在客观上至今仍然存在很大的不确定性。“尽管过去四分之一世纪取得长足发展,但反垄断执行仍是一个高度不精确的事业。无论是美国还是其他国家,虽然执法者通过日益精深的技术实施基于经济学的、福利导向的分析框架,但极大的不确定性仍然存在。”①滥用市场支配地位的认定在此尤为突出,特别是涉及互联网等非传统领域的,在很多方面均有充分的表现。例如,相关市场的界定。无论是维度还是具体权衡因素或者分析方法的选择差异,都会在很大程度上直接影响到相关市场界定的结果,就更不用说选择不同的数据进行定量分析了,而互联网领域的相关市场界定不仅在维度及其具体权衡因素和分析方法上有很多还处于摸索和改进状态,而且所涉的数据多元且往往存在悬差。再如支配地位的认定。“在传统经济领域可基于确定标准计算出来的市场份额,在互联网行业因面临众多不确定因素而难以统计,即便选择某个看似更科学的标准而统计出来的数据也不一定能反映互联网行业的真实情况,更何况并不一定存在所谓的更科学的标准。”②

在这种背景下,应当尽量避免通过追究滥用市场支配地位的行政责任来强制平台开放。③ 若有其他手段可以同样有效促成平台互联互通,则宜优先择用其他手段。对于下列情形,可以重点考虑通过追究滥用市场支配地位的行政责任来强制平台开放:第一,曾因拒绝开放平台而被反垄断执法机构认定构成滥用市场支配地位拒绝交易的;第二,曾因拒绝开放平台而被反垄断执法机构立案调查,但是因履行了被反垄断执法机构接受的承诺而被终止调查的;第三,曾因拒绝开放平台而被法院判决构成滥用市场支配地位拒绝交易的。一方面,这些平台经营者至少在形式上负有切实履行开放平台的法律义务,至于这类义务持续履行多长时间或者涵盖多大范围应由他们自主决定,但是潜在的风险也由他们自负;另一方面,先前的相关经历在客观上已经为这些平台经营者提供了最为直接的风险识别实践,他们

---

① Kenneth Heyer, *A World of Uncertainty: Economics and the Globalization of Antitrust*, 72 Antitrust Law Journal 375 (2005).

② 焦海涛:《论互联网行业反垄断执法的谦抑性——以市场支配地位滥用行为规制为中心》,载《交大法学》2013年第2期。

③ 虽然滥用市场支配地位的行政处罚不是平台互联互通的最佳监管手段,但是它却是至关重要的。没有滥用市场支配地位的行政处罚,所有其他手段基本都将难以起到应有的作用。

应当对这类风险的识别与防范有着较为深刻的认知与充足的准备。就所属情形的考量问题:首先,无论是反垄断执法机构所作的处罚决定还是法院所作的判决,都必须是已经生效的法律文书,尚未生效的应当暂不归为这些情形;其次,定性应当严格限缩在因拒绝开放平台而被认定或者判决构成滥用市场支配地位拒绝交易的,不能扩展到所有滥用市场支配地位情形,也不能扩展到平台经营者的其他拒绝交易事项;最后,事实的考察应当不局限于我国范围内,适宜放眼于全球,从而避免为平台经营者特别是跨国类的平台经营者提供多次"试错"机会。

二、督促平台开放的经营者承诺制度及其应用

《反垄断法》第53条规定:"对反垄断执法机构调查的涉嫌垄断行为,被调查的经营者承诺在反垄断执法机构认可的期限内采取具体措施消除该行为后果的,反垄断执法机构可以决定中止调查。中止调查的决定应当载明被调查的经营者承诺的具体内容。反垄断执法机构决定中止调查的,应当对经营者履行承诺的情况进行监督。经营者履行承诺的,反垄断执法机构可以决定终止调查。有下列情形之一的,反垄断执法机构应当恢复调查:(一)经营者未履行承诺的;(二)作出中止调查决定所依据的事实发生重大变化的;(三)中止调查的决定是基于经营者提供的不完整或者不真实的信息作出的。"这就是业内通常所称的经营者承诺制度。《禁止滥用市场支配地位行为规定》第33条第2款规定:"反垄断执法机构对涉嫌滥用市场支配地位行为调查核实后,认为构成滥用市场支配地位行为的,不得中止调查,应当依法作出处理决定。"非常明显,它对经营者承诺制度的应用作了进一步的规范限制。

经营者承诺制度的应用确实需要作出进一步的规范限制。从制度起源的设计目的来看,经营者承诺制度主要是为了解决因垄断行为的查证与定性比较困难而导致的反垄断调查陷入迟迟难以取得有效进展的困境,以及进而可能导致的相关市场的竞争机制因当前的僵持局面而进一步受到损伤甚至难以恢复的问题,故而授权反垄断执法机构允许被调查对象通过限期消除后果来换取反垄断执法机构的终止调查。比照一下不难看出,《反垄断法》目前的规定是非常宽松的。首先,这突出表现在适用案件类型上。除了涉嫌滥用市场支配地位的案件之外,它在形式上

至少还可以用于涉嫌垄断协议的案件,包括涉嫌横向垄断协议的案件。[①] 其次,这突出表现在适用难易情形上。除了因垄断行为的查证与定性比较困难而导致反垄断调查陷入迟迟难以取得有效进展的困境情形之外,它至少在形式上还可以用于反垄断调查比较甚至很容易获取证据以及进行定性的情形。这在客观上容易带来很多问题,其中最为令人担忧的就是权力腐败。[②] 无论是垄断协议还是滥用市场支配地位,它们的行政责任都是比较严厉的。而如果能够获得反垄断执法机构的终止调查,那么被调查的经营者不仅不会面临被没收违法所得,而且不会面临被处以上一年度销售额1%以上10%以下的罚款,反差数额基本可达亿级。[③] 在这种情况下,就很难保证不会发生因权钱交易而形成的终止调查。

经营者承诺制度的应用规范限制适宜在制度起源的设计目的上拓展增加作为替代滥用市场支配地位的行政处罚解决特定类型问题的优先手段。正如平台互联互通,它确实是社会普遍希望解决的问题;但是必须承认,开放平台在客观上会给平台经营者带来不小的风险和挑战,这也是不少平台经营者不愿意开放或者全部开放平台的原因。[④] 虽然滥用市场支配地位的行政处罚可以直接实现预期的目的,但是它的效果应当不是最为理想的。除了可能会影响到平台潜在的投建之外,强制平台开放客观形成的"抑制"和比较严厉的经济处罚直接带来的"打击"两者所产生的叠加作用还极有可能会实质性削弱相关市场的竞争强度。而经营者承诺制度对此似乎刚好能够在最大限度上进行合理的兼顾:一方面,在被调查的平台经营者所作的限期采取具体措施开放平台的承诺被反垄断执法机构接受后,后者就有权监督前者在确定的限期内开放平台;另一方面,在被调查的平台经营者按照所作的承诺开放平台之后,反垄断执法机构也就无须对其进行比较严厉的经济处罚。相较而言,经营者承诺制度应当更为适合于平台互联互通的反垄断监管。"反垄断法的目的不是处罚违法经营者,而是预防和制止垄断行为,保护市场竞争,保护消费

---

① 《国务院反垄断委员会垄断案件经营者承诺指南》目前仅将"具有竞争关系的经营者之间固定或者变更商品价格、限制商品生产或者销售数量、分割销售市场或者原材料采购市场的横向垄断协议案件"排除在经营者承诺制度的适用范围之外。

② 参见侯利阳:《论〈反垄断法(修正草案)〉中的四大争议问题》,载《江西社会科学》2022年第4期。

③ 参见王健:《我国反垄断罚款制度的革新——基于整体主义理念的研究》,载《法商研究》2022年第1期。

④ 参见丁茂中:《〈反垄断法〉鼓励创新规范的适用规则及其立法表达》,载《政治与法律》2024年第4期。

者利益,促进经济健康发展。”[①]更为关键的是,《反垄断法》目前的规定也完全可以支持将经营者承诺制度作为替代滥用市场支配地位的行政处罚解决特定类型问题的优先手段。

但是,将经营者承诺制度作为替代滥用市场支配地位的行政处罚解决特定类型问题的优先手段仍须以主动原则为基础[②],平台互联互通的反垄断监管亦须如此。在应用经营者承诺制度督促平台开放的过程中,即使反垄断执法机构基于为了能够在最大程度上减轻对被调查的平台经营者产生的冲击考虑而在作出认定前明确向被调查的平台经营者表示所涉的拒绝开放平台构成滥用市场支配地位拒绝交易的风险非常高,但是如果被调查的平台经营者无论是基于何种原因并没有按照规定向反垄断执法机构提出中止调查申请[③],那么反垄断执法机构也就只能对所涉的拒绝开放平台是否构成滥用市场支配地位拒绝交易作出认定。另外,对于下列情形,适宜排除将经营者承诺制度作为替代滥用市场支配地位的行政处罚解决特定类型问题的优先手段:第一,平台经营者之前因没有履行向反垄断执法机构所作的承诺而被恢复调查的;第二,平台经营者之前因滥用市场支配地位而被反垄断执法机构处罚的。前者主要是为了防止这种情形重演,从而影响到相关市场的竞争救济;后者主要是为了避免激励或者纵容被处罚的经营者充分利用这个潜在的机会再度实施垄断行为,以最大限度攫取利润弥补损失。

三、规劝平台开放的竞争倡导及其应用

“竞争倡导(competition advocacy),亦称竞争推进,是竞争主管机构实施的除执法以外所有改善竞争环境的行为。这些行为主要包括两类:一类针对法律、政策的制定机关和管制机构,目的在于促进立法及管制以有利于竞争的方式设计、执行;另一类针对所有社会成员,以提升其对竞争益处以及竞争政策在促进和保护竞争中的作用的认知。”[④]就性质而言,竞争倡导不具有任何的约束力,受众群体是否按

① 王先林:《超高定价反垄断规制的难点与经营者承诺制度的适用》,载《价格理论与实践》2014年第1期。

② 因此,督促平台开放的经营者承诺制度在性质上不具有完全的强制性,它只是在特定的条件下具有一定程度的刚性。

③ 确有可能存在平台经营者认为自己的拒绝开放平台应当不构成滥用市场支配地位拒绝交易,并希望通过反垄断行政诉讼解决这个问题,以确保自身的重大利益不受影响。

④ 张占江:《竞争倡导研究》,载《法学研究》2010年第5期。

照竞争主管机构所倡导的进行竞争维护和竞争促进完全取决于他们的自觉性。但是,这并不等于竞争倡导就是毫无意义的,事实上,它有着不可忽视的价值。一方面,虽然我国市场经济的发展取得了巨大进步,但是公平竞争的整体意识目前还比较薄弱,确实需要继续采取措施进行不断提高和强化;另一方面,我国竞争法律规范特别是《反垄断法》在理解和适用上比较复杂,所有经营者对此的认知与掌握都需要有个学习过程。竞争倡导对这两个方面均可以起到较好的促进作用,这也正是很多国家和地区十分重视竞争倡导的原因。

这就客观上决定了我们应当充分利用各种机会大力进行竞争倡导,竞争倡导也应当成为我们进行竞争治理的重要手段,包括平台互联互通的反垄断监管。虽然竞争倡导对平台互联互通没有约束力,但是它也有一些重要的潜在优势。由于没有约束力,因此平台经营者有充裕的时间考虑决定是否主动开放自己平台,这样确实从根本上就不会出现类似反垄断法实施的"积极失误"问题。而且,一旦平台经营者决定主动开放自己平台,这种局面不仅会比较稳定,示范效应通常也会更强。但是,也正是因为没有约束性,所以竞争倡导才需要不断进行,只有这样才能潜移默化地产生熏陶效果。根据以往的经验来看,在下列背景下开展竞争倡导规劝平台开放的效果应当更为理想:第一,中共中央和国务院的重要经济工作会议对互联网领域的发展作出政策部署的;第二,互联网行业主管部门单独或者联合印发有关互联网领域发展规范的重要政策文件的;第三,平台经营者因涉嫌滥用市场支配地位拒绝交易而被反垄断执法机构立案调查或者作出处罚的;第四,平台经营者因涉嫌滥用市场支配地位拒绝交易而被提起反垄断诉讼或者被判决构成滥用市场支配地位拒绝交易的;第五,平台经营者因拒绝开放平台而引发的"口水战"成为舆论关注热点或者由此引发了新的政策动议的。就所属情形的考量问题:首先,第三、第四和第五的事实考察也应当不局限于我国范围内,适宜放眼于全球;其次,第三的处罚决定和第四的判决并不要求必须已经生效。

应用竞争倡导规劝平台开放适宜重点考虑采取以下方式:第一,制定专项的反垄断指南。在《国务院反垄断委员会关于平台经济领域的反垄断指南》基础上,可以专门就平台互联互通的反垄断制定指南,进一步阐明平台经营者在什么情形下拒绝开放平台就会构成滥用市场支配地位拒绝交易。第二,颁布专项的反垄断合规指引。在《经营者反垄断合规指南》等基础上,可以专门就平台互联互通的反垄断合规颁布指引,进一步详述平台经营者可以如何进行滥用市场支配地位拒绝交易的风险识别与防范及处置。第三,组织专项的反垄断合规培训。根据需要可以组织专家学者分批次专门对平台经营者就平台互联互通的反垄断进行培训，进一步教授他们如何识别、防范、处置潜在的滥用市场支配地位拒绝交易的风险。第四，召开专项的行政指导会。根据需要可以专门就平台互联互通的反垄断召开行政指导会，明确向参会的平台经营者传递出政府希望推进平台进行互联互通的信号。

从案例看模仿包装装潢的不正当竞争行为的认定

王仁荣*

《反不正当竞争法》是知识产权保护的兜底和补充,即知识产权没有特别规定的内容应当由《反不正当竞争法》进行补充,正如世界知识产权组织所说:禁止不正当竞争实际保护着专利法、商标法等专门法保护不到的那些应予保护的权利。[①] 在市场经济多元化迅速发展的当下,侵权人通过擅自使用与知名商品相同或者近似的包装装潢或者将知名商品所使用的商标注册为企业名称等方式而实施不正当竞争行为,已逐步演变成一种趋势。因此,本文从个案出发,基于知识产权司法实践经验,追溯与包装装潢有关的法律规定的演变历程,明确模仿包装装潢的构成要件及认定标准,以期为法律规定的解读和类案难题的破解提供智识参考。

一、百威诉鑫利源案[②]的基本事实及争议焦点

(一)百威诉鑫利源案的基本事实

原告:百威(中国)销售有限公司(以下简称百威公司);被告一:91371500MA3DNQ1150(原名山东聊城百威英博啤酒有限公司,以下简称聊城百威),被告二:聊城鑫利源啤酒有限公司(以下简称鑫利源公司),被告三:宁波江东明楼柳羽烟杂店(以下简称柳羽烟杂店)。

原告百威公司生产和销售的百威啤酒是知名度较高的产品,其包装、装潢具有

* 王仁荣,中酒荟萃董事长,法学博士,上海市法学会竞争法研究会副会长。

① 参见孔祥俊:《论反不正当竞争法修订的若干问题》,载《东方法学》2017 年第 3 期。

② 参见浙江省宁波市鄞州区人民法院民事判决书,(2018)浙 0212 民初 15946 号。

较强的显著特征，构成具有一定影响的商品包装、装潢。百威公司的百威啤酒系列产品的包装、装潢，具有明显区别于行业内同类产品的独特包装、装潢，形成了显著的特色。同时，经百威公司大量宣传和使用，百威啤酒的包装、装潢已经与原告建立稳定的对应关系。

被告未经许可，实施了一系列涉嫌侵犯原告相关权利的行为，包括但不限于：在经营活动中，将"百威""百威英博""BAIWEIYINGBO""Budweiser"及图形商标等作为商业标识进行广泛使用；擅自将"山东聊城百威英博啤酒有限公司"注册为企业名称并使用；擅自使用与原告产品高度近似的商品包装、装潢等。

原告认为，被告的上述行为构成商标侵权及不正当竞争。

（二）百威诉鑫利源案的争议焦点

经审理，浙江省宁波市鄞州区人民法院认为：(1)被告聊城百威使用"百威英博"作为其企业名称，构成不正当竞争行为。(2)被告聊城百威在胜利荣耀啤酒瓶身上使用"聊城百威英博啤酒有限公司""LCBAIWEIYINGBOLTD.","LCBAIWEIYINGBOLTD."中的"BAIWEIYINGBO"系"百威英博"的拼音，亦容易使消费者与"百威英博"商标产生联系，导致误认，构成不正当竞争行为。(3)被告聊城百威在网络宣传中使用其企业名称并使用"百威英博啤酒"作为产品名称，亦会使消费者对商品来源产生误认，构成不正当竞争。(4)胜利荣耀啤酒的瓶身包装、装潢及外包装与原告百威啤酒在色调、构图、形状、构成要素等方面存在近似，易致使公众混淆误认，构成不正当竞争。

二、模仿包装、装潢的不正当竞争行为的判断理论

（一）模仿包装、装潢的概念与相关法律规定之演变

1993 年颁布的我国《反不正当竞争法》初次提到"包装、装潢"这两个名词①，亦初次对知名商品的包装、装潢予以保护，但并未对包装、装潢的含义作出明确的规

① 1993 年《反不正当竞争法》第 5 条规定："经营者不得采用下列不正当手段从事市场交易，损害竞争对手：(一)假冒他人的注册商标；(二)擅自使用知名商品特有的名称、包装、装潢，或者使用与知名商品近似的名称、包装、装潢，造成和他人的知名商品相混淆，使购买者误认为是该知名商品；(三)擅自使用他人的企业名称或者姓名，引人误认为是他人的商品；(四)在商品上伪造或者冒用认证标志、名优标志等质量标志，伪造产地，对商品质量作引人误解的虚假表示。"

定;原国家工商行政管理局于1995年7月6日发布的《关于禁止仿冒知名商品特有的名称、包装、装潢的不正当竞争行为的若干规定》第3条①对包装、装潢的概念进行了明确的界定。该条表明,包装、装潢须同时具备客观价值与主观价值,即具有识别商品来源的功能。② 2007年最高人民法院颁布的《关于审理不正当竞争民事案件应用法律若干问题的解释》(已失效)第2条③对知名商品的包装、装潢作出进一步的限定。2017年修订的《反不正当竞争法》对有关商品包装、装潢的条款进行了修改,删除了"知名商品"和"特有"的表述,并在第6条第1项中增加了"有一定影响"的限定。这表明保护包装、装潢的原因是商业标识有一定影响而非商品的知名度,回归立法本意,并且与《商标法》的防止他人抢注商标的条款及先用权抗辩条款的表述具有一致性④。2019年修正的《反不正当竞争法》亦没有对该条款进行调整。然而,包装、装潢的影响力的判断标准尚无明确的规定,商标侵权与使用有影响的包装、装潢的不正当竞争行为的交叉情况仍是实践难题之一。因此,研究包装、装潢的构成要件及认定标准仍具有深刻的理论价值和现实意义。

---

① 《关于禁止仿冒知名商品特有的名称、包装、装潢的不正当竞争行为的若干规定》第3条规定:"本规定所称知名商品,是指在市场上具有一定知名度,为相关公众所知悉的商品。本规定所称特有,是指商品名称、包装、装潢非为相关商品所通用,并具有显著的区别性特征。本规定所称知名商品特有的名称,是指知名商品独有的与通用名称有显著区别的商品名称。但该名称已经作为商标注册的除外。本规定所称包装,是指为识别商品以及方便携带、储运而使用在商品上的辅助物和容器。本规定所称装潢,是指为误别与美化商品而在商品或者其包装上附加的文字、图案、色彩及其排列组合。"

② 参见姚森:《注册商标侵害在先"有一定影响的商品装潢"的司法认定研究》,兰州大学2021年硕士学位论文。

③ 《最高人民法院关于审理不正当竞争民事案件应用法律若干问题的解释》(已失效)第2条规定:"具有区别商品来源的显著特征的商品的名称、包装、装潢,应当认定为反不正当竞争法第五条第(二)项规定的'特有的名称、包装、装潢'。有下列情形之一的,人民法院不认定为知名商品特有的名称、包装、装潢:(一)商品的通用名称、图形、型号;(二)仅仅直接表示商品的质量、主要原料、功能、用途、重量、数量及其他特点的商品名称;(三)仅由商品自身的性质产生的形状,为获得技术效果而需有的商品形状以及使商品具有实质性价值的形状;(四)其他缺乏显著特征的商品名称、包装、装潢。前款第(一)、(二)、(四)项规定的情形经过使用取得显著特征的,可以认定为特有的名称、包装、装潢。知名商品特有的名称、包装、装潢中含有本商品的通用名称、图形、型号,或者直接表示商品的质量、主要原料、功能、用途、重量、数量以及其他特点,或者含有地名,他人因客观叙述商品而正当使用的,不构成不正当竞争行为。"

④ 参见黄钟玲:《商品包装、装潢的反不正当竞争法保护》,北京工商大学2022年硕士学位论文。

（二）模仿包装、装潢的不正当竞争行为的构成要件

1. 模仿包装、装潢的不正当竞争行为的主体要件

首先，模仿包装、装潢的行为主体必须是经营者，即判断行为人实施的行为是否受到《反不正当竞争法》的规制，必须以行为主体从事经营活动为前提。根据《反不正当竞争法》第2条第3款的定义，"本法所称的经营者，是指从事商品生产、经营或者提供服务（以下所称商品包括服务）的自然人、法人和非法人组织"。可见，三类主体的表述与《民法典》相一致，具体可以参见《民法典》的相关规定。其次，实施不正当竞争行为的主体也并非局限于同行业的经营者之间。

2. 模仿包装、装潢的不正当竞争行为的客观要件

模仿包装、装潢的不正当竞争行为的客观要件即行为人在客观上实施了模仿知名商品包装、装潢的行为。《反不正当竞争法》第6条中的"商品包装、装潢"除承载功能性和观赏性的价值外，还具备识别来源的作用。在司法实践中，包装装潢的外延较广，即并不局限于知名商品上的图文等元素，而且逐步与"商业外观"趋同。良性的市场竞争允许在不违背公平原则及侵害他人创造性成果的前提下模仿或者借鉴包装、装潢。① 而判定是否模仿包装、装潢，应将图形、文字等组成元素作为整体，而不是将其组成元素割裂看待，因为普通消费者直接观察的是作为整体的商品包装、装潢。② 经营者在生产经营中通过"搭便车""傍名牌"的方式以达到引起消费者误认，攀附他人商品影响力的目的，这种混淆行为扰乱了市场竞争秩序，损害消费者权益，是《反不正当竞争法》规制的对象。③

3. 模仿包装、装潢的不正当竞争行为的主观要件

主观要件意指行为人具有模仿知名商品包装、装潢的过错，这是行为人实施模仿包装、装潢不正当竞争行为所持的心理状态。当前，无论是理论界抑或司法实践均对反不正当竞争行为的构成要件中过错的地位莫衷一是。有学者认为，由于反

---

① 参见罗霞、石磊：《〈意大利费列罗公司诉蒙特莎（张家港）食品有限公司、天津经济技术开发区正元行销有限公司不正当竞争纠纷案〉的理解与参照——对知名商品的特有包装、装潢进行足以引起混淆误认的全面模仿构成不正当竞争》，载《人民司法（案例）》2016年第26期。

② 参见田蔚然：《论商品名称、包装、装潢的反不正当竞争保护——以〈反不正当竞争法〉第6条第1项为视角》，载《河南科技》2023年第2期。

③ 参见袁田、王琳泷：《不正当竞争纠纷中"有一定影响的包装、装潢"的认定》，载《中华商标》2020年Z1期。

不正当竞争保护不同于注册商标专用权的保护,是一种对法益的动态的事后的保护,因此行为人主观上的故意或者恶意并不是仿冒这种不正当竞争行为的构成要件之一,但对竞争行为的正当性评价有一定的影响。① 还有学者主张国际公约和各国立法已经达成了判断仿冒无须过错这一共识,若行为人存在实施不正当竞争行为的主观故意,那么对于混淆可能性的认定将起到很大作用。② 从我国《反不正当竞争法》第6条的法律文义出发,关于模仿包装、装潢的行为规定中并未出现"过错"字眼,可见我国法条文本是将过错的主观要件内化于其他构成要件之中。"具有一定影响"作为前提也可以推断出实施模仿行为的经营者应该是理性的,主观上有明知或应知他人知名包装、装潢的存在的高度可能性。

通常情况下,实践中对主观故意且恶意度明显的判断也较为容易,具体可以从行为性质、行为规模、持续时间、损害结果的程度等角度着手。若行为人主张无恶意以此来抗辩的,还需要结合行为人的行为能力、经营范围、文化程度、专业知识、工作经验等综合考量。③

4. 模仿包装、装潢的不正当竞争行为的结果要件

经营者模仿包装、装潢构成不正当竞争所需要满足的结果要件是该行为的实施造成了其他经营者合法权益的损害。最通常的表现就是经营者通过模仿包装、装潢推广销售商品或服务获取了竞争利益,窃取了权利人多年宣传和经营的企业声誉,权利人的商业利益、商业名誉遭受了实际损害。根据《反不正当竞争法》第17条的规定,实际损失难以计算的,按照侵权人因侵权所获得的利益确定。

(三)模仿包装、装潢的不正当竞争行为的认定标准

1. 包装、装潢具有一定影响的认定

《反不正当竞争法》所保护的经营者的包装、装潢的权益源自经营者在日常生产经营活动中通过长期使用和经营与包装、装潢之间所建构的特有联系,这种联系体现在包装、装潢承载着识别商品或服务背后来源的功能。对于包装、装潢具有一

---

① 参见刘润涛、荆钰泽:《有一定影响的商品名称反不正当竞争保护司法实证分析》,载《电子知识产权》2022年第4期。

② 参见王文敏:《反不正当竞争法中过错的地位及适用》,载《法律科学(西北政法大学学报)》2021年第2期。

③ 参见陈斯:《竞争秩序之司法规制——基于一般条款的纠纷解决进路》,载张卫平主编:《民事程序法研究》第3辑,厦门大学出版社2007年版。

定影响的认定,可以从以下两个角度切入:一方面,商品具有广泛的知名度是包装、装潢影响力认定的一个重要因素。通常可以结合相关公众知晓程度(如新闻媒体报道、商品价值排行)、经营持续时间、宣传方式(如媒体报道、广告投放、明星代言)、宣传投入的时间、资金、地域范围、所涉及的商标受保护记录、商品产量、商品销量与销售范围、市场占有率及利税等多种因素进行考量。另一方面,还需要考虑包装、装潢本身是否具有识别商品来源功能的显著特征。而这种显著性可以体现在包装、装潢并非行业内同类产品通用,色彩、图案、文字的组合搭配具有独特性和风格代表性,以及经过大量宣传和使用,包装、装潢与产品建立了稳定的对应关系等。

2. 包装、装潢比对构成近似的认定

在司法实践中,判断有一定影响的包装、装潢与被控侵权的包装、装潢是否近似,需要运用整体及局部比对和隔离观察结合的方法进行判断。整体比对是指从整体颜色选用、整体构图和各辨识性要素来判断两种商品的包装、装潢是否构成近似,并观察相同部分的视觉影响。局部比对是指将商品包装、装潢划分为若干个部分,分别针对每个部分进行细节比对,诸如使用的元素、设计图案、商标标识等。隔离观察是指在认定是否构成相似时需要站在普通消费者的角度,将消费者在日常选购商品时所处的环境因素及心理因素纳入作为主要考量因素,即普通人在购买商品时难以施以高度注意力,且不具备专业知识,一般通过商品的包装装潢判断是否是其所需商品,从而难以发现其购买的商品并非正品。

3. 包装、装潢形成混淆的认定

判断行为是否构成不正当竞争除要求被控侵权的商品的包装、装潢与权利人的商品的包装、装潢构成近似且权利人的商品的包装、装潢知名度较高外,还需要判断被控侵权的包装、装潢与权利人的包装、装潢是否已经形成混淆。关于是否构成混淆的认定,又具体分为主观混淆和客观混淆。客观混淆与是否构成相似的比对相关联,在实践层面常可以利用电商平台拍照识图的功能来证明已形成客观混淆。而主观混淆则是指造成了相关公众,包括消费者和官方的混淆与误认,具体可以在微博、贴吧、抖音、网易新闻、大众点评等社交平台和新闻媒介中检索关键词与相关图片,通过了解相关公众所发表的言论来判定。此外,倘若使用的相似包装、装潢的商品都属于快消品,类别一致或近似,消费群体有所重合,也会增加主观混淆的可能性和潜在危险性。

4. 包装、装潢行为担责结果的认定

若经营者符合综上的所有认定标准,那么根据《反不正当竞争法》的相关规定,就构成了不正当竞争行为,给他人造成损害的,应当依法承担民事责任。司法实践中,针对使用混淆包装、装潢商品的生产商和销售商又有相区别的认定标准,生产商生产销售相关产品,恶意度显著,应当停止不正当竞争行为,即停止生产销售与权利人商品包装、装潢相似的产品,并赔偿相应的损失。相关侵权产品的销售商往往在不正当竞争行为的实施过程中也发挥了重要作用,销售商将侵权产品销售给消费者,帮助制造商打通销售渠道,为相关侵权产品的流通提供了便利,因其不正当竞争行为直接给权利人造成了损失,同样侵害了权利人的装潢权。并且在很多情况下,销售商销售的产品种类多样,必然会知晓熟悉知名商品的包装、装潢,很难主张自己主观非恶意,因此大多数销售商没有尽到合理的注意义务,也应当承担相应的责任。

三、百威诉鑫利源案模仿包装、装潢的不正当竞争行为的认定分析

在百威诉鑫利源案中,被告聊城百威与鑫利源公司生产销售与原告百威公司的百威啤酒相近的包装、装潢的产品,实施不正当竞争行为,恶意攀附原告百威公司的知名度,损害了其合法权益,破坏了中国良好的营商环境,影响了百威中国等外资企业在中国稳健发展的信心。

聊城百威及鑫利源公司作为生产商,应当培养自己的品牌,自行设计产品的包装、装潢,而不是抄袭知名品牌的包装、装潢,通过“搭便车”的方式获取利润,虽获得的利润较高,但对于企业发展来讲,并不是一条可行的路线,唯有培养自己的品牌,保证产品的品质,才能获得消费者的青睐,促进企业良好发展。柳羽烟杂店作为终端销售商,其销售行为是生产商不正当竞争行为的延续,因此,柳羽烟杂店应尽到谨慎合理注意义务,拒绝销售侵权产品,避免扩大权利人的损失。营造良好的法治营商环境,减少不正当竞争行为,促进我国对外开放事业的蓬勃发展,需要各方共同努力。

全国统一大市场视野下上海市浦东新区公平竞争审查立法路径

翟　巍*

2016 年 6 月，国务院发布《关于在市场体系建设中建立公平竞争审查制度的意见》，要求建立公平竞争审查制度，以规范政府有关行为，防止出台排除、限制竞争的政策措施。① 这一里程碑式事件开启了我国公平竞争审查制度的建构与优化进程。

以强化公平竞争意识为导向，提升针对滥用行政权力排除、限制竞争行为的立法质效，能够显著助力全国统一大市场建设。② 在新发展战略格局下，浦东新区被定位为社会主义现代化建设的示范引领区。③ 在该区施行公平竞争审查立法，既是现有公平竞争审查制度汇成式创新的重要体现，又是优化该区域营商环境的必然要求和完善该区域法治建设的现实需要，这将为该区域的"集成式改革"和"制度型开放"夯实法治保障基础。

依据产业经济学的 SCP（结构—行为—绩效）分析范式，政府是市场的内生变量，而非外生变量。浦东新区公平竞争审查立法的制度性创新与该区营商环境的优化效果存在正相关关系。在 SCP 范式下，公平竞争审查立法能够促进浦东新区

---

* 翟巍，华东政法大学经济法学院副教授，华东政法大学竞争法研究中心执行主任，德国美因茨大学法学博士。本文系 2023 年度上海市人民政府决策咨询研究项目"浦东新区公平竞争审查立法研究"（项目编号：2023 - Z - X07）结项成果。

① 参见国务院《关于在市场体系建设中建立公平竞争审查制度的意见》（国发〔2016〕34 号）。

② 参见吴振国：《加强反垄断执法，保护市场公平竞争》，载《竞争政策研究》2019 年第 5 期。

③ 参见中共中央、国务院《关于支持浦东新区高水平改革开放打造社会主义现代化建设引领区的意见》（2021 年 4 月 23 日）。

竞争政策体系的迭代升级,进而形成可复制、可推广的模式经验,释放浦东新区特别立法的示范效应和溢出效应,推进全国统一大市场的建设进程。

一、浦东新区公平竞争审查法规与建设全国统一大市场目标的契合性

浦东新区公平竞争审查法规是实现建设全国统一大市场目标的制度性工具。就条款设计而言,浦东新区公平竞争审查法规包括“个性条款”(具有地域属性的条款)和“共性条款”(不具有地域属性的条款)。这两类条款分别从“属地性+精准性”和“全国性+通用性”的维度推进全国统一大市场的法治保障建设。

(一)浦东新区公平竞争审查法规中的“个性条款”契合建设全国统一大市场目标

浦东新区公平竞争审查法规中的“个性条款”具体是指:上海市人大及其常委会依据浦东新区独特的发展定位、市场成熟程度、财政资源、产业布局等情况而制定的公平竞争审查机制的细化实施条款。

总体而言,全国统一大市场国家战略不应被简单诠释为“全国各区域市场一样化战略”或“全国各区域市场一体化战略”。由于浦东新区与其他各地理区域在国家发展定位、经济发展程度、资源配置、产业布局等方面存在差异,因而浦东新区和其他地区的政策制定机关有必要按照公平竞争审查制度的要求,依据所辖区域市场现状制定个别化与精准化的行政援助政策措施,共同推进全国统一大市场的构建进程。① 基于此,浦东新区公平竞争审查法规中的“个性条款”应是属地化、精准化实施公平竞争审查制度的条款,这类条款不仅没有违背构建全国统一大市场的宗旨,而且有助于推进全国统一大市场的构建进程。

(二)浦东新区公平竞争审查法规中的“共性条款”契合建设全国统一大市场目标

浦东新区公平竞争审查法规中的“共性条款”具体是指:上海市人大及常委会依据《反垄断法》及公平竞争审查制度的要求,针对不仅在浦东新区存在,而且在全国普遍存在的各类行政垄断问题设置的条款。从立法功能角度分析,这类“共性条

---

① 参见刘志彪:《长三角区域高质量一体化发展的制度基石》,载《人民论坛·学术前沿》2019年第4期。

款”可以通过设立“正面清单”和“负面清单”的方式,为全国其他区域实施公平竞争审查制度提供参照和借鉴。进一步来说,通过评估、分析浦东新区公平竞争审查立法中“共性条款”的实施效果,可以由点及面、由局部带动整体,反过来推进我国公平竞争审查实施机制的优化,强化构建全国统一大市场的法治保障机制。

二、浦东新区公平竞争审查立法的预设目标和功能定位

鉴于先行先试、稳步推进的立法思路,浦东新区公平竞争审查立法应当细分为前后相续的两阶段。在第一阶段,由浦东新区人民政府(或该区人大及其常委会)先行制定关于公平竞争审查的管理措施,固化既有的审查经验,并确立“破法点”和“创新点”;在第二阶段,由上海市人大及其常委会在管理措施基础上,去芜存菁,补充、修正、整合管理措施内容,最终制定浦东新区公平竞争审查法规。

浦东新区公平竞争审查立法的总体目标是:遵循《中共中央、国务院关于支持浦东新区高水平改革开放打造社会主义现代化建设引领区的意见》关于“强化竞争政策基础地位”的要求,突破公平竞争审查既有规则,创制新型规则、标准,以法治手段推动浦东新区的高水平改革开放。具言之,浦东新区公平竞争审查立法具有以下五个维度的预设目标与功能定位:

(一)构筑浦东新区经济发展的“稳定器”和“助推器”

在浦东新区具有集成电路、人工智能、生物医药等高新技术产业群,这些产业群的健康发展有利于提升我国在国际竞争中的核心竞争力,并解决欧美发达国家对我国在核心技术领域的“卡脖子”问题。因此,在浦东新区公平竞争审查立法中,有必要厘定明确和清晰的高新技术产业领域公平竞争审查“安全港”标准,从而为浦东新区高新技术产业的发展赋能,确保浦东新区政府对这类产业群的倾向性扶持于法于规有据,契合比例原则(调制适度原则)要求。①

除上所述,在我国新时期社会主要矛盾发生变化的背景下,浦东新区政府保障社会公共服务供给的职责日益拓展与强化;基于此,有必要以实现共同富裕为导向,通过立法厘定社会保障领域公平竞争审查豁免的准则、标准与参考指标,最终在横向与纵向层面塑造浦东新区社会公共服务立体化供给的格局。

---

① 参见张守文:《经济法基本原则的确立》,载《北京大学学报(哲学社会科学版)》2003年第2期。

(二)定向赋能浦东新区的前瞻性、引领性改革创新机制

由于上海市人大及其常委会享有制定浦东新区法规的中央特别授权,因而它们可以通过制定浦东新区公平竞争审查法规的方式,为浦东新区的前瞻性、引领性改革创新机制定向赋能。通过浦东新区公平竞争审查立法,不仅可以锚定浦东新区政府和市场在推进产业迭代升级、提升产业链水准方面的连接点和着力点,而且能够搭建浦东新区对标高标准国际经贸规则的端口和渠道,推动浦东新区进行"更深层次、更大力度的压力测试",从而为在浦东新区全域打造特殊经济功能区奠定法治基础。

(三)夯实公平竞争审查制度的"脱虚向实"实施机制

自2016年公平竞争审查制度创设以来,虽然该项制度的基本架构渐趋成熟,但依然缺乏精细化、实操化的施行标准,也欠缺相关联的参考指标评价体系。

基于此,在浦东新区公平竞争审查中,上海市人大及其常委会有必要推进公平竞争审查制度的"脱虚向实",夯实这一制度的落地实施机制。一方面,有必要探索在现行公平竞争审查制度中嵌入具有可量化性、可验证性与可操作性特征的量化评价指标体系①;另一方面,有必要构建竞争政策和产业政策的协同实施、保障机制,打破各种制约全国统一大市场建设的显性、隐性壁垒,更好地发挥竞争政策对产业政策的统领、协调与矫正作用。②

(四)引领建构长三角区域的公平竞争审查联动机制

在浦东新区公平竞争审查立法架构下,上海市人大及其常委会有权制定关于禁止与豁免区域财政补贴的地方性规定,以清晰划定政策制定机关实施的合法市场干预行为与非法行政垄断行为之间的界限。这可为建构长三角区域公平竞争审查联动机制提供试点经验。

上海市人大及其常委会通过浦东新区公平竞争审查立法,可以探索以跨区域

① 参见经济合作与发展组织:《竞争评估工具书》(第二卷2:指南),版本2.0,载经济合作与发展组织官网2010年3月10日,https://www.Oecd.org/zh/publications/2-0-2_2450f4d9-zh.html。

② 参见宾雪花:《产业政策法与反垄断法之协调制度研究》,中国社会科学出版社2013年版,第59页。

沟通与协作的方式，全面推行公平竞争审查制度，消除由地方行政垄断行为造成的长三角区域内的地区封锁与行政藩篱，进而塑造长三角区域市场一体化态势，提升长三角区域市场一体化效益，并为促进全国统一大市场的形成与发展提供助益。①

在浦东新区立法试点基础上，长三角三省一市政府及其下属各级政策制定机关可以逐步建构、优化公平竞争审查联动机制，动态平衡经济欠发达地区与经济发达地区之间的利益冲突，使这两类地区实现共赢式的协调性发展。

（五）探索建立国内国际公平竞争审查规则的相互衔接机制

通过浦东新区公平竞争审查立法，不但能够为强化全国统一大市场的建设提供可复制、可推广模式，而且可以为我国有效应对当前国际经济局势承担起"试验田"角色，稳步提升公平竞争审查制度的实施效能。

WTO②、RCEP③、CPTPP④ 等相关国际规则均对公平竞争设定了明确要求。基于此，上海市人大及其常委会可以通过浦东新区公平竞争审查立法，探索建立国内国际公平竞争审查规则的相互衔接机制，助推我国参与构建和引领国际通用的公平竞争审查新规则。

三、浦东新区公平竞争审查立法的程序性创新设计

浦东新区公平竞争审查立法中，在现有公平竞争审查架构之外建构公平竞争集中统一审查机制应当构成重要的"着力点"和"创新点"。《公平竞争审查条例（征求意见稿）》第 40 条亦对此问题进行了创新性探索。⑤

---

① 参见国务院《关于进一步推进长江三角洲地区改革开放和经济社会发展的指导意见》（国发〔2008〕30 号）。

② 世界贸易组织（World Trade Organization），简称世贸组织（WTO），是一个独立于联合国的永久性国际组织。该组织前身是 1947 年 10 月 30 日签订的《关税与贸易总协定》。

③ 《区域全面经济伙伴关系协定》（Regional Comprehensive Economic Partnership，RCEP）是 2012 年由东盟发起，历时八年，由包括中国、日本、韩国、澳大利亚、新西兰和东盟十国共 15 方成员制定的协定。

④ 《全面与进步跨太平洋伙伴关系协定》（Comprehensive and Progressive Agreement for Trans－Pacific Partnership，简称 CPTPP）是美国退出跨太平洋伙伴关系协定（TPP）后该协定的新名字。

⑤ 《公平竞争审查条例》（征求意见稿）第 40 条【细化政策措施】规定："各地区、各部门可以结合实际情况，制定本地区、本部门公平竞争审查的具体规则和工作办法。鼓励有条件的地方确定专门的审查机构，负责统一对有关政策措施开展公平竞争审查。"但正式公布的该条例删去了本条的内容。

(一)建构浦东新区公平竞争集中统一审查机制的必要性

依据现行公平竞争审查制度,各地区、各部门的政策制定机关在进行自我公平竞争审查时,存在审查口径不统一、不一致的情形,这损害了公平竞争审查制度的实施效能。此外,若干政策制定机关的审查人员专业素质欠缺,配备力量有限,导致这类机关在自我公平竞争审查时存在欠缺准确性和效率性的痼疾。因此,建构浦东新区公平竞争集中统一审查机制具有必要性。

基于量力而行、稳步审慎推进集中统一审查机制的考虑,目前设定浦东新区全域的公平竞争审查的集中统一审查机制的条件尚不成熟,因而可以在浦东新区公平竞争审查管理措施及后续立法中先设定部分集中统一审查机制。例如,可以考虑先针对政府招投标、市政工程、基础设施建设等重点领域实施集中统一审查机制,或者先针对招商引资政策、财政奖补政策等特定事项设立提级集中统一审查机制。

(二)构建常态化的浦东新区公平竞争集中统一审查机构

建立浦东新区公平竞争集中统一审查机制,其关键步骤之一是构建常态化的集中统一审查机构。当前,浦东新区公平竞争委员会①是该区公平竞争审查的议事协调机构。因此,可以考虑在符合编办要求的前提下,将浦东新区公平竞争委员会升格为实体化机构,设置规范化的运行机制,使其成为常态化的集中统一审查机构。在组织架构和人员配置上,浦东新区公平竞争委员会可由常设人员、非常设人员及第三方辅助人员构成。

在浦东新区建立全域集中统一审查机制之前,部分集中统一审查制度与会审制度应当并行适用,对于列入《集中统一审查目录》的具体事项实施集中统一审查,其他事项仍依据或参照会审制度实施审查。②《集中统一审查目录》应由浦东新区公平竞争委员会制定,并按年度予以更新。

对于列入《集中统一审查目录》的政策措施,应由浦东新区公平竞争委员会牵

---

① 参见浦东新区人民政府办公室《关于成立浦东新区公平竞争委员会的通知》(浦府办〔2023〕20号)。

② 2020年,上海市在临港新片区率先试行公平竞争审查会审机制。2021年,上海市在全市范围内推广公平竞争审查会审机制,并于2022年实现会审制度市区两级人民政府全覆盖。相关程序性规定参见《上海市公平竞争审查会审程序暂行规定》。

头、组织、实施、督促集中统一审查。对于未列入《集中统一审查目录》的政策措施，应由市、区两级市场监管部门牵头、组织、实施、督促会审或一般性公平竞争审查。具言之，市、区两级市场监管部门应当承担前端和后续两个环节的职责。在前端环节，市场监管部门应当发挥牵头、引导、协调、督促作用，推进各层级政府部门、各行业主管部门实施公平竞争审查工作。在后续环节，市场监管部门应当履行监督职责，构建对相关政策制定机关未履行、未充分履行、未适格履行公平竞争审查义务行为的闭环监督机制。

（三）细化浦东新区部分集中统一审查机制的程序性设计

在浦东新区公平竞争审查管理措施及后续法规中，可对并行适用会审制度和部分集中统一审查制度作出如下程序性规定：

“属于下列情形之一的政策措施，除列入《集中统一审查目录》的以外，政策制定机关在作出公平竞争审查结论后，应当提请市市场监管部门开展会审：

“（一）起草部门依法需要报请市政府制定的涉及经营主体经济活动的政策措施；

“（二）列入区政府重大行政决策事项目录的政策措施；

“（三）‘安全港’措施；

“（四）本级公平竞争审查工作协调机构认为需要会审的其他政策措施。

“属于下列情形之一的政策措施，政策制定机关在作出公平竞争审查结论后，应当提请浦东新区公平竞争委员会开展集中统一审查：

“（一）列入《集中统一审查目录》的政策措施；

“（二）本级公平竞争审查工作协调机构认为需要集中统一审查的其他政策措施。

“在必要情形下，市反垄断和公平竞争委员会可以提级实施集中统一审查。”

（四）在集中统一审查机制中嵌入“提前介入”环节

在浦东新区部分及全域公平竞争集中统一审查机制中应当嵌入“提前介入”环节，使公平竞争审查的监管介入节点前移，能够对处于萌芽状态的违反公平竞争审查标准的行为予以及时干预和纠正，从而减少政策制定机关的行政成本，提升事前、事中、事后的全链条公平竞争审查效能。

具体来说，政策制定机关在草拟政策措施阶段，就应将相关草案信息报送浦东新区公平竞争委员会备案,该委员会应当对报送的草案信息进行形式审查和抽检式实质审查。在制定拟出台政策措施的全周期,政策制定机关都应当接受浦东新区公平竞争委员会的指导和监督。政策制定机关对草拟的政策措施是否违反公平竞争审查标准或者是否产生严重排除、限制竞争后果存在重大疑问的,可以提请浦东新区公平竞争委员会对草拟政策措施进行预先审查,并形成对政策制定机关具有约束力的书面预审意见。

四、浦东新区公平竞争审查立法的实体性创新设计

在实体性创新设计层面,浦东新区公平竞争审查立法可以聚焦于以下两个维度:其一,坚持问题导向,细化和深化现有公平竞争审查制度的内容。例如:拓展现有负面清单范围,制定“安全港”标准,细化例外规定适用标准,并推进竞争政策和产业政策协同实施机制的建构。其二,兼顾引领导向,在拟定的浦东新区公平竞争审查法规中嵌入企业承诺制度等全新设计,开拓立法创新思路与空间。

(一)设立浦东新区公平竞争审查法规中的负面清单(黑名单)

在浦东新区公平竞争审查立法中,一个关键的“着力点”和“创新点”是在现行公平竞争审查负面清单(18项禁止行为)基础上,增设新型的违反公平竞争审查标准的行为类型,并在浦东新区公平竞争审查法规中植入制定行业型公平竞争审查负面清单的授权条款,从而逐步制定行业属性的细化、具化的公平竞争审查负面清单,夯实公平竞争审查制度的落地实施机制。

1.在负面清单中增设新型的违反公平竞争审查标准的行为类型

在前期调研和达成共识的基础上,上海市人大及其常委会可以通过浦东新区公平竞争审查立法,针对财政奖补、招商引资等领域常见的、严重妨碍全国统一大市场建设的突出问题,在现行公平竞争审查负面清单基础上增设新型的违反公平竞争审查标准的行为类型,划清公平竞争审查的“红线”,并动态调整负面清单。具体来说,在负面清单中可以增设以下行为类型:其一,对于低水平重复建设产业的企业给予财政补贴;其二,对于高污染、低效率产业的企业给予财政补贴;其三,对于濒临被淘汰境地产业的企业给予财政补贴;其四,纯粹为参与地区之间的“补贴竞赛”而对企业给予财政补贴;其五,不顾地方财政支付能力,违反“物有所值”原则而对企业给予财政补贴。

2. 植入制定行业型公平竞争审查负面清单的授权条款

在浦东新区公平竞争审查法规中植入制定行业型公平竞争审查负面清单的授权条款，授权行业主管部门逐步制定行业属性的公平竞争审查负面清单，可以进一步强化公平竞争审查的指引性和实操性。举例来说，未来浦东新区发展和改革委员会（以下简称浦东新区发改委）可以依据授权条款，制定公共资源交易领域的公平竞争审查指引。[①] 浦东新区发改委借助这一指引，能够厘定浦东新区公共资源交易领域内公开招投标、政府采购、公开拍卖等不同类型行政行为的合法性界限，确保各类行政行为契合比例原则与谦抑原则的要求，进而形成可复制、可推广的模式经验，在上海乃至全国公共资源交易领域予以推广。

（二）设定浦东新区公平竞争审查“安全港”标准及例外规定适用标准

在浦东新区公平竞争审查立法架构下，上海市人大及其常委会可以考虑结合浦东新区具体情况，借鉴欧盟等域外先进模式，设立浦东新区公平竞争审查管理措施和之后立法中的“安全港”标准，夯实公平竞争审查例外规定的落地适用机制。在制度设计层面，“安全港”标准及例外规定适用标准的设定应当具有针对性和可操作性，并符合科学、创新、审慎原则。这些标准既应当充分彰显对建设浦东新区示范引领区定向赋能的立法主旨，又应当避免过于宽泛使用特殊立法授权，以致被其他区域盲目仿效，产生负面的法规溢出效应。

1. 浦东新区公平竞争审查“安全港”标准的设定路径

通过浦东新区公平竞争审查立法，应当为政策制定机关实施高新技术产业鼓励、扶持措施设定“安全港”标准和“防火墙”机制，助推浦东新区实现“打造自主创新新高地和世界级产业集群”的产业发展目标。此外，在浦东新区公平竞争审查立法中，还应对标浦东新区示范引领区的战略定位，将示范引领区导向型财政补贴统一纳入符合“安全港”标准的政策措施范畴。

（1）最低限度财政补贴

在浦东新区公平竞争审查立法中，应当抓大放小，将等于或低于某一特定微小数额（阈值）的财政补贴直接界定为符合“安全港”标准的政策措施，以节省公平竞

---

① 需要注意的是，公共资源一般是指由国家所有或控制的具有社会公共性特征的自然、经济与社会资源。它的外延范畴包括但不限于公共工程建设项目、土地使用权和矿业权、海洋资源、河流资源、碳排放权、排污权、林权。

争审查执法资源。也就是说,如果浦东新区政策制定机关给予一家企业等于或低于某一特定微小数额(阈值)的财政补贴,以至于这一补贴基本不可能扭曲全国统一大市场的竞争机制,那么浦东新区政策制定机关可以直接实施该项政策措施,而无须进行公平竞争审查。

为了防止最低限度财政补贴条款被滥用,公平竞争审查机关在计算某一企业所获财政补贴的数额时,不仅应当评估同一家企业在一定期间内获得的财政补贴总数额,以防止政策制定机关通过"蚂蚁搬家"方式为同一家企业提供过量补贴,而且应当在计算一家企业所获财政补贴数额的同时,计算这家企业所属企业集团所获财政补贴的总数额,并在必要情形下,将整个企业集团视为单一的企业主体,并据此评估是否适用最低限度财政补贴条款。在这一条款设计层面,欧盟等域外模式可资借鉴。例如,欧盟委员会在适用最低限度条例时,就将整个企业集团视为单一的企业主体。①

(2)促进研究、发展与创新的财政补贴

依据《浦东新区产业发展"十四五"规划》和《浦东新区促进制造业高质量发展"十四五"规划》,浦东新区将"增强自主创新能力,强化高端产业引领功能",着力打造三大世界级产业集群。基于此,在浦东新区公平竞争审查立法中,应当设定财政补贴强度上限,并将低于这一强度上限的促进研究、发展与创新的财政补贴直接界定为符合"安全港"标准的政策措施。可以细分为两类:"对于浦东新区创新集群提供的财政补贴"和"对于浦东新区研究基础设施的建设与升级提供的财政补贴"。

其中,"对于浦东新区创新集群提供的财政补贴"旨在消除"与协调问题(coordination problems)相关联的浦东新区市场失灵现象"。这里所述的协调问题能够导致以下两项负面后果:其一,妨碍集群发展;其二,限制在集群内部与集群相互之间发生的互动影响与知识流转。"对于浦东新区研究基础设施的建设与升级提供的财政补贴"主要解决"由协调困难(coordination difficulties)导致的市场失灵问题"。具体而言,由于浦东新区高质量的研究基础设施可以吸引全球人才,因而这类设施对于实现该区突破性研究目标来说具有日益提升的重要性。基于此,浦东新区研究基础设施的建设与升级具有获得适格财政补贴的必要性与迫切性。②

① Vgl. NBank, Merkblatt zu De – minimis – Regelungen, Stand: Mai 2018, S. 1.

② 参见翟巍:《欧盟公平竞争审查制度研究》,中国政法大学出版社2019年版,第67页。

(3)示范引领区导向型财政补贴

为了彰显浦东新区作为示范引领区的战略定位,应当在综合评估的前提下量化界定一项财政补贴数额(阈值),并将等于或低于该项数额(阈值)的示范引领区导向型财政补贴统一纳入符合“安全港”标准的政策措施范畴。具体来说,示范引领区导向型财政补贴应当包括为实现以下子目标而针对企业实施的财政补贴:①促进浦东新区公共服务的均衡性和优质性;②促进浦东新区教育、养老体系的迭代升级;③从多维度促进浦东新区社会保障体系的建设;④促进浦东新区下辖不同区域发展的均衡性和协同性。

2. 浦东新区公平竞争审查例外规定适用标准的设定路径

在浦东新区公平竞争立法架构下,“安全港”标准和公平竞争审查例外规定存在适用的先后顺序。在对一项拟议出台的政策措施进行公平竞争审查时,应当首先评估该项政策措施是否符合“安全港”标准的适用要求;如果该项政策措施不符合“安全港”标准的适用要求,那么进一步评估针对该项政策措施是否适用公平竞争审查例外规定。

鉴于浦东新区的独特发展定位和产业格局,上海市人大及其常委会可以考虑在该区公平竞争审查立法中拓展公平竞争审查例外情形的范围,为契合浦东新区高质量、高水平发展目标的行政扶持措施“松绑”,推动浦东新区经济实现包容性和可持续性增长。

依据浦东新区“四个中心”、“四大功能”和“六大硬核”的产业发展定位,在该区公平竞争审查例外规定适用情形中可以考虑新增以下场景:①港口公共卫生安全;②大数据资源安全;③生物医药安全;④人工智能安全;⑤研究基础设施的建设与升级;⑥提升硬核产业的产业链整体水准。

借鉴澳大利亚公平竞争审查模式与欧盟国家援助规制模式①,浦东新区公平竞争审查例外规定的适用应当遵循必要性原则、适当性原则、相称性原则和透明性原则,以防范例外规定被误用或滥用(见表1)。

---

① 参见孙晋、詹昊主编:《中国与世界:竞争法发展研究报告(2017年卷)》,法律出版社2018年版,第427页;Europäische Kommission, Mitteilung der Kommission, Leitlinien für staatliche Beihilfen zur Rettung und Umstrukturierung nichtfinanzieller Unternehmen in Schwierigkeiten, Rn. 39.

表1 公平竞争审查例外规定适用原则类型及内涵

类型	内涵
必要性原则	仅当一项具有排除、限制竞争影响的政策措施能够有效维护市场机制自身无法维护的某一项关键性社会公共利益或国家利益时,才可针对该项措施适用例外规定
适当性原则	仅当一项具有排除、限制竞争影响的政策措施必须是实现某一项关键性社会公共利益或国家利益目标的一种适当的政策工具,并且没有其他的能够产生同等效应并能够对市场竞争秩序损害更小的政策工具时,才可针对该项措施适用例外规定
相称性原则	仅当一项具有排除、限制竞争影响的政策措施对市场竞争秩序的损害程度被限定在"为维护某一项关键性社会公共利益或国家利益所必需的最低限度"时,才可针对该项措施适用例外规定
透明性原则	反垄断执法机关、利益相关方为了对一项具有排除、限制竞争影响的政策措施施行有效监督,必须能够依法获取作为该项政策措施实施依据的所有相关条款内容与所有相关信息。仅在此情形下,才可针对该项措施适用例外规定

3. 浦东新区竞争政策和产业政策协同实施机制的建构路径

浦东新区公平竞争审查立法的一项重要"着力点"和"创新点"是探索建构竞争政策和产业政策的协同实施、保障机制,打破该区各种制约全国统一大市场建设的显性、隐性壁垒,更好地发挥该区竞争政策对产业政策的统领、协调与矫正作用。由于竞争政策与产业政策都属于公共政策体系,因而公共政策体系内置的公共权力的统一性与自洽性构成浦东新区竞争政策与产业政策之间冲突化解的法理前提。①

总体而言,竞争政策和产业政策均是社会主义市场经济体制下内生的经济政策,它们同样具有克服与消弭市场竞争机制固有缺陷、不足的功能。因此,浦东新区产业政策不应成为政策制定机关消解市场竞争机制效能的工具,而应成为政策制定机关补充、维护、强化市场竞争机制效能的工具。② 也就是说,浦东新区产业政

① 叶卫平:《反垄断法价值问题研究》,北京大学出版社2012年版,第206页。

② 参见王先林:《市场取向的经济改革与中国反垄断法的产生和发展》,载王先林主编:《竞争法律与政策评论》第1卷,上海交通大学出版社2015年版。

策不应具有歧视属性。产业政策既不应当自动歧视,也不应当自动偏袒某家企业、某些企业、某地域企业或某行业企业。①

(1)强化竞争政策对重点领域产业政策的引导和协调

在浦东新区公平竞争审查立法架构下,应当以竞争政策为基础,统领、协调其他经济政策,并且加强产业政策和竞争政策之间的协同、融合。总体而言,竞争政策与产业政策的最终目标均应为维护社会公共利益与国家利益。②

构建浦东新区竞争政策与产业政策的协同实施机制,应当重点加强对以下领域产业政策全周期的引导和协调:①基于发展导向,与推进浦东新区高水平改革开放、赋能上海“五个中心”建设、引领长三角区域一体化发展战略相关联的各类政策措施;②基于创新导向,与支持传统产业迭代升级、促进高科技产业创新、培育集群产业发展新动能相关联的政策措施;③基于需求导向,与打造浦东新区示范引领区、推进浦东新区经济社会可持续发展相关联的配套政策措施;④浦东新区公平竞争委员会认为应当予以重点引导和协调的其他政策措施。

(2)推进产业政策向普惠化和功能性转型

在竞争政策的统筹引领下,浦东新区产业政策应当向普惠化和功能性转型,聚焦于对高新技术创新和产业结构升级的系统性支持。这表现在以下三方面:其一,浦东新区产业政策应实现从“赋能特定经营者”向“赋能战略性产业发展”的系统性转型。基于此,浦东新区产业政策应当被定性为执行国家经济发展战略的制度性工具。其二,在浦东新区产业政策中应当植入竞争政策、创新政策、环保政策的理念、标准。在功能定位上,浦东新区产业政策应当聚焦于实现全局性、长期性经济发展目标,而非短期性、局部性发展目标。其三,公平竞争审查机关应当遵循“事前竞争影响评估 + 实施后绩效评估”并重模式,依据浦东新区的经济发展态势和市场竞争态势,建立针对产业政策的全周期科学评估机制,并设置产业政策的动态调整和废止机制。

(三)在浦东新区公平竞争审查法规中嵌入企业承诺制度的立法设计

依据影响生产经营成本等公平竞争审查标准,在全国统一大市场视野下,如果

① 参见[美]威廉·科瓦西奇、[英]林至人、[英]德里克·莫里斯:《综合报告》,载[美]威廉·科瓦西奇、[英]林至人、[英]德里克·莫里斯编著:《以竞争促增长:国际视角》,中信出版集团 2017 年版。

② 宾雪花:《产业政策法与反垄断法之协调制度研究》,中国社会科学出版社 2013 年版,第 59 页。

一个企业在外省市获得不符合公平竞争审查标准的财政补贴,那么该企业在浦东新区乃至上海经营时就具有不公平的竞争优势,这会扭曲浦东新区、上海乃至全国的市场竞争机制。

为了避免上述情况,上海市人大及其常委会可以借鉴欧盟《关于外国补贴扭曲内部市场条例》的立法设计①,在制定浦东新区公平竞争审查法规时嵌入企业承诺制度。在设定企业承诺制度实施机制时,应当采取事前承诺(形式审查)+事后审查(依据举报或相关线索进行实质审查)模式。负责审查的机关为相关产业的主管机关,浦东新区公平竞争委员会对此发挥指导、监督作用。基于上述,本文对企业承诺制度提出以下建议草案:

1. 承诺主体和承诺场景

若在浦东新区从事实质性经营活动的企业(总营业额达到法规设定阈值)申领浦东新区的财政资助,申领浦东新区政府基金,参与浦东新区的政府招投标、公共采购以及通过其他途径获得来源于浦东新区政府财政的补贴利益,则需要作出在浦东新区以外未获得违反公平竞争审查标准的财政补贴的承诺。

2. 事前承诺流程和承诺内容

在浦东新区从事实质性经营活动的企业(总营业额达到法规设定阈值)应当以书面形式,向相应审查机关做出以下承诺:"在承诺年度之前的5年期间,在浦东新区以外的国内区域未获得违反公平竞争审查标准的财政补贴。"这一承诺是这类企业获得浦东新区财政补贴以及其他政府财政利益的前置要件。

审查机关应当在收到符合形式要件的承诺之日起10个工作日内,对承诺进行形式审查,主要审查承诺企业的适格性、承诺内容的完备性等。如果在形式审查期间,审查机关发现承诺企业不适格,那么应当驳回书面承诺。在形式审查期间,审查机关发现承诺内容不完备或存在模糊性,可以要求作出承诺的企业在规定期限内补正。

3. 事后审查流程

如果存在对企业违反已做承诺的举报,并且举报附有初步证据,或者审查机关主动发现企业已做承诺存在问题的线索,那么审查机关应当启动对企业已做承诺的事后审查流程。这一审查流程属于实质审查流程,审查期间为30个工作日。在

① See EU, *Regulation (EU) 2022/2560 of the European Parliament and of the Council of 14 December 2022 on foreign subsidies distorting the internal market*, OJ L 330, 23.12.2022.

审查期间，审查机关将对企业已做承诺的真实性、准确性、完整性进行全面审查，并作出最终审查结论。

4. 未提交承诺和违反承诺的处罚措施

如果企业应当提交承诺而未提交，或者企业提交的承诺欠缺真实性、准确性、完整性，那么审查机关有权取消或收回企业从浦东新区政府获得的财政补贴。自一家企业未提交承诺、违反承诺行为被确认之日起5年内，该企业不得申请任何来自浦东新区的政府资助、政府基金等财政补贴，也不得参与任何由浦东新区政府及其下属机关组织的招投标、公共采购等活动。

在个案情形下，如果审查机关依据市场审查工具进行评估，确认未提交承诺或违反承诺的企业的经营活动或投资活动对浦东新区产业发展和市场演进产生显著的利大于弊效果，那么审查机关也可决定对相关企业不再追责。

五、浦东新区公平竞争审查立法外向效应的强化路径

通过浦东新区公平竞争审查立法衍生的外向效应，不仅能够引领长三角区域公平竞争审查机制的建构、优化进程，定向赋能长三角区域一体化目标，而且能够由点及面，既为形塑我国经济法律制度的内部自洽性提供试点经验，又为将来我国依据对等原则反制欧美补贴预留法律空间。

（一）浦东新区公平竞争审查立法对长三角区域一体化的赋能效应

长三角区域既是我国实施“一带一路”倡议的重要节点区域，又是我国施行区域一体化战略启动最早、根基最优和发展最快的地理区域。① 以长三角区域为代表的区域市场一体化是构建全国统一大市场的关键节点和前提条件。在此前提下，上海市人大及其常委会可以在浦东新区公平竞争审查法规中植入长三角区域公平竞争联合审查机制的内容，有序推进长三角区域公平竞争审查的同质化与均等化。这将为京津冀、粤港澳大湾区等跨区域公平竞争联合审查机制的建设、优化提供参照经验，进而推进全国统一大市场的迭代发展。

1. 建构常态化的长三角区域公平竞争联合审查机制

在浦东新区公平竞争审查法治架构下，公平竞争审查机关在审查拟出台及已

① 参见王先林：《竞争政策助推长三角区域一体化发展》，载《社会科学报》2019年4月11日，第2版。

出台的涉及经营主体经济活动的政策措施是否具有排除、限制竞争效果时,不应当仅仅基于浦东新区乃至上海市市场予以评估,甚至不应局限于长三角区域市场进行评估,而应当基于全国统一大市场,按照SCP范式评估相关政策措施是否具有排除、限制竞争效果。①

在浦东新区公平竞争审查立法中,一方面,可以发挥该区公平竞争审查模式的龙头辐射作用,试点构建长三角区域的公平竞争审查信息即时共享网络,探索建立长三角三省一市公平竞争审查横向沟通与协作的方式;另一方面,可以推动长三角区域公平竞争的联合审查、交叉审查和交叉监督,夯实长三角区域公平竞争执法协作效能,最终建构常态化的长三角区域公平竞争联合审查机制。②

2. 推进长三角区域公平竞争审查的同质化与均等化

实现长三角区域一体化发展战略的基本前提之一是该区域公平竞争审查制度的专业化、均衡化与常态化施行。换言之,公平竞争审查制度不仅是长三角区域一体化发展战略施行的"稳定器"和"加速器",而且是确保该区域一体化发展与国民经济发展整体规划相互契合、融合的制度性工具。

基于域外借鉴视角,欧盟内部市场指数(Internal Market Index)是可适用于公平竞争审查评估的比较成熟的指数体系。这项指数体系是由12项基准指标加权总和而成,其数据来源由每个欧盟成员国提供。③ 在浦东新区公平竞争审查法规中,上海市人大及其常委会可以借鉴欧盟内部市场指数等域外体系,探索建立具有普适性、实操性的本土化公平竞争审查量化评估指标体系,厘定不同评估指标的数据来源和所占权重,这一量化评估指标体系可以成为未来长三角区域普遍适用的量化评估指标体系的"试水版"。这有助于逐步实现长三角区域公平竞争审查制度实施效能的同质化与均等化,最终塑造公平、开放、健康、有序的长三角区域公平竞争审查环境与市场营商环境。

以国家市场监督管理总局为代表的相关机关正在逐步创设竞争倡导、竞争状

---

① 可资借鉴的域外案例为:Judgment of the Court of 17 September 1980. – *Philip Morris Holland BV v. Commission of the European Communities.* – Aid to a cigarette manufacturer. – Case 730/79. 参见《欧洲国家援助法发展历程》,载[美]威廉·科瓦西奇、[英]林至人、[英]德里克·莫里斯编著:《以竞争促增长:国际视角》,中信出版集团2017年版,第117–118页。

② 参见翟巍:《公平竞争审查机制的实施路径:基于社会公共服务研究视域》,北京大学出版社2022年版,第376页。

③ See Tarantola S., Liska R., Saltelli A., et al., *The internal market index* 2004. EUR 21274EN, European Commission: JRC – Italy, 2004.

况评估等功能性审查工具,以推进竞争政策内部构造的转轨进程。在此基础上,有必要通过浦东新区公平竞争审查立法试点,进一步构建统一市场量化评估指标体系,从而设立有机联结政府规制行为所导致的促进竞争因素与约束竞争因素的"端点"。这可以从双向维度全面测评地方性与部门性政策制定机关在维护全国统一大市场过程中的总体表现情况,一并消除个别地方或部门行政主体"滥权"(主动实施排除、限制竞争行为)与"懒政"(怠于实施促进竞争行为)的双重乱象。

3. 助力长三角区域公平竞争审查的数字化、智慧化转型

我国已设定数字政府建设的整体框架和路线图,并明确提出数字政府与法治政府深度融合的要求。[①] 这为公平竞争审查的数字化、智慧化转型设定了新的目标。在长三角区域,浙江省等已经进行公平竞争审查的数字化、智慧化转型试点。例如,浙江省市场监管部门试运行首个"行政垄断行为智能监测应用系统",建立完整统一的省、市、县三级公平竞争审查数据库。

在浦东新区公平竞争审查立法中,上海市人大及其常委会也可通过对兄弟省份的经验调研,设定倡导性条款,引导浦东新区建立"公平竞争审查智能监测应用系统",为长三角区域公平竞争审查的数字化、智慧化转型进行立法试点。在试点过程中,应当明确相关审查数据的采集、处理、使用流程和公开标准、范围,并对浦东新区涉及经营主体经济活动的文件进行数字化大聚合,探索建立完整统一的浦东新区公平竞争审查数据库。此外,在浦东新区公平竞争审查立法中,亦应对在数字化、智慧化监管过程中处置数据的法律法规依据进行明确和补充,这包括以下场景:(1)公平竞争审查数据的提取、储存、管理、分配;(2)公平竞争审查数据在浦东新区各部门之间的互通、互换、互认、共享;(3)浦东新区和上海市其他区以及江浙皖之间公平竞争审查数据的互通、互换、互认、共享。

(二)浦东新区公平竞争审查立法与特殊经济功能区定位的链接路径

浦东新区被定位为国家的特殊经济功能区,在浦东新区公平竞争审查立法中应当体现和突出这一定位。具体来说,依据中央政府对浦东新区的发展定位,应当"在浦东全域打造特殊经济功能区,加大开放型经济的风险压力测试"[②]。

---

① 参见国务院《关于加强数字政府建设的指导意见》(国发〔2022〕14号)。

② 中共中央、国务院《关于支持浦东新区高水平改革开放打造社会主义现代化建设引领区的意见》(2021年4月23日)。

在浦东新区公平竞争审查立法中,可以从国内国际两个视角构建该项公平竞争审查立法和特殊经济功能区建设的有机衔接机制,使该项立法能够发挥对特殊经济功能区建设的探索、保障和推动效应。基于国内视角,在作为特殊经济功能区的浦东新区进行公平竞争审查立法探索,可以由点及面,为塑形我国经济法律制度的内部自洽性提供试点经验。基于国际视角,通过浦东新区公平竞争审查立法,可以借助法治工具进行开放型经济的风险压力测试,为将来依据对等原则反制欧美补贴预留法律空间。

1. 为形塑经济法律制度的内部自洽性提供"切入点"

基于SCP范式,全国统一大市场是对外开放、高质量发展的大市场,而经济法律制度是构建全国统一大市场的"稳定器"和"加速器"。只有在经济法律制度具有内部自洽性的情形下,它才能最大程度发挥为构建全国统一大市场保驾护航的作用。而浦东新区公平竞争审查立法可以为形塑我国经济法律制度的内部自洽性提供一个"切入点"。

具体来说,上海市人大及其常委会依据浦东新区的特别立法权,已经或者预备制定一系列关涉经济领域的地方性法规。如何使这些地方性法规和公平竞争审查法规之间实现兼容和协同,避免相互之间的抵牾与冲突,是上海市人大及其常委会需要解决的关键问题。而上海市人大及其常委会针对这一问题的解决方式、路径,也可为在全国统一大市场背景下实现我国公平竞争审查制度和其他经济法律制度的兼容和融合提供试点经验,从而确保全国统一大市场法治保障机制的内部自洽性。

2. 为将来依据对等原则反制欧美补贴预留法律空间

近年来,欧美发达国家及国家联盟逐渐开始推行单边主义、贸易保护主义等逆全球化政策。[①] 例如,欧盟、美国都出台了高额补贴本土芯片产业的法律法规。在这种情形下,如果欧美发达国家对本土某些高科技产业、新兴产业提供高额补贴,而我国对本土同类高科技产业、新兴产业所获补贴却进行严格限制,那么这在国际市场竞争中就可能导致"严于律己、宽以待人"的不公平竞争后果。

基于上述,上海市人大及其常委会可以在浦东新区公平竞争审查立法中进行

---

① See Foo Yun Chee, *EU's Vestager to set out plans to tackle China's state – backed firms*, https://www.cnbc.com/2020/03/02/reuters – america – eus – vestager – to – set – out – plans – to – tackle – chinas – state – backed – firms.html.

创新探索，依据国际国内产业链布局和发展态势，针对该区高科技产业、新兴产业、外向型产业设定对标国际经贸规则和具有可操作性的、精细化的公平竞争审查豁免标准，夯实这类产业经营者获得本土补贴的合法性基础，为这类产业经营者反制欧美发达国家的打压、封堵提供依据。

上海市人大及其常委会亦可以考虑在浦东新区公平竞争审查立法中设置“留白”条款或授权条款，为将来依据对等原则反制欧美补贴预留法律空间。不容忽视的是，借助浦东新区公平竞争审查立法路径，为我国审慎应对当前国际经济局势进行法治探索，实施浦东新区开放型经济的风险压力测试，具有以下显著优势：由于浦东新区公平竞争审查立法是获得特别立法授权的地方性立法，其影响范围和外溢效应有限，因而它具有较大的调整和“试错”“容错”空间。

综上所述，在国际国内双循环的新时代背景下，浦东新区公平竞争审查立法，可以依据我国统一大市场发展现状、产业规划布局，有序借鉴美国、欧盟、德国等域外经济体及兄弟省份关于公平竞争审查的治理经验，为强化全国统一大市场的法治保障建设提供可复制、可推广模式，并为我国有效应对当前国际经济局势承担起“试验田”角色，从而稳步提升公平竞争审查制度的实施效能，助力高效规范、公平竞争、充分开放的全国统一大市场建设。

竞争政策的国际协调

——困境与路径*

应品广**

一、引言

传统意义上,竞争政策着眼于维护国内市场的竞争环境、提高本国消费者的福利以及维护本国社会公共利益。但是,经济全球化特别是跨国公司的全球扩张,导致越来越多的限制竞争行为在波及范围上超越国界,表现为国际卡特尔、跨国公司滥用市场支配地位和跨国并购。这些行为在保留其既有危害性的同时,因其行为的跨国性而使问题变得更为复杂,无法单纯依靠国内法律予以解决。

传统的竞争政策通常只关注国内利益,缺乏对可能危及国际市场的跨国行为的规制动力。比如,对于固定价格、数量限制、串通投标、划分市场等核心卡特尔,各国的态度普遍严苛,但是对于出口卡特尔等限制竞争行为,由于符合国家的产业政策,或对国内市场影响较小,在一定程度上为各个国家的反垄断法所允许。同样,跨国并购可能增强跨国公司在国际市场的市场支配力,但是只要跨国并购为国内或区域内的消费者带来的好处超过合并可能对本国或本区域的竞争产生的影响,即使并购削弱了国际市场的竞争,一国反垄断主管机构也不会提出反对。最终的结果是本国获利,但是外国消费者承担大部分成本。因此,"如果各国的竞争主管机构持一种自私的态度,则其认为合理的竞争政策的实施就会对世界上其他国

---

* 本文为上海市哲学社会科学规划课题"对标 CPTPP 国有企业规则推进我国国资国企改革创新研究"(项目编号:2022BFX009)的阶段性成果。

** 应品广,上海对外经贸大学国际组织学院(贸易谈判学院)院长、副教授。

家造成损害”①。

可见，如果各国都对符合本国利益但是有损他国利益的限制竞争行为持相对保守的态度，那么国际垄断行为的不利影响就无法得到消除。此外，通常国际垄断行为的持续时间长、覆盖范围广、影响行业程度深，往往需要反垄断执法机构花费数年的时间调查取证，而其跨国性显然增加了调查取证以及查处的难度。最后，各国通过积极推行本国反垄断法的域外适用来维护本国利益，亦强化了管辖权冲突和法律冲突的可能性。

纵观当前竞争政策国际协调的历史，基本上可以将竞争政策的国际协调归于两类路径：一是“规则”路径，即试图通过达成统一的规则的方式规制国际垄断行为；二是“趋同”路径，即通过国际合作交流和国际组织的倡导性意见等，促进各国竞争政策的趋同，进而“自动”实现对国际垄断行为规制的协调。下文将重点对这两种路径进行对比分析，在正视各国多元的竞争政策理念和制度的基础上，探索应对国际垄断行为的可行路径，包括中国在其中承担的角色和责任。

二、竞争政策国际协调的“规则”路径

“规则”路径在单边、双边、区域和多边层面均已有探索，但是尚未形成有效规制国际垄断行为的效果。

（一）对国际垄断行为的单边回应

当国际垄断行为不仅影响本国，而且与本国存在“连接点”时，比如本国是垄断行为发生地或垄断经营者住所地，直接在本国适用竞争法（域内适用）是最佳选择。但是，这一实践的效果是有限的。出口卡特尔就是典型例子。由于出口卡特尔并没有对本国造成损害，同时进口国的竞争主管部门又无法找到恰当的连接点，因此进口国对这些危及自身的限制竞争行为很难行使管辖权。此外，更多的国际垄断行为（特别是国际卡特尔）发生在域外，单纯地适用本国竞争法不仅可能面临证据收集的难题，在某些情况下还可能导致外交摩擦。

鉴于竞争法域内适用的局限，美国最早在1945年通过司法判例确立了竞争法

① Hoekman Bernard & Kostecki Michel, *The Political Economy of the World Trading Symtem From GATT to WTO*, Oxford University Press, 1997, p. 256 – 257.

的域外适用效力①,建立了被称为"效果原则"的竞争法域外适用原则:本国竞争法可适用于境外发生但是对本国产生不利影响的限制竞争行为。在此之前,这被认为是"不可执行或侵犯国家主权的"②。但是,出于管辖的合理性的考虑,对于效果的程度是有限制的。美国《1982年对外贸易反托拉斯改进法》以及美国司法部和联邦贸易委员会于2017年最新修订的《反托拉斯法国际适用指南》均规定,只有域外的限制竞争行为对美国产生"直接、重大或可合理预见的效果"时,才可主张域外适用。此外,根据美国《1974年贸易法》第301条("301条款")的规定,美国可以对外国立法或行政上违反协定、损害美国利益的行为采取单边行动,这也包括排除、限制竞争的行为。比如,美国贸易代表办公室(USTR)可以根据举报或依职权开展贸易调查,在包括限制竞争行为在内的外国行为损害美国利益时,采取单边制裁措施。

很多国家都效仿美国的做法,确立了本国竞争法的域外适用效力。欧盟虽然未在其条约中直接体现域外适用制度,但是欧盟委员会的决定以及欧盟法院的判例实际上体现了类似于美国的效果原则的域外适用制度。比如,欧共体委员会在20世纪60年代的Dyestuffs案中就已经指出,《欧共体条约》的竞争规则适用于所有限制竞争行为,而不论"涉案企业是否在共同体内有住所"。该观点亦得到欧盟法院的认可。③ 不过,在实践中,欧盟更倾向于使用"单一经济实体原则"和"履行地原则"。单一经济实体原则是指,当欧盟域内的子公司受到欧盟竞争法规制时,欧盟域外的母公司及其关联公司等多个经济实体应被视为同一实体受欧盟竞争法的规制,除非后者能够证明其并未干预子公司的经营决策权。④ 这一原则可视为公司法中"揭开公司面纱"理论在竞争法领域的应用。依据欧盟实践,即便母公司能够证明其已经在集团内部制定竞争合规政策,或者仅仅实施了战略指导而非直接参与违法行为,仍不能免责。在Akzo Nobel案中,欧盟法院直接表明:对于全资子公司,母公司几乎不可能推翻欧盟委员会依据单一经济实体原则做出的违法认定。⑤ 因此,尽管理论上母公司可以举证推翻欧盟委员会的推定,但是在上述严格

① See United States *v.* Aluminum Co. of America (Alcoa), 148 F. 2d 416 (2d Cir. 1945).

② Eleanor Fox, *Toward World Antitrust and Market Access*, The American Journal of International Law, No. 91, p. 1 – 25 (1997).

③ 参见王晓晔:《我国〈反垄断法〉域外适用的理论与实践》,载《价格理论与实践》2014年第2期。

④ 参见刘武朝:《欧盟竞争法中的单一主体规则及借鉴》,载《比较法研究》2014年第4期。

⑤ See Case C – 97/08. Akzo Nobel NV et al. *v.* Commission, ECJ, 10. 9. 2009.

的认定标准下，推翻欧盟委员会的违法认定实非易事。履行地原则则是指只要垄断协议的履行地在欧盟，欧盟竞争法即可直接适用。这一原则以垄断协议的履行地点作为法律适用的连接点，从而避免以垄断协议签订地为连接点而带来的法律规避效果。在1988年的Wood Pulp案中，欧盟法院曾指出，限制竞争的协议是否违反《欧共体条约》第85条（现《欧盟运行条约》第101条），决定性因素是实施协议的地点。“本案的生产商是在（欧盟）内部市场实施了价格协议，因而他们在欧盟是否有子公司、代理商、下属单位或者分公司为其销售产品在所不问。”①但是，对于垄断协议的签订地和履行地都在欧盟境外的限制竞争行为，这一原则显然不具备效果原则的广泛性与有效性。

日本和韩国则在其反垄断法中专门规定了对国际垄断行为（尤其是国际卡特尔）的处理。日本《关于禁止私人垄断和确保公正交易的法律》第6条规定事业者不得订立含有不正当交易限制或不公平的交易方法的国际协议。② 韩国《垄断规制与公平交易法》更是设专章对国际垄断协议进行了规定。实践中，日本规制的国际垄断协议主要是针对出口卡特尔和进口卡特尔，特别是外国经营者与日本经营者之间达成的出口卡特尔和进口卡特尔。③

在司法实践中，日本一直坚持属地管辖的原则。自1972年的东洋纺织等劝告审决案以来，日本公平交易委员会所处理的针对外国经营者的反垄断案，基本上都是针对其在日本国内实施的限制竞争行为。④ 而且，在法律责任方面，还存在国内、国外企业区别对待的情况。在2007年的船用软管案中，尽管日本公平交易委员会对达成国际卡特尔的国内、国外企业发布了排除措施命令，但是，却只向本国企业征收了课征金，而没有向外国企业征收。⑤ 可以看出，日本在处理涉及国际垄断协议的案件时非常谨慎。直到2010年的阴极射线管（CRT）案，日本公平交易委员会才首次针对涉及国际卡特尔的外国公司处以罚款。日本公平交易委员会对11家CRT制造商中的6家发布了总额为45亿日元的罚款。尽管在听证程序中，遭到罚

① 王晓晔：《反垄断法》，法律出版社2011年版，第396页。

② 参见［日］村上政博：《日本禁止垄断法》，姜姗译，法律出版社2008年版，第137页。

③ 参见戴龙：《日本反垄断法的域外管辖及对我国的借鉴价值》，载《上海财经大学学报》2009年第5期。

④ 参见戴龙：《日本反垄断法研究》，中国政法大学出版社2014年版，第191页。

⑤ See Japanese Fair Trade Commission, *Cease and Desist Order and Surcharge Payment Order against Marine Hose Manufacturers*, JFTC (2007), http://www.jftc.go.jp/en/pressreleases/archives/individual-000147.html.

款的公司辩称CRT从未直接销往日本,而是由日本CRT电视制造商通过其东南亚子公司购买,价格由日本电视制造商直接与CRT制造商商议,但日本公平交易委员会坚持认为遭到罚款的公司的协同定价行为确实影响到了日本CRT电视的价格,从而适用日本《禁止垄断法》。①

总之,尽管竞争法的域外适用已经被各国普遍采纳,但是域外适用的范围和程度仍然受到较大限制。竞争法的域外适用在一定程度上增加了国际垄断行为被查处的可能性,但这与域外适用国的经济实力密切相关。经济体量越大,域外适用的可操作性也越大。对于绝大多数国家而言,域外适用仍然只是一个立法上的宣示,很难对境外企业在境外实施但对本国有影响的国际垄断行为真正予以规制。

(二)对国际垄断行为的双边和区域回应

由于反垄断法域外适用常常导致国家间的法律冲突和管辖权冲突,因此国家间和区域间的协调显得尤为重要。1976年6月,美国和德国签署有史以来第一份正式的反垄断双边协议《有关限制性商业行为的双边合作协议》②,随后反垄断双边合作协定或双边自贸协定中的竞争政策条款与日俱增。越来越多的双边贸易协定和区域贸易协定中纳入了竞争政策条款。这些协定极大促进了各国竞争法在理念和程序上的趋同。

双边贸易协定或区域贸易协定中的竞争条款通常包含以下内容:

第一,明确限制竞争行为的覆盖范围。有的仅笼统地规定禁止限制竞争行为③,有的则进行专门列举,包括禁止垄断协议、滥用市场支配地位和排除限制竞争的经营者集中等。④ 还有越来越多的协定纳入了国企条款,确保国有企业在与外国企业竞争时政府保持中立。⑤

第二,程序性规则。这通常包括通告、协商、互助、消极礼让和积极礼让等内

---

① See Akinori Uesugi, *Trend in Cartel Regulation in Japan – Various Issues of Common Interest in Asia*, ACA 2016 Annual Conference: Global Competition Dialogue with an Emphasis on Asia, 2016, p. 72 – 75.

② 参见刘宁元:《国家间反垄断合作的必由之路——双边的方法》,载《河北法学》2010年第4期。

③ 参见北美自由贸易协定(NAFTA)以及美国与澳大利亚、智利、新加坡、韩国等国家达成的自贸协定。

④ 但是,并非所有这些自贸协定都完整地列举了这三类,比如欧共体签署的许多自贸协定中并无经营者集中控制的内容(例如欧共体与瑞士、土耳其、南非、以色列和智利等国家达成的自贸协定)。

⑤ 参见NAFTA以及美国与澳大利亚、智利、新加坡、韩国达成的自贸协定,以及欧共体与以色列、墨西哥、智利等国家达成的自贸协定。

容。绝大多数自贸协定中都有执法合作的内容,这是最常见的条款。

第三,实体性规则。只有很少的协定涉及这部分内容,例如欧盟和土耳其之间的双边贸易协定要求“土耳其应确保其在竞争规则领域的立法与欧洲共同体竞争法兼容,并能有效应用”①。对于绝大多数协定而言,确保竞争政策实施过程中的非歧视而非促进竞争政策的统一才是其主要目标。

第四,机构条款。通常只是确保缔约方建立竞争执法和司法机构,能够对限制竞争行为开展救济,而非创建独立的机构对国际限制竞争行为进行规制。

第五,争端解决条款。绝大多数协定都倾向于规定争端解决条款不适用于竞争规则。

除了双边贸易协定或区域贸易协定之外,很多国家还通过签订专门的反垄断合作协议来促进执法合作。美国无疑是其中最积极的代表之一。美国与11个司法管辖区有正式的反垄断合作协议,其中与澳大利亚、巴西、加拿大、欧盟、德国、以色列、日本和墨西哥签订了政府级别的协议,与智利、中国和俄罗斯的竞争执法机构签订了机构级别的谅解备忘录。②

总的来讲,双边贸易协定和区域贸易协定能够促进合作方的交流和互信。通过交换有关竞争政策方面的信息和观点,各国可以统一看法,缩小冲突范围并最终形成共同的竞争文化。然而,双边和区域贸易协定在克服不同国家反垄断法的实质性区别方面仍然捉襟见肘。这种不足至少体现在三个方面:

第一,覆盖范围的有限性。由于国际竞争问题通常涉及两个及两个以上的国家,双边贸易协定的覆盖范围不够,区域贸易协定亦只有有限适用范围。已有竞争法和竞争主管部门的国家或许会选择签订双边贸易协定或区域贸易协定,但这对没有竞争法的国家而言说服力甚微。在没有竞争法的国家,国内限制竞争行为将阻碍市场进入。竞争法的引入和竞争主管部门的建立,不仅有利于消除本国限制竞争行为,而且可以据此修改那些不必要的限制竞争和市场进入的规则。而且,在没有引入竞争法的国家实施的限制竞争行为,可能限制别国的竞争。因此,国际市场需要多边概念。只有在多边协议中囊括绝大多数国家解决竞争问题的义务,才能够有效应对国际垄断行为的不利影响。

---

① 李振宁:《自贸协定竞争政策条款研究:现状与应对》,载《中国物价》2014年第6期。

② 参见[美]瑞秋·布兰登勃格、兰迪·特莱特尔:《全球反垄断政策的趋同与差距》,胡润田译,载《朝阳法律评论》2012年第1期。

第二,合作对象的有限性。签订或加入协议是一个自愿的过程,这意味着每个国家都可以自主决定与谁合作、不与谁合作。显然,一些国家情愿与某些国家达成合作协议而排斥另外一些国家,这就产生了这种自由决定权是否与世界贸易组织(WTO)的非歧视性原则相一致的问题。大多数的双边协定是在发达国家之间或具有类似发展水平的国家之间缔结的。这就非常遗憾地导致常常受到限制竞争行为严重影响的发展中国家被排除在外。只有在多边的竞争框架下,才包含互相合作的义务,并且要以非歧视的方式与已经承诺或拥有竞争法的交易伙伴进行交易。

第三,合作内容的有限性。当合作各方的利益相对均衡时,双边贸易协定或区域贸易协定可能非常有效;但当有关行为的竞争效果不对称时(比如影响一个国家却不影响另一个国家)或产生贸易问题时,这些合作协议可能就难以发挥作用。双边贸易协定或区域贸易协定在约束国际卡特尔方面通常被认为是最成功的,但是在消除出口卡特尔、进口卡特尔和限制竞争的跨国并购方面,却几乎无法达成共识。

(三)对国际垄断行为的多边回应

原《关税与贸易总协定》(GATT)创始成员早在1948年的《有关国际贸易组织的哈瓦那宪章》(以下简称《哈瓦那宪章》)中就明确提出了运用多边贸易体制制约反竞争商业行为的必要性,并对国际竞争问题作出了相应规范(第46-54条)。特别是《哈瓦那宪章》第46条规定,一旦某些限制竞争、限制市场进入、维持和形成垄断性控制力量的商业行为对生产和贸易的扩张产生了负面效果,或妨碍了宪章所追求的诸如扩大贸易、开放市场之目的的实现,这些商业行为就应当被认为影响国际贸易。然而,由于美国的反对,《哈瓦那宪章》最终流产,只保留了有关贸易政策的内容,也就是GATT以及后来的WTO协定。

通常认为,目前在WTO框架内达成多边竞争规则的努力已经失败了。但是,实际上在WTO的法律体系内已经包含若干竞争政策的内容。这表现在:一方面,WTO所追求的贸易自由化与竞争政策的目标具有一致性[①];另一方面,一些WTO协议中已经存在针对特定领域的竞争规则(见表1)。

① 参见王先林:《国际贸易协定谈判中的竞争政策问题——以WTO与TPP谈判为例》,载《竞争政策研究》2015年第1期。

表1 WTO 协定中的竞争条款

WTO 协定	竞争条款
《关税与贸易总协定》	第 17 条、第 11 条第 1 款
《服务贸易总协定》	第 8 条、第 9 条
《与贸易有关的知识产权协定》	第 8 条第 2 款、第 40 条
《与贸易有关的投资措施协定》	序言、第 9 条
《技术性贸易壁垒协定》	第 8 条第 1 款
《保障措施协定》	第 11 条第 1 款(b)项
《反倾销协定》	第 3 条第 5 款
《补贴与反补贴措施协定》	第 15 条第 5 款
《政府采购协定》	第 15 条第 1 款

更为重要的是,WTO 的争端解决机制为处理国际竞争争端搭建了基础性平台,而且在事实上已经处理过国际竞争案件。在 1998 年的“柯达/富士案”中,美国指控日本政府通过指定胶卷分销的规定使得富士公司得以建立排他性销售网络,从而排挤包括柯达在内的国外公司参与日本胶卷市场的竞争。① 尽管该案本质上是一项私人限制竞争纠纷,但是美国极力主张日本政府在导致垄断方面的决定性作用,因为 WTO 只能受理政府之间的贸易争端。最终专家组裁决美国败诉的原因,也是认为美国无法证明日本政府在垄断行为的达成上起到了决定性作用,而私人垄断主体无须履行 WTO 协定的义务。该案一方面反映出 WTO 有能力处理国际竞争纠纷,另一方面也反映出 WTO 在处理国际竞争纠纷方面的局限性,即其无法对私人排除限制竞争行为予以规范。

总的来看,目前 WTO 框架内的竞争规则已经无法与国际贸易和国际竞争的发展趋势相匹配。WTO 现有规则的缺陷主要体现在:第一,无法约束没有得到政府支持的限制市场进入的纯粹私人商业行为;第二,没有要求 WTO 成员制定竞争法;第三,没有对各国竞争法的域外适用加以协调。②

实际上,在 WTO 于 1995 年正式成立后的第二年,新加坡部长级会议就决定成

---

① See Report of the Panel,22 April,1998,WT/DS44/R.

② See Hoekman Bernard& Kostecki Michel,*The Political Economy of the World Trading Symtem From GATT to WTO*,Oxford University Press,1997,p. 254 –256.

立一个贸易和竞争政策工作组,开始对贸易政策和竞争政策之间的关系开展研究。然而,事实证明将竞争政策议题纳入WTO谈判日程步履维艰,经过一系列努力后,于2004年被直接从谈判议程中撤销,试图在WTO框架内形成统一的国际竞争政策的构想基本宣告失败。

WTO主要成员对于国际竞争政策的发展路径的分歧,是导致在WTO框架内引入统一的竞争规则遭遇失败的主要原因。

欧盟是在WTO框架内发展竞争规则的首倡者和极力推动者。欧盟的核心观点可概括为两个方面:第一,贸易和竞争政策工作组的授权仅仅是研究一个"国际性的竞争规则框架",不应当包括其他与竞争相关的问题,如反倾销、反补贴和汇率问题;第二,贸易和竞争政策工作组的工作应重点围绕以下方面展开:(1)确保所有的WTO成员承诺建立有效的国内竞争法及其执行体系,为受限制竞争行为影响的当事人提供行政和司法救济;(2)确保达成核心原则和规则,比如透明度原则、非歧视原则、正当程序原则以及有关核心卡特尔的规则;(3)达成各成员之间开展合作(包括信息交流、案件磋商、程序协调等)的规则;(4)确认如何制定隶属于WTO争端解决机制的规则。①

日本和韩国赞成成立贸易和竞争政策工作组,但要求工作组不但要研究欧盟列举的问题,还要研究被用来阻碍进口并进而限制国内市场竞争的贸易措施(如反倾销、反补贴和保障措施等)。发展中国家则普遍对上述提议的反应比较谨慎。因为这些提议意味着要给一个已经负担过重的国际机构再增加负担。1996年4月,等同于东南亚国家联盟成员(ASEAN)议会的东南亚国家联盟商业和工业理事会大会发表了一份公报,指出"发达国家现有的竞争法律不应当仅局限于贸易领域,同时不应当强加给东南亚国家联盟"。公报声明:"应当明确规定,竞争法属于一国内部事务,最好应由各个国家在充分考虑本国工业结构、消费者所要求的保护力度和此类商业行为的成本和利益之后,再自主作出决定。"②

在各方存在分歧的情况下,美国的态度尤为关键。美国显然对于在WTO框架内达成统一的竞争规则并无兴趣。一方面,当时世界上只有大约70个国家颁布了

---

① See Working Group, *Report of the Working Group on the Interaction between Trade and Competition Policy to the General Council*, WT/WGTCP/2, 1998.

② Khor Martin, *WTO Competition Rules or Global "Welfare" for TNCs?*, Third World Economics, Issue 211, p. 7 - 11(1999).

反垄断法，且大部分实施时间不长，美国认为一些关键问题还无法形成一致意见；另一方面，美国认为欧盟提议的“由上而下”统一反垄断法的路径过于理想化，最终可能只是一个最低保护水平的共同原则的集成，只会被用于阻碍有效率的西方企业的市场进入。① 换言之，美国认为在 WTO 层面达成统一竞争规则会削弱美国反垄断法在世界上的影响力。美国商界亦担心他们会受到 WTO 竞争规则的限制，影响到美国公司在国际市场上的行为。②因此，美国认为，WTO 应该把工作重心放在反倾销等已经开始但尚未成熟的工作上。

归纳起来，失败的原因主要包括三个方面：其一，利益诉求分歧，不仅发达国家与发展中国家的利益诉求不同，发达国家之间亦不同。发达国家希望巩固自身在国际社会利益分配中的优势地位，扩大资本输出，实现全球范围内更大规模的经济垄断；而发展中国家则希望利用国际竞争规则限制跨国公司垄断势力，建立国际经济新秩序。两大集团在竞争政策的立场上存在巨大分歧。美国和欧盟两大主要经济体在国际竞争政策的发展路径上也存在明显分歧。其二，WTO 框架内超越国家的法律与机构与各国经济主权间的冲突。各国的竞争政策基于国家主权产生，并在一定程度上与符合各国国情的贸易政策与产业政策相协调，普遍适用的国际竞争规则很容易与之相悖。其三，各国的竞争政策目标，以及与之相关的竞争法理论、理念、体系与执行模式等均存在较大差异。

三、竞争政策国际协调的“趋同”路径

鉴于在多边层面达成具有约束力的规则在短期内难以实现，当前国际社会主要通过国际组织的努力实现竞争理念及规则的“趋同”。其中，经济合作与发展组织（OECD）、联合国贸易和发展会议（UNCTAD）以及国际竞争网络（ICN）作出了具有影响力的贡献。

（一）OECD 的趋同努力

OECD 在竞争政策的国际协调方面拥有悠久传统与先进经验。作为一个主要关注经济问题的国际组织，自其成立之初，竞争政策就是其重点关注领域之一。它

① 参见于馨森：《我国反垄断法国际合作的模式选择》，法律出版社 2012 年版，第 168－169 页。

② See Fox Eleanor, *Toward World Antitrust and Market Access*, The American Journal of International Law, No. 91, p. 1－25(1997).

主要通过发布意见和指南的方式协调各国的竞争政策,同时也在立法和执法层面为很多发展中国家提供有益的技术援助。然而,这些协调工作主要存在于反垄断法的执法合作层面,缺乏正式有效的法律约束力,同时该组织成员主要是发达国家,这也进一步局限了其对于国际竞争政策的协调作用。

OECD 在国际竞争政策方面的成就主要有以下方面:

第一,发布了一系列无法律约束力的以建议、指南等形式体现的倡导性规则,比如1979年《理事会关于竞争政策和豁免或管制行业的建议》、1995年《理事会关于成员在影响国家贸易的反竞争实践方面进行合作的建议》、1998年《理事会关于对核心卡特尔采取有效行动的建议》、2005年《理事会关于合并审查的建议》、2009年《理事会关于竞争评估的建议》、2009年《公共采购中监测串通投标指南》、2011年《跨国企业指南》等。

第二,发布了一系列以报告、最佳实践等形式体现的有关竞争规则的建议性文件,比如1999年《关于积极礼让的报告》、2005年《竞争当局在核心卡特尔调查中规范的信息交换的最佳实践》、2006年《竞争法的私人执行》、2009年《国有企业和竞争中立原则》、2010年《程序公正:民事和行政执法程序中的透明度问题》、2007年《竞争评估工具书》和2011年《危机卡特尔》等。这些文件不仅涉及竞争法的实体规则框架和标准,还涉及竞争法的执行体制及其程序规则,以及竞争法在不同部门或领域的适用。[①] 其中,对包括我国在内的新兴反垄断法国家来说影响最大的可能是其发布的《竞争评估工具书》。该工具书通过提供识别对市场活动不必要的限制的方法,指导各国政府在制定公共政策时考虑竞争政策,以最小限制竞争效果的方式实现公共政策的既定目标,从而帮助各国政府消除排除、限制竞争的制度安排可能产生的不利影响。

第三,提供了同行评审(peer review)的平台。自1998年以来,OECD 对许多国家的竞争法律和政策进行了深入的评审。这些评审详细地评估了每个国家如何处理竞争和管制问题,包括竞争法本身的健全性以及竞争执法体系的结构和有效性。每次同行评审的报告均在 OECD 的官方网站上公布,不仅为各国提供了审视他国竞争政策的机会,更为被评审国家改善自身竞争政策提供了参考意见。

第四,极大地推动了国际合作。自1990年以来,OECD 与世界各地区的竞争主

① 参见刘宁元:《反垄断法域外管辖权冲突及其国际协调机制研究》,北京大学出版社2013年版,第293-297页。

管机构开展了广泛合作。合作内容包括案例研究、开展研讨会、立法起草、司法培训等。OECD 还与 UNCTAD、ICN 等国际组织保持了紧密合作关系。此外,OECD 通过两个年度论坛在全球范围内传播关于竞争的工作,即 2001 年发起的"全球竞争论坛"(Global Forum on Competition)和 2003 年发起的"拉丁美洲竞争论坛"(Latin American Competition Forum)。此外,OECD 还设立了两个区域竞争中心管理亚洲、中东欧及东南欧地区的事务。

(二)UNCTAD 的趋同努力

UNCTAD 成立于 1964 年,是联合国大会常设机构之一,是审议有关国家贸易与经济发展问题的国际经济组织,是联合国系统内唯一综合处理发展和贸易、资金、技术、投资和可持续发展领域相关问题的政府间机构。UNCTAD 的竞争事务主要由其竞争和消费者政策处理。

UNCTAD 在国际竞争政策方面的成就主要有以下方面:

第一,在国际竞争法的立法方面提供了为发展中国家广泛接受的范本。自 1980 年联合国大会通过《管制限制性商业惯例的一套多边协议的公平原则和规则》(以下简称《原则和规则》)之后,UNCTAD 每隔 5 年组织一次部长会议审查其执行情况,并在此基础上于 1984 年完成了《消除或控制限制性商业惯例法律范本》,后更名为《竞争法范本》。

《原则和规则》体现了发展中国家的利益诉求,不论是在正文还是其他理由陈述中,均不厌其烦地强调发展中国家的利益,强调考虑发展中国家出于其经济发展的需要排除或豁免适用特定竞争规则的必要性,这在一定程度上降低了其被发达国家接受的可能性。不过,每五年一次的审查会议为发达国家和发展中国家提供了交流平台,也为《竞争法范本》的不断修订完善提供了契机。

《竞争法范本》旨在"控制或消除限制进入市场或以其他方式不适当地抑制竞争而对国内或国际贸易或经济发展造成不利影响的企业间限制性协议或安排、并购以及滥用市场支配地位的行为"①。它的适用范围十分明确,只适用于企业(包括国有企业)和自然人,排除国家行为和政府行为的适用。它还详细规定了有关垄断协议、滥用市场支配地位和经营者集中的实体规则,并对竞争主管机关等机构设置

① *The Model Law on Competition – UNCTAD Series on Issues in Competition Law and Policy*, UNCTAD (2007), http://r0.unctad.org/en/subsites/cpolicy/english/cpdocs.htm.

以及处罚、救济和程序方面的问题作出了详细规定。作为一部无法律约束力、定期被讨论并随时可能被更新的法律范本,《竞争法范本》为发展中国家进行竞争立法提供了重要参考,并确实被许多发展中国家的国内立法广泛采用。但是,鉴于其带有浓厚的发展中国家的印记,发达国家迄今为止对其态度冷淡。①

第二,UNCTAD 建立了与 OECD 类似的同行评审机制。在 UNCTAD 贸易和发展理事会(TDB)下,设有"限制性商业惯例政府间专家组"(Intergovernmental Working Group of Experts on Restrictive Business Practices,IGE),旨在监管《原则和规则》的适用与实施情况。IGE 自设立以来,每年举行一次会议,对其中一个国家的竞争法和竞争政策实施同行评审。通过对各国竞争法和竞争政策的自愿同行审评,UNCTAD 为发展中国家和经济转型国家的竞争立法和竞争法的升级改造提供了支持。更为重要的,UNCTAD 的同行评审与受评审国家的技术援助和能力建设紧密联系,因此极大地促进了国际竞争政策的发展。

第三,UNCTAD 促进了学术研究和国际交流。从 2010 年开始,为了进一步加强在竞争政策方面的学术研究,在 IGE 年会的基础上,UNCTAD 专门成立了一个研究性的平台"竞争法和消费者保护政策研究伙伴平台"(Research Partnership Platform on competition law and consumer protection policies,RPP)。RPP 的目的是通过构建一个竞争法与消费者保护政策跨学科研究的网络平台,为成员提供最新的研究动态,同时通过最终的报告或出版物加深人们对竞争及消费者保护政策的理解。RPP 的活动包括联合出版、开展国际性会议和培训项目、对成员研究成果的传播等。

(三)ICN 的趋同努力

2001 年,在美国的倡议下,来自 14 个国家和地区的高官共同发起成立了 ICN,致力于为竞争当局提供一个保持日常联络和解决实践中竞争问题的专业而非正式的场所,其主要任务是通过对话加强国际合作和促进统一化。②

与 OECD 和 UNCTAD 相比,ICN 最大的特征在于它是无实体办公地、无固定人员、无常设秘书处的"三无"机构。而且,它的成员构成不是以国家或经济体为依

---

① Eleanor M. Fox & Daniel A. Crane, *Global Issues in Antitrust and Competition Law*, American Casebook Series, June 30, 2010, http://www.gbv.de/dms/spk/sbb/toc/689328435.pdf.

② 参见商务部政策研究室对于 ICN 的介绍,载商务部政研室网站,http://zys.mofcom.gov.cn/aarticle/cp/200602/20060201503075.html。

据，而是以竞争主管机构为依据。比如，美国司法部和联邦贸易委员会都是ICN成员。截至2021年7月，共有141个来自不同国家和地区的竞争主管当局作为成员加入。① 此外，ICN还积极寻求国际组织、非政府组织、各类与竞争相关的协会及反垄断经济和法律事务工作者的支持。

ICN通过组建“指导小组”（a steering group）的方式避免无实体机构的弊端，并由其负责领导ICN的工作、批准新成员的加入、建立工作组并任命工作组负责人等事务性工作。指导小组由15名当选成员和3名当然成员组成。当选成员由参加年会的所有成员一致同意任命，当然成员则是指定担任年度会议主席的ICN成员。指导小组的当选成员的任期为两年。指导小组成员在奇数年年度会议上由ICN成员的协商一致确认。

ICN主要通过设立不同工作组的方式开展工作。ICN每年举行一次全体会议，由各成员机构的负责人参加，讨论新的工作计划并对目前计划的进展情况进行审议，各成员亦可在会议上提交自己的提案。各个工作组则负责执行ICN年度会议批准的计划。工作组是非常设机构，可以根据需要召集或被撤销。目前的工作组有五个，分别为倡导工作组、机构效能工作组、卡特尔工作组、并购工作组、单边行为工作组。工作组以一致同意的方式发布成果，如未能达成一致，工作组应在其报告中说明不同意见。

在工作开展上，ICN主要通过工作组发布推荐措施或指南的方式为各成员提供参考，主要分为推荐措施、指南和其他建议三类。推荐措施包括《竞争评估的推荐措施》《合并通知和审查程序的推荐措施》《合并分析的推荐措施》《评估优势/实质市场力量的推荐措施》《关于对国有企业垄断实施单边行为规则的建议措施》等；指南包括《ICN调查过程指导》《关于合并的国际执法合作实用指南》《电信服务部门竞争的作用：建议的最佳实践》《指导小组信息：在困难的经济时期竞争政策的情况》《对新兴竞争机构开展技术援助的相关结论》等；其他建议包括《模范措施汇编》《合并指南工作簿》《合并审查调查技术手册》《经济学家的作用和经济证据在合并分析中的作用》《市场研究模范实践手册》《单边行为工作簿》等。

同时，ICN也积极开展国际合作。一方面，其发布了《国际执法合作实践指南》

① 其中，北美洲14个，南美洲15个，欧洲51个，非洲23个，亚洲32个，大洋洲6个。See *International Competition Network: Members*, International Competition Network, July 18, 2021, http://www.internationalcompetitionnetwork.org/members/member-directory.aspx.

(2015年)、《卡特尔宽免豁免模板和解释性说明》(2014年)、《OECD/ICN关于国际执法合作问卷调查报告》(2013年)、《国际执法合作项目授权》(2012年)、《ICN合并审查合作框架》(2012年)、《ICN执法合作圆桌会议报告和问卷调查摘要》(2011年)、《卡特尔调查报告中的竞争机构之间的合作》(2007年)等有关国际合作的指导性意见;另一方面,通过每年召开年会的形式,各国竞争主管机关能够就其面临的问题进行交流并就竞争执法的国际合作问题进行对话,在竞争政策领域影响很大。

ICN在取得共识方面确实是成功的,其给出的有关执法方面的建议得到了广泛的认同和采纳。在实践中,巴西和斯洛伐克的合并控制程序也受到ICN发布的指导意见的重大影响。① 同时,由于ICN的成员是各国的竞争执法机构,其对于竞争政策的问题能够给予更密切的关注与更专业的谈判。但是,它的缺陷也是明显的。有些缺陷是共性的,即其与OECD和UNCTAD一样,都只能发布一些无约束力的意见,供各个国家和地区自愿采纳。有些缺陷是它独有的,比如它聚焦的内容和发布的报告较少涉及实体性内容,也不关注具体案件的调查和执法合作,更没有对各国反垄断法的域外适用可能引发的管辖权冲突作出研究并尝试提供解决办法。这些都限制了其发挥作用的领域。

四、"求同存异"基础上的国际竞争政策协调

(一)国际竞争政策探索的基本思路

各国竞争政策在理念、理论及具体制度方面的差异,增加了国际竞争政策协调的难度。但是,并非无法取得共识。尽管各国对于自由、公平、效率、公共利益等目标的追求有所偏重,但是对于美好价值的追求是一致的。"促进竞争"本身就是各国竞争政策都承认的目标。以消费者福利为标准衡量社会公共利益,也被更多的国家所接受。此外,至少在双边、区域协议的实践以及国际组织的倡导下,绝大多数国家均已制定竞争法并广泛接受了竞争政策的基本制度要素。所有这些,都为在国际层面达成竞争政策的"最大公约数"提供了可能。

笔者认为,"规则"和"趋同"的努力都很重要,且可以并行不悖。面对国际性的反竞争行为,传统的单边、双边和区域回应显然不够,仅仅依靠倡导性规则也无法

① 参见[美]瑞秋·布兰登勃格、兰迪·特莱特尔:《全球反垄断政策的趋同与差距》,胡润田译,载《朝阳法律评论》2012年第1期。

形成普遍约束力。国际垄断行为对于全球经济的系统性影响需要借助系统性的处理方式。仅仅依靠通知、磋商和协调的方法不会直接促成实质性的国际义务。[①] 如果没有"超国家之手"作为补充,国际垄断行为的规制就只能是碎片化且不成体系的,在效果上也将是不公平的。而 WTO 是目前有能力达成具有约束力的竞争规则的最佳平台。尽管有些人认为,由于各国竞争法的规定不同,在多边背景下达成协议几乎是不可能的。但是,实体标准间的差异也许并不重要,因为有关竞争执法或竞争司法的差异大多产生于国内竞争法实施机制,而非由于实体标准的差异。当然,这并不意味着 WTO 是有能力处理国际竞争问题的唯一论坛。双边贸易协定和区域贸易协定以及包括 OECD、UNCTAD 和 ICN 在内的国际组织的努力和实践,将共同构成一个全面的国际竞争政策框架,促进国际范围内竞争政策的协调和国际垄断行为的有效规制。

(二)"规则"层面的探索建议

有观点认为,WTO 在达成一项国际竞争协定方面尚有不足,其基本论点包括:第一,WTO 竞争协定将主要受到贸易政策市场进入标准的影响,符合竞争政策的消费者福利标准很有可能不被重视;第二,WTO 争端解决机制将会限制不同国家竞争主管机构之间的合作关系;第三,WTO 发展国际竞争规则的时机还不成熟。[②] 相反观点则认为,WTO 竞争协定可能产生的潜在利益会促进各国参与谈判,并通过强化国内竞争主管机构推动国内相关改革。事实上,在 WTO 贸易和竞争政策工作组所主持的讨论和建议中,也是更多地集中在支持发展中国家的竞争法和竞争机构的发展,而不是关注市场进入自身;而且 WTO 竞争协定能在 WTO 系统内更大程度地实现生产者、消费者及其他社会成员的保护之间的"平衡"。[③]

以上讨论说明,WTO 竞争协定的内容本身对于评价它的效果而言至关重要。笔者认为,各国竞争法的冲突并不是由实体规则不同引起的,通常冲突产生于法律

---

① See Jesus Seade, *Competition and Trade Policy: Cooperation or Obligations*, 23 Int'l Bus. Law 476 (1995).

② See Daniel K. Tarullo, *Norms and Institutions in Global Competition Policy*, The American Journal of International Law, Vol. 94:3, p. 478 – 504 (2000).

③ See Frederic Jenny & Robert Anderson, *Current Development in Competition Policy in the World Trade Organization*, Antitrust (2001), https://heinonline.org/HOL/Page? handle = hein.journals/antitruma16&div = 17&g_sent = 1&casa_token = &collection = journals.

得不到有效的适用和国家主义的行为。因此,WTO 竞争协定应当:第一,确保多边竞争规则和强化国内竞争机构之间存在互补关系,即确保 WTO 竞争协定既有助于强化多边贸易体制,又能够加强国内竞争法和强化竞争主管机构。作为贸易政策和竞争政策紧密联系的结果,WTO 竞争协定必须防止仅集中在市场准入层面,而应扩展至发展中国家所关注的多样化的限制竞争行为层面。第二,避免多边竞争规则存在干预国内竞争执法机构执法的风险。这是大多数成员最为担心的问题。对大多数国家来说,最好的选择是保留根据自己的国情和政策目标建立自身竞争执法体制的可能性。如果有关竞争政策的多边规则限制国家在这一领域制定和执行政策的自主权,尤其是限制发展中国家运用特定法律文件来制约扭曲的贸易行为的能力,例如为了对抗外国供应商的共谋行为而对进口产品采取关税措施,那么达成共识的概率将大大降低。

可喜的是,经过多年的发展,很多问题已经得到解决。倘若大多数发展中国家仍缺乏竞争力,而差异也普遍存在于发达国家之间,则国际统一协调会变得难以达成。但是,相比于20多年前在 WTO 设立工作组讨论竞争政策时的情况,现在的形势已经大大改观。绝大多数国家都已经有竞争法,没有竞争法的也大多在制定过程之中。特别是像中国这样的国家,不仅制定了竞争法,而且迅速崛起为最具影响力的反垄断司法辖区之一。这将大大促进在国际层面达成统一规则的可能性。

与此同时,WTO 的诸多现有规则也为构建统一竞争规则提供了参考。比如,《与贸易有关的知识产权协定》(TRIPs)模式中的某些原理对建立多边竞争规则是大有裨益的。无论是知识产权法还是竞争法规制的都是市场领域的私人行为,并且在这两个领域中,都存在一些国家缺少相关立法以及不同国家之间存在不同的法律制度和相应机构的情况。TRIPs 建立了广泛有效的标准,并且通过行政性和司法性程序给出了适合知识产权行使的程序性保障。它是第一个对私人和公共实施作出详细规定的多边协议。TRIPs 实施的有效性无疑能成为多边竞争协定的重要参照,因为执行机制的有效性对竞争政策同样重要。既然在 TRIPs 中,非歧视、国民待遇、透明度等原则能够得到各国广泛认同,而竞争法的基本原则和这些原则之间又并不存在冲突,那么一个国际性的竞争框架也应该是可以达成的。

同样,《服务贸易总协定》(GATS)的某些规定也可以成为有用借鉴。GATS 第8条要求各成员确保任何垄断或专营的服务提供者遵循最惠国待遇义务,并不得实施与成员方特别承诺不一致的行动,也不得以与特别承诺不一致的方式在其他非垄断或专营市场上滥用垄断或专营地位。GATS 第9条则规定了各成员在取消限制服务贸易竞争的商业惯例方面进行合作的义务。GATS 还建议确立针对这些行为的咨询合作机制，通过连续谈判协商，目前已经形成一套灵活和具有进步意义的做法，可以实现更高水平的自由化。很明显，以前谈判达成的多边协议（包括 GATS 和 TRIPs），已经以一种灵活、恰当的方式处理各成员在规制私人行为方面的义务。

因此，在多边层面达成竞争协定的基本思路可以是在非歧视、透明度等已经被广泛接受的基本原则的基础上进行一系列竞争规则的谈判。在谈判的内容上，可以聚焦以下三个方面：第一，国内竞争法和竞争政策的核心原则和规则；第二，国际合作和协调的方式；第三，如何开展针对发展中国家的能力建设和技术援助。

1. 竞争法和竞争政策的核心原则和规则

在 WTO 成员的竞争法中就有关竞争法和竞争政策的核心原则和规则达成一致十分重要。这个一致有两层含义：第一，需要确保国内竞争法和达成一致的核心原则相符合，并且当政府实施限制竞争行为时，WTO 承诺会约束政府行为；第二，基于核心原则的多边竞争协定并不意味着国内竞争法的完全统一，而是承认并容忍国家法律体系和机构之间的差异。具体而言，需要包含以下内容：

（1）拥有国内竞争法和竞争主管机构

WTO 竞争协定需要包括制定并实施国内竞争法以及建立相应机构的基本要求。通常认为，如果一部法律中没有垄断协议、滥用市场支配地位和经营者集中的规定，这就不是一部完全意义上的反垄断法。但是，对所有上述问题达成一致不一定能够成功。要达成有关垄断协议、滥用市场支配地位和经营者集中的“共同准则”是有困难的。针对核心卡特尔的规制承诺是相对容易达成的，即确保 WTO 成员承诺对固定价格、限制产量、分配客户和市场以及串通招投标等通常在各国适用“本身违法原则”的卡特尔进行严格规制。

除此之外的其他限制竞争行为，要想达成规制的一致承诺就相对困难。比如对于纵向限制，各国在如何处理上仍然存在巨大争议。对于何为“滥用”，各国的界定标准也不太一样。此外，经营者集中的反垄断控制由不同的辖区负责所导致的合规成本的增加，亦很难通过统一控制规则来解决。概言之，在 WTO 竞争协定中笼统规制“反竞争行为”可能会遭遇较大的阻力。

还有一个需要讨论的问题是竞争法的适用除外问题。所有国家在其竞争法中均规定了一些适用除外条款。尽管近几年的趋势是逐步缩小竞争法的适用除外范围，但是，寄希望于在 WTO 竞争协定中排除类似规定或者将其限制在严格条件内几乎是不可能的。对此，一个可行的做法是就有关适用除外规定的透明度条款达成一致,包括承诺与缔约方讨论其对国际贸易的影响。一旦达成了框架协定,WTO成员对于竞争政策的审议(类似于WTO层面的贸易政策审议)将有望缩小适用除外的范围。

另一个重要的问题是如何对待那些目前还没有竞争法的国家。显然,在这样的情况下,为了进行制度改变和开展机构改革,需要为其设置过渡期,并向其提供技术援助。另外,还要考虑机构设置方面的灵活性,尤其要考虑某些小型低收入国家在机构设置方面的弱势。

(2)非歧视、透明度和正当程序的承诺

最惠国待遇原则和国民待遇原则是用以抵制国家竞争法对不同国家的企业区别对待的重要保证。当然,这样的法律歧视可能很少,更大的风险在于竞争法实际上以一种不受欢迎的方式适用于外国公司。问题在于,为了判断是否属于"事实歧视"的情况,就有必要就竞争法如何适用于不同情况进行复杂的调查分析。这可能会超出WTO专家组分析竞争案件的能力。因此,尽管一项具有约束力的非歧视承诺应该被纳入多边框架,但是,并不意味着可以利用该条款随意发起争端解决程序。

除了非歧视原则,透明度原则、正当程序原则,对成员竞争政策的定期审议也会促使成员放弃歧视性的竞争政策。随着拥有国内竞争法的国家数量的增长,透明度承诺将给从事国际贸易的公司提供重要保证。另外,透明度对于加强国内竞争主管机构的可信度也极为重要。因此,透明度条款应该是WTO竞争协定的关键要素。

正当程序原则要求对所有参与竞争调查或司法程序的当事人提供程序性保障,包括对保密信息的保护。其中关键的一点是承诺提供有效的国内救济措施,包括市场主体可以借此接近竞争主管机构的程序、对行政决定提起上诉的权利以及有关私人执行方面的规定等。当然,在界定正当程序的承诺时,有必要考虑WTO不同成员法律和机构体系的差异。

(3)争端解决机制

WTO争端解决机制能否适用于多边竞争协定是一个非常棘手的问题。很多国家对WTO竞争谈判持保留或反对意见,就是担心WTO争端解决机制的适用会导致本国竞争主管机构或法院的裁决被宣布无效。

从理论上看,WTO争端解决机制的适用有三种情况:完全适用、完全不适用和部分适用。完全适用注定是不可能的,因为这极大地危及国家主权;完全不适用则必然大大降低多边竞争规则的有效性;部分适用是合理也是相对可行的。

部分适用的第一层意思是,排除 WTO 争端解决机制对单个竞争决定进行审查的可能性。理由如下:第一,竞争调查要求对各种实际情况(很多与所在国的特殊市场情况相关)进行复杂评估,WTO 专家组并不具备充分的条件来完成这项工作。第二,WTO 竞争协定中包含的实体义务相关规定是普遍的适用条款,而非精确细致的规定。这会导致 WTO 专家组在考虑个案时拥有比国内竞争执法机构更多的自由裁量权。第三,各国有关竞争问题的理论和实践均具有鲜明的本土化特色且以一种循序渐进的方式在发展,WTO 争端解决机制的介入会阻止或改变这个进程,显然是不受欢迎的。概言之,适用于个案的争端解决机制极易引起国家之间的主权之争。在任何情况下,这个机制都很难应用于个案的决断。

部分适用的第二层意思是,WTO 争端解决机制的主要功能是确保各成员所作承诺的可信度,即 WTO 争端解决机制可以被限制在以下范围:国家立法是不是与 WTO 竞争协定的核心原则保持一致。特别是,争端解决机制对于解决有关程序义务(如非歧视义务、国民待遇义务、正当程序义务等)的履行的争议是非常有效的。比如,对正当程序的承诺,通常包含了对保密信息的维护。因此,在与此相关的争议中,争端解决机制只关注这样的保护是否可以在国内的法律体系中获得,而不是关注在个别的案件中是否得到了尊重。

2. 国际合作的方式

WTO 竞争协定的一个重要目标应该是促进世界范围内竞争主管部门之间的国际合作。这种合作将大大突破已缔结双边或区域协定的国家以及 OECD 或 ICN 成员的限制。

第一,合作的范围不应该仅限于核心卡特尔,而应该包括所有可能排除、限制竞争的行为,包括进出口卡特尔、纵向限制、滥用市场支配地位和经营者集中。

第二,合作的具体方式可以建立在通过双边、区域已经形成的经验的基础上,包括:(1)与案件有关的信息和证据的交流;(2)竞争主管机构就影响另一方重大利益的竞争案件所作的通知、咨询和交流的程序;(3)避免潜在的管辖冲突的交流合作。

第三,明确合作建立在"自愿"原则的基础之上。任何缔约方不能被迫提供该国不愿分享的信息或不愿提供的援助。同样,也不能对建立诸如美国和欧盟之间的已经达成的积极礼让程序抱有太大希望。在一个多边协议中能够包含类似条款之前,还需要更多关于积极礼让方面的双边和区域层面的实际经验。但是,开展磋商的条款是必要的。只要竞争调查影响到另一成员的利益,或者发现在另一成员的市场上存在有损于自身的反竞争行为的信息,进行磋商也能起到礼让的作用。当若干竞争主管机构考虑同时启动对某一行为的调查时,磋商还有助于协调调查、开展执法援助或协调救济措施。

第四,考虑在WTO系统内设立竞争政策理事会的必要性。实际上,大多数WTO成员,包括发展中国家,已经强调在WTO内部设立一个规范的共享和交流全球竞争信息的机构的重要性。① WTO已存在的货物贸易理事会、服务贸易理事会、TRIPs理事会等,在交流观点和致力于重新考虑成员的立法等方面作出了积极贡献。竞争政策理事会的设立,将在促进竞争主管机构的进一步合作以及协调竞争政策和WTO涉及的其他相关政策之间的关系上起到非常重要的作用。竞争政策理事会必须要确保不会危及国内竞争主管机构的独立性,并致力于提高他们在国内的地位和提高其作为竞争政策的倡导者的能力。它的功能不仅限于促进各成员竞争法律和政策相关理论和实践的交流,还可以主持针对各成员的竞争政策审议工作,促进各成员在反竞争行为(而非仅限于核心卡特尔)方面取得更大的一致。

3. 能力建设和技术援助

WTO竞争协定应该具有充分的灵活性,以满足各国在国内竞争法体系发展的不同阶段的需要,例如有些国家还处于法律起草阶段,而有些国家亟须技术支持,还有些国家已经具备完备的竞争政策体系。但是,仅仅设置"过渡期"是不够的。在乌拉圭回合谈判达成的协议中,有一个缺点就是从来没有考虑能力建设的需要。毫无疑问,WTO竞争协定有望促进发展中国家的国内竞争政策改革以及提升竞争主管机构的地位和能力。由于协定建立在政治承诺的基础上,因此能够在很大程度上推进国家竞争政策的发展。但是为了避免法律通过以后国内竞争主管机构缺少资金或者政治影响不足的不利局面,需要在协定之中纳入能力建设和技术援助的条款。

能力建设和技术援助计划不应该脱离协定而发展,而是应该充分关注如何助力于发展中国家的机构和政策改革以实现WTO竞争规则想要达到的目标。具体的援助计划应该在达成协定的同时建立起来。根据各个成员的需要,援助将涉及国家立法的发展、国内竞争主管机构的建立、竞争执法和司法人员的培训以及与其他竞争主管部门之间的经验交流等。在指导技术援助计划的实施方面,竞争政策

① See WT/WGTCP/4 paras 61 and 62 and WT/WGTCP/3 paras 60 and 61.

理事会可以起到重要作用,通过促进信息和经验的交流,推动最佳实践的传播。

最后,即便上述多边竞争规则难以达成,WTO 也并非在多边规则的形成方面无能为力,至少可以"退而求其次",充实和完善现有的规则。比如,可以尝试在 WTO 体系的不同组成部分中引入竞争政策的特定元素。例如,TRIPs 第 40 条对知识产权许可中的限制竞争行为进行了规定,但是,其只提供了磋商的机会,并没有授予成员政府采取积极行动的权利,实际上限制了成员对此类行为的干预。因而,在知识产权许可协议中加强限制竞争行为的规制是可以尝试的目标。再比如,《与贸易有关的投资协定》(TRIMs)第 9 条为货物贸易理事会提供了在审议协议运行情况时结合有关投资政策和竞争政策作补充规定的可能性,但是迄今为止尚未充分利用该条款。这些都是可以进一步完善的领域。

(三)"趋同"层面的探索建议

在国际层面,协调竞争政策的最理想模式是依托一个全球性的管理竞争问题的国际组织,但是在短期内这个方案还无法实现。多边协调的困难解释了为什么目前采取保守的趋同方式更为盛行。趋同方式虽然建立在现有反垄断法的分散实施基础之上,但是通过减少管辖权冲突以及改善实施过程中的双边或区域合作,还是能够实现基本的国际竞争政策协调。

实际上,各国竞争政策的差异并不是由于缺乏措辞一致的反垄断法规则,而是源于赋予具体关键词语的不同意义(特别是"反竞争"和"滥用"这些关键词语)以及在界定市场和评估市场力量方面所使用的不同方法。[①] 因此,如果趋同方式能够有助于在对类似规则的不同理解方面达成基本一致,那么它至少在达成共识方面能够为最终达成多边规则奠定基础。

显然,趋同路径是有其缺陷的。任何其他国际组织都还无法与 WTO 规则的强制约束力以及 WTO 本身在确保规则实施方面的丰富经验相媲美,这也就导致他们所倡导的国际竞争规则必然流于形式,无法付诸实践。但是,趋同路径也因此获得其最大优势,那就是其灵活性、适应性和专业性。WTO 的"强约束"很容易与各国在竞争政策问题上的主权意识相抵牾,由于各国都不会轻易放弃自己对于竞争事务的管辖权,基于自愿的趋同模式就更易成为被广泛接受的路径。同时,对于一直

① Charles W. Smitherman Ⅲ, *the Future of Global Competition Governance*: *Lessons from the Transatlantic*, American University International Law Review, Vol. 19, p. 769(2004).

处理贸易问题的WTO而言,处理竞争案件意味着进入一个新的领域。相比之下,通过专门的双边或区域协定或者以专门处理竞争问题的国际组织作为媒介的方式协调国际竞争政策,显然在专业性上更胜一筹。

第一,在很长一段时间内,双边和区域竞争协定仍然是促进国际竞争政策协调的主要方式。相比于多边的趋同方式,双边和区域的方式至少是具有约束性的。尽管它的覆盖范围有限,但是可以为将来多边规则的达成提供参考。正如有学者所言,目前竞争规则全面纳入WTO框架为时过早。① 加之多边倡导性规则在强制约束力问题上的先天缺陷,目前较为适宜的方式是以尽可能全面而具体的双边和区域竞争规则协调为基础,待竞争政策的统一化水平达到一定的程度,各方看待国际竞争框架协议的态度更为积极时,可以在WTO框架内启动竞争政策协调的谈判,最终达成《与贸易有关的竞争规则协定》。

第二,目前来看,最有望在多边层面通过趋同方式取得突破性成就的当属ICN。尽管OECD和UNCTAD都做出了显著的努力,但是OECD在很大程度上代表了发达国家立场,这就决定了广大发展中国家对其抱有怀疑态度。同样的,UNCTAD主要代表了发展中国家立场,因此发达国家普遍认为其推出的规则"标准太低",也几乎对其"不予理睬"。相反,ICN尽管是由美国发起成立的,但是它吸纳了大量发展中国家参与,在解决国际竞争冲突方面具有包容性、灵活性和专业性的优势。正是由于这些优势,各国的竞争主管机构明显表现出更愿意在ICN框架内就竞争政策议题开展讨论和合作的迹象。

第三,不论是双边、区域还是多边协调,均应该建立在"求同存异"的基础上。已被国际社会广泛接受的无歧视原则、透明度原则、程序正当原则和促进竞争的理念是"同",各方存在的理念、制度差异和利益冲突是"异",在协调时,必须充分尊重各成员的经济结构、法律制度和历史文化的差异性。任何协调方案都应该具有足够的弹性,以便兼容这些差异。如果发达国家向发展中国家强行植入代表他们理念的竞争政策,效果必然适得其反。显然,发达国家应该在趋同路径中更多考虑给予发展中国家技术支持,降低他们参与国际协调的制度成本,并让他们切实感受到参与协调的好处。

第四,趋同路径应当积极尝试回应一些相对"棘手"的问题。比如,迄今为止,

---

① See Friedl Weiss, *Form World Trade Law to World Competition Law*, Fordham International Law Journal, Vol. 23, p. 271 – 272 (1999).

趋同路径较少回应实体规则问题、域外适用问题以及经营者集中申报和审查的多边协调机制问题。此外，对于保密义务和数据保护规则(特别是有关隐私保护的规则)在妨碍跨境反垄断调查和信息共享方面的作用，也缺乏集体回应。在双边或区域层面，缔约方提供的信息几乎都是保密信息，没有提交者的同意，出于正当程序的考虑，机构之间无法共享保密信息。这大大增加了国际合作的难度。恰恰是上述这些问题，最易引起国际冲突或增加合作的成本，但是并未得到很好的研究和应对。

第五，可以尝试在趋同路径基础上达成多边层面的“替代方案”：协商达成一个“自由贸易和竞争承诺”，而非谈判形成一种适用国内竞争法的义务。这样做有两个优势：其一，这样做并不要求所有承诺国一定要有竞争法，只是要求每个国家遵守“自由贸易和竞争”的承诺；其二，这样做比承诺禁止国际垄断行为有更明显的优点，因为它还将禁止削弱贸易和竞争的国内规制的义务(包括贸易规制和竞争规制)包括其中。

五、结语

竞争政策的全球协调任重道远，尚需要各国及各国际组织的长期合作与努力。经济全球化带来的竞争冲突不可能单纯依靠各国竞争法的域外适用和双边或区域协定得以解决。只有通过建立多边的国际竞争政策协调机制，才有可能系统性地应对国际垄断行为。不论是具有约束力的规则模式，还是不具有约束力的趋同模式，都有其自身缺陷，亦有其内在优势。单纯依靠任何一种路径，均不具有可持续发展的能力。只有在求同存异的基础上统筹利用、共同推进，才能逐步消弭分歧和冲突，促进全球范围内自由和公平竞争秩序的实现。

再议我国著作权集体管理中的反垄断问题

尚立娜*

一、问题的提出

著作权集体管理中的反垄断是知识产权领域反垄断中一个比较特殊的问题。纵览当今各国有关著作权集体管理的相关立法，著作权集体管理组织在法律上的存在主要有垄断立法模式和自由竞争立法模式两种。而在垄断模式中，无论是绝对垄断立法模式①，还是相对垄断立法模式②，集体管理组织均具有合法的垄断地位；即使在自由竞争立法模式③下，交易成本理论所支撑的著作权集体管理组织，其“集合效应”也可能导致该组织处于事实上的垄断地位。

我国《著作权集体管理条例》第7条要求新成立的著作权集体管理组织“不与已经依法登记的著作权集体管理组织的业务范围交叉、重合”，而基于此规定，我国

---

* 尚立娜，上海交通大学凯原法学院讲师、法学博士。

① 绝对垄断的集体管理组织主要以意大利和苏联为代表，如意大利、比利时等国家，由一个中央协会负责不同种类（著作权和邻接权）的各种具体权利的统一管理，意大利作者协会（意大利著作权组织）管理包括文字、音乐、戏剧、美术、摄影、电视等所有作品权利，只有著作权组织有权进行著作权的集体管理，代作者收取版税。

② 相对垄断的模式则是以德国、法国和日本为代表的按照行业划分、互不交叉的著作权集体管理组织，这也是多数国家所采取的方式，他们按作品或作者的类别分别成立组织，这样同一类作品设立的著作权集体管理组织往往只有一个，使其对该类集体管理形成垄断性。

③ 自由竞争的集体管理组织形式主要以英美等国为代表，如在美国，同一类作品允许多家著作权集体管理组织存在，如音乐作品公开演奏权就由美国作曲家、作词家及音乐出版商协会（American Society of Composers, Authors and Publishers, ASCAP）、欧洲舞台作家和作曲家协会（Society of European Stage Authors and Composers, SESAC）、美国广播音乐公司（Broadcast Music Incorporated, BMI）三家共同管理；在加拿大，音乐作品的公开演奏权则由加拿大作曲家、作家和音乐出版商协会（The Society of Composers, Authors and Music Publishers of Canada , SOCAN）、加拿大表演权组织（Society of Composers, Authors and Music Publishers of Canada , SOCAN）共同管理。

已经成立的5家著作权集体管理组织（中国音乐著作权协会、中国音像著作权协会、中国文字著作权协会、中国摄影著作权协会、中国电影著作权协会），分别垄断性地覆盖了各类作品的著作权集体管理领域。

具有垄断地位的著作权集体管理组织往往容易从事一些反竞争行为。这种反竞争行为常常是双向的，即它们一方面对权利人（会员）收取过高的代理费或者手续费，另一方面还可能存在不正当歧视行为。在我国，著作权集体管理领域的反垄断问题一开始就受到了关注，但由于种种原因，现有的《禁止滥用知识产权排除、限制竞争行为规定》①（以下简称《规定》）只是在第21条进行了笼统规定："经营者在行使著作权以及与著作权有关的权利时，不得从事反垄断法和本规定禁止的垄断行为。"尤其是并没有保留《国务院反垄断委员会关于知识产权领域的反垄断指南》②（以下简称《指南》）专门针对著作权集体管理的规定。实践中存在的问题需要我们继续关注和研究著作权集体管理领域的反垄断问题。

二、著作权集体管理组织活动的竞争影响

著作权集体管理组织是指为权利人的利益依法设立，根据权利人授权，对权利人的著作权或者与著作权有关的权利进行集体管理的社会团体。著作权集体管理组织的产生，是由于单个著作权权利人在行使著作权时，遇到了不能控制或者难以控制的使用情况，为了维护权利人的合法权利而将作品集合起来，由特定的组织进行管理并统一对使用者进行授权，形成集合效应，进行统筹安排，在有效地管理了作者的著作权的同时，也为使用者提供了方便。

著作权集体管理是著作权保护的必要方式。世界知识产权组织（WIPO）认为对著作权进行集体管理的原因是：现代著作权法赋予音乐、文学、摄影、电影等领域作品的作者一系列利用权，而权利人无法进行有效的管理。为此，发达国家和地区的成功经验是，著作权人将自己的有关权利授予著作权集体管理组织，通过它集中向使用人发放许可，收取使用费，将使用费按照实际情况分配给各个权利人，并在必要时以自己的名义进行相关的诉讼和仲裁。

由于作品种类及其传播特性的复杂化，从便于管理的角度出发，当今以大陆法

---

① 2023年6月25日国家市场监督管理总局公布《禁止滥用知识产权排除、限制竞争行为规定》，自2023年8月1日起施行。

② 2019年1月4日国务院反垄断委员会印发。

系国家为首的大多数国家都确认了著作权集体管理组织合法的垄断地位,并通过立法方式将其固定下来。即使是在英美法系没有通过立法确认集体管理组织垄断地位的情况下,他们的著作权集体管理组织也并没有发生大规模设立的情况,往往是少数几个大的集体管理组织并存。

垄断性集体管理组织具有一定的优点。随着信息通信技术的发展,作品的种类多样性及传播途径多样化的特点彰显,作品的类型从传统的纸质文字作品到电子形式,作品的传播途径增加了互联网的无地域限制传播,为作者个人主张著作权保护设置了很多障碍,作者个人和使用人直接进行交易的可能性越来越小,这就给著作权的保护和管理带来了新的机遇和挑战。在这种情况下,著作权集体管理就成为著作权权利行使有效的手段。通过集中化管理,著作权集体管理组织集合众多的著作权人的作品,由专业的管理团队进行管理,对使用者进行授权,收取使用费用,并且已经形成了国际上的合作惯例,通过不同国家著作权集体管理组织之间签订相互代表协议的方式,在国际范围内通过集体管理组织管理著作权,突破了地域上的限制,为权利人提供一个有效运行的监控管理系统。另外,著作权集体管理还能比较有效地解决网络时代带来的著作权保护问题,因为著作权集体管理组织的有效监控系统可以限制著作权被侵害的可能。实践中,单凭著作权人个人的力量很难进行权利保护,而著作权集体管理组织的成立,能够把单个著作权人的力量集中起来,形成强有力的合力,并作为著作权人与作品使用人之间联系的纽带,对权利进行集中化管理以减少授权成本,还可以通过集体的力量提高谈判地位和能力,为权利人争取更高的回报,通过其自有的专业人员集中管理和许可著作权,监控作品被使用的情况以及防止盗版①。在使用人侵害著作权时通过诉讼排除侵权,更好地维护著作权人的正当权益,使得著作权人的各种权利得到妥善保护,因此垄断性集体管理组织为著作权人实现大规模许可提供了最优方案,垄断性的集体管理为著作权使用人以合理成本获得授权提供了保证,为了实现著作权人的利益最大化,节约交易成本便成为一个关键问题,而交易成本理论支撑下的垄断集体管理组织具有绝对优势。

根据我国《著作权集体管理条例》的规定,依法享有著作权或者与著作权有关的权利的中国公民、法人或者其他组织,可以发起设立著作权集体管理组织。著作权集体管理组织会员大会为著作权集体管理组织的权力机构。权利人可以与著作

① 参见罗向京:《著作权集体管理组织的发展与变异》,知识产权出版社2011年版,第5页。

权集体管理组织以书面形式订立著作权集体管理合同,授权该组织对其依法享有的著作权或者与著作权有关的权利进行管理。权利人符合章程规定加入条件的,著作权集体管理组织应当与其订立著作权集体管理合同,不得拒绝。权利人与著作权集体管理组织订立著作权集体管理合同后,不得在合同约定期限内自己行使或者许可他人行使合同约定的由著作权集体管理组织行使的权利。著作权集体管理组织不得与使用者订立专有许可使用合同。使用者以合理的条件要求与著作权集体管理组织订立许可使用合同,著作权集体管理组织不得拒绝。许可使用合同的期限不得超过 2 年;合同期限届满可以续订。

由于著作权集体管理组织在集中大量的著作权后具备了规模效应,一方面,这确实可以有效降低个人维权和用户谋求授权的成本,在某种程度上符合著作权人和用户的共同利益;另一方面,这种垄断地位又极容易被滥用,从而给著作权人和用户带来损害。而且,由于大多数国家特别是欧洲各国通常采取一类作品只设立一家集体管理组织的模式,著作权集体管理组织事实上处于一种垄断地位,具有垄断地位的著作权集体管理组织往往容易从事一些反竞争行为。为了防止集体管理组织滥用职权,欧洲各国一般都规定政府或者某个政府部门是集体管理组织的监督机构,负责审批集体管理组织的设立和撤销、检查集体管理组织理事会会议和日常工作、检查其收费标准的制定和分配方案的实行。我国《著作权集体管理条例》虽然也规定了对著作权集体管理组织的监督,但基本上不是从反垄断角度进行的。因此,由反垄断执法机构对著作权集体管理组织的反竞争行为进行监督仍属必要。

三、我国著作权集体管理领域的反垄断规制

在我国,著作权集体管理领域的反垄断问题一开始就受到了关注,立法者起草知识产权领域的反垄断执法指南和规章时都重视这个问题,并在不同的版本中都有所涉及。例如,在《关于禁止滥用知识产权排除、限制竞争行为的规定》2009 年 9 月的版本(起草修订第四稿)中,第 27 条就专门规定了"著作权集体管理组织的行为",内容是:"著作权集体管理组织是指为权利人的利益依法设立,根据权利人授权、对权利人的著作权或者与著作权有关的权利进行集体管理的社会团体。著作权集体管理组织的设立及其活动的开展通常有利于单个著作权人权利的行使,有利于著作权使用单位和个人及时合法的使用作品。""如果著作权集体管理组织在开展活动过程中,从事符合下列条件之一的行为,国务院反垄断执法机构将运用本指南第二章规定的分析方法进行分析认定:(一)没有正当理由,收取过高的代理费

或许可费;(二)没有正当理由对条件相同的著作权人实行歧视性待遇;(三)强迫接受一揽子许可的行为;(四)从事其他可能具有排除、限制相关市场竞争效果的行为。"①后来的相关版本虽然表述有所差异,但都保留了这方面的内容。由于种种原因,2015年4月原国家工商行政管理总局发布的《关于禁止滥用知识产权排除、限制竞争行为的规定》中没有这方面的规定,而《指南》(2019年)第28条就著作权集体管理做了简要的规定,即"著作权集体管理通常有利于单个著作权人权利的行使,降低个人维权以及用户获得授权的成本,促进作品的传播和著作权保护。但是,著作权集体管理组织在开展活动过程中,有可能滥用知识产权,排除、限制竞争。具体分析时,可以根据行为的特征和表现形式,认定可能构成的垄断行为并分析相关因素"。

该条规定在《指南》的第五章"涉及知识产权的其他情形"(可能构成不同类型的垄断行为,也可能涉及特定主体),这意味着著作权集体管理组织在开展活动过程中,可能滥用知识产权排除、限制竞争的行为,既可能涉及垄断协议,特别是横向垄断协议,也可能涉及滥用市场支配地位行为。其中,垄断协议主要集中在各个著作权集体管理组织之间的相互代表协议行为,这是为了著作权集体管理的方便而产生的协作行为,由于其存在歧视会员、拒绝授权、搭售等多个因素,司法实践中也被确认为违法。滥用市场支配地位的构成需要具备在相关市场上具有市场支配地位和有滥用行为等条件。著作权集体管理组织在具备市场支配地位的情况下进行"一揽子"许可,需要依据"合理性原则"进行分析。美国多数案件确认著作权集体管理组织在拥有市场支配地位的情况下,通过"一揽子"许可使得市场竞争的可替代性欠缺,导致垄断;著作权集体管理组织的拒绝许可行为导致使用人最终无法使用需要的作品的著作权,而强行使用会遭到侵权诉讼及索赔,有违立法精神,也应予以禁止。独占性授权是造成著作权集体管理组织形成市场支配地位的关键,美国的相关案件结果确认独占性授权构成垄断行为,而欧盟认为从权利集合性及授权便利性方面来看,其具有当然的合理性并在法律及实践上予以确认。这些都可以为我国具体的执法实践提供参考借鉴。

《规定》所涉及的知识产权领域反垄断的基本分析框架并没有太大的改变,包括分析原则、分析思路、相关市场界定、涉及知识产权的垄断协议、涉及知识产权的滥用市场支配地位、涉及知识产权的经营者集中以及涉及知识产权的其他情形。

---

① 王先林主编:《中国反垄断法实施热点问题研究》,法律出版社2011年版,第387页。

四、完善《规定》的具体建议

鉴于我国现有的《规定》中没有著作权集体管理方面的条款,《指南》第 28 条虽有规定但比较简单笼统,因此有必要对该问题进行再分析。由于著作权集体管理组织反竞争行为的规制涉及反垄断法的各个方面,而不仅仅限于垄断协议,更不限于横向垄断协议,因此除利用市场机制限制集体管理组织滥用市场优势地位以外,法律还必须直接对垄断性的著作权集体管理组织的市场行为进行干预,要求著作权集体管理组织不得在开展活动的过程中滥用知识产权,排除、限制竞争。建议在今后完善《规定》时考虑对以下情形予以明确规制。

(一)禁止通过相互代表协议限制会员权利

相互代表协议(reciprocal representation agreement)是指各国或地区的著作权集体管理组织之间所订立的,明确双方相互代表对方在本国领域内管理对方著作权的协议,包括授权许可、收取使用费用及进行程序维权等。早期的相互代表协议通常是以排他条款的方式进行,也就是国外著作权集体管理组织将其权利目录在一定的管理范围内独家授予国内的集体管理组织代理,并同时规定该外国著作权集体管理组织不得在此代理领域从事业务。简言之,相互代表协议是指每个著作权集体管理组织在特定的地域内享有独占地位,在该地域内的所有商业使用者均要获得其授权许可。

著作权集体管理组织在与其他经营者或者其他国家和地区的著作权集体管理组织达成的相关协议中,不得不合理地限制会员资格、地域范围等,不得限制权利人或者使用人的选择自由。

一般来说,我国著作权集体管理组织适用相互代表协议条款的情况有两种,一种是通过加入国际作者和作曲者协会联合会(CISAC)的方式确认和该国际协会的成员国之间的相互代表资格,另外一种是和特定国家签订双边协议。相互代表协议中的会员资格条款已经被欧盟委员会确认违法,而随着国际文化交流的深入,各国公民之间的流动性增强,之后相关国家的反垄断纠纷可能会接踵而至,我国也应防患于未然。建议我国相关的著作权集体管理组织在加入 CISAC 或者签订双边条约时,对其会员资格条款予以特殊处理,在一定条件下对该条款予以排除适用。

地域限制在我国和外国集体管理组织之间的相互代表协议中非常普遍,其绝对的效力最终导致使用人丧失了直接与国外集体管理组织请求授权的权利,由于作品的利用千差万别,即使是在使用人只想使用外国作品的情况下,也只能通过有协议的国内的集体管理组织按照“一揽子”许可的方式来获得授权,这无疑对使用人不利。因此,应当取消相互代表协议中的绝对的地域性限制条款,而改为根据具体的市场需求状况来决定由谁进行授权许可。况且,在现有的授权及付费的技术条件下,使用人从外国著作权集体管理组织手中获得授权许可完全是可行的,因此取消相互代表协议中的地域性条款的绝对性效力具有可行性。

(二)禁止著作权集体管理组织拒绝许可

我国《反垄断法》第22条规定的禁止具有市场支配地位的经营者从事滥用市场支配地位的行为的第3项为“没有正当理由,拒绝与交易相对人进行交易”。在著作权集体管理领域,作者往往将著作权专属授权给集体管理组织进行管理,使用者无法从其他途径获得该作品的使用权,因此该著作权在相关市场上没有可替代性,如果使用者贸然使用会招致集体管理组织的侵权诉讼,这显然不符合立法精神;如果集体管理组织拒绝授权许可给使用者,那么使用者便不能合法使用该作品,使用者无法提供后续服务给消费者,则势必对消费者不利;同时,将著作权授权许可给使用者,对于著作权集体管理组织来说并无不合理的损害,反而因为增加了许可使用费而使集体管理组织和著作权人获利。因此,没有正当理由的情况下,著作权集体管理领域的拒绝许可行为也应被法律所禁止。

(三)禁止强迫被许可人接受其不需要的著作权许可

“一揽子”许可方式在我国著作权集体管理尤其是音乐作品的著作权集体管理中比较常见。“一揽子”许可的表现方式为不去精确计算使用者所使用的作品的数量,而是将所有作品库中的作品打包进行许可,而在计算许可使用费的时候,依据其他标准进行计算,如营业面积、终端数量、座位数、门票收入等。但是,著作权集体管理组织的授权使用相对人即使用者的情况千差万别,有的使用者需要大范围不定期地使用作品,而在“一揽子”许可条件下,其省去了逐一和权利人进行谈判的成本,也无须担心侵权被诉的风险,因此“一揽子”许可是受欢迎的,唯一可能产生纠纷的是许可使用费数额的问题。然而,对于作品使用需求较小的使用者来说,“一揽子”许可属于著作权集体管理组织利用自己的市场优势地位,将使用人并不需要使用的作品强行打包进行授权,可能被归于搭售的范畴。

著作权集体管理中的授权许可使用属于平等主体之间的经济行为,合理公平、意思自治的原则理当适用,而且遵循各方意愿的交易也增强了合同的履行性,因此从这个角度来说,著作权集体管理组织提供除了"一揽子"许可外的其他授权方式供使用者选择不失为一个合理的方案。例如,在中国音乐著作权协会的使用费标准上,提供给使用人两个标准:"一揽子"许可的计算标准和单个授权的计算标准,由使用人进行选择,通过增强可选择性的办法来避开垄断嫌疑。

另外,从现有的网络科技技术来看,通过技术手段监控作品的使用情况并不是天方夜谭,这些技术上的进步也确保了单个作品许可的适用。利用特定软件能够迅速计算出某个作品被使用的情况,从而作为收取使用费的依据,这将成为未来的发展趋势。

著作权集体管理组织的垄断性问题一直备受争议,尤其是对著作权人和作品使用者来说,集体管理组织充当着"费力不讨好"的角色。在当今网络科技和文化高度发达的时代,著作权集体管理组织如何在实现其"服务"、"管理"和"维权"的功能的同时,不被反垄断法所质疑,是一个重要的研究方向。中国在选择著作权集体管理组织的垄断立法模式的情况下,应对其进行反垄断规制确有必要。

我国对著作权集体管理组织具有市场支配地位的情况下所实施的排除、限制竞争的行为应予改变,给予著作权人和使用人以选择权,以排除著作权集体管理组织滥用市场支配地位的嫌疑;著作权集体管理组织在加入国际组织或者签订双边条约而执行相互代表协议的情况下,应对地域限制条款或者会员资格条款予以规范;同时,对于没有正当理由,限制特定权利人加入或者退出该组织、对条件相同的权利人或者使用者实行差别待遇、索要高额许可费的行为也应有立法及执法规范。

学位论文选登

论平台经济领域反竞争集中的危害

曹　汇*

一、平台相关概念解析

（一）数字经济、平台经济与平台的概念区分

数字经济、平台经济与平台之间的概念常常被人们混用，三者之间的界定并不清晰，故有澄清的必要。国务院在其2021年发布的《"十四五"数字经济发展规划》中是这样界定数字经济的："数字经济是继农业经济、工业经济之后的主要经济形态，是以数据资源为关键要素，以现代信息网络为主要载体，以信息通信技术融合应用、全要素数字化转型为重要推动力，促进公平与效率更加统一的新经济形态。"①国家统计局在其发布的《数字经济及其核心产业统计分类(2021)》中将数字经济划分为五大类产业：数字产品制造业、数字产品服务业、数字技术应用业、数字要素驱动业和数字化效率提升业。前四类为"数字产业化"部分，指为产业数字化提供数字技术、产品、服务、基础设施和解决方案，以及完全依赖于数字技术、数据要素的各类经济活动，这是数字经济的核心产业。第五类则为"产业数字化"部分，指利用数据与数字技术对传统产业进行升级、转型和再造的过程。根据该大类的中、小类分类构成可发现，传统意义上的平台经济主要集中于数字技术应用业、数字要素驱动业以及数字化效率提升业中的部分细分行业。② 由此可知，平台经济包

---

* 曹汇，上海社会科学院法学研究所助理研究员，上海交通大学法学博士。

① 国务院：《"十四五"数字经济发展规划》，国发〔2021〕29号，http://www.gov.cn/zhengce/content/2022-01/12/content_5667817.htm。

② 参见国家统计局：《数字经济及其核心产业统计分类(2021)》，国家统计局令第33号，载中央人民政府网2021年5月27日，http://www.gov.cn/gongbao/content/2021/content_5625996.htm。

含于数字经济之中,但相较于数字经济五大类别的明确定义,其外延并不确定,处于一种动态发展、变动不居的状态。因此,平台经济可视为数字经济下的一种特殊经济模式,并且其定义方法与政府的统计口径存在一定偏差,可视为一种"非官方、非正式"的概念。北京大学黄益平教授在2022年12月30日在十三届全国人大常委会举行的专题讲座第三十一讲《数字经济的发展与治理》中是这样定义平台经济的:"平台经济是数字经济的一种特殊形态,它是指依托于云、网、端等网络基础设施并利用人工智能、大数据分析、区块链等数字技术工具撮合交易、传输内容、管理流程的新经济模式。常见的数字平台包括电子商务、网络约车、文娱、社交媒体、搜索、数字金融等。"[①]该定义目前来说是相对权威且准确的。前述定义很容易导出平台(狭义的数字平台或互联网平台)的定义:"依托于云、网、端等网络基础设施并利用人工智能、大数据分析、区块链等数字技术工具撮合交易、传输内容、管理流程"的经营主体(排除政府平台与社会公益平台)。如此,数字经济、平台经济与平台的概念就相对明晰了。

(二)广义平台与狭义平台

国务院反垄断委员会印发的《关于平台经济领域的反垄断指南》(以下简称《指南》)第2条第1项规定:"本指南所称平台为互联网平台,是指通过网络信息技术,使相互依赖的双边或者多边主体在特定载体提供的规则下交互,以此共同创造价值的商业组织形态。"因此,在我国反垄断法意义上的平台一般指提供媒介服务的数字平台,这是一种对于平台的狭义界定;但实际上,非数字化的平台也是广泛存在的,酒吧、购物中心、金融机构都是一种线下的平台。这构成了广义平台的概念:既包含线上平台,也包含线下平台。对于平台中各边的界定即使在同一商业模式下也会存在差异,故分析必须立足于具体个案,不能教条搬运经验理论。购物中心至少是一个双边平台:消费者是一边,入驻商店则是对应的另一边。金融机构也是如此:投资者是一边,融资者为另一边,投融资需求匹配且互补。

线下平台中的某些经济性质与线上平台具有相似性,如双边市场、网络外部性、非对称定价。这些不仅在线上平台中有体现,线下平台也有这些特征。职是之故,线下平台与线上平台合并控制理论中存在相互借鉴、融通的可能。某些线下平

① 黄益平:《十三届全国人大常委会专题讲座第三十一讲:数字经济的发展与治理》,载中国人大网,http://www.npc.gov.cn/npc/c2/c30834/202301/t20230103_423214.html。

台合并控制的案例可能会对线上平台合并控制制度理论的发展带来启发。比如,戴维·S.埃文斯就通过研究澳大利亚联邦储备委员会对银行信用卡交换费率进行管制的案例,解释了双边平台市场的监管干预效应,此处的支付系统就可视为广义的线下(金融)平台。① 这种对线下平台竞争进行规制的案例同样会对线上平台的竞争干预带来参考,在经营者集中制度中,这可以体现为如何设计妥当的救济措施。相应地,狭义互联网平台合并控制中的理论与经济特质也同样适用于某些线下平台,经济实质上的相似将引致制度上的相似。这意味着,《指南》第四章"经营者集中",尤其是其中第20条"考量因素"条款也可参照适用于某些线下平台合并控制之中,为线下平台合并控制提供指引。当然,线下平台与线上平台之间的差异也要得到重视,对比借鉴时不能生搬硬套。比如在相关市场界定中,线上平台因为数字化特征常常抹去了平台间地理上的差异,相关地域市场的界定更多只体现了国家间的差异。② 相反,在界定线下平台的相关市场时,地域是一个非常重要的考量因素。因为线下平台需要参与各方在线下实质性接触,如果交通不便肯定会影响到消费者对平台的选择,并进而影响平台的势力范围。故对于很多线下平台来说,相关地域市场是一个非常重要的界定分析要素。还有一些因素对于线下平台与线上平台会产生刚好相反的影响,这时也要注意到线上与线下平台间的差异。比如,疫情防控的行政管制措施要求人与人之间保持距离,这对于需要消费者线下聚集、实地接触的线下平台来说是一个重大负面影响,但对不需要用户间接触的线上平台来说却是一个利好因素——线下平台的客户会被引流至线上平台。这一点在疫情暴发时的电子商务平台与百货商场间的经营状况对比中可以得到清晰直观的认识。此外,不同因素对线上平台与线下平台的重要程度也有差异。比如,数据、算法对线上平台很重要,对线下平台的影响则有限。人身保障及安保责任对线下平台来说是一个很重的负担,线上平台则一般不受这种约束,它们更关注线下平台无须注意的网络、数据安全及个人信息保护等法定义务。综上,线上线下或广义狭义平台之间的合并控制制度有可借鉴互通之处,但也要注意两种平台的差异及各种竞争约束对它们产生的不同影响,以免僵化适用导致南辕北辙。

---

① 参见[美]戴维·S.埃文斯:《平台经济学:多边平台产业论文集》,周勤、赵驰、侯赟慧译,经济科学出版社2016年版,第319-340页。

② 参见王先林、曹汇:《平台经济领域反垄断的三个关键问题》,载《探索与争鸣》2021年第9期。

(三)平台中的边

在平台经济中,经常被提及的概念即是双边市场。著名经济学家梯若尔是这样定义双边市场的:"使终端用户之间相互交往的一个或多个平台,并通过适当地向双边(或多边)收费使双边(或多边)都参与其中。"①然而既有的文献却对如何定义平台中的"边"言之甚少。平台运作的基础模式就在于边与边之间的互动,经济学中对双边平台的研究也是基于不同边的差异与区分展开的。这说明,边的界定对于研究平台竞争与平台经济而言至关重要。文献中对边缺乏系统认识,可能的原因在于对于不同边的区别与界定要根据不同场景展开,单独研究边的意义并不大。诚然,对于边的界定具有高度场景化的特征,但是当缺乏一个基本的区分原则与区分指引时,对于边的界定可能会过于粗糙,进而影响后续的经济分析与竞争分析。比如,对于边的界定可能会影响到市场界定的范围大小。将不该划入市场范围的边纳入进来,会提高满足同一相关市场要求的平台界定标准,减少适格平台的数量,最后使相关市场界定得过小,过高估计所研究平台的市场地位。反之,若未能将该划入市场范围的边纳入进来,则会将相关市场界定得过宽,低估所研究平台的市场地位。所以,为使对边的界定相对准确,至少应该了解平台中边的特征到底有哪些。本文认为,平台中的边至少有如下3个特征。

其一,具有相同核心需求的一类用户处于同一边,边内需求差异对平台运营无本质影响。数字经济背景下,平台围绕吸引用户"注意力"和锁定用户展开竞争。②如何吸引用户留在本平台成为平台首要考虑因素。用户主动选择留在特定平台一定是平台中的某个产品或服务对其产生了吸引。虽然这种吸引因人而异,但被同一产品功能吸引而选择留下的客户的核心需求往往是一致的。这其实成为划分平台中不同边的基础依据。对于不同边的划分要恰到好处。边数划分过少,就会忽略边内群体间的互动,无法详细完整揭示特定平台的经营模式。而这会使后续的相关市场界定及竞争分析过于粗糙。边数划分过多,则会过多纠结于用户之间的互动,而这些互动对于平台的运营模式而言可能并无意义,还为后续的相关市场界定及竞争分析带来麻烦。考虑到用户核心需求对平台运营模式的重要影响,以用

① [法]让·梯若尔:《创新、竞争与平台经济——诺贝尔经济学奖得主论文集》,寇宗来、张艳华译,法律出版社2017年版,第74页。

② 参见孙晋:《数字平台的反垄断监管》,载《中国社会科学》2021年第5期。

户需求为区分，划分围绕平台展开互动的不同边消费者，是较为妥适的“分边”方法。在分析时只需考虑边与边之间的相互影响而不用分析边内用户间的互动。比如，以微博等公开社交平台为例，需求为发布微博的用户可视为一边，需求为阅读评论微博的用户则是另一边。对于后者而言，阅读或只阅不评都存在阅读这个基本核心需求，至于到底是评论点赞还是只阅不评，则对微博的运营模式无影响，故对此只需设为一边，而不用将评论点赞与只阅不评分开设边。

其二，不同边用户的需求具有依赖性或互补性，可作为划分“边组”的判断依据。埃文斯指出当一边的用户效用随着其他边用户数量的增加而增加时，就存在所谓的（正）交叉网络外部性。① 而交叉网络外部性就是双边平台最主要的特征之一。这种情况下，平台提供媒介服务，其主要作用在于撮合不同边用户之间的交易与互动。这同时意味着，不同边的用户需求应当具有依赖性或互补性，只有这样，边与边的交互才会增进彼此效用。没有一边的需求，另一边的需求就无法被满足。② 平台在此过程中起到的是辅助及附加价值的作用，不具有独立性，还是要以各边的依赖性或互补性需求为基础。以购物平台为例，买卖双方互为双边。买方有购买的需求，卖方有销售的需求，而且需求恰恰相依赖且互补，因为单纯的购买需求或销售需求并不能提升任何一边用户的效用，只有将双方撮合在一起，买者得其物，卖者售其货，双边用户的需求彼此支撑、互相满足，才能实现合作共赢。对于多边而言，这一情形类似，只是有时判断特定边的独立性时，需要将其他边的需求合并起来才能发现其依赖性或互补性需求。比如，对于直播平台，主播和观众是独立的双边，但还可能存在另一个独立边——广告商。主播与观众的需求是表演与观看的依赖性或互补性需求，但考虑广告商时，二者的需求就有了变化。广告商具有宣传产品的需求，而无论是主播还是观众，都是其潜在客户。此时的主播与观众在广告商眼中具有一致的需求——购物。因此，主播与观众在此背景下“合为”共同的一边——潜在消费者。以上例子表明，分析多边市场关系时，有时要将不同边合并作为“边组”分析，才能发现边与边乃至边组之间的互动关系。

其三，平台会对不同边的用户给予不同的定价政策，可据此辅助判断边的独立性，但并不完全准确。不同边的需求不同，这意味着不同边需求的价格弹性也是有

① See David S. Evans, *The Antitrust Economics of Multi - Sided Platform Markets*, 20 Yale J. on Reg. 325 (2003).

② 参见徐晋、张祥建：《平台经济学初探》，载《中国工业经济》2006 年第 5 期。

差异的。① 而需求的价格弹性往往是经营者定价的最重要考虑因素,在边际成本一定的情况下,最优定价与需求的价格弹性反相关。② 非对称定价模式是平台的基本定价模式,本身并不违法也不反映垄断状态或为垄断平台所独有。③ 当直接区分市场中的边存在困难时,根据平台的定价结构进行区分也是一个不错的思路。比如,一个平台具有三边,而三边的用户需求的价格弹性各不相同。平台出于利润最大化的考虑设计了三重定价结构:对于需求的价格弹性高的一边用户,为防止定高价后该边用户大量离开平台,秉持用户优先概念对该边实施免费策略;对于需求的价格弹性低的一边用户,因其用户黏性较高,不会出现提高定价后用户大量流失情况的发生,出于利润最大化考虑,平台采取了获益最高的按流量/时间等收费的模式;而对于需求的价格弹性一般的一边用户,其收费策略则居于前二者之间,比如固定一次性收费等。依据平台的定价政策区分不同边实际是根据不同边需求的价格弹性的差异反推边的独立性的逆向推断法。但这种方法也有两个局限性,一是当不同边的需求的价格弹性相同或相近时,定价政策的一致性就不能反映出边的独立性特征了。二是当平台的定价政策受到其他因素影响,并不完全取决于需求的价格弹性时,定价结构就不能反映出不同边的独立性(如两边的需求的价格弹性不一致,但平台考虑到其他因素,对其实施了一致的定价政策,此时单纯从定价结构上就无法体现出两边的独立关系)。这表明,定价结构分析法虽简明,但容易出错。定价结构只能给出初步的“分边”意见,最终要得到准确的结论还是要回归到前文所述的两种边的特征进行分析。

(四)平台分类分级及其意义

2021 年 10 月 29 日,国家市场监督管理总局发布《互联网平台分类分级指南(征求意见稿)》(以下简称《分类分级指南(征求意见稿)》)。《分类分级指南(征求意见稿)》第 1 条就揭示了指南制定的宗旨:“为更好推动我国平台经济规范健康发展,保护市场公平竞争,推动科技创新,维护消费者权益,对互联网平台进行更加科学规范管理,增强监管的针对性与有效性,特制定互联网平台分类分级指南。”国

---

① 需求的价格弹性(price elasticity of demand)是指需求量对价格变动的反应程度,计算公式:需求的价格弹性 = 需求量变化的百分比 ÷ 价格变化的百分比。

② 参见平新乔:《微观经济学十八讲》,北京大学出版社 2001 年版,第 150 页。

③ 参见程贵孙、陈宏民、孙武军:《双边市场视角下的平台企业行为研究》,载《经济理论与经济管理》2006 年第 9 期。

外也有研究指出，应当根据平台的不同类型，针对性设置监管规则，且不限于反垄断领域。① 而且，分类监管还能增强监管措施的灵活性，从而使监管行为更加精准有效。②

在分类依据上，《分类分级指南（征求意见稿）》根据平台的连接属性和主要功能，结合我国平台发展现状，将平台分为六大类，大类之下还列举了诸多小类。其中，平台的连接属性是指“通过网络技术把人和商品、服务、信息、娱乐、资金以及算力等连接起来，由此使得平台具有交易、社交、娱乐、资讯、融资、计算等各种功能”（见表1）。

表1 平台分类

平台类别	连接属性	主要功能	子类列举
网络销售类平台	连接人与商品	交易功能	综合商品交易类；垂直商品交易类；商超团购类
生活服务类平台	连接人与服务	服务功能	出行服务类；旅游服务类；配送服务类；家政服务类；房屋经纪类
社交娱乐类平台	连接人与人	社交娱乐功能	即时通信类；游戏休闲类；视听服务类；直播视频类；短视频类；文学类
信息资讯类平台	连接人与信息	信息资讯功能	新闻门户类；搜索引擎类；用户内容生成（UGC）类；视听资讯类；新闻机构类
金融服务类平台	连接人与资金	融资功能	综合金融服务类；支付结算类；消费金融类；金融资讯类；证券投资类
计算应用类平台	连接人与计算能力	网络计算功能	智能终端类；操作系统类；手机软件（App）应用商店类；信息管理类；云计算类；网络服务类；工业互联网类

① See Francesco Ducci, *Natural Monopolies in Platform Markets*, Cambridge University Press, 2020, p. 47 – 156.

② 参见孙晋主编：《数字市场竞争规则构建与法律治理——以〈反垄断法〉为视角》，武汉大学出版社2023年版，第230页。

在分级依据上,《分类分级指南(征求意见稿)》综合考虑用户规模、业务种类以及限制能力,将互联网平台分为三级。其中,用户规模指平台在中国的年活跃用户数量,业务种类指平台分类涉及的平台业务,经济体量主要指上年底市值(已上市)或潜在市值(未上市),限制能力指平台具有的限制或阻碍商户接触消费者的能力(见表2)。

表2 平台分级

平台分级	分级依据	具体标准
超级平台	超大用户规模	在中国的上年度年活跃用户不低于5亿
	超广业务种类	核心业务至少涉及两类平台业务
	超高经济体量	上年底市值(估值)不低于10 000亿元
	超强限制能力	具有超强的限制商户接触消费者(用户)的能力
大型平台	较大用户规模	在中国的上年度年活跃用户不低于5000万
	主营业务	具有表现突出的平台主营业务
	较高经济体量	上年底市值(估值)不低于1000亿元
	较强限制能力	具有较强的限制商户接触消费者(用户)的能力
中小平台	一定用户规模	在中国具有一定的年活跃用户
	一定业务种类	具有一定业务
	一定经济体量	具有一定的市值(估值)
	一定限制能力	具有一定的限制商户接触消费者(用户)的能力

《分类分级指南(征求意见稿)》是对于平台经济进行监管的行业管制型指南,而在《反垄断法》中的经营者集中审查制度中,也有分类分级审查的要求。2022年修正的《反垄断法》增加的第37条就规定:"国务院反垄断执法机构应当健全经营者集中分类分级审查制度,依法加强对涉及国计民生等重要领域的经营者集中的审查,提高审查质量和效率。"分类分级审查制度的核心包括两个维度。第一个维度在于分类。《反垄断法》适用于所有行业,但各个行业的行业业态、商业模式对市场竞争的影响、行业在国民经济中所占的地位均有较大差距。因此,统一的审查方法只能在宏观层面为经营者集中案件的审查作出指引,而无法作出细致的指导。这也是反垄断指南往往按照不同的行业出台的重要原因之一,即契合各行业实践。在经营者集中审查中,为提升审查的效率和针对性,有必要设置分类审查制度,区

分出不同行业类别的审查重点，使审查结论更具有科学性。第二个维度在于分级。分级审查恰好对接了审查程序中的初步审查——进一步审查的程序规则，旨在抓大放小，通过初步审查程序首先筛选出需要重点关注的行业以及同一行业中需要重点关注的集中类型，以此节省审查小概率反竞争集中案件的时间用于审查更有反竞争可能的集中案件。比如，横向集中相较纵向集中对市场竞争的影响可能更大，应重点分析；对于向中小企业频繁发起的并购并且目的可能在于扼杀未来竞争的，应予以重点审查；有紧密联系的相邻市场间头部企业的合并可能会相互强化各自的市场支配力，产生跨市场的反竞争效应，也应重点关注。设置分类分级审查制度的目的就在于“提高审查质量和效率”。[①] 鉴于二者都有关于“分类分级”的规定，分类分级恰恰成为平台行业监管与平台反垄断监管的制度联结纽带，并使两种监管手段相互补强。《反垄断法》中对于“分类分级”的原则性规定较为抽象，此时《分类分级指南（征求意见稿）》则成为《反垄断法》中分类分级制度的分析指引，针对平台经济领域的合并控制审查，可以直接参考《分类分级指南（征求意见稿）》中的分类分级方法进行反垄断审查。《分类分级指南（征求意见稿）》只规定了“分类分级”的划分方法而缺乏后续的针对性监管规定，《反垄断法》则成为《分类分级指南（征求意见稿）》“保护市场公平竞争，推动科技创新，维护消费者权益，对互联网平台进行更加科学规范管理，增强监管的针对性与有效性”的有效监管手段。一言以蔽之，对于平台的分类分级合并控制要求而言，《反垄断法》是制度工具，《分类分级指南（征求意见稿）》则是使用这个工具的方法（技巧）。

二、作为平台经济核心特质的网络外部性

（一）外部性的经济学解读

网络外部性属于经济学中外部性概念的子类型，故在了解网络外部性之前首先要明白什么是外部性。外部性（externality），是指经济活动中某些个体的经济活动会直接影响到其他个体的效用或生产水平，进而影响到其经济活动。[②] 值得注意的是，外部性影响必须是直接的，即排除了市场价格机制在其中的引导配置作用，因为若通过价格机制，任何经济个体的福利（利益）都会受到市场上其他经济主体的影响，只不过他们获取或支付了相应的经济对价，“外部性”实际是将市场价格机

① 参见王先林主编：《最新反垄断法条文对照与重点解读》，法律出版社 2022 年版，第 130 页。

② 参见田国强：《高级微观经济学》，中国人民大学出版社 2016 年版，第 655 页。

制作用范围视为“内部”,而将价格机制无法作用的部分视为“外部”。[①] 价格市场机制可以使大多数经济个体实现合作共赢的目的,但“外部性”因为缺乏市场中的对价支付机制,常常只会产生一方受益而他方受损的后果。外部性既可能出现在消费领域,也可能出现在生产领域。[②] 经济学中存在一个基本命题:当存在消费外部性时,竞争均衡配置一般不是帕累托最优的。[③] 如果为了强行达到最优配置状态,存在外部性的商品一定不能被完全消费掉(初始禀赋不可被用足),即存在浪费现象。[④] 当存在生产外部性,市场竞争机制下的社会总产出往往会大于社会最优产出,即产出过程中产生的副产品超过了产出的福利净增益,这实际上也是一种生产上的浪费。[⑤] 外部性也分为正外部性和负外部性,正外部性指增进了其他经济主体的福利(收益)但未收到相应经济对价,负外部性则是指减损了其他经济主体的福利(收益)但未支付相应的经济对价。[⑥] 无论是正外部性还是负外部性,都会导致市场失灵,上述在消费和生产领域的命题也基本通用。[⑦]

(二)网络外部性相关概念辨析

网络效应(network effect)是指当使用同样产品的用户数量增加时,该产品对使用者的价值(福利)会相应增加。[⑧] 这常常也被用于定义网络外部性(network externality),导致这两个概念经常被混用,有观点也对此提出了批评。有人基于外部性概念分析指出,只有当网络效应不能被网络内交易内化即该部分效应无法通过价格机制进入收益和成本函数时才会产生外部性问题,网络外部性只是网络效应的一部分。[⑨] 有学者在此基础又指出,在网络场景,价值互换不一定总是通过价格的经济利益交换实现的,网络成员的内部互动虽没有价格机制在其中作用,但实际上

---

① 参见平新乔:《微观经济学十八讲》,北京大学出版社2001年版,第328页。

② 参见平新乔:《微观经济学十八讲》,北京大学出版社2001年版,第328页。

③ 参见田国强:《高级微观经济学》,中国人民大学出版社2016年版,第659-660页。

④ 参见田国强:《高级微观经济学》,中国人民大学出版社2016年版,第661-662页。

⑤ 参见田国强:《高级微观经济学》,中国人民大学出版社2016年版,第663-664页。

⑥ 参见平新乔:《微观经济学十八讲》,北京大学出版社2001年版,第329页。

⑦ 参见田国强:《高级微观经济学》,中国人民大学出版社2016年版,第656页。

⑧ 参见徐晋:《平台经济学——平台竞争的理论与实践》,上海交通大学出版社2007年版,第49页。

⑨ 参见闻中、陈剑:《网络效应与网络外部性:概念的探讨与分析》,载《当代经济科学》2000年第6期。

也内化了很多基于网络附加值的交易，该部分只体现出网络效应而没有体现出网络外部性。[①] 第二种观点实际上明确指出了网络外部性与网络效应的区分意义，因为现在的网络内成员互动很多都不是基于价格机制的互动，但双方又确实存在价值(主要是信息价值)交换，这种价值交换可能并不会对第三方用户产生影响，与外部性定义不符。如果按第一种观点，一定要基于价格机制区分内外部性，会将本属于内部性的内容误认为属于外部性范畴，这就不当扩大了网络外部性的定义范围，使网络效应与网络外部性的概念趋同化，学术界混用两种概念，部分原因可能正在于此。所以，网络外部性应被定义为无法通过网络内用户间交易或互动实现价值交换的网络效应。

网络外部性除了与网络效应存在概念混用的问题，内部还存在直接网络外部性、间接网络外部性、交叉网络外部性等概念易被混淆。[②] 直接网络外部性与前文对于网络效应的定义类似。间接网络外部性则是指随着某产品使用者数量的增多，该产品的互补品数量增多、价格降低而产生的社会福利净增加。[③] 比如使用安卓系统的手机用户增多，就会有更多的手机软件公司愿意推出基于安卓系统的手机 App，安卓系统的手机软件产品就会更加多元，价格也会下降，这增加了每一位安卓手机用户的使用效用。交叉网络外部性则与之不同。交叉网络外部性仅存在于多边平台中，指一边用户数量的增加会导致另一边用户效用的增加，平台的作用在于使这种外部性内部化，通过市场途径解决外部性弊端。[④] 可见，间接网络外部性与交叉网络外部性存在较大区别。网络外部性中同样存在正负之分，前文所述都是基于正外部性，负外部性与之的差异仅在于随着用户的增多，效用(福利)会相应减少而非增加。[⑤] 一个直接网络负外部性的例子就是网络拥堵，当用户数量短时间内爆发式增长超过服务器的运载负荷时就会造成网络加载不畅的情况，甚至使服务器宕机，这会损害用户的使用体验。一个交叉网络负外部性的例子就是广告，在各种平台服务中，广告多是作为影响用户体验因素的一个减分项，广告越多，用户

① 参见朱彤:《外部性、网络外部性与网络效应》，载《经济理论与经济管理》2001 年第 11 期。

② 此处同样适用于网络效应。

③ 参见李明志、柯旭清、罗金峰编著:《产业组织理论》(第 2 版)，清华大学出版社 2014 年版，第 214 页。

④ 参见单姗:《交叉网络外部性与平台竞争的模拟分析》，载《统计与决策》2017 年第 10 期。

⑤ 文中所称网络外部性相关概念如未特殊说明均代指正网络外部性，如直接网络外部性、间接网络外部性、交叉网络外部性。

体验越差,鉴于广告商和用户不属于同一边,这种网络外部性显然是交叉。交叉网络负外部性还可能是相互的,比如在一个约会平台中,当双边用户的规模都非常大时,用户往往会发现很难在大量无价值的匹配中识别潜在有价值的匹配,选择的增多导致了选择的困难,一边用户数量的增长反而可能导致另一边用户效用的减损。①

(三)网络外部性对于平台经济的意义

网络外部性可以给平台用户带来额外的价值,这可以吸引平台用户自主加入平台之中而无须平台做出过多的宣传与商业拓展。这种用户自主增长的模式被称为催化剂模式:两边主体存在相对应的数量组合,一旦双方的参与者达到特定组合数量,催化剂增长即被触发,用户规模会自动扩大,进而支撑平台的可持续增长。②在网络外部性作用下,平台双边用户规模可以通过正外部性的正反馈加速扩张,也可能因为用户退出后外部性减弱导致平台吸引力下降,最终演化成双边用户间的相继撤出,加速平台的衰落。其中就涉及临界规模(critical mass)的问题,即平台的规模要达到一定程度或者多边用户的比例要满足特定的数值要求,才能启动催化剂模式加速平台扩张,反之,则会导致平台的加速衰败。③ 为借助平台网络外部性启动催化剂模式加速平台壮大,平台常常会使用5种商业战略。一是常规的曲折向前战略,即逐步增加多边平台的参与者,一边用户不足时则吸引该边用户,待其他一边不足时再吸引另一边用户;二是预先承诺战略,鉴于曲折向前战略可能一开始就需要足够多的多边用户,为此在业务发展初期甚至尚未营业时就要找到一定规模的多边潜在用户,通过承诺保证其他边用户数量或提供特定让利说服他们加入平台;三是大买家战略,即在一边招募或在多边同时招募对其他边有特别吸引力或特别大价值(网络外部性极高)的客户平台,如购物广场邀请明星路演等;四是两步走战略,即先在一边吸引用户,满足一定数量后再去吸引其他边用户,这种情况主

① See Geoffrey G. Parker, Marshall W. Van Alstyne & Sangeet Paul Choudary, *Platform Revolution: How Networked Markets Are Transforming the Economy – And How to Make Them Work for You*, W. W. Norton & Company, 2018, p. 24.

② 参见[美]戴维·S. 埃文斯:《平台经济学:多边平台产业论文集》,周勤、赵驰、侯赟慧译,经济科学出版社2016年版,第49页。

③ 参见李明志、柯旭清、罗金峰编著:《产业组织理论》(第2版),清华大学出版社2014年版,第215–217页。

要出现在一边用户不在意另一边用户的情况下，比如对搜索、视频等靠广告收益支撑利润的平台来说，吸引消费者最重要，有了消费者才能吸引广告投放，等到消费者达到一定数量后再去找广告用户也不迟（甚至他们会主动上门）；五是自主供给下的曲折向前战略，即平台在业务初期自己充当平台的一边用户，比如社交类平台会通过整理分析用户之间的互动推断出用户的喜好，将其归类后再引入广告商，做到广告的精准投放，收取更高广告费，此处平台在分析用户行为时就暂时处于广告商在该社交平台的地位。①

近年的研究还从动态视角拓展了网络外部性的意义。有研究使用时间序列分析来实证调查一个领先的网络浏览器的平台生态系统，结果显示，虽然平台使用量的增长导致了应用数量和种类的长期增长，但应用数量和应用种类的增长只会导致平台使用量的短期增长。② 这说明，间接网络效应往往并不对称，并可能随时间动态变化。前文所述传统平台中的外部性主要指横向外部性或跨用户组外部性，其反映了不同边用户的相互影响与决策。③ 实际上，平台上的外部性还存在跨期的外部性，即过去用户对现在用户产生的外部性，这是在动态竞争背景下平台实施定价策略或其他商业战略时必须要考虑的重要因素。④ 一个跨期外部性的例子就是，平台的新用户感受到的平台服务往往比老用户要好，部分原因在于老用户向平台反馈了其体验不佳的部分服务并促进了平台对其进行改进，新用户正是受益于老用户在先体验服务后反馈甚至投诉行为产生的外部性，而这种外部性，是同一边用户产生的（不跨边），却不是同时产生的（跨期）。与跨用户组网络外部性不同，跨期网络外部性不仅会产生在平台内，督促平台不断改良其服务，而且还会作用于平台间，并使竞争更加激烈。新平台受到跨期网络外部性影响的例子体现为新平台不用再积累用户体验数据，只需要学习甚至模仿在先平台的经营模式，并在此基础上进一步改进就能实现弯道超车。在先平台的经营经验会成为知识外部性，大大降

① 参见［美］戴维·S. 埃文斯：《平台经济学：多边平台产业论文集》，周勤、赵驰、侯赟慧译，经济科学出版社2016年版，第49页。

② See Song, Peijian and Xue, Ling and Rai, Arun and Zhang, Cheng, *The Ecosystem of Software Platform: A Study of Asymmetric Cross - Side Network Effects and Platform Governance* (February, 2015), Available at SSRN: https://ssrn.com/abstract = 2568817.

③ See Mark Armstrong, *Competition in Two - sided Markets*, 37 Rand Journal of Economics 668 (2006).

④ See Luis Cabral, *Dynamic Price Competition with Network Effects*, 78 Review of Economic Studies 83 (2011).

低新平台的试错成本,使新平台直接站在了旧平台的肩膀上而不用重蹈其曲折探索路。在传统自然垄断行业,极高的沉没成本和专用投资会阻吓住大量潜在竞争者,故市场格局较为固化。但在平台经济领域,成本却转变成了可获益的外部性,这会吸引大量潜在竞争者进入市场来挑战在位者的市场地位,整个竞争往往更加复杂且激烈。

网络外部性是平台经济中普遍存在的也是最为重要的经济现象。平台的经营行为或多或少都会受到网络外部性的影响。因此,平台面临市场竞争时,一定会基于网络外部性分析谋划其竞争策略。更为复杂的是,网络外部性还会受到平台结构(交易的可行性、成员的中心性、结构漏洞、网络关系、每个成员扮演的角色数量)及用户行为(机会行为、信誉信号、信任感知)的影响,因此在分析具体平台竞争中的网络效应时,还要考虑结构和行为中多重要素间的互动。① 网络外部性作用于平台经济的方方面面。而平台在相互竞争时所采用的各种竞争策略则反映了平台经济有别于其他经济领域的本质特征。

三、基于网络外部性的平台反竞争集中危害

(一)损害特定类型的用户福利

传统意义上,消费者的概念是基于买卖双方中的卖方定位的,平台作为居中撮合交易方实际上既不属于卖方,也不属于买方。然而,平台上的买方(消费者)和卖方(平台内经营者)都是平台的用户。平台的反竞争集中同样可能导致交易中的"卖方"利益受损。实际上,平台剥削卖方利益的案件并不少见,最典型的就是"二选一"。此外,平台经济中的"卖方"常常与平台签订各类协议,有些协议凸显出较重的劳动关系属性,比如外卖平台与骑手签订的协议。此类平台之间展开的反竞争集中就可能侵害这些劳动者的权益。比如国家市场监督管理总局禁止虎牙、斗鱼合并的一个重要理由就是"交易将完全消除虎牙和斗鱼之间的竞争,进一步减少主播平台选择权,降低主播和游戏主播工会议价能力,损害从业者权利"②。这些经

① See Allan Afuah, *Are Network Effects Really All About Size? The Role of Structure and Conduct*, 34 Strategic Management Journal 257(2013).

② 参见《市场监管总局关于禁止虎牙公司与斗鱼国际控股有限公司合并案反垄断审查决定的公告》, https://www.samr.gov.cn/cms_files/filemanager/1647978232/attach/20233/P020210710327201713322.pdf。

济主体作为平台内经营者、劳动者难以被归为消费者范畴，但是同样属于平台的用户。出于对这些经济弱势群体利益的维护以及多元利益平衡的需要，应在平台经济领域提倡更广义的用户福利理念，而不仅仅是狭义的消费者福利理念。受芝加哥学派影响，世界主要司法辖区都拔高了效率在竞争分析尤其是并购控制案中的重要性。其中存在一个潜台词，即为了效率的提升可以容忍部分反竞争行为，也可以容忍一些企业对消费者（用户）利益的侵害。实际上，芝加哥学派关注的消费者（用户）福利是社会总剩余而非真正的消费者（用户）福利，但在美国司法实践中却更关注真正的消费者（用户）福利，欧盟竞争法中的消费者（用户）福利概念也是真正的消费者（用户）福利。[①] 总福利概念的提倡者认为，效率是竞争法追求的核心价值，财富从消费者到生产者之间的转移确实是一个问题，但反垄断不应承担收入分配的制度使命，这一任务应由财税法来完成，[②]即竞争法只解决做蛋糕的问题而不解决分蛋糕的问题。这一观点应被批判，在共同富裕理念下，效率与公平具有同等的价值，而为了实现公平分配的制度单单依靠财税法是无法完成的，这需要反垄断法等多部门法律的配合才能实现。财税法中的财富分配是基于收入的分配，而反垄断法中的财富分配是基于行业（相关市场）的分配，反垄断法的分配机制可促进同一相关市场内经营者之间以及经营者与消费者（用户）之间的财富（福利）公平，而这恰是财税法所做不到的并与之高度互补。当一个集中行为会增加社会总福利但会损害某些用户福利时，该行为仍应被规制，比如通过附加限制性条件强令企业分享其利润，并使各类用户福利均得到改善。

垄断行为最直接、消费者感触最深的危害就是价格上涨。平台反竞争集中的一个危害就体现为平台因为缺乏竞争制约而提高了对用户的收费。经济学中将消费者（用户）剩余定义为消费者对产品的保留价格与实际支付价格之间的差额，也可被称为价格福利。在统计学和计量经济学的帮助下，特定相关市场的消费者（用户）剩余是可以大致被计算出来的，故消费者（用户）剩余是用来测度消费者价格福利的最好指标与衡量方式。除了价格，反竞争合并还可能会减少产品种类。以平台经济中的“扼杀型”并购为例，超级平台并购初创平台的一个重要动机就是通过

---

① 参见兰磊：《反垄断法上消费者利益的误用批判（上）》，载《竞争政策研究》2016 年第 5 期。

② See Salop & Steven C. Salop, *Question*: *What Is the Real and Proper Antitrust Welfare Standard*? *Answer*: *The True Consumer Welfare Standard*, 22 Loyola Consumer Law Review 336 (2010).

关停替代性业务来扼杀潜在竞争。[①] 这种"扼杀型"并购使用户失去了选择替代性产品的机会,也剥夺了用户的选择权。有学者指出,这是一种有别于传统以"价格范式"衡量消费者(用户)福利标准的"选择范式"。[②] 在平台经济背景下,"选择范式"可以解决零价格竞争及用户对价格并不敏感时福利测度的问题,还可以解决平台利用"消费惯性"设置默认选项、个性化推荐来实质限缩用户选择范围及限制用户选择时间等侵害用户利益却不能被价格维度所反映的问题。[③] 所以,"选择范式"可以用来测度用户选择福利。除前二者之外,质量也是用户进行消费决策必定要考虑的问题。独立引入用户质量福利维度至少可以解决两个问题,一是解决高收入用户对价格并不敏感的问题,就奢侈品和高端定制服务而言,用户可能并不关心价格的高低,而对产品和服务的质量是否上乘、是否有瑕疵十分敏感,此时仅用价格来衡量无法反映此类用户的真实诉求;二是在企业实施了反竞争合并后,也许并不会提高价格,而是通过降低产品服务质量来压减成本,从而获取垄断利润。对于以上两个问题,"选择范式"同样无能为力,只有引入用户质量福利分析维度才能克服价格维度和选择维度的缺陷。综上,用户福利应由用户价格福利、用户选择福利、用户质量福利三个评价维度构成。

(二)高科技平台的创新抑制

创新与反垄断法之间有着密切的联系。2022年我国《反垄断法》的修正就将"鼓励创新"写入立法目的之中。经济学界中的"阿罗—熊彼特"之争可以说是关于创新与竞争关系的最经典论争。熊彼特认为,垄断状态更有利于企业进行创新活动,一来垄断企业不受短期竞争困扰,可以专心于长期的颠覆性创新工作;二来垄断企业资金雄厚,能够承担起高成本的重大创新工作;三来垄断企业创新成功后会进一步强化垄断企业的竞争优势,使之获得丰厚回报并激励其为之努力。而阿罗则认为,垄断企业的产品本身替代性就有限,其定价已经是发掘利润最大化的垄断定价,在此基础上通过创新来降低成本、提高质量或研发新产品获取的利润增长空间非常有限,反而要支付大笔研发费用,得不偿失,因此企业怠于创新;相反,小企业通过颠覆性创新可以快速获取大企业的既有市场份额,收获大量利润甚至实现

① 参见方翔:《数字市场初创企业并购的竞争隐忧与应对方略》,载《法治研究》2021年第2期。
② 参见焦海涛:《反垄断法上的竞争损害与消费者利益标准》,载《南大法学》2022年第2期。
③ 参见焦海涛:《反垄断法上的竞争损害与消费者利益标准》,载《南大法学》2022年第2期。

市场地位的逆转,这对其有极大的吸引力,因此他认为市场集中度较低的市场结构更有利于发挥创新的积极作用。① 阿吉翁在大规模实验数据的基础上提出了市场结构与竞争强度关系的"倒U形"理论,他指出,创新的动力取决于创新前后的垄断租金差异,简言之,市场集中度过高时,小企业通过创新颠覆垄断企业市场地位的难度过大、成本过高,此时其倾向于保守,愿意作为追随者提供质次价廉的产品;市场集中度过低时,研发资源过于分散,企业难以开展高质量的研发活动;只有市场集中度适中时,具有一定规模的企业都有通过创新成为头部企业的潜质,此时成功的可能性较大,所以它们往往愿意为创新投入大量资金以期成功后获得竞争优势与超额利润,也可以逃离未来激烈的竞争。② 这意味着,市场结构处于高度集中与高度不集中的光谱两端时均不利于激励创新,适度集中的市场结构才是培育创新的最佳土壤。

从"阿罗—熊彼特"之争到阿吉翁的"倒U形"理论,经济学界越来越达成共识的一个结论是:过于集中的市场会抑制企业的创新行为。对高度集中的市场而言,执法机构应该对集中申报义务人提出的创新或效率抗辩保持高度警惕,因为在交易导致市场高度集中并大概率会抑制创新的情况下,如果无条件批准集中,将可能面临事后救济的高成本。③ 国外一些研究通过将研发投入、重要专利数量或专利被援引次数作为创新变量对一些高科技行业集中发生前后创新情况的变化做了实证分析,基本结论是:经营者集中大多数情况下会弱化高科技行业中的创新。④ 平台经济的科技含量非常高,国内外很多平台巨头同样也是科技巨头,它们在互联网、云计算、人工智能等引领性、颠覆性技术领域更是起到了领头羊的作用。国内有研究通过对2007~2017年沪深A股上市公司数据进行实证检验后发现,数字经济的高度集中模式会牵制创新促进效应发生作用,并使之呈现出边际递减的非线性变化趋势。⑤ 在平台经济领域,平台科技巨头对初创企业发起的掐尖式并购诱惑了不少创业者,他们展开短期技术创新的目的不在于挑战现有市场格局,仅在于被超大

---

① 参见方翔:《论数字经济时代反垄断法的创新价值目标》,载《法学》2021年第12期。

② 参见雷鹏飞:《菲利普·阿吉翁对创新经济学的贡献》,载《国外社会科学》2020年第3期。

③ 参见[美]克里斯蒂娜·博翰楠、[美]赫伯特·霍温坎普:《创造无羁限:促进创新中的自由与竞争》,兰磊译,法律出版社2016年版,第12-13页。

④ See Paul Nihoul & Pieter Van Cleynenbreugel, *The Roles of Innovation in Competition Law analysis*, Edward Elgar, 2018, p. 13-32.

⑤ 参见唐要家、王钰、唐春晖:《数字经济、市场结构与创新绩效》,载《中国工业经济》2022年第10期。

平台关注后卖个好价钱以便自己套现离场,整个行业呈现出浮躁、短视、小富即安的心态,缺乏持续创新的氛围。[①] 过于集中的市场结构对创新的抑制效果由此可见一斑。所以,规制市场集中行为最有效的法律工具——反垄断法(经营者集中控制制度)理应对创新问题有所回应。我国《反垄断法》第33条第3项规定了审查经营者集中应当考虑经营者集中对技术进步的影响。这可视为我国经营者集中控制制度中的创新审查条款。反垄断法的竞争法属性决定了维护竞争秩序是其根本的价值准则,创新损害实际上是判断竞争机制受损的外在观测指标。[②] 在经营者集中控制中考虑创新因素是因为创新是竞争损害的一类表现而不是竞争法中独立的损害类型。创新竞争损害可以体现在三方面:相关市场上的创新效率下降,创新投入减少,创新资源浪费等;竞争者的创新活动难以开展,研发活动被人为迟滞、新产品难以在市场流通;消费者缺乏选择新产品、新服务、新技术的可能。[③] 在评估创新竞争损害时,执法机构可从相关市场特征、交易方特征和交易特征三个角度入手分析。[④] 在此基础上进行审查分析:合并参与方的创新动机与创新能力;产品(浅层)创新与行业(深度)创新;经营者所处的行业类别、行业发展特征及其在国民经济中的地位;创新的可能成本与收益等。[⑤]

(三)隐私侵害与数据滥用

数据隐私和竞争法的交叉问题近年来受到了国内外广泛关注。平台经济领域,2016年的"微软—领英"并购案中,欧盟委员会在审查时就关注了其中的隐私保护问题,审查指出,在德国和奥地利市场,社交网络服务提供商Xing为用户提供的隐私保护比LinkedIn(领英)更好,基于此,欧盟委员会认为并购后微软可能会强制用户安装领英,这样会排除职业社交网络领域市场的竞争,也减少了用户的选择可能。[⑥] 由此可知,平台的反竞争集中可能产生或恶化隐私侵害与数据滥用的后果。

---

① 参见潘宁:《论鼓励创新作为〈反垄断法〉》立法目的》,载《科技与法律(中英文)》2022年第5期。

② 参见方翔:《论数字经济时代反垄断法的创新价值目标》,载《法学》2021年第12期。

③ 参见王磊:《创新目标在〈反垄断法〉上的定位与实现——兼评〈反垄断法(修正草案)〉第1条》,载《中国政法大学学报》2022年第1期。

④ 参见韩伟:《经营者集中对创新影响的反垄断审查》,载《清华法学》2022年第4期。

⑤ 参见王磊:《创新目标在〈反垄断法〉上的定位与实现——兼评〈反垄断法(修正草案)〉第1条》,载《中国政法大学学报》2022年第1期。

⑥ See Case M. 8124 – Microsoft/Linkedln(2016).

2019年,德国联邦卡特尔局也认定脸书利用不公平交易条款收集与使用用户数据的行为构成剥削性滥用,违反了德国《反限制竞争法》。[①] 纵使已经出现了相关案例,对于是否要在反垄断法的框架内考虑数据隐私这个基本问题,各方仍没有达成共识。反对意见认为,数据保护法与竞争法是两套不同的法律体系,各自有各自的调整目标,因此数据隐私领域不属于反垄断法的管辖范围。比如现任欧盟委员会副总裁维斯塔格(Vestager)就曾指出,隐私保护的关键问题不在于是否有足够的竞争来改善隐私保护现状,而在于是否有完善的隐私保护规则。[②] 欧洲议会也在其发布的《数字经济中竞争政策面临的挑战》中表示,隐私和数据保护问题主要涉及数据窃取、数据使用方式不透明、数据滥用及数据权属不确定等,这些问题都与竞争法无关,只与数据保护相关法律有关。[③] 还有观点认为,用户由于信息不对称(不知道企业收集到哪些信息、如何运用信息、是否遵循承诺等)、认知的限制(如无法理解或怠于阅读复杂的隐私条款就被迫同意)以及对于价格过于敏感(愿意为了免费服务披露自身信息),用户对于隐私保护难以直接进行相应的市场回应,这会使平台企业缺乏加大隐私保护力度的激励,隐私保护市场的竞争失效也使反垄断法的干预不具备合理性。[④] 但我认为,反垄断法仍可以对隐私侵害与数据滥用行为起到规制作用。

首先,隐私保护竞争是一种平台经济领域普遍存在的特殊的质量竞争。在零价服务中,消费者并不是真正意义上的免费消费,而是以个人信息为对价进行支付。[⑤] 所有面对支付个人信息的场景中,平台都面临着提供一项附加服务,即保护用户支付的个人信息。平台如何收集个人信息、如何运用个人信息、如何保存个人信息则成为了此项服务质量的评价维度。[⑥] 因此,对于个人信息的保存越机密、使

---

① See Bundeskartellamt, Facebook, Exploitative Business Terms Pursuant to Section 19 (1) GWB for Inadequate Data Processing, https://www.bundeskartellamt.de/SharedDocs/Entscheidung/EN/Entscheidungen/Missbrauchsaufsicht/2019/B6-22-16.pdf;jsessionid=D20503F8AF0324C5556361BA14E08765.2_cid378?__blob=publicationFile&v=5.

② See C-238/05, Asnef-Equifax and Administración del Estado v. Asociación de Usuarios de Servicios Bancarios (Ausbanc), [2006] ECR I-11145.

③ See European Parliament, *Challenges for Competition Policy in a Digitalised Economy*, 2015, https://www.europarl.europa.eu/RegData/etudes/IDAN/2015/563432/IPOL_IDA(2015)563432_EN.pdf, p.42.

④ 参见李剑:《互联网反垄断能促进数据隐私保护吗?》,载《商业经济与管理》2021年第5期。

⑤ 参见焦海涛:《个人信息的反垄断法保护:从附属保护到独立保护》,载《法学》2021年第4期。

⑥ 参见焦海涛:《个人信息的反垄断法保护:从附属保护到独立保护》,载《法学》2021年第4期。

用范围越窄、收集用户信息越少的企业所提供的隐私服务质量越好,反之则越差。在货币支付价格相差不大的情况下,用户肯定愿意选择服务质量更好的平台。这就是平台进行隐私竞争的逻辑所在。质量竞争是非常重要的一种非价格竞争,而隐私保护竞争是平台经济领域普遍存在的特殊的质量竞争。反垄断法中的经济分析方法并非仅可处理可货币化的部分,若将隐私保护视作收益,隐私侵害视作成本,则同样可以在经营者集中案件中对隐私进行定量基础上的定序分析,从而对比集中前后的市场状况。①

其次,隐私保护是反垄断法多元价值的体现。隐私保护的质量竞争看似与经济效率无关,实际上并非如此。在数字化时代,隐私可以转化为数据,而数据是具有价值的且可进行市场化,如此,隐私保护与经济效率之间就通过数据流通产生了间接联系。因此,将隐私保护与经济效率无关作为反垄断除外适用的理由并不充分。更何况,美国新布兰代斯学派的崛起也表明了,反垄断法关注的不仅仅是经济问题,还包括政治民主、言论自由、公平正义等其他非经济性社会价值。② 竞争法维护的是由竞争带来的一系列好处而不仅仅是经济效率的改善,这也是现代反垄断法越来越呈现多元价值的体现。③

再次,用户在认知上的局限性可在竞争过程中被改善,并在此基础上激活隐私保护竞争。当越来越多的用户关注到隐私保护问题时,就会有一些对隐私保护特别敏感的客户基于此对平台进行选择。部分活跃用户会对不同平台的隐私保护力度进行实际体验并进行宣传,这样就会产生示范效应。那些对隐私保护有相近偏好却无力或怠于理解平台政策的用户就会追随这部分活跃用户。这些活跃用户产生的示范效应会减少普通用户的学习成本与体验成本并改善用户认知存在局限的问题,使越来越多的用户在活跃用户的带领下可以对各平台的实际隐私保护效果逐步具备分辨能力。这样隐私保护的市场竞争机制就会通过活跃用户的口碑被激活。

又次,个人信息保护法只提供了笼统保护,差异化需求与保护政策只能由竞争来实现。《个人信息保护法》对个人信息收集的要求是遵循"与处理目的直接相关"

---

① 参见张永健:《法经济分析:方法论20讲》,北京大学出版社2023年版,第288-291页。

② 参见沈伟伟:《迈入"新镀金时代":美国反垄断的三次浪潮及对中国的启示》,载《探索与争鸣》2021年第9期。

③ 参见张占江:《个人信息保护的反垄断法视角》,载《中外法学》2022年第3期。

“采取对个人权益影响最小的方式”“限于实现处理目的的最小范围”原则。① 这里所列明的原则十分抽象且笼统。两处“最小”与一处“直接”都不是确定的具体规则,而需要根据商业实践来判断。这就存在了判断上的差异性。比如对于不同技术水平的企业,其对个人信息的保护能力是有差别的,针对高技术企业的“最小”“直接”标准与低技术企业之间显然不一样。但这两类企业均可能被视为履行了个人信息保护义务。此时只有竞争机制能实现企业间的优胜劣汰。同理,用户对个人信息保护的需求也是有差异的,有人愿意支付更多价格只为获得更好的保护,有人则愿意用自己的隐私来换取免费服务。这种差异性需求也只能通过竞争机制来满足。英国竞争执法机构就指出:“隐私保护竞争不仅可使企业能够满足消费者的不同需求,还能使用户重视起对自身的隐私保护。”②竞争能够促进隐私保护的进步,竞争法也就理应在其中发挥作用。比如当市场缺乏竞争时,用户被迫选择特定平台实际上可能会被剥削,但因为缺乏横向对比,该平台就可以抗辩称其履行了相应的个人信息保护义务并因此得到相关执法部门的认可,而且在数据大量收集的基础上,平台也可以构造数据壁垒来排斥潜在的竞争。③ 当缺乏竞争时,平台也就相应失去了更新隐私保护技术的动力。这样隐私保护与市场竞争的境况就会同时恶化。只有引入竞争法才能对此予以规制。

最后,在不同法律部门的配合下用户隐私才能得到更好的保护。《反垄断法》会去保护消费者福利,但保护消费者福利的最基础法律实际是《消费者权益保护法》。既然消费者福利可以被包括《反垄断法》在内的其他部门法所保护,那么同理,用户隐私也就失去了仅由《个人信息保护法》独占保护的最重要理由。正如《反垄断法》可以通过维护竞争机制来保护消费者福利一样,《反垄断法》也正是通过维持不同平台间的隐私保护竞争来促进隐私保护策略及技术的不断更新与进步。《反垄断法》对于隐私的保护并不是越俎代庖,更不是对《个人信息保护法》的适用

---

① 《个人信息保护法》第6条规定:“处理个人信息应当具有明确、合理的目的,并应当与处理目的直接相关,采取对个人权益影响最小的方式。收集个人信息,应当限于实现处理目的的最小范围,不得过度收集个人信息。”

② Competition and Markets Authority, The Commercial Use of Consumer Data: Report on the Competition and Markets Authority's Call for Information, 2015, https://assets.publishing.service.gov.uk/government/uploads/system/uploads/attachment_data/file/435817/The_commercial_use_of_consumer_data.pdf, para. 3.

③ 参见王煜婷:《隐私与数据保护的反垄断法考量》,载《东北大学学报(社会科学版)》2022年第1期。

排斥,反而是对《个人信息保护法》保护不足的补充。

(四)资本无序扩张与平台跨界竞争

党的十九届六中全会将"强化市场监管和反垄断规制,防止资本无序扩张,维护市场秩序"写入了历史决议中。① 实际上,早在2020年12月16~18日召开的中央经济工作会议中就首次提出了"强化反垄断和防止资本无序扩张"这一说法。② 这也是中央首次将反垄断和资本的无序扩张联结在一起,但这里存在两个理论问题,资本有序和无序扩张的界分是什么?反垄断和防止资本无序扩张之间到底是什么关系?

资本在经济运行中会产生正负两方面的作用:一方面,资本的扩张会提升资源配置效率,通过预期回报率等指标将资源引入未来的高价值(朝阳)产业,扩充其生产规模,加速其产业升级转型,最终增加劳动者收入,改善消费者福利;另一方面,资本天然的逐利性也会使资本流向营收更快的行业,而对于一些需要长期沉淀、攻关的高新技术产业却缺乏兴趣,在资本扎堆投资"热门"行业时,短期会催生虚假需求,产生泡沫经济,资本以此剥削劳动者和消费者的利益,长期来看则会遏制科技创新的积极性,经济发展缺乏韧性与后劲,贫富差距则不断扩大。③ 资本的有序扩张可以带动经济的长久发展,而资本的无序扩张只会使垄断巨头在短期内不断榨取垄断利润。因此,界分扩张的有序和无序的关键是要考察资本投资方向的长期影响。由于竞争是促进经济发展最有效的手段,所以维护市场竞争秩序的基本法——反垄断法在防止资本无序扩张中有着举足轻重的作用。为抑制资本的无序扩张(并购),反垄断法中的经营者集中控制制度在审查时,应当考虑到特定领域(行业)的集中行为对竞争的长期影响以及对国民经济发展的长期影响。我国《反垄断法》2022年修正时新增的第37条规定要"依法加强对涉及国计民生等重要领域的经营者集中的审查",正可视为防止资本无序扩张的法律来源。该条正是从国家战略的角度出发,旨在维护我国的经济安全,促进产业发展,强化国际竞争力,经营者集中作为反垄断法中会产生长远影响的制度工具,理应为国家的整体利益服

① 参见《中共中央关于党的百年奋斗重大成就和历史经验的决议》。

② 参见《中央经济工作会议在北京举行》,载人民网,http://politics.people.com.cn//n1/2020/1219/c1024-31971922.html。

③ 参见王欠欠、冀承:《资本的双重性与平台经济反垄断》,载《学习与探索》2022年第8期。

务。[①] 以此条为依据，可对企业在涉及国计民生重要领域展开的并购行为从严审查，将特定领域的市场集中度和竞争强度维持在最佳区间。

在平台经济领域，资本无序扩张的问题也值得重视，主要表现为大型平台频繁发起各类集中行为。平台巨头的无序扩张不仅会侵害其他平台的利益，还可能挤占其他领域中小企业的生存发展空间。[②] 传统的线下经济中，经营者出于发挥范围经济的目的实施的扩张策略多以主营产品及其关联产品为核心。但在平台经济中，由于业务整合成本的降低，以及竞争模式转变为注意力竞争，平台为迎合不同用户之间的差异化、多样化需求以获取流量优势，倾向于通过合并不相关产业进行跨业经营。[③] 这使平台资本跨界扩张的问题非常突出，跨界扩张使平台不再甘于发扬主业优势，而希望通过投资其他产业坐吃分红，平台巨头呈现出金融化转变趋势，这会使经济进一步走向脱实向虚的危险境地，对于此类经营者集中案件，应予严格审查。有学者提出了"中心—外围"平台理论，中心平台具有流量、资本、数据的叠加垄断优势，其通过不断合并外围平台来增加中心平台的衍生功能，以此增加用户黏性。合并行为一方面堵住了外围平台晋升为中心平台的渠道，使它们无心也无力与中心平台竞争；另一方面通过数据整合、流量引导，不断固化中心平台的市场地位，最终形成以之为核心的平台生态系统。中心平台作为平台生态系统的管理者则可肆意剥削系统内部的平台及用户的利益。[④] 中心平台（超大型平台）的这种叠加垄断态势应被遏制，对于这种通过并购外围平台来堵塞其晋升通道以维持自身垄断地位的行为，经营者集中控制制度应当予以严厉规制。而且，平台资本的无序扩张甚至可能抑制实体经济的发展，比如横向集中将强化平台作为买方的垄断力量，挤压作为卖方的实体经济的利润，导致竞争损害从平台经济向实体经济的渗透。[⑤] 数字经济时代，实体经营者生产的产品只有通过平台渠道才能打开市场，消费者面临的终端产品往往是由实体产品与平台服务所融合构成。从积极的一面看，这代表了平台经济可以助推实体经济的发展。但从消极的一面看，平台垄断也可以表现为对实体经济利润的挤压。因为要仰赖平台的销售渠道，再加上多

① 参见王先林主编：《最新反垄断法条文对照与重点解读》，法律出版社2022年版，第131页。

② 参见曾雄：《防止平台资本无序扩张的反垄断规制模式：行为主义还是结构主义？》，载《现代经济探讨》2022年第10期。

③ 参见侯利阳：《互联网资本无序扩张的反垄断规制》，载《人民论坛·学术前沿》2021年第20期。

④ 参见杨东、徐信予：《资本无序扩张的深层逻辑与规制路径》，载《教学与研究》2022年第5期。

⑤ 参见周孝：《平台企业横向并购反垄断规制：争议、难点与对策》，载《法治研究》2021年第4期。

元化实体经济中行业分散所引发的集体行动困境,各实体企业在与平台巨头议价时会处于弱势地位,将不得不忍受来自垄断平台的剥削。一些在实体经济中转型较慢的中小经营者因为招架不住来自平台经济的猛烈冲击而面临着破产、失业的困境。实体经济领域的经济弱势群体一旦生计困顿就可能引发重大的民生与社会问题。比如平台经济向生鲜销售市场扩张后诞生了社区团购平台,此类平台就曾因严重挤压传统菜贩的经营空间而引发舆论关注并被执法部门多次约束。① 综上,平台跨界竞争引发的资本无序扩张问题不仅会恶化平台市场的竞争环境,而且还可能将负面影响传导至实体经济领域。这会危害我国的经济基本盘,因此有必要对平台经济领域的经营者集中予以重视,遏制平台的无序扩张。

---

① 参见侯利阳:《数字经济对实体经济的冲击与因应:以社区团购的规制为视角》,载《政治与法律》2022 年第 10 期。

虚假宣传消费纠纷中的法律适用困境与出路

冯锦如*

一、背景与问题

在我国,经营者的虚假宣传行为既可能面临市场监管部门的行政处罚,也可能引发消费者或竞争者向其提起民事诉讼,相关法条散见于《反不正当竞争法》《广告法》《消费者权益保护法》《民法典》《食品安全法》等诸多法律之中。[①] 然而,在多方主体的注意与多重法律的规制之下,虚假宣传在我国商业实践中仍然屡见不鲜、屡禁不止,可见规制路径的多寡与规制效果的好坏未必呈正相关。[②] 相关立法、司法与执法之间必然存在一定程度的错位与碰撞,使虚假宣传的法律规制未能实现应有的效果。其中一个不容忽视的现象是:因虚假宣传而受害的消费者在寻求司法救济时常常以败诉告终;即便市场监管部门或法院已经认定经营者实施了虚假宣传行为,消费者依然难以根据《消费者权益保护法》第 45 条的相关规定获得应有的民事赔偿。[③] 对此,下文试图分析并回答虚假宣传消费纠纷中存在哪些法律适用上的模糊与冲突地带,又应如何在法律解释与法律制定层面厘清这些悬而未决的问

---

* 冯锦如,中山大学法学院博士后,上海交通大学法学博士。

① 如无特别说明,本文中的"宣传"指广义上的商业宣传,包括商业广告与其他商业宣传行为。为确保论述的集中性,本文将竞争者提起的虚假宣传诉讼排除在讨论范围之外,仅针对消费者提起的虚假宣传诉讼展开分析。

② 参见宋亚辉:《虚假广告的法律治理》,北京大学出版社 2019 年版,第 128 页。

③ 举例而言,有研究分析了 333 起房地产开发商虚假宣传纠纷案件的裁判结果,发现其中有 126 起案件虽对开发商存在虚假宣传的事实予以认可,但法院认为涉案宣传行为仅为要约邀请而不构成合同内容,故开发商无须承担违约责任;支持购房者全部诉讼请求的案例仅为 33 件,占比为 9.9%。由此可见消费者在房地产开发商虚假宣传案件中的胜诉率极低。参见唐国峰、盛梦娇:《对追究开发商虚假宣传民事责任的检视与修正》,载《人民司法》2019 年第 28 期。

题,以实现对虚假宣传的有效规制以及对消费者权益的充分保护。

二、司法实践中的法律适用分歧

以下将从相关司法实践出发,探究法院在处理虚假宣传消费纠纷时存在哪些法律适用上的分歧(尤其是消费者在哪些情形下会面临败诉)。这些司法案件的裁判结果不仅关系到个案的处置是否合理、涉案消费者的合法权益是否如《消费者权益保护法》所要求的那样得到切实保护,还将在很大程度上塑造人们对相关法律规定所形成的行为预期。如果经营者预见到自己的违法行为将面临较大的诉讼风险,便会在一定程度上减少其实施虚假宣传行为的动力;反之,如果其明知实施虚假宣传行为并不会带来多少法律责任,尤其是该违法成本远远小于违法所带来的收益时,那么不充分的法律救济无疑会鼓励、助长虚假宣传行为的发生。

(一)消费者合法权益的解释

根据《消费者权益保护法》第45条可知,消费者的合法权益受到损害是消费者要求经营者承担民事责任的前提之一。从相关司法案件可知,该条款中消费者的合法权益这一概念可以从多个维度进行解释;解释的维度不同,很可能影响着经营者是否需要承担民事责任:其既可以解释为原《侵权责任法》第2条所声明的人身权益与财产权益;也可以在前者的基础上加上《消费者权益保护法》第8~10条所保护的消费者知情权、自主选择权与公平交易权;还可以宽泛地解释为《民法典》第3条所规定的“民事主体的人身权利、财产权利以及其他合法权益”,不仅包括侵权责任法所保护的绝对权,也包括合同法所保护的相对权。

在虚假宣传消费纠纷中,采取上述第一种观点的法院认为,只有当虚假宣传中的商品或服务直接导致了消费者生命健康的损害或价款之外的财产损失时,才可以认定消费者的合法权益因虚假宣传受到损害,从而要求相关经营者承担民事法律责任。[①] 比如在孙某新、烟台广播电视台买卖合同纠纷案中,[②]法院认为上诉人所购的盐藻软胶囊无质量问题,食用后没有对其产生任何损害后果,故其要求被上诉

① 参见江苏省徐州市中级人民法院民事判决书,(2018)苏03民终481号;河南省郑州市中级人民法院民事判决书,(2018)豫01民终12585号;广州铁路运输中级法院行政判决书,(2016)粤71行终268号;湖南省长沙市中级人民法院民事判决书,(2015)长中民五终字第00592号。

② 参见山东省烟台市中级人民法院民事判决书,(2019)鲁06民终6857号。

人退还货款并支付3倍赔偿的主张没有事实依据。即便被上诉人已经被工商局认定进行了虚假宣传并被处罚4次以上,但法院认为这并不会导致其民事责任必然成立,除非有证据表明涉案食品对上诉人的生命健康造成了损害。由于上诉人无法证明该损害的存在,法院不仅否定被上诉人的行为构成消费欺诈,拒绝了上诉人要求被上诉人支付3倍赔偿的请求,而且甚至连返还价款的请求都不予支持。①

对此,也有不少法院持有与之不同的观点:一种观点认为,②虚假宣传中欺骗性或误导性的内容使消费者无法获取商品或服务的真实情况,此时可直接认定其侵犯了《消费者权益保护法》第8条所规定的消费者知情权这项合法权益;③另一种观点认为,④一旦商品并不具备虚假宣传中所宣传的功效,消费者使用之后并不能实现其购买目的,此时消费者支付的价款即虚假宣传给其带来的经济损失,这便是消费者合法权益受到损害的表现。⑤ 虽然在两种观点看来,上述法律规定中"消费者合法权益"所指向的具体内容不同(一为消费者知情权,一为纯粹经济损失),但其共同点在于都认为经营者欺骗、误导消费者并致使其购买相关商品或服务的行为已足以构成对消费者合法权益的损害。然而,由于《消费者权益保护法》第45条对"消费者合法权益"的认定缺乏明确指引,这就导致部分法院在审理相关案件的过程中,并没有从消费者保护的立场出发,而是将虚假宣传作为一项普通的侵权行为来看待,如此也就难免导致部分消费者的合法权益无法得到应有的保护。

(二)举证责任的分配

虚假宣传消费纠纷中的法律适用分歧还体现在举证责任的分配上。有的法院秉持民事诉讼中"谁主张,谁举证"的基本原则,认为应当由消费者举证证明经营者

---

① 这一观点是在非常狭窄的范围内解释"消费者合法权益"的内涵与外延。若据此理解,《消费者权益保护法》并没有为消费者提供额外的保护,经营者民事责任的构成要件与普通侵权行为无异;但这显然与这部法律的宗旨并不相符。

② 参见广东省广州市中级人民法院民事判决书,(2020)粤01民终11812号;浙江省义乌市人民法院民事判决书,(2020)浙0782民初6459号;北京市第三中级人民法院民事判决书,(2018)京03民终4344号;广东省广州市中级人民法院民事判决书,(2016)粤01民终12101号。

③ 参见北京市第三中级人民法院民事判决书,(2016)京03民终13894号。

④ 参见辽宁省沈阳市中级人民法院民事判决书,(2017)辽01民终345号;江苏省常州市中级人民法院民事判决书,(2017)苏04民终4263号;吉林省延边朝鲜族自治州中级人民法院民事判决书,(2016)吉24民再47号。

⑤ 参见四川省泸州市中级人民法院民事判决书,(2006)泸民终字第783号,载《最高人民法院公报》2014年第8期。

的商业宣传中存在虚假或引人误解的内容。但对于普通消费者而言,证明宣传内容的真伪在很多情况下并非易事:宣传中的内容可能具有较强的专业性与技术性,证明其真伪可能需要耗费大量的金钱、时间、精力等。在这种情况下,即便经营者进行了虚假宣传,但消费者无法在诉讼中证明其内容的欺骗性或误导性,而经营者又不负有证明自身未实施虚假宣传行为的责任,便会导致消费者无法在诉讼中获得应有的救济。

比如,在李某与赣州市海悦家具有限公司、北京京东叁佰陆拾度电子商务有限公司网络购物合同纠纷案中,①原告李某在京东平台上向被告海悦家具有限公司购买了实木沙发、实木床、电视柜等家具;被告在商品详情描述中载明,其标准床采用进口芬兰松木,电视柜材质为进口原木。收到货后,原告认为被告的家具存在质量差,材质与宣传不符等问题,遂在双方协商无果后诉至法院。通过裁判文书可知,无论是原告还是被告都未能提供证据证明家具的材质是否为"进口芬兰松木"与"进口原木",然而一审、二审法院都认为,既然原告主张家具材质与宣传不符,便应提交证据予以证实,否则便要承担相应的不利法律后果。最终原告的全部诉讼请求被驳回。

然而,也不乏法院认为应当由经营者举证证明其并未进行虚假宣传。比如在江苏省南京市中级人民法院发布的典型案件——孙某与某岩茶公司产品销售者责任纠纷案中,②法院认为被告并不能证明其销售的产品确为有机食品,却违反规定在其商品信息中呈现上述内容,其行为已经构成消费欺诈,应当按照原告的要求向其承担惩罚性赔偿责任。在另一起案件广州思俪浦电子商务有限公司与吴某涵网络购物合同纠纷案中,③法院也认为被告应当举证证明其床垫具有宣传中所宣称的功能,而被告提供的证据并不能证明其主张,应由被告承担举证不能的法律责任;结合被告在销售页面对系争床垫的功能、数据、所用部分材质的宣传,法院认定被告在主观上具有误导消费者、对消费者进行欺诈的故意,应当向原告退还价款并支付3倍于价款的赔偿。

当经营者与消费者都难以提供证据证明宣传内容的真伪时,证明责任的归属

---

① 参见新疆维吾尔自治区克拉玛依市中级人民法院民事判决书,(2020)新02民终131号。

② 参见《南京法院发布2021年度消费者权益保护十大典型案件》,载新华网,http://www.js.xinhuanet.com/2022-03/15/c_1128470983.htm。

③ 参见陕西省西安市中级人民法院民事判决书,(2020)陕01民终6693号。

实际上决定了诉讼的成败。与消费者相比，经营者往往具有更充分的信息与能力来证明宣传内容的真实性；如果其缺乏这些信息与能力，则不应在宣传内容中做出相关表述。此时要求作为信息劣势一方的消费者在诉讼中承担证明责任，实则是要求其承担更多的诉讼风险，而这一风险理应由经营者来承担。不仅因为这更加符合消费者权益保护法的内在要求，还因为若非如此，经营者便缺乏充分的激励在商业宣传中发布负责任的言论，而是会倾向于在消费者难以验证的事项上进行虚假陈述。总之，无论是从经营者在承担举证责任方面具有显著优势而言，还是从对经营者的行为激励而言，法院要求消费者承担举证责任的做法既不利于对消费者合法权益的保护，也不利于减少虚假宣传行为的发生。

（三）责任性质的认定

在虚假宣传消费纠纷中，经营者应当为其虚假宣传行为向消费者承担违约责任还是侵权责任？《消费者权益保护法》并没有对此作出明确规定，因而导致相关司法判决中存在不同的观点。有些法院认为，根据合同法的有关规定可知广告属于要约邀请，只有在内容具体确定且表明经受要约人承诺，经营者即受该意思表示约束时才构成要约；因此，合同双方不为仅构成要约邀请的广告内容所约束，经营者只需对合同负责，而无须为广告中的欺骗性或误导性内容承担民事法律责任。①当法院的裁判视角局限于广告宣传在合同法上的性质以及经营者的违约责任是否成立，消费者常常难以得到应有的法律救济。

比如在黄某、武汉九派鑫谷置业有限公司（以下简称九派公司）商品房销售合同纠纷案（以下简称九派案）中，②被告九派公司在房屋预售过程中通过展示样板间、发放装修示意图等形式，使购房者误以为原本属于公用面积的消防前室是业主私人面积，可作为房间的一部分以进行通风和采光。实际上，该争议房间并未设置外窗，无法实现购房者预期的使用功能。对此，当地市场监督管理局对九派公司作出行政处罚，认定其上述做法误导了消费者，实施了引人误解的虚假宣传行为。尽

① 参见贵州省高级人民法院民事裁定书，（2017）黔民申 32 号。
② 参见湖北省武汉市中级人民法院民事判决书，（2020）鄂 01 民终 2712 号。

管有200多名购房者提起诉讼,[①]要求九派公司对房屋进行修理并承担赔偿责任,但一审与二审法院都未支持购房者的诉求,最终九派公司无须为其虚假宣传行为向购房者承担任何法律责任。

在九派案中,法院的裁判理由是:在房屋买卖合同中双方"明确约定了广告、楼书、样板间(房)、沙盘、模型等不能作为确定出卖人、买受人权利、义务、责任及出卖人有关该项目的一切承诺的依据;广告、宣传资料以及展示样板间、沙盘所示内容等均不能作为出卖人的要约或承诺,不是买卖双方合同的组成部分,均不作为双方确定权利义务的依据";根据上述约定,九派公司所进行的广告宣传内容不构成双方合同内容的补充,对九派公司不具有法律上的约束力;此外,购房者有义务对合同的全部内容予以审慎阅读与核查,其在合同上签名确认的行为应视为其知晓或应当知晓上述内容;故在此情形下,九派公司的虚假宣传并不会误导购房者对案涉房屋的认识和理解,九派公司没有实施欺诈消费者的行为。

上述做法导致司法与行政在同一问题的处理上发生了显著的错位:涉案广告明明已经被行政机关认定为违法行为并作出了行政处罚,法律也明确规定该违法行为将带来相应的民事责任,但司法判决的结果却是民事责任并不成立。这无疑会导致司法在虚假宣传规制中的角色进一步弱化。在单一的违约责任视角下或许法院对九派案的观点可以成立,但合同法的适用不能忽视其他相关法律规定中可能与之产生冲突的要求,[②]合同法对合同自由以及出卖人利益的保护不应使之沦为违法者用以规避法律责任的工具。按照法院在九派案中的观点,合同约定可以直接排除法定的民事赔偿责任,这在很大程度上架空了《消费者权益保护法》第45条的相关规定。对经营者而言,只要其在进行商业宣传时附上类似的免责声明,便可以随意开展虚假宣传而无须忌惮相应的民事责任产生,这种对违法行为的过度宽容不仅使消费者的合法权益难以得到保障,还给虚假宣传的有效规制造成了极大挑战。

然而,也有法院的裁判观点与九派案截然不同。在捷豹路虎汽车贸易(上海)

---

① "北大法宝"的搜索结果显示,2019年12月4日,有50份以九派公司为被告的一审判决书公布,原告皆为武汉绿地国际理想城的购房者;2020年1月27日,新增了224个以九派公司为被告的房屋买卖合同纠纷一审案件,但判决内容并未公开;2020年5月21日,39份以九派公司为被告的二审判决公布,作为原告的购房者全部败诉。

② 经营者的虚假宣传还可能构成合同法上的缔约过失责任。

有限公司（以下简称路虎公司）与刘某等买卖合同纠纷案（以下简称路虎案）中，[①]法院认为，路虎品牌汽车属于价位较高的高端车型，消费者在选择购买此品牌车辆时必然需要对车辆不同款型的配置情况作详细了解，除了赴实体店对销售车辆作实车考察之外，销售商发送的宣传手册以及代理商在官网上登载的车辆配置信息是消费者了解待购车辆情况的直接渠道。该宣传信息与实车是否相符，对消费者知情权至关重要。若按照九派案的裁判思路，路虎公司发布的宣传手册仅为要约邀请；根据双方签订的合同，路虎公司并不存在违约情形，无须向刘某承担赔偿责任。

但在路虎案中，法院认为：路虎公司作为涉案车辆的进口商与总经销商，德万隆公司作为涉案车辆的销售者，应当保证涉案车辆的宣传信息与车辆本身一致；由于其向消费者公开提供的宣传册、网络信息确与实车配置不符，这使消费者无法全面知悉所购商品的真实情况，对车辆配置产生误解；该虚假宣传行为违反了《消费者权益保护法》第 8 条、第 20 条、第 45 条关于消费者知情权的相关规定，路虎公司、德万隆公司共同侵犯了消费者刘某的知情权，损害了消费者刘某的合法权益，应当承担相应赔偿责任。法院综合考虑宣传中所涉功能的缺失对车辆价值、性能的影响程度，酌情判定路虎公司、德万隆公司向原告赔偿 15 万元。

上述案件反映出来的裁判观点认为，知情权是一项经法律确认过的消费者权利，一旦遭到侵犯，作为侵害人的经营者就须依法承担相应的民事责任。无论虚假宣传中欺骗性、误导性的内容是否载入合同并构成要约，或是经营者是否在合同中加入了免责条款以排除其商业宣传行为可能产生的义务与责任，都不会改变消费者知情权已遭到侵害的事实。关于消费者知情权是否受损的认定，不在于消费者是否因宣传中的虚假信息陷入了错误认识并据此做出购买行为，而在于当商业宣传作为消费者做出购买决策之前的重要信息来源时，经营者是否在宣传过程中提

① 该案基本案情如下：原告刘某向被告之一的德万隆公司支付 85.5 万元购买汽车一辆，其对车辆外观、内饰、配置、行驶里程等现场可查验的质量状况进行了验收，并签署了《标的车辆确认书》和《车辆验收确认单》，确认其与合同的约定以及卖方告知买方的状况相符。交易完成近一年后，路虎公司公开声明涉案车辆的宣传手册对车辆配置标注有误：中央电子差速锁及驾驶员座椅电动侧向支撑调节在车辆宣传手册中标注为标准配置，而实际中则为选装配置。此后，刘某因车辆配置与宣传不符多次与德万隆公司、路虎公司沟通，但协商未果因而诉至法院。刘某认为德万隆公司、路虎公司的宣传与销售行为构成欺诈，要求两被告退还购车款、赔偿税费并连带承担三倍赔偿责任。参见北京市第三中级人民法院民事判决书，（2018）京 03 民终 4344 号；北京市朝阳区人民法院民事判决书，（2015）朝民（商）初字第 46789 号。

供了全面、真实的信息,不会产生欺骗、误导消费者的可能;即便其中有些与事实不符的信息不会对消费者的购买决定产生实质性影响,但其仍然有可能使消费者陷入错误认识,从而构成对消费者知情权的侵害。路虎案对消费者权益的保护程度与九派案形成了鲜明对比,这反映出法院对虚假宣传民事责任的理解与认识没有达成一致。

三、虚假宣传的责任性质及相应后果

通过上述分析可知,各地法院在审理虚假宣传消费纠纷时存在明显的矛盾与分歧,这将在很大程度上阻碍虚假宣传的司法规制发挥其应有的作用。在以上三点中,最为关键的分歧在于如何认定经营者的法律责任性质。由于违约责任与侵权责任在构成要件、归责原则、举证责任以及责任方式等方面并不相同,同一个案件按照不同的责任性质进行认定很可能会产生完全不同的裁判结果。因此,厘清经营者虚假宣传的责任性质及其相应后果是下文需要首先回答的问题。

(一)侵权、违约与缔约过失责任的认定与比较

在很多情况下,虚假宣传既会引发经营者的侵权责任,同时也会引起违约责任。侵权责任与违约责任有着不同的责任基础:侵权责任的产生是因为加害人违反了法律中明确规定的法定义务;违约责任的产生是因为合同当事人违反了其与合同相对方之间约定的义务;而侵权责任与违约责任的竞合是因为当事人既违反了法定义务,又违反了约定义务。① 经营者实施虚假宣传的行为,直接违反了《消费者权益保护法》第20条第1款以及第23条第2款所规定的经营者义务并具备了侵权责任的责任基础。然而,其不一定具备违约责任的责任基础,因为宣传内容可能仅构成要约邀请而并非要约,不能被视为合同中的内容。

当然,违法行为的实施只是侵权责任构成要件的其中一项,一般侵权责任的构成要件还包括损害事实、因果关系和主观过错。经营者的行为及其后果须满足上述四个要件才负有相应的法律责任。其中,损害事实包含了两个要素:一为侵害客体,即法律授予的权利遭到侵害;二为利益损害,即权利被侵害在客观上造成了利益受损。② 缺少这两个要素中的任何一个都无法构成侵权法意义上的损害事实。

① 参见张新宝:《侵权责任法原理》,中国人民大学出版社2005年版,第96页。
② 参见杨立新:《侵权责任法》(第2版),高等教育出版社2021年版,第77页。

虚假宣传的侵害客体既可以是消费者的知情权，也可以是消费者的纯粹经济利益——即“绝对权之外的财产利益”；[①]而客观上的利益损害则是指消费者为商品或服务所支付的部分或全部对价——取决于消费者购买商品或服务的目的在多大程度上未能实现。[②]

侵权责任构成要件中的因果关系是指违法行为与损害事实之间的因果关系。显然，消费者的纯粹经济损失或其知情权被侵害的事实是由虚假宣传所导致：虚假宣传使消费者的购买决定并非基于商品或服务的真实情况而做出，故其意思表示未必真实，或是没有获得与价款价值相当的利益。侵权责任构成要件中的主观过错是指行为人对违法行为与损害结果的发生具有故意或者过失。如果有证据表明经营者对虚假宣传的发布及其后果不具有主观上的故意或过失，则不应要求其承担侵权责任。通过上述分析可知，当经营者出于故意或过失而实施的虚假宣传导致消费者基于错误的信息为相关产品或服务支付了不公平、不合理的对价时，前者便须向后者承担侵权责任。

违约责任与侵权责任的构成要件不同。[③] 首先，违约责任的产生要求当事人之间存在特定的权利义务关系，且其性质为有效的合同法律关系；而侵权责任的产生不要求存在这种特定的合同法律关系，仅要求当事人之间存在不特定的人身权或财产权法律关系。[④] 违约责任保护的是对人权和相对权，侵权责任保护的是对世权和绝对权。在消费者提起的虚假宣传诉讼中，消费者向经营者购买了其宣传的商品或服务，故他们之间存在特定的买卖合同关系。然而，这种买卖合同关系并非必然有效。《民法典》第 148 条规定：“一方以欺诈手段，使对方在违背真实意思的情况下实施的民事法律行为，受欺诈方有权请求人民法院或者仲裁机构予以撤销。”如果法院认定虚假宣传构成民事欺诈，应消费者之请撤销其与经营者之间的合同，则违约责任的请求权基础便也不复存在。其次，违约责任的产生是由于当事人一

---

① “非因绝对权受侵害而发生的财产上的损害（不利益）”即纯粹经济损失，参见葛云松：《纯粹经济损失的赔偿与一般侵权行为条款》，载《中外法学》2009 年第 5 期。

② 但如前文所述，在司法实践中也有观点从非常狭义的角度理解侵权行为侵害客体的范围，认为其仅限于原《侵权责任法》第 2 条所明文列举的人身权益与财产权益，如此便大大缩限了因虚假宣传蒙受损失的消费者通过侵权之诉来维护自身权益的途径。

③ 参见王利明：《侵权责任法与合同法的界分——以侵权责任法的扩张为视野》，载《中国法学》2011 年第 3 期。

④ 参见杨立新：《侵权责任法》（第 2 版），高等教育出版社 2021 年版，第 31 页。

方不履行合同义务或者履行合同义务不符合约定。[①] 在消费者提起的虚假宣传诉讼中,这常常表现为经营者向其提供的商品或服务并不具备其在宣传中所宣称的功效、性能或质量等。然而,此时要求经营者承担违约责任的前提是宣传中的虚假内容构成要约。按照《民法典》第472条、第473条的规定可知,商业广告和宣传一般被视为要约邀请,只有当其内容具体确定,且表明经受要约人承诺,要约人即受该意思表示约束的,才构成要约;而相当多的商业宣传并不具备后一项条件。一旦宣传中的虚假内容不构成合同内容,就不能认为经营者没有按照合同的约定履行合同义务,违约责任便无法成立。最后,违约责任的产生并不要求违约方主观上具有过错,只要其存在违反合同约定的行为,并客观上损害了另一方当事人的合法权益,就须承担相应的违约责任。

除了侵权责任与违约责任之外,经营者进行虚假宣传的行为还可能面临缔约过失责任。缔约过失责任基于诚实信用原则和信赖保护原则而产生,其所保护的是合同当事人的信赖利益。[②] 一旦当事人开始为缔结合同而进行磋商,其所处的信赖关系已经超出普通人之间的信赖程度。根据诚实信用原则的要求,合同当事人在合同订立阶段应承担通知、协助、保护、忠实等义务,[③]这被称为先合同义务;若违反这一义务并给对方造成损害,则须承担缔约过失责任。根据《民法典》第500条可知,当事人在订立合同过程中有下列情形之一,造成对方损失的,应当承担赔偿责任:(1)假借订立合同,恶意进行磋商;(2)故意隐瞒与订立合同有关的重要事实或者提供虚假情况;(3)有其他违背诚信原则的行为。由此可见,缔约过失责任与违约责任的关键区别在于,与损害有因果关系的违反义务的行为究竟发生在合同的订立阶段还是履行阶段。[④]

缔约过失责任与侵权责任的构成要件类似,除了有"违反先合同义务的行为""信赖利益损失""两者之间的因果关系"之外,还要求行为人"主观上存在过错"。[⑤] 在消费者提起的虚假宣传诉讼中,即便宣传中的虚假内容不构成要约,但经营者仍

① 参见《民法典》第577条。

② 参见中华人民共和国最高人民法院民事判决书,(2020)最高法民再194号。

③ 合同订立描述的是合同当事人自接触、洽商直至达成合意的过程,此阶段由要约邀请、要约、反要约等制度予以规范和约束。参见最高人民法院民法典贯彻实施工作领导小组主编:《中华人民共和国民法典合同编理解与适用》,人民法院出版社2020年版。

④ 参见孙维飞:《〈合同法〉第42条(缔约过失责任)评注》,载《法学家》2018年第1期。

⑤ 参见中华人民共和国最高人民法院民事判决书,(2020)最高法民再194号。

然在合同订立阶段违背了诚信原则;只要经营者没有主动对虚假宣传所传递的错误或误导性信息予以纠正,以至于消费者的信赖利益因虚假宣传而受损,经营者就应当为其违反先合同义务的行为承担缔约过失责任。此外,当法院认定虚假宣传构成民事欺诈,应消费者之请撤销其与经营者之间的买卖合同时,消费者虽不能要求经营者承担违约责任,但可以要求其承担缔约过失责任。①

(二)责任性质的选择及其后果

由于《消费者权益保护法》第45条没有明确经营者民事责任的性质,消费者可以选择不同的路径提起损害赔偿之诉,而同一案件事实下不同的起诉路径很可能导致完全不同的判决结果。在有些情况下,消费者要求经营者承担违约责任更符合其自身利益,比如没有证据表明经营者主观上存在过错,而虚假宣传的内容构成要约且合同效力不存在瑕疵;若消费者在这种情况下提起的是侵权之诉,则很容易因为不满足主观过错这一构成要件而无法获得应有的损害赔偿。而在另一些情况下,消费者要求经营者承担侵权责任或缔约过失责任更符合其自身利益,比如虚假宣传的内容并不构成要约,②该内容也未被写入合同,但有证据表明经营者对虚假宣传的发布及其后果存在主观过错;若消费者此时要求经营者承担违约责任,则法院往往不会支持这一诉求。

无论赔偿义务人所承担的是合同责任还是侵权责任,我国民法学界与实务界普遍承认完全赔偿原则是民事损害赔偿的基本原则。③ 完全赔偿原则是指不论赔偿义务人的过错程度如何,其对其行为所引发的全部损害都应予以赔偿,以使赔偿权利人恢复到其利益尚未遭受损害时的状态。④ 但就赔偿的范围而言,违约责任、缔约过失责任与侵权责任之间存在明显差异:

违约责任中的赔偿损失是为了使非违约方恢复到合同正常履行时的状态,因而在违约方赔偿的损失中,不仅包括既有财产(如非违约方为履行合同所支出的费

---

① 参见韩世远:《合同法总论》,法律出版社2004年版,第145页。

② 当消费者要求经营者承担违约责任时,"虚假宣传的内容不构成要约"是消费者败诉的主要原因之一,尤其是在商品房、汽车等大额商品的消费领域。

③ 参见程啸:《论未来我国民法典中损害赔偿法的体系建构与完善》,载《法律科学(西北政法大学学报)》2015年第5期。

④ 参见徐建刚:《论损害赔偿中完全赔偿原则的实质及其必要性》,载《华东政法大学学报》2019年第4期。

用)的减少,还包括合同如约履行后非违约方可以获得的利益;但是,其不得超过违约一方订立合同时预见到或者应当预见到的因违约可能造成的损失。[①]

缔约过失责任所补偿的是当事人的信赖利益,即合同未有效成立或如约履行时,合同当事人为合同的订立或履行所支出的费用以及缔约机会的损失。[②] 具体而言,缔约过失责任所补偿的信赖利益既包括因当事人信赖受挫时合同未能有效成立而无法得到填补的费用——缔约费用、准备履约和实际履约的费用,以及虽与履约无关但因合同未能生效所遭受的费用损失(如承租人对租赁物的装修、维护费用);也包括因其信赖受挫而订立一个不利于自身利益的合同所遭受的损失,以及因信赖受挫而丧失其他缔约机会的损失。[③]

侵权责任的损害赔偿是为了使受害人恢复到权益未受侵害的状态,而不保护受害人利益的增进;[④]其不仅限于对财产损害的补偿,也涵盖了对人身伤害和精神损害的救济。此外,侵权责任损害赔偿并不受到合同责任中可预见性标准的限制。

在消费者提起的虚假宣传诉讼中,当侵权责任与违约责任或缔约过失责任竞合时,侵权损害赔偿的救济效果是使交易恢复到未发生的状态,仅仅填补消费者遭受的损害,不会另外增进消费者的利益;而违约责任或缔约过失责任除了填补消费者既有财产的损失之外,还要对合同履行后消费者可以获得的利益进行补偿,[⑤]从而使消费者所处的经济状况优于交易发生之前。因此,从权利救济的结果而言,在其他条件相同的情况下,要求进行虚假宣传的经营者承担违约责任或缔约过失责任似乎比要求其承担侵权责任更符合消费者的利益。然而,上述分析是在一般意义上的理论层面而言的。当立法上对相关违法行为规定了特别的损害赔偿规则时,上述结论或许会发生变化。

---

① 参见《民法典》第584条。

② 参见于韫珩:《违约责任中的信赖利益赔偿》,载《环球法律评论》2015年第3期。

③ 参见孙维飞:《〈合同法〉第42条(缔约过失责任)评注》,载《法学家》2018年第1期。

④ 参见谢鸿飞:《违约责任与侵权责任竞合理论的再构成》,载《环球法律评论》2014年第6期。

⑤ 在大连阿兹慕游艇有限公司、顾某荣缔约过失责任纠纷案中,最高人民法院提出,缔约过失责任所赔偿的信赖利益损失的范围既“包括缔约过程中的费用,还包括合同履行后可以获得的利益,但是不得超出订立合同一方在订立合同时可以预见或应当预见的违约损失。”参见中华人民共和国最高人民法院民事裁定书,(2021)最高法民申299号。

四、虚假宣传的责任强度与消费欺诈的认定

(一)惩罚性赔偿规则的立法规定与学理争议

《消费者权益保护法》第55条第1款所规定的惩罚性赔偿制度便属于特殊情形下的赔偿规则。① 该条第1款规定:"经营者提供商品或者服务有欺诈行为的,应当按照消费者的要求增加赔偿其受到的损失,增加赔偿的金额为消费者购买商品的价款或者接受服务的费用的三倍;增加赔偿的金额不足五百元的,为五百元。法律另有规定的,依照其规定。"②乍看之下,《消费者权益保护法》第55条似乎与虚假宣传无关,但其在相关司法实践中被援引的频率却超出了相关度更高的《消费者权益保护法》第45条。③ 然而,关于如何认定经营者有欺诈消费者的行为,《消费者权益保护法》却并未做出进一步说明,而这直接影响着经营者须为虚假宣传承担多大程度的民事责任。

理论界对这一问题也并未达成广泛的一致,主要有以下两大类观点。一类观点认为消费欺诈的认定应与民事欺诈的认定相同,包括行为人"具有主观上的故意"并"实施了欺诈行为"、当事人"陷入错误认识"且"因该错误认识作出意思表示"四项构成要件。④ 持这类观点的学者认为《消费者权益保护法》是民事特别法,故而应当在缺乏特别规定的情形下,适用民法上的一般规定。

另一类观点则认为消费欺诈与民事欺诈的构成要件应有所区分,当事人是否

① 尽管有学者提出,《消费者权益保护法》第55条第1款中对消费欺诈的惩罚性赔偿是一种违约损害赔偿,并不适用于侵权损害赔偿,但是在虚假宣传的民事诉讼案件中,法院的判决并没有遵循这一思路。参见杨立新:《修订后的〈消费者权益保护法〉经营者民事责任之解读》,载《法律适用》2013年第12期。

② 《消费者权益保护法》第55条第2款所规定的是侵权责任中的惩罚性赔偿,与本节所讨论的法律适用争议无关,故没有对此展开讨论。

③ 通过"北大法宝"的"法宝联想"功能可知,截至2022年8月17日,在消费者提起的虚假宣传诉讼中,引用了《消费者权益保护法》第45条、第55条的民事案件分别为1004件、1650件。虽然《消费者权益保护法》第45条明确了损害赔偿是虚假宣传民事责任的形式之一,但关于赔偿金额如何确定却未有规定。而根据该法第55条的内容可知,当经营者的虚假宣传构成欺诈消费者的行为并损害其合法权益时,应当"按照消费者的要求增加赔偿其受到的损失",增加赔偿的金额也有十分具体的规定。如此一来,因虚假宣传受到损害的消费者便难免更倾向于以《消费者权益保护法》第55条作为起诉的依据,以期获得尽可能多的损害赔偿。

④ 参见王利明:《民商法研究》,法律出版社2001年版,第550页;韩世远:《消费者合同三题:知假买假、惩罚性赔偿与合同终了》,载《法律适用》2015年第10期;陆青:《论消费者保护法上的告知义务——兼评最高人民法院第17号指导性案例》,载《清华法学》2014年第4期。

因欺诈陷入错误认识并非构成消费欺诈的必要条件。[①] 有学者从文义解释、体系解释、利益衡量等多个角度对此进行了论证,认为只要经营者故意实施了欺诈消费者的行为,且当事人购买了其商品或服务,即可认定消费欺诈的成立。[②] 还有学者提出,消费欺诈的认定不一定要由消费者证明经营者是否存在主观上的故意,[③]只要经营者提供的商品或服务与其宣称的情况不一致或明显低于其宣称的标准,并能对消费者(不一定为案件当事人)的购买行为产生影响,就应当认定其存在告知虚假情况、隐瞒真实情况、欺骗或者误导消费者的欺诈行为。[④] 这一观点认为消费者是否“知假买假”并不影响消费欺诈的成立,几乎可以说是将虚假宣传与消费欺诈画上了等号。

将虚假宣传直接定性为消费欺诈的做法也可以从相关部门规章中找到明确依据。国家市场监督管理总局于2020年修订了《侵害消费者权益行为处罚办法》,[⑤]根据第6条、第16条可知,经营者向消费者提供有关商品或者服务的信息应当真实、全面、准确,不得有下列虚假或者引人误解的宣传行为:不以真实名称和标记提供商品或者服务;以虚假或者引人误解的商品说明、商品标准、实物样品等方式销售商品或者服务;作虚假或者引人误解的现场说明和演示;采用虚构交易、虚构成交量、虚假评论或者雇佣他人等方式进行欺骗性销售诱导;以虚假的“清仓价”“甩卖价”“最低价”“优惠价”或者其他欺骗性价格表示销售商品或者服务;以虚假的“有奖销售”“还本销售”“体验销售”等方式销售商品或者服务;谎称正品销售“处理品”“残次品”“等外品”等商品;夸大或隐瞒所提供的商品或者服务的数量、质量、性能等与消费者有重大利害关系的信息误导消费者;以其他虚假或者引人误解的宣传方式误导消费者;经营者有上述行为之一的,属于欺诈行为。简言之,该处罚办法几乎将所有虚假或引人误解的宣传行为都视为欺诈消费者的行为。若在此基础上适用《消费者权益保护法》第55条的规定,则会导致任何因虚假宣传受到损害的消费者都有权获得经营者支付的惩罚性赔偿。

---

① 参见高志宏:《惩罚性赔偿责任的二元体系与规范再造》,载《比较法研究》2020年第6期。

② 参见李友根:《消费者权利保护与法律解释——对一起消费纠纷的法理剖析》,载《南京大学法律评论》1996年第2期。

③ 参见杨立新:《〈消费者权益保护法〉规定惩罚性赔偿责任的成功与不足及完善措施》,载《清华法学》2010年第3期。该学者认为应在符合一定条件的情形下推定经营者主观故意的存在。

④ 参见杨立新:《我国消费者保护惩罚性赔偿的新发展》,载《法学家》2014年第2期。

⑤ 参见《侵害消费者权益行为处罚办法》,2015年1月5日国家工商行政管理总局令第73号公布,根据国家市场监督管理总局令第31号修订。

若法院在司法实践中据此进行裁判，很可能会导致威慑过度的结果，原因在于：其一，惩罚性赔偿金额的计算倍率缺乏分级。不区分案件的具体情况而一概要求经营者承担三倍于价款的赔偿，容易致使赔偿金额与经营者造成的损害严重不匹配。因为在很多虚假宣传消费纠纷中，宣传中的虚假内容并非交易中的重要信息；其既不会严重削弱商品原本的价值，也不会对消费者的购买决定造成实质性影响。此时若商品的价值很高，要求经营者承担三倍于价款的赔偿数额难免有失公平。其二，赔偿金额在极端情形下缺乏必要的上限。[①] 在商品房、高端汽车等大额消费品领域，商品价款常常在百万元以上；即便这些商品的虚假宣传对交易的达成具有关键性影响，以至于经营者需要为其实施的消费欺诈行为承担赔偿责任，也不宜将赔偿金额定为价款的三倍之多。这明显超出了赔偿的合理范围，与消费者因虚假宣传受到的损害或其订立合同时所预见的因违约可能造成的损失严重不相符。

（二）司法案件中的裁判倾向

下文将区分最高人民法院公报案例、典型案例、普通案例这三种案例类型，分别归纳裁判文书中与惩罚性赔偿的适用相关的裁判观点，并说明哪一类观点属于司法实践中的主流意见。

1. 公报案例中的裁判倾向

与虚假宣传相关的最高人民法院公报案例主要有以下 4 起：[②]“毕某振与侯某周虚假宣传纠纷案”[③]、“颜某莲、程某环诉周某霞、吉林天药科技有限责任公司等侵权责任纠纷案”[④]、“王某诉东方肾脏病医院邮购药品赔偿纠纷案”[⑤]、“丛某松诉慈铭公司产品销售者责任纠纷案”。[⑥] 这 4 起案件的共同点在于，经营者进行虚假宣传的行为都被法院认定为构成消费欺诈，消费者要求经营者支付惩罚性赔偿的请求都得到了法院的支持。然而，在基本案情与核心观点方面，“丛某松诉慈铭公司

---

① 参见罗昆：《消费欺诈的认定及其私法效果》，载《当代法学》2023 年第 4 期。

② 此处的最高人民法院公报案例是指由最高人民法院发布在《最高人民法院公报》上的案例。

③ 参见河南省安阳市中级人民法院民事判决书，(2010)安民二终字第 575 号。

④ 参见安徽省高级人民法院民事判决书，(2015)皖民一终字第 00001 号。

⑤ 参见四川省泸州市中级人民法院民事判决书，(2006)泸民终字第 783 号。该案的基本案情已在前文有所阐述，此处不再赘述。

⑥ 参见北京市第二中级人民法院民事判决书，(2013)二中民终字第 14088 号。

产品销售者责任纠纷案”与另外3起案件有着显著区别——主要体现在法院对消费欺诈构成要件的理解上。

具体而言,在上述前3起案件中,法院都明确表示虚假宣传导致了原告陷入错误认识并因此作出购买决定,此时消费欺诈的认定是按照普通民事欺诈的构成要件进行的。[①] 以最高人民法院公报案例“颜某莲、程某环诉周某霞、吉林天药科技有限责任公司等侵权责任纠纷案”为例。法院认为,虽然原告未能证明受害人的死亡与被告的虚假宣传行为之间存在直接的因果关系,但受害人因虚假宣传陷入错误认识并购置产品的事实清楚,根据《消费者权益保护法》第55条的规定,原告主张被告按双倍货款承担赔偿责任,符合法律规定。

但在上述最后一起案件——“丛某松诉慈铭公司产品销售者责任纠纷案”中,法院并不以原告方因虚假宣传陷入错误认识作为消费欺诈的构成要件,而是根据虚假宣传对一般消费者所产生的影响来判断是否存在消费欺诈。在本案中,二审法院与一审法院作出了截然不同的判决。一审法院并未支持原告的诉求,其认为从原告提交的证据中难以认定被告的虚假宣传行为与原告的购买行为之间具有因果联系。然而,二审法院撤销了一审法院的判决,其裁判理由是:被告出售的涉案药品已被有关政府部门与其他法院查明确实存在进行虚假宣传的情况,并且此前已有其他法院支持了另一消费者对被告的涉案行为提出的损害赔偿请求;在本案中,原告以同时购买的另一盒药品存在虚假宣传为由起诉被告要求其承担赔偿责任,法院应支持这一主张。最终,二审法院判决被告退还原告货款450元,并增加赔偿450元。

由此可见,该案二审法院并没有对“原告是否因涉案广告陷入了错误认识从而购买涉案商品”进行分析,而是根据涉案广告已经被其他法院认定为消费欺诈、会使消费者陷入错误认识并影响其购买决定,来认定消费欺诈的成立。此时无论原告本人的主观认识如何,都不会改变这一消费欺诈的性质。这表示法院认为消费欺诈的构成要件应当与民事欺诈的构成要件有所区分,关键区别在于是否将“案件

---

① 大量法院在处理消费欺诈案件时也秉持这一观点。参见《张志强诉徐州苏宁电器有限公司侵犯消费者权益纠纷案》,载《中华人民共和国最高人民法院公报》2006年第10期;《王辛诉小米科技有限责任公司网络购物合同纠纷案——销售者网上销售商品有价格欺诈行为,诱使消费者购买该商品的,即使该商品质量合格,消费者有权请求销售者“退一赔三”和保底赔偿》,载中国法院网2015年6月15日,https://www.chinacourt.org/article/detail/2015/06/id/1650489.shtml;广东省广州市中级人民法院民事判决书,(2020)粤01民终11812号。

当事人”因虚假宣传作出错误认识并作出购买决定作为构成要件之一;“丛某松案”代表的观点认为只要虚假宣传能对一般消费者产生上述影响即可。

2. 典型案例中的裁判倾向

与虚假宣传民事诉讼相关的典型案例主要有以下 7 起:①(1)邹某某与某医美机构侵权责任纠纷案、②(2)区某某诉某丝绸公司网络购物合同纠纷案、③(3)贺某锋诉某广播电视台产品责任纠纷案、④(4)孙某与某岩茶公司产品销售者责任纠纷案、⑤(5)曾某与某贸易公司产品责任纠纷案、⑥(6)王某与某家政服务公司家政服务合同纠纷案、⑦(7)谢某夫妇诉萍乡市某房地产公司商品房预售合同纠纷案。⑧下文将根据这些案件的基本案情与判决结果绘制表格(见表 1),以更清晰地体现其中的共性与差异。

表 1 虚假宣传民事诉讼中的典型案例

序号	基本案情	是否退还货款	是否三倍赔偿	三倍赔偿总额/元
1	被告因进行虚假宣传屡次受到行政处罚,原告系受到上述广告误导而接受医疗美容服务	否	是	168 000
2	被告出售的真丝床品没有广告宣传的“滋养肌肤,维护皮肤水分平衡,促进血液循环,延缓衰老”等功效,对消费者产生了误导	是	是	19 800

① 此处的典型案例是指由最高人民法院与地方各级人民法院发布的典型案例。

② 参见北京市第三中级人民法院民事判决书,(2021)京 03 民终 9102 号。

③ 参见广东省广州市荔湾区人民法院民事判决书,(2016)粤 0103 民初 548 号。

④ 参见陕西省西安市中级人民法院民事判决书,(2021)陕 01 民终 22420 号。

⑤ 参见《江苏省南京市中级人民法院发布 2021 年度消费者权益保护十大典型案件》,载北大法宝 2022 年 3 月 14 日,https://www.pkulaw.com/pal/a3ecfd5d734f711d0d6c922e20068693adbce84ccdecb2a6bdfb.html。

⑥ 参见《广东省广州市中级人民法院发布消费者权益保护十大典型案例(2023 年)》,载北大法宝 2023 年 3 月 13 日,https://www.pkulaw.com/pal/a3ecfd5d734f711df9fda9a4a045ef78cddcc7c805871c6dbdfb.html。

⑦ 参见《天津市高级人民法院发布 6 起保护消费者合法权益典型案例》,载北大法宝 2023 年 3 月 15 日,https://www.pkulaw.com/pal/a3ecfd5d734f711daefe6b9626bd8d39fa521ba17f0307d8bdfb.html。

⑧ 参见《江西省高级人民法院发布 2023 年度全省法院房屋买卖合同纠纷十大典型案例》,载北大法宝 2023 年 8 月 29 日,https://www.pkulaw.com/pal/a3ecfd5d734f711daa82c00d1a31221a4c92e3e847920ce5bdfb.html。

续表

序号	基本案情	是否退还货款	是否三倍赔偿	三倍赔偿总额/元
3	被告发布的广告使其推销的商品易与药品、医疗器械相混淆,误导消费者;且被告提供给原告的广告主信息并未帮助原告联系到广告主	是	是	4185
4	原告收到的产品与被告网页中的产品宣传图示、说明存在多处明显不符,宣传内容严重偏离商品真实情况、足以令原告在购买前陷入错误认识	是	是	20 400
5	被告通过多种形式作虚假或引人误解的商业宣传,欺骗、误导消费者,致使消费者将属于固体饮料的产品误认为是“特殊医学用途配方奶粉”	否	是	不明
6	被告针对其提供的母婴护理服务进行虚假宣传(含有“儿科主任医师巡诊”“星级独立厨房”等字样,实际未提供相应服务),且已经受到行政处罚	退还部分	是	90 000
7	被告针对其出售的商品房发布虚假学区房广告,且已经受到行政处罚	否	否[1]	—

[1]要求被告按房价的1%支付违约金7300元。

由于并非每一起典型案例的裁判文书全文都可公开获取,此处仅能根据有限的公开信息对这些案件反映出的特点进行归纳。首先,除了第7起案件,其他6起案件中原告的三倍赔偿诉讼请求都得到了法院的支持。其次,上述案件的赔偿总额大多较高:在这6起案件中,2起案件的三倍赔偿金额在9万元以上,2起案件的三倍赔偿金额在2万元左右。再次,有一半左右的案件除了要求被告进行三倍赔偿之外,还要求其向原告退还价款。最后,这些法院在认定消费欺诈成立时,似乎没有特别区分被告的虚假宣传行为究竟是使原告陷入了错误认识,还是易使一般消费者陷入错误认识,还是两项条件同时成立。

在第7起案件中,法院认为原告在应知学区划分存在不确定的情况下,仍轻信房地产公司的学区房广告,未尽到理性购房人的审慎义务,亦存在一定过错,因此综合各方过错酌情调整了违约金的支付比例。[①] 若按照这一思路，在第 2 起案件中，原告也应当知道真丝床品几乎不可能具备“延缓衰老”等功效。[②] 然而，两家法院在认定赔偿金额时却遵循了完全不同的法律规则，以至于消费者获得的救济程度相去甚远。

3. 普通案例中的裁判倾向

通过对公报案例与典型案例的分析，是否可以推断出各地法院对惩罚性赔偿在虚假宣传民事诉讼中的适用持有积极态度？普通案例中大量消费者的三倍赔偿诉求没有获得支持的事实似乎能够否认这一观点。笔者在北大法宝中检索全文含关键词“虚假广告”和“三倍赔偿”的民事案件，可以检索到 1142 篇普通案例的裁判文书（检索日期为 2023 年 12 月 1 日）；其中，裁判结果含关键词“三倍赔偿”的案件仅为 47 件，占比 4.1%。此外，笔者在北大法宝中检索全文含关键词“虚假宣传”和“三倍赔偿”的民事案件，可以检索到 5446 篇普通案例的裁判文书（检索日期为 2023 年 12 月 1 日）；其中，裁判结果含关键词“三倍赔偿”的案件仅为 215 件，占比 3.9%。尽管上述统计结果并不精确，没有考虑到个案的特殊性，但仍然能在一定程度上反映出各地法院对惩罚性赔偿在虚假宣传民事诉讼中的适用总体上持十分谨慎的态度。这与公报案例和典型案例中反映出的情况完全不同。

（三）裁判倾向的成因及威慑效果

通过上述分析可知，在法律本身缺乏明确规定的情况下，各地法院对广告违法主体在消费者提起的民事诉讼中应当承担何种程度的赔偿责任，并没有达成一致的意见。那么，究竟有哪些因素影响着各地法院对惩罚性赔偿的适用？为什么在相关公报案例与典型案例几乎一致地支持消费者的惩罚性赔偿请求时，仍然有如此多的法院对这一请求不予支持？

可能的影响原因有二。其一，在关于商品房、汽车的虚假宣传案件中，法院极少支持消费者对惩罚性赔偿的请求；这些案件的存在大大降低了惩罚性赔偿的适用概率。由于商品房、汽车的价格高昂，消费者在遭遇虚假宣传的侵害时具有充分的动力起诉经营者，因而这类案件的基数较大，且一项虚假宣传行为往往对应了大

① 参见《天津市高级人民法院发布 6 起保护消费者合法权益典型案例》，载北大法宝 2023 年 3 月 15 日，https://www.pkulaw.com/pal/a3ecfd5d734f711daefe6b9626bd8d39fa521ba17f0307d8bdfb.html。

② 参见广东省广州市荔湾区人民法院民事判决书，(2016) 粤 0103 民初 548 号。

量受害者。在这种情况下,若法院支持消费者对惩罚性赔偿的诉请,经营者则会面临数额巨大的赔偿,很可能会对其持续经营的能力造成毁灭性打击。这样的判决结果显然与经营者造成的损害并不匹配。因此,法院在审理这类案件时会非常保守地认定经营者给消费者造成的损害,在极其有限的范围内支持,或者是完全不支持消费者的损害赔偿请求——即使经营者发布的虚假宣传已经被行政机关明确作出了行政处罚。①

其二,若法院过于积极地支持消费者的惩罚性赔偿请求,则可能会引起滥诉,以至于有限的司法资源被这类案件过度占用。近些年来,“案多人少”已经成为我国法院系统的一个显著问题。② 法院在社会治理中具有其独特的目标、功能与职责,由于法院规模的增长不可能与经济社会的发展保持同样的步伐,必然会受限于有限的司法资源,法院便只能“有所为有所不为”,集中精力关注那些相对重大的、有广泛社会影响力的、“通过解决纠纷能为社会确认或提供某些规则”的纠纷。③ 然而,虚假宣传消费纠纷的案情大多较为简单,很少涉及复杂的法律分析,由法院来审理这些案件便显得有些“大材小用”。这类简单的纠纷可以通过其他的纠纷解决机制予以解决。

因此,可以看到法院在选取公报案例与典型案例时,更倾向于选择消费者的诉请得到完全支持的案件,以此威慑潜在的违法者;但在数量更多的普通案例中,法院对适用惩罚性赔偿规则的态度显然更加慎重,其更倾向于用合同法对广告定性或使消费者承担证明责任来驳回消费者的损害赔偿请求权。立法上对消费欺诈的构成要件规定得并不明确,相关的赔偿规则也并不完全合理导致惩罚性赔偿的适用存在较强的不确定性。赔偿金额的大小在很大程度上影响着消费者起诉的动力,当消费者无法确定自己是否可以获得三倍于价款的惩罚性赔偿时,其很可能不愿起诉违法的经营者。类似地,当经营者考虑到其违法行为不一定会面临代价高昂的民事赔偿时,便有更强烈的动机进行虚假宣传以欺骗、误导消费者。因此,有必要在相关法律中进一步明确虚假宣传与消费欺诈的关系,为市场主体提供稳定的行为预期,以缓解上述分歧与冲突给虚假宣传的司法规制带来的消极影响。

---

① 参见湖北省武汉市中级人民法院民事判决书,(2020)鄂01民终2712号。

② 参见程金华:《中国法院“案多人少”的实证评估与应对策略》,载《中国法学》2022年第6期。

③ 参见苏力:《审判管理与社会管理——法院如何有效回应“案多人少”?》,载《中国法学》2010年第6期。

五、虚假宣传司法规制路径的优化

(一)责任性质的明晰化

《民法典》第11条规定:“其他法律对民事关系有特别规定的,依照其规定。”正因为《消费者权益保护法》缺少针对虚假宣传消费纠纷的“特别规定”,才使各地法院在审理类似案件时存在明显的分歧。如前所述,因虚假宣传受到损害的消费者可以选择要求经营者承担侵权责任、违约责任或缔约过失责任,而不同的责任类型在同一违法事实下可能会产生不同的赔偿结果。然而,普通消费者一般不具备相应的法律专业知识,在起诉经营者时往往并不知道要求其承担何种民事责任更有利于自身获得损害赔偿,如此便难免导致消费者在很多情况下无法获得应有的法律救济。

规制结果的不确定性使经营者与消费者无法对法律形成稳定的预期,难以对市场主体的行为进行有效的引导与规范。一旦消费者没有选择合适的路径提起诉讼,则很可能在本可以胜诉的情况下遭遇败诉的结果,以至于消费者的利益损失无法得到应有的补救,进而导致虚假宣传在司法领域被惩罚的概率低于应有的水平。对此,有必要在立法或司法解释中进一步细化经营者的民事责任,既可为消费者提供诉讼的便利,提高其对胜诉的预期并切实地保障消费者的合法权益;也能威慑潜在的违法者,使其迫于诉讼风险的压力而更加谨慎地在法律允许的范围内行事。

具体而言,针对《消费者权益保护法》第45条有关内容可作如下规定:(1)当没有证据表明经营者主观上存在过错,而虚假宣传内容构成合同的一部分且合同效力不存在瑕疵,消费者可以要求经营者承担违约责任,使消费者恢复到合同正常履行时的状态,但不得超过经营者订立合同时预见到或者应当预见到的因违约可能造成的损失。[①] (2)当有证据表明经营者对于虚假宣传的发布及其后果存在主观过错,而虚假宣传内容不构成合同的一部分时,消费者可以要求经营者承担侵权责任或缔约过失责任:缔约过失责任赔偿的是消费者为合同的订立或履行所支出的费用以及缔约机会的损失,其同样不得超过经营者订立合同时预见到或者应当预见到的因违约可能造成的损失;侵权责任的损害赔偿是为了使消费者恢复到权益未受侵害的状态。

---

① 参见《民法典》第584条。

此外,考虑到消费者很难证明经营者主观上的故意,常常因此而无法得到法律的保护,故应在符合一定条件的情形下推定其主观故意的存在。依据以下3个标准可以认定经营者具有欺诈消费者的故意:(1)商品和服务有明确的客观标准;(2)经营者在提供商品或者服务时"已知"或"应知"该客观标准的存在;(3)经营者提供的商品或者服务违背该客观标准。①

除了上述一般性的赔偿原则,还有必要在立法或司法解释层面阐明经营者在何种情况下应当承担《消费者权益保护法》第55条规定的惩罚性赔偿责任。认为虚假宣传自动构成消费欺诈的做法显然会导致威慑过度的后果,故而设置一定的前提性条件十分必要。首先,广告中的欺骗性、误导性内容应对案件当事人的购买决定具有决定性影响,涉及商品或服务的核心价值与功能。当这一条件不满足时,经营者应当按照相关功能、质量等方面的缺失对商品或服务价款的影响程度承担赔偿责任。这项条件的限制可能会大大减少在商品房、汽车广告领域适用惩罚性赔偿的可能性。如果经营者只是针对商品房或汽车的某一项特点进行虚假宣传,往往很难认定其对消费者的购买有决定性影响。但是,如果经营者出售的药品、保健品不具备广告中声称的效果,这显然属于核心功能无法实现,故经营者应当承担惩罚性赔偿责任。

其次,该欺骗性、误导性内容应使案件当事人在陷入错误认识的情况下实施了购买行为。如果当事人并未陷入错误认识而购买,则经营者应当承担返还价款的责任,此时消费者也应退回商品;对于无法返还、不适宜返还的商品或服务,经营者应按照上一条所述原则折价赔偿。之所以要明确惩罚性赔偿条件不满足时的法律后果,是为了避免法院以不存在消费欺诈为由,驳回消费者的全部损害赔偿请求,这种做法在大量司法案件中普遍存在,而这显然违背了消费者权益保护法对消费者的保护理念,同时也有违公平正义原则的要求。

(二)责任强度的合理化

1.惩罚性赔偿倍率的调整

《消费者权益保护法》第55条关于惩罚性赔偿的规定没有考虑到不同的消费欺诈可能具有不同的严重程度:(1)如果对商品的唯一功能或全部功能进行虚假宣

---

① 参见杨立新:《〈消费者权益保护法〉规定惩罚性赔偿责任的成功与不足及完善措施》,载《清华法学》2010年第3期。

传(如虚假医疗广告),自然构成通常意义上的消费欺诈,应当由经营者承担三倍赔偿责任;(2)如果商品具有几大核心功能(如手机的芯片、内存、显示屏、摄像头、电池等),经营者仅对其中一项功能发布了虚假宣传,此时要求经营者承担三倍赔偿责任是否合理?① 根据最优威慑理论可知,惩罚强度应当随违法行为严重程度的变化而变化,确保边际威慑的有效性;②如果对上述两种情形不加区分地处以三倍于价款的惩罚性赔偿,则会鼓励违法者实施危害更大的第一种违法行为,而不会有动力在违法过程中尽量减少其危害程度。

对此,可考虑将惩罚性赔偿的计算倍率分为两个层级:如果消费欺诈的内容指向商品或服务的唯一功能或全部功能,则经营者应当按照消费者的要求增加赔偿三倍于价款的损失;如果消费欺诈的内容仅指向商品或服务的部分重要功能,则经营者应当按照消费者的要求增加赔偿损失,增加赔偿的金额为价款的0.5倍以上2倍以下。之所以建议将赔偿倍率的下限设为0.5倍,是为了给法院充分的裁量空间,根据案件的具体情况决定最终的惩罚性赔偿金额。在有些情况下,经营者的行为虽然满足消费欺诈的构成要件,但行为的危害性较轻,且职业打假人占用司法资源牟利的情形也时有发生,此时,按照较低的倍率惩罚违法者更加符合法律的公平正义原则与最优威慑理论的内在要求。

2. 惩罚性赔偿上限的增设

如前文所述,在商品房、高端汽车等大额消费品领域,商品价款常常在百万元以上;若将赔偿金额定为价款的三倍之多,明显超出了赔偿的合理范围。而在司法实践中,即便经营者进行虚假宣传的行为符合消费欺诈的构成要件,法院为了避免惩罚性赔偿金畸高带来的不良后果,往往不会支持消费者的诉请,不会将这类虚假宣传认定为消费欺诈行为。如此一来,立法上的威慑过度最终导致了司法上的威慑不足,大量合法权益受到侵害的消费者在这种情形下无法得到应有的损害赔偿。

为缓解上述问题,应当在《消费者权益保护法》第55条中新增惩罚性赔偿金额的最高限额,正如其有500元的最低限额一般。最低限额是为了防止惩罚性赔偿产生的惩罚与威慑效果不足,其同样也需要最高限额来避免惩罚与威慑过度。结合

---

① 如果将问题换成对商品的非核心功能进行虚假宣传,通常认为其不会对消费者的购买决策造成影响,法院一般不会将其认定为消费欺诈行为。

② See George J. Stigler, *The Optimum Enforcement of Laws*, 78 Journal of Political Economy 526 (1970).

前文对相关公报案例与典型案例的统计分析可知,法院所支持的惩罚性赔偿请求均未超过20万元。鉴于此,可考虑将惩罚性赔偿的最高限额设为20万元,以减少法院在审理虚假宣传消费纠纷时因顾虑惩罚性赔偿的畸高而拒绝支持消费者的赔偿请求。需要特别指出,惩罚性赔偿仅包括经营者"增加"赔偿的部分,并不影响经营者因进行虚假宣传而产生的违约责任的大小;相关违约责任仍然基于合同法上的完全赔偿原则计算得出。

六、结语

作为一种典型的不正当竞争行为,虚假宣传的违法性认定看似简单,但消费者的维权之路却时常困难重重。这很大程度上是因为相关法律规定之间的冲突与不适应长期未得到及时解决。虚假宣传责任性质的不明确与责任强度的不合理为法院留出了充分的裁量空间,以至于《消费者权益保护法》赋予消费者的权利常常难以得到切实保障。只有当这些冲突与不适应在立法与法律解释层面得到有效缓解,才能增强消费者与经营者对相关法律的预期。这不仅使消费者的合理诉求依法得到支持,还能更有效地威慑潜在违法者。

电子商务平台买方势力规制研究

陈　可*

在国际化的互联网平台竞争以及商业往来中，电子商务平台占据了十分重要的地位。伴随互联网平台经济的发展，电子商务不仅实现自己的发展，同时也助力国际贸易往来。自成立以来，跨国电子商务平台亚马逊电商和服务销售的净收入大幅增长，2023 年度亚马逊电子商务公司的净收入接近 5760 亿美元，高于 2022 年的 5140 亿美元。① 另外，电子商务平台 Shein 在美国极受欢迎，其在美国市场份额在 2020 年 3 月 ~2022 年 3 月从约 18% 增至 40%，且其 App 下载量在 2023 年达到了前所未有的水平。② 电子商务以及国际化电子商务平台发展迅速，逐步成为引领国际贸易的重要方式。作为网络销售中的"必需品"，电子商务平台成为网络交易中最为不可替代的中介。我国具有高度发达的电子商务市场，消费者通过电子商务平台购买产品逐渐成为主要的消费习惯。随着市场规模的扩大以及市场力量的集中，电子商务平台在与商家谈判中逐渐具有市场话语权，导致在二者的交易关系中出现大量的侵犯商家利益的行为。比如，电子商务平台收取过高的抽佣服务费，强制平台内经营者参与购物节等促销活动或者恶意拖延货款结算等。在具体的电子商务平台中，如亚马逊平台，平台内卖家平均支付销售金额的 13% 作为服务费；而 Booking 平台中，平台内经营者平均服务费用是销售金额的 20%。③ 过高的费用

* 陈可，上海交通大学法学博士。

① See *Annual Net Sales Revenue of Amazon from 2004 to 2023* (May 22, 2024), https://www.statista.com/statistics/266282/annual-net-revenue-of-amazoncom/.

② See *Shein-Statistics & Facts* (Feb 21, 2024), https://www.statista.com/topics/10113/shein/#topicOverview.

③ See Renato Gomes, Andrea Mantovani, *Regulating Platform Fees under Price Parity*, https://ideas.repec.org/p/net/wpaper/2009.html.

使商家的合法权利受到损害。商家通过签订合同的方式入驻电子商务平台,在“合法”的权利外观下,电子商务平台具有侵犯商家利益的基础。探寻如何有效监管电子商务平台的违法行为成为互联网时代建立合法合规网络销售市场秩序的关键。

一、电子商务平台违法行为的成因与监管挑战

(一)电子商务平台主导地位的成因

电子商务是零供领域的重要经营模式。电子商务平台对独立流通渠道的建立以及流通体系的打造具有重要的市场作用,形成了有形经济与虚拟经济共存的市场关系框架。① 在电子商务体系内,电子商务平台、商家以及消费者三者共存,彼此相互交易形成具有网络属性的市场交易循环。此时,电子商务平台基于虚拟或现实空间,形成以自己为主导、以消费者为导向、以合作共赢为宗旨,联结各方优势资源与力量、在完成商品交易的同时实现平台以及关联各方价值增值的一种经济形态。在此经济形态下,电子商务平台衍生出了自己独具特色的属性。

首先,电子商务平台具有大型零售商的属性。在产品流通的供应链条中,最初市场的主导地位在于批发商。商品的采购和交换均以批发商作为主导,批发商成规模地从农场采购商品,并形成标准化和系统化的市场经营模式。② 随后,市场主导地位逐步向制造商转移,制造商自主选择适合自身的分销渠道,主导整个商品流通链条。但是,随着市场的发展,零售商凭借自身距离消费终端最近,使产品流通领域的上下游市场格局发生变化,零售商逐渐掌握市场的话语权,市场主导力量由制造业向零售业逐渐转移。③

在零售商逐步取得市场地位的情况下,市场资本也开始逐步向零售商转移,而且零售业组织内部也开始进行结构优化和重组来适应新的经营形式以及探索新的盈利模式。在产品多元、资本的进入以及业态多元化的市场发展的共同作用下,大型零售商得以产生。④ 大型零售商出现在分配领域的原因在于能够降低分配系统的成本以及提高分配系统的效率,减少了商品流通过程中的交易次数,并且增加了

---

① 参见黄国雄、刘玉奇、王强:《中国商贸流通业60年发展与瞻望》,载《财贸经济》2009年第9期。

② 参见[美]小艾尔弗雷德·D. 钱德勒:《看得见的手:美国企业的管理革命》,商务印书馆1987年版,第239页。

③ 参见李剑:《零售垄断的竞争法规制——以超市入场费为视角》,法律出版社2020年版,第9-12页。

④ 参见牛全保:《我国工商关系的演变阶段与特点分析》,载《商讯商业经济文荟》2006年第1期。

流通速度和交易规则,[①]使商品流通更具有规模性、效率性以及服务性。电子商务平台充分地展现了大型零售商的属性。电子商务平台由于具有整合能力,将商品的丰富品类资源整合在一起,增加了商品的集聚效应也丰富了消费者的选择。同时,电子商务平台还是一种特殊的信息聚集机制,具有快速搜索以及汇集信息的功能,能够提供商品的品类信息以及折扣信息。电子商务的出现提升了交易各方的信息获取以及占有能力,电子商务平台为交易各方提供相对充分且对称的信息,而且具有充分的信息供应、传递和互换功能。[②]

其次,电子商务平台具有网络的复杂性。随着互联网技术的发展,互联网平台与大型零售商相互融合,形成具有时代特色的新型交易模式——电子商务。电子商务平台不仅具有大型零售商的属性,而且融合了互联网的技术特性,使电子商务平台在产品流通领域的地位更加特殊。电子商务的运营模式是零售业态演变的体现。每一次零售业态的演进都体现了与当时经济发展水平和科技发展水平相适宜的态势,零售行业的演化与经济文化、市场繁荣以及国民消费水平都息息相关。[③]平台化运行在保持运营效率和差异化服务体验的同时,将数字技术不断转化为更高的平台价值和更低的交易成本,从根本上改造了商业模式和价值创造以及分配机制。[④] 平台化的运用模式使电子商务更加复杂,依托网络信息通信技术,电子商务作为信息化时代对商业活动的理论和实践的升级,将商业活动分为两个层面,即信息流的传输和实物流的运输,因而电子商务平台具有跨时空性、虚拟性、网络交互性等显著特征。[⑤]

电子商务平台具有的网络复杂性一部分来源于平台的复杂性。数字平台作为一种新型商业模式,其内部生态系统环境呈现出高度动态、复杂和竞争的特征。[⑥]平台是提供信息中介服务的市场主体,承担着互联网市场的组织与管理职能,并禁

---

① 参见[美]小艾尔弗雷德·D. 钱德勒:《看得见的手:美国企业的管理革命》,商务印书馆 1987 年版,第 239 页。

② 参见董国芳:《中国电子商务的发展特征及其效应研究》,经济管理出版社 2020 年版,第 17 - 18 页。

③ 参见汪旭晖:《零售企业竞争优势》,中国财政经济出版社 2009 年版,第 61 页。

④ 参见忻榕、陈威如、侯正宇:《平台化管理:数字时代企业转型升维之道》,机械工业出版社 2020 年版,第 20 页。

⑤ 参见董国芳:《中国电子商务的发展特征及其效应研究》,经济管理出版社 2020 年版,第 12 页。

⑥ 参见傅锋、陈爽英、文艺:《数字平台互补者经验对迭代创新的影响研究》,载《管理学报》2024 年第 1 期。

止商家与用户直接交易。[①] 各市场主体之间在电子商务平台搭建的生态系统内部彼此建立复杂的联系,因而也可以认为电子商务平台呈现了一种“混合组织”的属性,“混合组织”为平台生态系统建立了一种有别于传统网络组织的属性。[②] 因而,电子商务平台内部的市场主体之间的关系会表现得更为复杂和动态。市场中的商家,尤其是中小企业者需要借助电子商务平台搭建的商业生态系统在网络交易环境中获得交易机会,此时电子商务平台的声誉对其而言能够获得不同质量的资源和信息。电子商务平台本身由于跨边网络效应所带来的资源是中小企业获得优秀市场交易环境的关键因素,电子商务平台和商家之间彼此相互促进,并共同构建平台的核心价值。在价值共造的过程中,电子商务平台与平台内经营者之间的复杂互动关系为整个电子商务的交易价值所服务。

综上,在大型零售商和网络复杂性的共同作用下,电子商务平台在流通环节中具有了主导地位。在这种商业模式下,商家的目的是获得电子商务平台内的展示空间。电子商务平台作为出售展示空间的主体,在与商家的交易过程中占据市场主导地位。

(二)电子商务平台买方势力的监管挑战

零售渠道的主导权从制造商向零售商转移,在零售商主导的市场环境下,零售商具有更大的谈判权和谈判力量,成为市场交易中必不可少的元素。零售商的市场地位逐渐显现,而且随着企业规模的变化,其在市场中的话语权逐步攀升,并通过一系列的商业行为进一步扩大和巩固自己的市场地位。而且,线上经营的方式引发了技术性、跨界竞争的属性、消费习惯以及交易成本的转变,这些转变都使网络交易中谈判主体之间市场力量更加失衡,为强势主体一方滥用权利奠定了基础。同时,我国零售市场已经呈现供大于求的市场宽松模式,零售业逐渐变为买方市场模式,买方市场的存在为电子商务平台的市场谈判地位增加了进一步的支持。这是经济发展的变化趋势,却为电子商务平台的市场地位加持了经济背景因素。买方市场的出现使电子商务平台的聚集价值和交换价值更加重要。

买方势力被界定为买方对市场的控制能力,更加具体表现为零售商与生产商

① 参见侯利阳:《论互联网平台的法律主体地位》,载《中外法学》2022年第2期。

② 参见韩炜、唐洁:《平台治理的机制设计:一个理论研究框架》,载《研究与发展管理》2023年第1期。

之间的讨价还价能力。① 大型零售商买方势力的增强会降低零售价格、提高消费者福利，原因在于大型零售商可以利用它的买方势力来压低支付给供应商的批发价，由此而带来零售价格的降低。② 电子商务平台在大型零售商和网络技术性的属性下展现了中心性的特征，成为网络市场商品流通中的中心，并具有了中介属性。在电子商务平台搭建的体系内，电子商务平台、商家以及消费者之间展开相互交易，并且均以电子商务平台为中心。电子商务平台的特性使其具有了足以影响商家的经营活动以及对商家的长期交易机会造成威胁的能力，在无法实现去中心化的前提下，加强对电子商务平台违法行为的监管变得至关重要。

尽管电子商务平台在买方势力的作用下实施了诸多损害商家的行为，但是对电子商务平台的行为规制却存在明显的不足，不仅无法达到预期的效果，而且也尚未树立完善的监管理念。规制电子商务平台的买方势力存在两个关键性的挑战：第一，监管理念不明。电子商务平台实施了诸多损害商家合法权利的行为，规制这些违法行为应该遵循何种监管理念，目前尚未明确。第二，法律如何介入私主体之间的交易关系。对私主体之间的交易关系遵循意思自治，但是由于买方势力的存在，加之网络技术本身具有隐秘性，因而需要设置合理的规制措施。

在商家入驻电子商务平台时，电子商务平台不仅具有规则设置权，而且本身还有足够的技术能力。以技术手段震慑和处罚商家是非常常用的手段。技术能力作为一种科技措施，可以在公司内部更改代码从而侵犯商家的合法权利，商家往往没有任何抵抗技术手段的能力。在隐秘的技术手段作为辅助的情况下，对电子商务平台买方势力的监管存在很大的难度。

二、规制电子商务平台买方势力的逻辑起点

电子商务平台基于大型流通渠道的数字化进行演化并发展，单个电子商务平台的市场占有率逐步提升，而且整个电子商务市场也逐渐走向高度集中。根据数据统计，我国在线零售市场呈现高市场集中度态势，以 2018 年为例，天猫平台占据市场份额的 53.5%，京东平台占据市场份额的 27.8%，拼多多平台占据市场份额的 7.8%，苏宁易购平台占据市场份额的 3.46%，市场集中度 CR4 为 92.6%，HHI 指数

① 参见王再平：《零售商买方势力：福利分析及公共政策》，载《上海财经大学学报》2007 年第 4 期。

② 参见陈智琦：《经济学理论与买方势力的反垄断分析》，载《反垄断研究》2019 年第 1 期。

为3712.7。[①] 并且,在国际电子商务市场,2023年全球电商市场排名前五的网上商店为亚马逊、京东、沃尔玛、苹果和Shein。首先是亚马逊,以2023年收入1389.425亿美元领先该市场;其次是京东,其销售额为1158.341亿美元;然后是沃尔玛,销售额为649.351亿美元。在全球电商市场百强商店中,前三名在线商店合计占据34.1%的市场份额。[②] 电子商务平台的高度集中,使原本的商品流通市场从小市场走向大市场,甚至向全球市场转化。

从某种程度来说,一个市场集中度较高的行业更类似于一个不完全竞争的市场。[③] 当市场存在不完全竞争、信息不对称、公共物品和外部性等,一般认为资源配置和市场运行就会偏离帕累托最优状态,从而出现市场失灵。[④] 电子商务市场中存在的高市场集中度使电子商务平台的主导地位更加便于实施,导致市场资源配置失衡。在高市场集中度的电子商务市场中,平台内经营者转向其他电子商务平台的能力降低,电子商务平台控制平台内经营者行为选择的优势主导地位增加。

回归经济发展的规律,经济发展一直处于一个动态变化的市场行情中。对消费者的消费习惯的养成、电子商务的发展带来全渠道零售体验价值,总体而言,可以认为零售业态变得差异化的最根本目标在于追求消费者体验价值的最大化。[⑤] 在产业链中,电子商务平台由于其所处的位置,在市场中得以掌握更多的市场信息以及了解消费者的市场需求,电子商务平台对上游能够掌握制造商的生产活动信息,对下游能够掌握消费者的消费信息,在二者的信息之间进行整合并形成较为完整的市场产业信息集合。作为零售流通中最为关键的产业链条之一,电子商务平台的存在成为网络交易中不可或缺的一环。在上下游资本无法建立有效的流通的情况下,电子商务平台作为一种具有网络属性的大型零售商占据了中介位置,为各方市场主体提供了更大的发展空间。正如有学者指出的那样,互联网经济的本质就是经由信息分析将各类生产要素实现精确匹配,在超越传统生产组织的更大范

---

① 参见唐要家:《数字平台反垄断的基本导向与体系创新》,载《经济学家》2021年第5期。

② See ECBD, *Top ECommerce Stores Worldwide*, https://ecommercedb.com/ranking/stores/ww/all?page=1&pagesize=50&specialist=all.

③ 参见杨卓凡、石勇:《动态市场竞争环境下电子商务企业盈利能力的影响因素研究》,载《中国管理科学》2016年第8期。

④ 参见杨菲:《电子商务中滥用黑暗模式行为的法律规制》,载《中国流通经济》2022年第8期。

⑤ 参见李刚:《零售业态演进路径结构化收敛趋同与娱乐化发散差异研究》,载《财经理论研究》2021年第6期。

围内调配资源。[①] 而在数字化平台背景下建立的电子商务市场中，电子商务平台成为主导相关资源配置的核心。

具体而言：第一，电子商务平台因其强大的信息汇集功能，在上下游资本之间建立了有效的沟通机制。不仅为消费者提供了最优的消费体验，同时也为商家提供了销售渠道。在这样的交易体验中，商家和消费者能够快速地寻找到对方，并且进行交流和洽谈，增加彼此的连接并促使交易达成。整个交易过程由于电子商务平台的参与而更加具有互动性和流通性。第二，电子商务平台能够基于便捷的搜索引擎功能和完善的交易体系搭建实现单一商品流通活动的快速终结，大大提升了商品流通的效率，使商品流通更加具有便利性和时效性。在这个过程中，从商品信息的搜索、比价到具体的交易完成只需要在网站上点击具体的按键，无须额外的交通成本和受到营业时间的限制，商品交易的时间获得极大的提升并获得更多的市场交易量。第三，电子商务平台提供配套的物流服务，消费者足不出户便可以获得选购的商品。电子商务平台从简单的商品展示、交易撮合发展成为集在线支付、交易、物流等于一体的供应链全流程在线交易平台。[②] 全过程的消费体验使商品的选购和送达都由网络实现，消费者只需接收快递就可以获得商品，电子商务平台在整体的零售活动中发挥了中介作用，基于电子商务平台完成商品流通的全部过程。

由此，电子商务平台依靠自己的中介属性搭建了一个成体系的复杂的商业生态系统。在该商业生态系统中存在诸多法律关系，各市场主体之间错综复杂并建立循环往复的市场关系。此时，竞争关系与交易关系共存。在商业生态系统内部，不同的商家之间彼此成立竞争关系，电子商务平台与商家、商家与消费者以及电子商务平台与消费者之间成立交易关系。在商业生态系统外部，不同的电子商务平台之间成立竞争关系。商家通过与电子商务平台展开交易的方式，成为特定电子商务平台的平台内经营者。商家入驻电子商务平台以及在电子商务平台内经营的过程中，以开展交易的方式和电子商务平台进行关联。除去电子商务平台的自营业务，商家与电子商务平台之间成立交易关系，而非竞争关系。

---

① 参见胡凌：《"非法兴起"：理解中国互联网演进的一个视角》，载《文化纵横》2016 年第 5 期。

② 参见赵峭含、潘勇：《我国跨境电子商务政策分析：2012—2020》，载《中国流通经济》2021 年第 1 期。

电子商务是受数字平台突破影响最大的垂直行业之一。① 电子商务平台与平台内经营者之间的交易关系体现在产业链上下游中,可以进一步认定二者之间的交易关系是纵向交易关系。电子商务平台实施的侵犯平台内经营者利益的行为包括基于纵向交易关系而实施的纵向约束行为。在电子商务领域的市场纵向结构中,电子商务平台实施的纵向约束行为会造成平台内经营者的利益受损,并影响市场均衡。经济是在特定渠道中周而复始流通的"循环之流",这个"循环之流"及其渠道因时变化,这种变化并不连续,但是突破既有框架。经济总是会趋向某个均衡位置,正是因为这个趋势,得以确定市场上的货物的价格和数量,也可以说任何一个时刻的经济,都是对已有条件适应的结果。经济中的若干变化是趋向某个均衡位置的局部现象。如果"循环之流"以"连续"的方式变化,则"静态的分析方法"得以适用。但是,经济发展问题所指向的内生的不连续的变化,使"动态的分析方法"更加合适。这些在"循环之流"的渠道中出现的自发的不连续的变化,以及对均衡的扰动,只会出现在工商业领域。②

渠道权力是指在同一条渠道中,一家企业改变另一家合作企业决策或行为的能力。③ 电子商务平台基于纵向约束关系而实施的侵犯平台内经营者的行为,是其具有渠道权力的体现。电子商务这种商业模式依托互联网平台进行发展,互联网平台成为电子商务得以发展的重要介质。在电子商务这种商业模式下,互联网平台占据着重要地位,以平台作为依托,汇集众多经营者入驻,成为一个具备经营要素的市场主体,并借助平台向消费者展示商品,达成市场交易。此时,所有的商业活动均依赖于互联网平台进行,没有互联网平台则电子商务也无法正常运行。因而,电子商务平台作为重要的渠道,具有渠道优势地位,并掌握渠道权力。在电子商务平台依赖自己的渠道优势实施纵向约束的情况下,将直接导致渠道主体之间的利益冲突。在规制手段尚不完善的情况下,直接引发各方主体之间的利益失衡。为了使电子商务平台的违法行为能够得到有效的遏制,完善的规制理念和规制手

① See Jacopo Ballerini, Aleksandr Ključnikov et al., *The E - commerce Platform Conundrum: How Manufacturers' Leanings Affect Their Internationalization*, 202 Technological Forecasting and Social Change 199(2024).

② 参见[美]约瑟夫·熊彼特:《经济发展理论》,郭武军、吕阳译,华夏出版社2015年版,第52-59页。

③ 参见魏瑞锋:《渠道互依不对称性与渠道权力使用策略:分销商投机氛围的权变影响》,载《商业经济研究》2022年第3期。

段有利于实现市场主体之间的利益权衡,并防止电子商务平台内市场秩序失衡。

综上而言,尽管电子商务平台是一个融合流通、竞争与交易的共同体,内部关系复杂多样,存在多种类型的法律关系,交易关系与竞争关系并存,但是商家通过入驻的方式进入电子商务平台,与电子商务平台之间成立交易关系。商家与电子商务平台处于零售产业链的上下游,将电子商务平台与平台内经营者之间的关系界定为纵向交易关系更为合理。在市场集中度和零售商渠道权力上升的同时,需要政府引入必要的市场管制措施,对零售商损害社会福利的行为予以有效规制,从而减少渠道冲突,发挥零售商主导的产品服务绩效。① 在此基础上,方能讨论针对电子商务平台实施的侵犯平台内经营者利益的行为如何设定规制理念以及如何进行规制实践。

三、规制电子商务平台买方势力的价值理念

(一)确立规制的具体目标

在确立电子商务平台与平台内经营者之间系属纵向交易关系的前提下,需要从合同的角度对二者之间的交易关系展开分析。交易者是追求自身利益最大化的经纪人,能否达成契约使交易成功的决定因素是利益上的权衡。②

民法自创立之初一直致力于调整平等主体之间的民事法律关系。自商事主体的出现,商事法律关系才慢慢从民法体系中抽离。民法调整的是平等民事主体之间的权利义务关系。③ 我国在民法方面的相关规定始于1986年正式颁布的《民法通则》(已失效),在其第2条中规定了"中华人民共和国民法调整平等主体的公民之间、法人之间、公民和法人之间的财产关系和人身关系",将调整平等民事主体之间的权利义务关系作为调整对象。2021年我国《民法典》正式实施,其在第2条规定"民法调整平等主体的自然人、法人和非法人组织之间的人身关系和财产关系",以及在第4条规定"民事主体在民事活动中的法律地位一律平等",同样致力于调整平等主体之间的权利义务关系。

商事主体是公民事务演化中一种特殊的主体,虽涉及的是商事领域的交往关系,但是仍作为一种平等主体之间的关系加以调整。商事法律关系是以商法规范

① 参见丁宁:《基于流通创新的零售商产品服务体系构建》,载《商业经济研究》2015年第24期。

② 参见唐桂:《我国现代流通业的发展与变革研究》,北京工业大学出版社2020年版,第95页。

③ 参见龙卫球:《民法总论》,中国法制出版社2002年版,第21页。

调整商事关系而发生在商事主体之间的商事权利义务关系,商事法律关系所调整的这种商事关系主要是一种财产关系。[①] 但是,不管是民事主体之间的法律关系,还是更加特殊的商事主体之间的法律关系,均建立在平等主体的基础之上,享有相同的或相对应的权利义务,这重点体现在民法的平等原则、意思自治原则和公平原则。电子商务平台作为商事主体,因而也受到上述基本原则的调整。

如果电子商务平台与平台内经营者之间的交易关系是一种平等商事主体之间的关系,则二者的协商建立在平等、自愿基础上,所达成的交易条件也是相对公平、合理的。公平(等价)原则作为传统型类别的规范存在于我国民法中,与此同时,现代型类别的规范,如规制不当格式条款的规范,也同样存在于我国民法中,作为对意思自治和合同自由的突破。[②] 格式条款是指在形式上满足"反复使用"特点的条款,但是如果不具有定型化和未与对方协商的特点,则一个格式条款并不是真正意义上的格式条款。[③] 格式条款的核心特征在于未与对方协商,商家入驻电子商务平台,与电子商务平台签订的大多为格式条款,此时合同存在未与对方协商的特点,构成对意思自治的突破。格式条款的存在是电子商务平台实施纵向约束的表现形式,所造成的损害是平台内经营者的公平交易权受损。

具体而言,以格式条款维系民事或商事法律关系的运行虽因其效率价值而具备形式合法性的外观,但在既有法律关系中形成了实质上并不平等的法律关系。在这一商事法律关系中,电子商务平台对法律关系的产生、变更、消灭,甚至对平台内经营者的其他权利的限制均具有绝对的控制。由于大量的中小企业经营者作为商家需要入驻电子商务平台,在效率因素的作用下,电子商务平台采取格式条款的方式与商家签订合同。如果电子商务平台设置的格式条款中存在不公平交易条件,那么商家本身并不存在很大的议价空间。在商家入驻电子商务平台的过程中,商家基于效率因素不得不接受电子商务平台的格式条款,格式条款中设置的交易

① 参见江平主编:《民商法学》,群众出版社2000年版,第263页。

② 参见解亘:《格式条款内容规制的规范体系》,载《法学研究》2013年第2期。

③ 关于"订立合同时未与对方协商"的问题。格式条款的内容具有定型化的特点。所谓定型化,是指格式条款具有稳定性和不变性,它将普遍适用于一切要与起草人订合同的不特定的相对人,而不因相对人的不同有所区别。一方面,格式条款文件普遍适用于一切要与条款的制定者订立合同的不特定的相对人,相对人对合同的内容只能表示完全的同意或拒绝,而不能修改、变更合同内容。因此格式条款也就是指在订立合同时不能协商的条款。另一方面,格式条款的定型化是指在格式条款的适用过程中,要约人和承诺人双方的地位也是固定的,而不像一般合同在订立过程中,要约方和承诺方的地位可以随时改变。参见王利明:《对〈合同法〉格式条款规定的评析》,载《政法论坛》1999年第6期。

条件使商家接受电子商务平台的全方位控制。交易条件的不平等是电子商务平台与平台内经营者之间交易关系失衡的主要表现形式,这一问题来源于格式条款。

平台扮演着市场规制者的角色,在实施具体的管控措施方面,行使"准行政权"。为抢夺更多的消费者用户,平台可能制定严厉的规则和处罚措施,对平台内经营者施加较多的义务和责任。[①] 电子商务平台通过自己在市场中的买方势力,在与平台内经营者交易的过程中,向平台内经营者转嫁交易成本并提高交易费用,通过格式条款的方式控制二者之间的交易条件,并以技术手段等方式保障不平等交易条件的实施。由此使平台内经营者与电子商务平台之间的谈判地位本身就存在不平衡,当电子商务平台与平台内经营者展开纵向交易时,遵循意思自治已经无法对二者的交易关系产生有效的指导。

以格式条款作为买方势力的实施保障,以渠道权力作为确定交易条件的筹码,电子商务平台与平台内经营者之间的纵向交易关系如果遵循意思自治,则会使平台内经营者无法保护自身的合法权利,因而法律需要介入私主体之间的交易关系。如果属于私人主体可以通过民商事法律解决的问题,显然并不需要国家公权力的介入。[②] 电子商务平台与平台内经营者之间的合同关系需要行政权力的干预,干预的价值目标在于保护平台内经营者的公平交易权。

(二)规制电子商务平台买方势力的价值选择

电子商务平台与平台内经营者在交易关系的形成过程中,由于彼此之间谈判力量的失衡导致以意思自治为指导原则的合同权利义务分配存在不合理的分配模式。这背后的原因在于在合同条款设置过程中合同双方之间的议价能力出现失衡。议价能力(或者叫讨价还价的能力,英文为 bargaining power)是设定合同条款的能力。议价能力不仅意味着导致后果的能力,还意味着可以明智地选择后果的能力。所以,议价能力作为一种社会意义上的权利,本身包含着"明智地选择一个人,并通过订立合同寻求所要达到效果的能力"。[③] 根据经济学的理论,假定个人知

---

① 参见刘权:《网络平台的公共性及其实现——以电商平台的法律规制为视角》,载《法学研究》2020 年第 2 期。

② 参见戴龙:《滥用相对优势地位的法律规制研究——兼议〈反不正当竞争法(修订草案送审稿)〉第 6 条的修改》,载《中国政法大学学报》2017 年第 2 期。

③ See Slawson, W. David, *Binding Promises, The Late 20th - Century Reformation of Contract Law*, Princeton University Press, 1996, p. 22 - 43.

道对他们来说什么是有利的并理性地追求效用(满足他们所好)的最大化,他们就应当被赋予订立合同的自由。① 换言之,因市场地位失衡而导致的非理性经济性决策行为并不被认定为是当事人自己的个人意思自由,基于其意思自由而达成的合同应受到法律的进一步保护,议价能力的理论观点应基于理性选择以保障公平、自由、理性决策的价值观之上。

在合同关系下,需要在契约化的基础上完善制造商与零售商之间利益分享机制,打造合作共赢的产销关系。只有公平与共赢的利益分享机制才会使零售商主导的产品服务对制造商产生足够报酬激励,促进制造商与大型零售商之间的良性互动发展。因此在通过资源共享实现降低成本、再造供应链流程的过程中,必须重视以契约化完善产业链各环节上产销双方利益分享机制的工作。②

电子商务平台商业模式的最大特点在于交叉网络外部性(又叫交叉网络效应),这是指对双边市场平台一边的用户而言,另一边用户的规模越大,则该边用户加入平台所获得的效用将越高,反映为平台对该边用户的吸引力就越大。③ 电子商务平台能够为消费者以及入驻的商家的彼此吸引提供价值,而交叉网络外部性是电子商务平台获得竞争优势的最大来源。④ 由于网络外部性和市场力量传导的影响,用户数量越多,平台价值也就越大,更有可能产生"用户锁定"效应。⑤ 当下互联网经济的发展,使线上的交易变得更加频繁。线下商家需要借助用户基础好的平台才能实现线上交易,而线上平台经过多年的发展,已经积攒了足够的用户群体和消费者信息数据,相较于平台内经营者而言,优势地位显而易见。平台经济的发展出现了对实体空间的弱依赖性,使在交易平台上的虚拟店铺运营成本低于实体店铺,直接导致了虚拟店铺对实体平台、店铺和渠道的替代,⑥增加了商家以及消费者对电子商务平台的依赖,也使电子商务平台在网络交易中必不可少。

---

① 参见[英]安东尼·奥格斯:《规制:法律形式与经济学理论》,骆梅英译,中国人民大学出版社2008年版,第17页。

② 参见丁宁:《基于流通创新的零售商产品服务体系构建》,载《商业经济研究》2015年第24期。

③ 参见吴广强:《双边市场视角下互联网垄断相关市场的界定》,载《人民司法(应用)》2018年第22期。

④ 参见陈宏民:《平台竞争:从跨界到颠覆》,上海交通大学出版社2020年版,第7页。

⑤ 参见孙晋、赵泽宇:《互联网平台经营者市场支配地位界定的系统性重构——以〈反垄断法〉第18条的修订为中心》,载《科技与法律》2019年第5期。

⑥ 王玉梅、徐炳胜主编:《平台经济与上海的转型发展》,上海社会科学院出版社2014年版,第12页。

电子商务平台具备了自身的品牌效应以及集合效应，以此作为自己优势地位的开端，并在交易关系中具有更强的谈判地位，进而因谈判地位的增强产生滥用自身地位的行为。如果法律不对这些行为进行规制的话，会导致传统合同法本身的合同双方平等原则被搁置，而以市场地位来取代谈判条件。对此，此种不公平交易的行为对传统的经营环境造成恶劣影响的同时，引发不公平与不正当的市场忧虑。保护平台内经营者的公平交易权是规制电子商务平台滥用买方势力行为的价值目标，基于此才能实现二者之间交易条件的公平。在商法的定义中，公平交易是发生在商主体之间，以营利为目的的交易行为，维护公平交易保护了交易主体利益和市场经济秩序良好运行。在我国的市场经济秩序下，公平交易是各经济主体在市场经济活动中所共同遵循的重要规则之一，是维护经济良好运行，充分发挥市场经济优越性的重要保障。①

在电子商务平台与平台内经营者之间的纵向交易关系中，平台内经营者处于弱势地位，只有引入国家干预，从法律层面给予弱势地位主体权利保护，才能尽可能缩小二者在交易关系中呈现的相对不平等的谈判关系。并且，在二者履行合同的过程中，也应该时刻关注双方对合同的履行，将激发市场活力、提升市场主体交易信心作为规制理念；并在这一理念指引下，在平台内经营者与电子商务平台建立交易关系的过程中加大对平台内经营者的权利保护，保证交易关系的公平履行。随着市场供需关系的倾斜，资本在交易环节中流动，因而对电子商务平台基于买方势力实施的侵犯平台内经营者权利的行为应该以保护平台内经营者的公平交易权作为价值目标。

四、规制电子商务平台买方势力的有效措施

（一）滥用相对优势地位制度的适用

依据《反不正当竞争法（修订草案征求意见稿）》第 47 条的规定，相对优势地位即“包括经营者在技术、资本、用户数量、行业影响力等方面的优势，以及其他经营者对该经营者在交易上的依赖等”。② 根据上述定义，电子商务平台由于具有销售渠道权力、资本、技术以及用户数量等，平台内经营者对其具有依赖性而难以转向

① 参见周晓唯、孟樱：《商法语境下公平交易的经济学分析》，载《西北农林科技大学学报（社会科学版）》2014 年第 2 期。

② 2022 年 11 月 22 日《反不正当竞争法（修订草案征求意见稿）》第 47 条。

其他经营者而符合相对优势地位的定义。在零售商主导时代,市场力量和市场资本向零售商转移。加之买方市场的存在,使作为大型零售商的电子商务平台具备了滥用相对优势地位的最基本的条件。由于电子商务平台汇集了市场中的渠道主导力量,使市场力量在供需双方之间逐渐失衡,并为电子商务平台滥用相对优势地位提供了条件。

以促销活动为例。电子商务平台之所以能够对平台内经营者是否参与促销活动、如何参与促销活动等产生影响,以及能够限制平台内经营者参与促销活动的价格等,其原因在于电子商务平台本身具有相对优势地位。电子商务平台具有的买方势力非常明显,此时买方势力是指有能力以更为优惠交易条件而获得有效的供应。① 平台内经营者为了能够实现与电子商务平台继续交易的关系,对电子商务平台所实施的行为妥协。在促销活动中,被限定商品价格也是比较常见的行为。现代学家认为,市场价格必须不断波动以反映需求、稀缺性和成本的诸因素。② 但是,如果电子商务平台以强制的手段限定平台内经营者参与促销的价格则不合理。如果具有买方势力的零售商也具有一定的市场定价权,将会导致低效率增加,并给消费者带来损失。③

此外,对于平台内经营者而言,入驻多家电子商务平台可以提升自身营业收入,入驻哪一家电子商务平台可以依据电子商务平台的流量自行决定。但是电子商务平台采取的在促销活动期间平台内经营者不能在其他平台参与活动的限制行为,迫使平台内经营者只能转向自己已经建立起来的良好评价体系的电子商务平台,而不能转向新的平台寻求更多的营业收入。正是因为对某个单一电子商务平台的依赖性过高,导致转向其他电子商务平台的成本比较大,迁移成本的存在使平台内经营者不向其他电子商务平台转移,进而使某一特定电子商务平台得以实施滥用相对优势地位的行为。

滥用相对优势地位这一制度产生于传统经济时代,学术界普遍认为,滥用相对

---

① See Zhiqi Chen, Buyer Power: *Economic Theory and Antitrust Policy*, 22 Research in Law and Economics 17(2007).

② 参见[美]詹姆斯·戈德雷:《私法的基础:财产、侵权、合同和不当得利》,张家勇译,法律出版社2007年版,第596页。

③ See OECD, *Buying Power of Multiproduct Retailers: Key Findings, Summary and Notes*, OECD Roundtables on Competition Policy Papers (July 16, 1999), https://www.oecd.org/en/publications/buying-power-of-multiproduct-retailers_3de06027-en.html.

优势地位制度调整的是纵向交易主体之间的法律关系。[①] 而且这样的纵向交易关系通常是指产业上下游之间的企业之间的关系。[②] 在互联网经济时代，尤其是平台经济时代，该制度有更广泛的适用空间。在平台经济时代，平台通过产业资源、市场资源的整合，可为参与企业提供广阔的发展空间，同时驱动企业进行持续创新，以获得和巩固竞争优势。[③] 具体电子商务领域，滥用相对优势地位制度在电子商务平台与平台内经营者之间的纵向交易关系之间发挥着调整作用。电子商务平台与平台内经营者作为产业链的上下游，二者之间所产生的交易关系系属纵向交易关系。滥用相对优势地位制度立足于纵向交易关系，以纵向交易关系双方之间的依赖性作为主要的衡量因素，对双方主体之间的交易关系进行规制。电子商务平台与平台内经营者作为纵向交易关系的主体，二者之间以签订合同的方式展开交易，对于二者之间合同关系的调整，以意思自治作为基本原则的合同规则已经无法对其形成有效的指导，进而应该转向滥用相对优势地位制度对二者之间的纵向交易关系进行调整。

滥用相对优势地位制度之所以立足于纵向交易关系，是因为其处理的是纵向交易中一方主体剥削另一方主体的不公平交易行为。从比较法的视野去解读，滥用相对优势地位是一种“不公平的交易方法”，此类行为损害“自由竞争的基础”，即交易对手不能按其自由和独立的判断来决定其交易条件。[④] 如果认为滥用相对优势地位解决的是一种零和游戏，那么规制的效果应该是重新分配强势主体与弱势主体之间的力量。[⑤] 作为双边市场的互联网平台可将其对其各用户所具有的定价平衡优势及交叉网络外部性内部化等其他优势转化为相对优势地位，使不同用户群体对其产生依赖性，它可借助上述相对优势地位，通过种种手段，进一步增强其对依赖主体的锁定效应。[⑥] 电子商务平台作为渠道权力主体，具有渠道控制权，平台内经营者基于对渠道的依赖，对电子商务平台产生锁定效应。滥用相对优势地位行为处理的是纵向交易关系中的盘剥问题，致力于维护公平交易权。

---

① 参见曹阳：《互联网滥用相对优势地位行为的认定及其法律规制——强制不兼容的类型化视角》，载《江西社会科学》2019 年第 8 期。

② 参见李剑：《相对优势地位理论质疑》，载《现代法学》2005 年第 3 期。

③ 参见王玉梅、徐炳胜主编：《平台经济与上海的转型发展》，上海社会科学院出版社 2014 年版，第 10 页。

④ 参见王晓晔：《论滥用“相对优势地位”的法律规制 》，载《现代法学》2016 年第 5 期。

⑤ 参见侯利阳：《市场地位的反垄断剖析》，中国书籍出版社 2019 年版，第 176 页。

⑥ 参见曹阳：《互联网滥用相对优势地位行为的认定及其法律规制——强制不兼容的类型化视角》，载《江西社会科学》2019 年第 8 期。

(二)滥用相对优势地位的制度功能

尽管滥用相对优势地位制度在各个司法辖区的规定以及表现形式各有不同,但是这一制度最核心的价值在于追求交易主体之间的公平。"公平"是法学价值追求中的最核心要素。在"公平"的价值目标下,既体现为对公平交易权的维护,也体现为合同正义的实现。合同正义要求合同当事人本着公平正义的观念从事订约和履约行为,合同的内容和合同履行的结果对当事人是公平的,当事人双方之间根据公平原则进行平等协商。① 电子商务平台与平台内经营者作为市场上产业链上下游的交易主体,二者之间虽然具有平等的市场主体地位,但是由于市场力量的失衡导致二者之间谈判地位并不平等,由此所引发的最直接的问题在于交易条件的不公平。为了有效规制平台内经营者的公平交易权受损的问题,滥用相对优势地位制度得以适用。

滥用相对优势地位制度的核心功能之一在于维护市场主体之间的公平交易权。电子商务平台实施的侵犯平台内经营者的行为被定性为不公平交易行为,具体表现为交易条件的显失公平。公平交易权是经营者的合法权益,滥用相对优势地位制度以国家权力介入的方式对具有依赖关系的双方经营者之间的公平交易权进行维护。② 正如日本法和韩国法中均将滥用相对优势地位制度作为不公平或不公正交易的行为之一,体现了维护公平交易是滥用相对优势地位制度的最核心功能。滥用相对优势地位制度维护的公平交易权与传统民商法领域不同,传统民商法设定"平等原则",更加注重对微观交易公平的维护,而不重视设定具体的公平交易规则,但是,在经济法领域更加注重维护宏观的交易公平,重在创设公平交易的规则环境和交易秩序。③ 滥用相对优势地位制度通过对微观交易主体之间的公平交易规则的设定,致力于维护电子商务领域的整体交易环境的公平运行。

在传统的商法领域,维护交易公平原则是市场主体之间进行交易的主要原则。此原则在私法领域的适用主要体现在3个方面,分别为市场主体法律地位平等原则、诚信原则,以及情势变更原则。具体而言,第一,市场主体法律地位平等原则要

---

① 参见王利明:《民商法研究》(第1辑),法律出版社2001年版,第469页。

② 参见赵青:《对〈电子商务法〉第35条完善方案的思考——以韩国的相关立法、实践及理论为启示》,载《天津法学》2019年第4期。

③ 参见罗泽胜:《经济法维护经济实质社会公平论纲》,载《西南科技大学学报(哲学社会科学版)》2013年第2期。

求在具体的交易活动中,无论身份如何、经济实力如何,法律地位一律平等,一方不得利用其特权欺压另一方或者操纵交易。如果在具体的交易中,一方受到另一方的控制和支配,则不可能平等地发生交易。为此,往往需要对弱势群体给予特殊的法律保护,用于对抗强势群体,平衡优势地位。第二,诚信原则是现代私法的最高指导原则,被奉为"帝王原则"。诚信原则作为一种道德观念,强调市场主体在进行交易时,应当以"善意的方式",不得滥用权利。第三,情势变更原则则致力于合同成立后至合同履行前,一方交易主体因为"情势"而请求另一方主体对合同内容进行适当的变更或者由法院判令变更,以获得交易公平的效果。一般认为,情势变更原则是诚实信用原则的下位概念,基于公平理念而立论。① 而在电子商务领域,电子商务平台与平台内经营者之间处于纵向交易关系中,平台内经营者处于弱势地位,二者之间的谈判地位并不平等,所以现代私法奉为"帝王原则"的诚实信用原则适用性极其有限。而且,传统私法的公平交易原则旨在维护特定主体之间的利益关系,但是滥用相对优势地位制度旨在对公平交易规则的确立,所适用的群体更加广泛和具有不确定性,因而这一制度更加追求宏观意义上的公平。

五、结语

电子商务平台在与平台内经营者交易的过程中具有买方势力。基于此,在二者的交易关系中存在不公平交易条件。电子商务平台在市场主导地位的作用下实施了诸多损害平台内经营者的行为,如果不对这些行为加以规制,将破坏市场营商环境,为市场树立错误的价值观念,同时形成不利于市场发展的行业惯例,从而破坏电子商务市场交易秩序,对公平的市场交易环境造成损害。在这样的情况下,有效的规制理念和完善的规制手段有利于引导正确的市场交易观念,树立正确的价值观,引导市场向良性方向发展,提高市场竞争活力和运营能力。

结合电子商务的平台特性,在电子商务平台与平台内经营者之间的纵向交易法律关系中融合了技术性的因素,使二者之间的纵向交易关系的紧密性超过实体经济时代。电子商务平台由于买方势力的存在,具有了更多的谈判空间和谈判能力。二者之间在"合法"的权利外观下,造成平台内经营者的合法权利得不到充分的保护。对此,需要明确监管理念。以公平交易权作为保护平台内经营者的价值目标,有利于平台内经营者合法权利得到充分的保护。同时,以公平作为出发点,

① 参见施天涛:《商法学》,法律出版社 2018 年版,第 16 - 21 页。

适用滥用相对优势地位制度来规制电子商务平台和平台内经营者之间交易关系,结合电子商务的网络技术性,对电子商务平台实施的不公平交易行为进行有效的规制。滥用相对优势地位制度有利于保护平台内经营者的公平交易权,并同时对电子商务平台实施的交易行为进行规范。由此,构建规制电子商务平台买方势力的规制理念和规制手段。

新锐论坛

标准必要专利许可层级争议中反垄断法的介入与限度

喻张鹏*

基于对公平、合理、无歧视(Fair, Reasonable and Non - Discriminatory, FRAND)原则的理解差异,标准必要专利许可层级的相关问题存在争议,反垄断法应否以及如何介入其中也有不同的认识。本文拟对此进行初步的探讨。

一、标准必要专利许可层级争议及其根源

(一)标准必要专利许可层级争议

随着科技的迅猛发展和数字经济的崛起,技术标准在塑造现代社会的面貌中扮演着至关重要的角色。在专利密集的领域,技术标准化无可避免地要将专利技术纳入技术标准。具有私人产品属性的专利权与具有公共产品属性的技术标准之间存在一种天然的紧张关系,二者的结合,在有助于扩大技术标准市场影响力的同时,也更容易发生专利权滥用和排除、限制竞争的问题。① 标准制定组织(Standards Setting Organizations, SSO)通常要求标准必要专利的权利人承诺以公平、合理、无歧视的条款许可其标准必要专利(Standard Essential Patent, SEP)。② 在一定程度上,FRAND 的存在降低了 SEP 滥用的可能性,并在促进技术传播与确保权利人获取合理经济回报之间维持着微妙的平衡。但是,FRAND 本质上属于标准制定者之间自

---

* 喻张鹏,上海交通大学凯原法学院博士生,上海交通大学竞争法律与政策研究中心研究助理。

① 参见王先林:《涉及专利的标准制定和实施中的反垄断问题》,载《法学家》2015 年第 4 期。

② 大多数标准制定组织在制定标准时会要求专利持有人提供一个保证,要求其向专利实施者许可 SEP 时遵守 FRAND 原则或者“合理、无歧视”(Reasonable and Non - Discriminatory, RAND)原则,FRAND 与 RAND 基本内涵一致,故本文不作区分。

愿达成的协议,公平、合理、无歧视的具体内涵十分模糊。FRAND 的不确定性为权利人与标准实施者之间的纠纷埋下祸根。从经济角度来看,信息和通信技术(Information and Communications Technology,ICT)行业的成功已经产生了巨大的剩余价值,价值链中不同层级的参与者正在争夺这些剩余价值。[①] 特别是,随着数字经济与物联网的发展,ICT 嵌入家用电器制造、汽车制造等传统工业领域,不同行业的商业惯例开始产生碰撞。尽管权利人与标准实施者通常能够在谈判的基础上达成许可协议,但双方陷入僵局诉诸诉讼乃至于寻求反垄断法干预的情况亦并不少见。2017 年 1 月,美国联邦贸易委员会在美国加州北区法院对高通提起反垄断诉讼(以下简称高通案),指控其实施了包括"仅向原始设备制造商许可 SEP 而拒绝向其竞争对手许可 SEP"在内的多项反竞争行为。2019 年 5 月,加州北区法院作出判决,认定高通的行为违法。[②] 然而,在不久后的 2020 年 8 月,美国联邦第九巡回上诉法院作出判决,推翻了地区法院的判决。[③] 2019 年,诺基亚公司与戴姆勒公司之间发生了一系列司法纠纷,其核心原因就在于诺基亚公司等 SEP 权利人寻求与戴姆勒等汽车厂商进行 SEP 许可谈判,而汽车制造业的惯例为知识产权许可通常由上游零部件供应商完成。[④]

这些案件的争议焦点在于 SEP 的许可层级问题,即在 FRAND 原则之下,SEP 权利人是否应当向任何层级的实施者开放许可。对此持肯定论者认为,根据 FRAND 原则的要求,供应链中的任一标准实施者,如组件制造商、装配商都拥有获得 SEP 许可的权利,这一模式被称为"对任一人许可"(license to all)。与之相对应的,在信息通信等专利密集型行业,更常见的做法是 SEP 持有人仅向终端设备制造厂商许可,而处于其他层级的经营者则可能通过合同或其他制度安排获得对技术标准不受限制的"接入权",这种模式被称为"对任一人开放"(access to all)。

SEP 许可层级的争议源自对 FRAND 原则的解读差异。在通常情况下 SSO 的知识产权许可政策缺乏明确的措辞。以欧洲电信标准化协会(European Telecommunications Standards Institute,ETSI)的知识产权政策为例。《ETSI 知识产权政策》

---

① See Bowman Heiden, Jorge Padilla & Ruud Peters, *The Value of Standard Essential Patents and the Level of Licensing*, 49 AIPLA Quarterly Journal 4 (2021).

② See Federal Trade Commission v. Qualcomm Incorporated, 411 F. Supp. 3d 658 (N. D. Cal. 2019).

③ See Federal Trade Commission v. Qualcomm Incorporated, 969 F. 3d 974 (9th Cir. 2020).

④ 诺基亚公司与戴姆勒公司的司法纠纷,参见仲春:《万物互联背景下标准必要专利许可层级的确定》,载《知识产权》2022 年第 12 期。

第6.1条规定SEP权利人应根据FRAND原则向标准实施者授予许可,[①]但并未明确规定许可层级的问题,由此便产生了两种不同的观点。

以曾任ETSI总干事的Karl Heinz Rosenbrock为代表的观点认为,ETSI的知识产权政策支持向任何希望获得许可的被许可人提供许可,无论其处于生产链的上游还是下游。他指出:(1)《ETSI知识产权政策》第6条要求SEP权利人许可时遵循FRAND原则,区分不同类型的被许可人有违"无歧视"的要求;(2)"对任一人许可"是《ETSI知识产权政策》第3条规定的政策基本目标的应有之义;(3)《知识产权许可声明》明确允许SEP权利人许可时附加条件,但不允许排除特定类别的标准实施者;(4)《ETSI知识产权政策》第1.4条提到了"标准的使用者",但并未将获得许可的权利限于任何主体。[②]

另一种针锋相对的观点则认为,"对任一人许可"既不符合《ETSI知识产权政策》制定时的意图,也不符合电信行业的行业惯例:(1)ETSI的知识产权政策制定之时,行业惯例是与终端设备制造商签订许可协议,而组件制造商则通过与终端设备制造商合同约定免责;(2)《ETSI知识产权政策》使用的概念也符合行业惯例,即侧重于设备制造而非组件制造;(3)2015年ETSI法律总监公开声明ETSI的知识产权政策不要求SEP权利人在"最小可销售单位"级别授予许可。[③]

事实上,这种解释上的分歧是大多数SSO知识产权政策面临的现状。SSO的本质是技术联盟,相较于标准制定,其在知识产权政策制定方面通常表现得消极而被动。[④] SSO一般并不管理知识产权许可,更遑论对什么是"公平、合理、无歧视"提供指导原则或任何解释;FRAND原则的内涵就完全取决于SEP权利人与实施者之

---

① 《ETSI知识产权政策》第6.1条规定,当与某一标准或技术规范相关的必要知识产权被提请ETSI注意时,ETSI的总干事应立即请求所有者在3个月内以书面形式做出不可撤销的承诺,表明其准备在公平、合理和无歧视(FRAND)的条件下授予至少以下程度的不可撤销许可:制造,包括有权生产或授权生产被用于被许可人自己设计的、用于制造的订制组件和子系统;销售、租赁或以其他方式处置所制造的设备;修理、使用或操作设备;使用方法。

② See Karl Heinz Rosenbrock, *Why the ETSI IPR Policy Requires Licensing to All*, at https://www.fair-standards.org/wp-content/uploads/2017/08/Why-the-ETSI-IPR-Policy-Requires-Licensing-to-All_Karl-Heinz-Rosenbrock_2017.pdf.

③ See Bertram Huber, At *Why the ETSI IPR Policy Does Not and Has Never Required Compulsory "License to All": A Rebuttal to Karl Heinz Rosenbrock*, https://papers.ssrn.com/sol3/papers.cfm?abstract_id=3038447.

④ 参见黄武双、谭宇航:《物联网背景下标准必要专利许可层级的选择》,载《知识产权》2022年第9期。

间的谈判条件。①

(二)标准必要专利许可层级争议的根源:许可费问题

在因SEP许可产生的争议中,许可费是一切问题的核心和根源。理论上,许可费与许可层级常被认为是两个问题。有观点认为,SEP许可费的确定应独立于许可层级的选择。例如,欧盟“标准必要专利许可和评估专家组”发布的报告就明确指出,SEP许可费不应取决于许可层级,当SEP在终端产品层面完全实施时,无论是向原始设备制造商提供许可还是向上游供应商提供许可,权利人收取的许可费应完全相同。② 诚然,SEP许可费应由其对最终用户的价值决定。但是,在实践中,SEP的许可费一般由SEP权利人与标准实施者在谈判中确定。通过谈判确定的许可费并不一定与SEP的价值相符。退一步来说,如果SEP权利人与标准实施者总能就许可费达成一致,其他问题也将迎刃而解,许可层级争议自然也不会发生。因此,SEP许可层级争议的根源仍在于许可费问题。

许可层级的选择会影响许可费的计费基础。许可费的计费基础存在两种选择,一是根据最终产品的市场价值(Entire Market Value Rule,EMVR)计算,二是根据最小可销售专利实施单元(Smallest Salable Patent Practicing Unit,SSPPU)计算。许可费体现为计费基础与许可费率的乘积。理论上,在合理许可费确定的情况下,计费基础与费率成反比,即高许可费率对应低计费基础,低许可费率对应高计费基础,许可费计费基础的选择并不会影响许可费高低。然而,受“锚定效应”(Anchoring Effect)的影响,EMVR通常会产生更高的许可费。在行为经济学领域,锚定效应是指当人们从某个起始值进行估测时,起始值会像锚一样制约着估测值,估测值最终会偏向于起始值。③ 在许可费的计算中,最终产品的价格会使决策者将专利的价值“锚定”至更高的数额,从而可能产生“虚高”的许可费。实证研究的结果同样表明,基于组件的许可费率与基于最终产品的许可费率之间的差值并不能维持“高

---

① 参见马海生:《专利许可的原则:公平、合理、无歧视许可研究》,法律出版社2010年版,第25-26页。

② See SEPs Expert Group, *Contribution to the Debate on SEPs*, No. E03600, 84(2021).

③ See Amos Tversky & Daniel Kahneman, *Judgment under Uncertainty: Heuristics and Biases*, 185 Science 1128 (1974).

费率×低费基=低费率×高费基”这一等式的成立。①

许可层级的选择会影响交易成本,进而影响交易价格。在经济学的语境中,交易成本包括搜索和信息成本、谈判和决策成本、监管和执法成本。② 交易成本的三个方面通常与交易流程相吻合。不同于有体物,知识产权的客体具有非物质性,权利人无法像实体产品的销售者那样根据销售的数量获取交易信息。作为交易的第一个步骤,权利人需要主动识别实施其专利的产品。相较而言,受 FRAND 原则的保护,标准实施者无须担忧权利人不提供许可,进而也就不必主动检视其产品可能侵犯的 SEP,只要等待权利人通知即可。③ 因此,在 SEP 许可中,权利人承担着更重的搜索和信息成本。为了尽可能降低交易成本,SEP 权利人更倾向于选择潜在被许可人数量更少的层级提供许可。作为交易的第二步,在达成许可协议前,权利人需要与标准实施者展开谈判,并就专利的价值问题达成一致。考虑到市场参与者之间普遍存在的利益冲突,想要尽可能降低谈判成本,使谈判朝着同一方向发展,应尽可能降低专利价值的不确定性,并使其处于合理的议价区间内。在非标准必要专利许可中,确定议价区间的经济学方法主要是分析潜在被许可人愿意支付的最高许可费用,这笔费用取决于其通过实施该专利而非次优替代品获得的利润增量。④ 不同于非标准必要专利,SEP 具有很强的互补性,SEP 的组合及其相互作用创造了超越个别单元或其相加总和的价值。⑤ 在缺乏互补技术的情况下,单个 SEP 的增量价值为零,因而 SEP 的价值计算只能着眼于其组合价值。只有包含 SEP 的各组件组成最终产品,专利技术在最终产品中发挥其全部价值时,权利人与实施者才更容易确定 SEP 产生的价值,并就该问题达成一致。易言之,许可层级越接近于最终用户,谈判成本就越低。交易第三步的核心问题在于确保另一方遵守合同条款。

监管成本与许可费的收取方式有关。通常而言,组件层级的许可按照销售单

---

① See Mark A. Lemley & Carl Shapiro, *Patent Holdup and Royalty Stacking*, 85 Texas Law Review 2032(2007).

② See R. H. Coase, *The Problem of Social Cost*, 3 The Journal of Law & Economics 15(1960).

③ See Gregor Langus & Vilen Lipatov, *Efficient Level of Seps Licensing*, https://ssrn.com/abstract=4036991.

④ See Gregory Sidak, *The Meaning of Frand, Part Ⅰ: Royalties*, 9 The Journal of Competition Law & Economics 936(2013).

⑤ See J. Gregory Sidak, *The Proper Royalty Base for Patent Damages*, 10 The Journal of Competition Law & Economics 994 (2014).

位收取固定数额,而终端产品层级的许可则根据产品销售额收取固定百分比。无论是何种方式,都需要权利人监控相关产品的销售数量。在不同层级,权利人与实施者之间的信息不对称程度有较大差异。在终端产品级别,由于产品在市场中公开销售,信息更易获取,权利人付出的监控成本较小。组件层级的销售数额则相对难以监控,由于组件制造商通常会生产大量相似但又不同的产品,权利人很难确定实施其专利的产品范围。① 考虑到这些因素的存在,权利人更有动机在监控成本更小的层级提供许可,以防范可能存在的机会主义行为,降低交易的不确定性。

除计费基础与交易成本的影响之外,潜在被许可人的支付能力同样会影响许可层级的选择。单一组件制造商在整个生产环节中占比较低,其微薄利润也不允许其支付高额的许可费。与之相比,终端设备的制造商往往具备更强的支付能力。因此,为了获取更高的许可费用,权利人对终端设备级别的许可具有更高的偏好。

考虑到许可层级争议与许可费问题的关联性,“对任一人许可”的观点实质上是希冀通过将许可层级在供应链中上移以支付较低的许可费。② 因此,只要许可费与许可层级挂钩,仅讨论“对任一人许可”或“对任一人开放”两种模式的优劣并不会给这场争论画上休止符。

二、专利劫持与不公平高价

(一)专利劫持的竞争损害

SEP 权利人与标准实施者之间的谈判通常在标准实施者实施了相关技术时才会发生。③ 在谈判时,标准实施者已经投入巨资用于设计、制造、营销和销售相关产品,被锁定在相关技术中,转换至其他技术在客观上无法实现,或者需要付出高昂的代价。一旦法院颁布禁令,标准实施者将难以生产相关产品,从而面临巨大损失,而这些损失远高于许可费用。因此,在锁定效应之下,SEP 权利人往往以禁令威胁,对依赖其技术的标准实施人索取高额的许可费用,此即“专利劫持”(patent

① See Anne Layne – Farrar et al. ,*Patent Licensing in Vertically Disaggregated Industries*: *The Royalty Allocation Neutrality Principle*,95 Communications in Strategies 75(2014).

② See Marvin Blecker et al. ,*An Experience – Based Look at the Licensing Practices that Drive the Cellular Communications Industry*: *Whole Portfolio/Whole Device Licensing*,51 Cellular Communications Industry 230(2016).

③ See A. Douglas Melamed & Carl Shapiro,*How Antitrust Law Can Make FRAND Commitments More Effective*,127 Yale Law Journal 2113(2018).

holdup)问题。特别是,在信息通信行业,终端产品通常包含成百上千项专利技术。当标准实施者面临多个 SEP 权利人的专利劫持时,就会产生许可费堆叠(royalty stacking),进而导致许可费大大超出产品本身的价值。通常认为,专利劫持具有几个方面的经济危害性:其一,增加标准的实施成本,特别是为了防范和限制专利劫持而产生的制度成本;其二,高额的许可费降低了标准实施者在后续经营活动中能获取的回报,削弱了投资和创新的动力;其三,SEP 权利人能够获得的高额许可费可能会造成过度激励,扭曲标准制定过程并导致寻租活动。①

专利劫持理论颇具影响力,这一方面是因为其确证了 SEP 的“垄断”特性,“技术标准的锁定效果实现了必要专利的不可替代性,而技术标准借助专利权的保护实现了事实上的垄断”。② 另一方面则因为借由价格问题,市场主体间的利益冲突实现了向反垄断法层面的转移。考虑到价格问题在反垄断法中的敏感特性,任何存在争议的许可行为都可以被指责为“劫持”实施者。例如,在许可层级争议中,一种观点就认为,SEP 权利人仅在终端产品层级进行许可,可能会加剧专利劫持及过度补偿权利人的风险。③ 如果 SEP 权利人在上游技术市场具有市场支配地位,当 SEP 权利人以专利劫持收取高额许可费时,会增加标准实施者的生产成本,导致生产者福利遭受损失。在此基础上,处于下游的生产者会将成本转嫁给消费者,导致更高的产品价格和更低的产品质量,损害消费者福利。④

(二)“专利高价”的反垄断规制

前述推论被广泛接受,以至于专利劫持常与反垄断法中的不公平高价并列。⑤例如,在高通案中,美国加州北区法院就曾认定高通的许可费“高得不合理”,并从

① See Carl Shapiro & Mark A. Lemley, *The Role of Antitrust in Preventing Patent Holdup*, 168 University of Pennsylvania Law Review 2027(2019).

② 参见张炳生、蒋敏:《技术标准中专利权垄断行为的理论分析及其法律规制》,载《法律科学(西北政法大学学报)》2012 年第 5 期。

③ See Rosenbrock, Karl Heinz, *Licensing At All Levels Is the Rule under the ETSI IPR Policy: A Response to Dr. Bertram Huber*, https://ssrn. com/abstract = 3064894. Also see Jorge Padilla & Pekka Sääskilahti, *Revisiting the Bizarre SEP Level of Licensing Antitrust Controversy*, 129 Journal of European Competition Law & Practice 683(2021).

④ 参见魏德:《标准必要专利“劫持”的经济分析》,载《网络法律评论》2020 年第 1 期。

⑤ 参见宁立志、龚涛:《标准必要专利许可中的不公平高价及其反垄断规制》,载《荆楚法学》2022 年第 5 期。

多个方面进行了论证:(1)支撑高许可费的并非高通的专利价值而是其在芯片市场的市场份额;(2)高通拒绝在专利谈判期间提供专利清单或专利权利要求表;(3)高通并非相关标准的最大贡献者,且其多个专利早已到期,却仍然收取高额的许可费;(4)随着技术发展,通信功能在手机中的价值占比下降,但高通的许可费率并未随之调整。① 但是,联邦第九巡回法院在该案的上诉中推翻了这一认定。除了该判决可能受到的外部干扰②,很大程度上是因为法院拒绝承认"只要公司无法证明市场愿意为SEP组合支付的价格与公允价值相符,就构成反竞争行为"。③ 这与美国反托拉斯法对"不公平高价"的一贯立场相符。在美国反托拉斯法中,只要价格的形成过程是合理的,价格本身的合理性就不会受到审查。④ 因此,美国反托拉斯法并不规制不公平高价的行为,且主流观点认为超高定价是价格机制的组成部分,在短期内索取垄断价格是对企业创新的激励与保护机制。⑤ 在欧盟竞争法中,不公平高价是典型的市场支配地位滥用行为。尽管不公平高价是滥用市场支配地位最直接的表现方式,但是欧盟鲜有单纯的不公平高价案例。⑥ 一方面是因为在实践中很难确定价格是否过高,另一方面则是因为欧盟委员会并不愿意成为价格的监管者。在其发布的竞争政策报告中,欧盟委员会认为,在大多数情况下,对高价格和利润的干预会抑制创新和投资,解决不公平高价问题的最佳方式是对排他性行为的执法。⑦

我国《反垄断法》同样对不公平高价作出了规定,并且在"华为诉国际数据公司(International Data Corporation,IDC)"等案件中认定不合理的许可费属于不公平高价。⑧ 判断是否构成反垄断法意义中的不公平高价,除了市场支配地位的认定这一

---

① See Federal Trade Commission v. Qualcomm Incorporated,411 F. Supp. 3d 658 (N. D. Cal. 2019), p. 773 - 786.

② 高通案一审判决后,美国司法部、能源部与国防部联合提交了一份声明,认为针对高通的反垄断执法会削弱高通的市场竞争力,从而使美国在新一代通信技术的竞争中处于不利地位。

③ See Federal Trade Commission v. Qualcomm Incorporated,969 F. 3d 974 (9th Cir. 2020).

④ See Gregory J. Werden & Luke M. Froeb, *Why Patent Hold - up Does Not Violate Antitrust Law*, 27 Texas Intellectual Property Law Journal 29(2019).

⑤ 参见王先林:《竞争法学》(第4版),中国人民大学出版社2023年版,第248页。

⑥ 参见[英]西蒙·毕晓普、[英]迈克·沃克:《欧盟竞争法的经济学:概念、应用和测量》,董红霞译,人民出版社2016年版,第255页。

⑦ See Commission, XXIVth Report on Competition Policy (1994), Office for Official Publications of the European Communities, 1995, p. 119 - 120.

⑧ 参见广东省高级人民法院民事判决书,(2013)粤高法民三终字第306号。

前置步骤外,还需要确定一个基准价格。在 SEP 案件中,基准价格就是基于 FRAND 的合理许可费。对于许可费的计算,司法实践已经有了较为丰富的经验,发展出了"自下而上法"(bottom - up approach)、"自上而下法"(top - down approach)、"可比较交易法"(comparable license approach)等方法。其中,"华为诉 IDC"案中就采用了可比较交易法,"在 IDC 不愿意披露对其他公司许可费率的情况下,根据 IDC 年报、其他被许可人销售收入和其他情况推算专利许可费率,从而与 IDC 对华为收取的专利许可费率进行比对"。[①] 但是,仍有两个问题需要注意。其一,这些方法都存在一定缺陷,如可比较交易法的适用就可能存在法官的事后之明偏见,忽略许可谈判时双方面对的市场风险,从而影响判决的公正性与合理性。[②] 其二,对于 SEP 权利人收取的许可费高于合理许可费是否构成反垄断法意义上的不公平高价这一问题的判断,仍需以行为的排除、限制竞争效果为中心。对于滥用市场支配地位案件中是否需要进行竞争效果分析,理论与实务界多有争议,最高人民法院的大法官曾撰文认为,"《反垄断法》规定的垄断定价、掠夺定价、拒绝交易等,其本身就是影响市场竞争的情节较严重、性质较恶劣的行为,足以推定产生排除、限制竞争的效果……以行为的发生作为认定依据即可"。[③] 这种观点可能是受到欧盟竞争法的影响。欧盟法院认为,具有市场支配地位的企业负有保护竞争过程的"特殊责任"。[④] 基于特殊责任的分析方法使欧盟委员会和欧盟法院在早期适用《欧盟条约》第 102 条对涉嫌滥用市场支配地位的行为进行分析时遵循基于形式主义的禁止。[⑤] 但随着欧盟竞争法走向现代化的道路,迈向"更经济学的方法"后,对滥用行为也开始采用基于竞争效果的分析方法。因此,要认定 SEP 权利人的行为构成不公平高价,至少同时满足形式要件与效果要件:在形式层面,需证明 SEP 权利人收取过高许可费的事实;在效果层面,需证明收取过高许可费产生了排除、限制竞争的效果。

---

① 参见广东省深圳市中级人民法院民事判决书,(2011)深中法知民初字第 858 号。

② 参见李剑:《标准必要专利许可费确认与事后之明偏见 反思华为诉 IDC 案》,载《中外法学》2017 年第 1 期。

③ 参见刘贵祥:《滥用市场支配地位理论的司法考量》,载《中国法学》2016 年第 5 期。

④ See Case 322/81, Michelin I EU:C:1983:313, para. 57.

⑤ See Jones, Alison et al., *EU Competition Law: Text, Cases and Materials*, Oxford University Press, 2019, p. 277.

(三)反垄断法不应介入许可层级间的许可费分配

这两个要件的认定存在很多困难。终端设备级别的许可是否会导致许可费过高,这一问题存在疑问。首先,SEP权利人不具有绝对议价能力,因此通常不会以“要么接受,要么放弃”的方式展开许可费谈判。① 因此,在标准实施者与SEP权利人的商业谈判中,通过讨价还价,SEP许可费通常会低于垄断价格并回归正常水平。其次,当SEP权利人与标准实施者之间无法就许可费问题达成一致,并就相关问题诉至法院时,法院可以裁判决定许可费率。法院对许可费率的裁判改变了许可谈判的性质和过程,使许可谈判往往在各方对法律结果的潜在预期下进行。② 这大大降低了专利劫持的可能性。最后,相对于专利劫持,“专利反向劫持”(patent hold-out)同样可能存在。专利反向劫持是指标准实施者故意拖延许可谈判进程,或者不向SEP权利人寻求许可,而SEP权利人受制于FRAND原则,往往难以收取合理的许可费。专利劫持与专利反向劫持实际上属于同一问题的不同方面,其根源都在于各方进行特定资产投资且合同不完整时可能发生的经济机会主义。因此,任何削弱双方谈判能力的措施,尽管其目的是减少机会主义的发生,但都会反而导致劫持(或反向劫持)的加剧。作为不完全合同和机会主义行为的产物,劫持在经济生活中时有发生,但通常只是一种短期的经济现象。③ 一旦企业的专用资产投资耗尽,企业的运营成本和投资成本将大于其预期收入,在没有采取必要预防措施的前提下,企业会选择退出市场。在重复博弈的过程中,如果双方都能够预见到劫持的风险,由不完全合同所产生的不确定性与机会主义空间将越来越小。④ 因此,劫持并不是一种长期的市场均衡。与劫持不同,垄断指向的则是一种长期均衡。经济学将垄断描述为一条向下的需求曲线,具有市场力量的企业可以持续性将价格设定在竞争性水平之上。劫持与市场力量的行使本质上是两种不同且相互矛盾的经

---

① See Daniel F. Spulber, *Antitrust Policy Toward Patent Licensing: Why Negotiation Matters*, 22 Science & Technology Minnesota Journal of Law 107(2021).

② 参见宗倩倩:《标准必要专利的全球许可费率管辖权争夺及其应对路径研究》,载《科技与法律(中英文)》2022年第1期。

③ See Benjamin Klein, *Market Power in Antitrust: Economic Analysis After Kodak*, 3 SUP. CT. ECON. REV. 52 (1993).

④ See J. Gregory Sidak, *Is Patent Holdup a Hoax?*, 3 The Criterion Journal on Innovation 419(2018).

济机制,权利人不可能在提取垄断租金的同时劫持实施者。[①]

即使终端设备级别的许可导致许可费过高,这是否会产生排除、限制竞争的效果,也存在疑问。按照学界的一般观点,经济效率可分为配置效率、生产效率与创新效率。生产效率是指在固定投入下企业以生产要素的最佳组合生产和销售商品。配置效率是指将资源分配到对其最有价值的地方。专利劫持并不会损害配置效率,其本质上是损害生产效率。[②] 一般而言,反垄断法更关注配置效率,而生产效率通常与反垄断法无涉:一方面,反垄断法允许增进生产效率的行为,除非这类行为增加了市场力量;另一方面,企业不会因为生产效率的降低而违反反垄断法。[③] 其基本逻辑在于,市场会通过优胜劣汰对生产效率进行调节。即使对中间产品制造商提供许可能够降低许可费,但这同样会造成交易中间环节的生产成本上涨,而中间产品制造商会将其分摊在组件价格中,终端产品制造商支付的组件价格更高。因此,在一般情况下,无论是在终端产品级别进行许可还是在组件级别进行许可,最终产品制造商面临的总成本不变,其向消费者收取的价格也将不变。[④] 被许可人为 SEP 支付的许可费实质上是一种生产投入,并不会直接对消费者福利产生影响。

三、"选择性许可"与拒绝许可

在许可层级的争议中,仅向终端设备制造商提供许可的"选择性做法"常被认为是反垄断法中的单方面拒绝交易。[⑤] 从概念上来看,专利拒绝许可是指专利权人利用专利权的独占性,在实施许可时拒绝授予特定的经营者以合理地使用许可,使该经营者无法使用其专利技术的行为。[⑥] 实践中,专利许可可能发生于中间设备制造商与终端设备制造商这两个层面。在第一个层面,受专利权用尽的影响,SEP 权

① See Alexander Galetovic & Stephen Haber, *The Fallacies of Patent – Holdup Theory*, 13 The Fallacies of Patent – Holdup Theory 1(2017).

② 参见宁度:《违反 FRAND 原则与反垄断法内在关联性之批判》,载《科技与法律(中英文)》2021 年第 4 期。

③ 参见[美]赫伯特·霍温坎普:《联邦反托拉斯政策:竞争法律及其实践》,许光耀、江山、王晨译,法律出版社 2009 年版,第 80 页。

④ See Anne Layne – Farrar, Gerard Llobet & Jorge Padilla, *Patent Licensing in Vertically Disaggregated Industries: The Royalty Allocation Neutrality Principle*, 95 Communications & Strategies 62(2014).

⑤ See Kyle L. Greene, *Standard Essential Patents and Antitrust Law: Balancing Innovation and Competition*, 3 Columbia Business Law Review 1094(2019).

⑥ 参见宁立志、杨妮娜:《专利拒绝许可的反垄断法规制》,载《郑州大学学报(哲学社会科学版)》2019 年第 3 期。

利人选择向终端设备制造商授予许可即表现为拒绝向中间设备制造商授予许可,这种拒绝许可通常是无附加条件的。在第二个层面,考虑到FRAND原则的限制与法院裁决许可费率的"阴影",当SEP权利人认为预期的许可费无法实现利益最大化时,其可能会转变许可策略,以拒绝授予许可为威胁,在交易中附加其他特殊条件,以规避FRAND原则的要求。SEP许可费率可能受到FRAND原则与法院裁决的影响,但产品价格并不受此限制,专利权人可能会将专利许可与自己制造的设备捆绑在一起,以获得超额的回报。① 考虑到许可层级争议仅涉及第一个层次的拒绝许可,且是否附加条件会导致分析路径的差异,本文仅就无条件拒绝许可展开分析。

(一)必需设施原则适用之否定

无条件拒绝许可涉嫌构成反垄断法中的拒绝交易。在反垄断法中,垄断者的交易义务曾被称为最令人苦恼且悬而未决的问题。② 规制拒绝交易行为的核心在于解决契约自由的内生性矛盾——主体缔约能力不平等。任何市场主体都有决定是否交易以及选择交易对象的自由,这一理念构成了市场经济的基石。任何外在的干预都不可避免地带有破坏契约自由的风险。对拒绝交易行为的规制,实则已经触及了市场经济与政府干预的边界。

反垄断法中拒绝交易的违法性认定存在两条不同的路径,第一种基于必需设施原则(essential facility doctrine);第二种基于竞争效果的评估。③ 必需设施原则源于对美国反垄断判例法的解读,其最早可以追溯到美国联邦最高法院于1912年在"终端铁路案"中的判决。④ 概括而言,必需设施原则意味着,如果经营者拥有的某项财产构成必需设施,则该经营者具有以合理方式向他人分享这一设施的反垄断义务。⑤ 但是,在漫长的历史中,美国法院对必需设施原则的态度一直是模糊不清甚至自相矛盾的。尽管美国联邦第七巡回法院曾在1983年的"MCI"案中提出以必

---

① See Herbert Hovenkamp, *FRAND and Antitrust*, 105 Cornell Law Review 1693(2020).

② See Byars v. Bluff City News Co., 609 F. 2d 843 (6th Cir. 1980).

③ 参见宁度:《拒绝交易的反垄断法规制——兼评〈关于平台经济领域的反垄断指南〉拒绝交易条款》,载《法治研究》2021年第4期。

④ See United States v. Terminal R. R. Ass'n of St. Louis, 224 U. S. 383, 32 S. Ct. 507, 56 L. Ed. 810 (1912).

⑤ 参见[美]赫伯特·霍温坎普:《联邦反托拉斯政策:竞争法律及其实践》,许光耀、江山、王晨译,法律出版社2009年版,第338页。

需设施原则认定行为违法性的4个条件,即"MCI标准"。[①] 但是,美国联邦最高法院在2004年的"Trinko"案中也明确表示"从未承认必需设施原则的存在"。[②]

相较于美国,欧盟对必需设施原则的适用则更为积极。目前,欧盟竞争法中关于适用必需设施原则的一般性框架以1998年的"Bronner"案为基础。[③] 在"Bronner"案中欧盟法院认为,拒绝交易行为具有违法性的3个关键因素:(1)拒绝行为有可能消除下游市场的所有竞争;(2)拒绝行为不具有客观理由;(3)该产品对请求者来说是必不可少的,没有实际或潜在的替代品。[④] 欧盟法院和欧盟委员会并未在知识产权案件中使用"必需设施"一词,但考虑到一个早期且涉及知识产权拒绝许可的案件在"Bronner"案的判决("Magill"案)中占据重要地位,该案也常被视为必需设施原则的重要案例。[⑤] "Magill"案与"Bronner"案的重要区别在于"新产品原则",即拒绝许可行为可能阻碍一种新产品出现时,就具有违法性。[⑥] 这反映了欧盟竞争法对待一般财产权与知识产权的差异:证明知识产权拒绝许可的违法性需要达到更高的门槛。

我国《反垄断法》的立法文本中并未直接规定必需设施原则。但是,我国反垄断执法机构很早就将必需设施原则引入了《反垄断法》的配套法规。特别是,《禁止滥用知识产权排除、限制竞争行为规定》将具有市场支配地位的经营者拒绝其他经营者以合理条件使用其构成必需设施的知识产权列为违法情形。[⑦] 此外,学界也有观点认为应将必需设施原则用于规制SEP权利人拒绝许可。[⑧] 然而,将必需设施原则适用于拒绝许可案件存在多种弊端。首先,必需设施原则在我国《反垄断法》中

---

① MCI标准:(1)垄断者控制了必需设施;(2)竞争者没有能力对该项设施进行复制,或这种复制是不合理的;(3)拒绝向竞争者提供该设施;(4)该设施是能够提供的。See MCI Communications Corp. v. American Tel. & Tel. Co., 708 F. 2d 1081 (7th Cir.), cert. denied, 464 U. S. 891 (1983).

② Verizon Communications Inc. v. Law Offices of Curtis V. Trinko, LLP, 540 U. S. 398, 124 S. Ct. 872 (2004).

③ See Jones, Alison et al., *EU Competition Law: Text, Cases and Materials*, Oxford University Press, 2019, p. 491.

④ Case C – 7/97, Oscar Bronner GmbH & Co KG v. Mediaprint, [1998] ECR I – 7791.

⑤ 值得注意的是,在"Bronner"案中欧盟法院在该案中也并未使用"必需设施"一词,而是使用了"不可或缺性"作为替代。

⑥ Cases C – 241/91P & C – 242/91P, RTE and ITP v. Commission, [1995] ECR 743.

⑦ 参见《禁止滥用知识产权排除、限制竞争行为规定》第10条。

⑧ 参见郑伦幸:《对标准必要专利权人拒绝许可行为的反垄断规制》,载《知识产权》2016年第7期。

的体系定位不明,很难从现有条文中推导出独立存在的必需设施原则。其次,必需设施原则的过度适用可能会损害创新。专利权人在早期的技术研发中投入了高昂的成本,允许其获得经济租金对于补偿其前期付出的成本而言是必要的。贸然地要求其分享创新成果,势必会打击专利权人投资与创新动力,也会降低潜在的进入者与投资者的预期。再次,必需设施原则助长了"搭便车"的风险。如果企业知道他们可以轻松获得许可,那么他们会更有动力去"搭便车"而不是进行高风险的投资和创新活动,从长远来看这会损害社会总体福利。最后,适用必需设施原则可能并不会增加消费者福利,反而会提高竞争者之间共谋的风险。① 强制竞争者之间就(交易)进行谈判可能会助长反垄断法最大的敌人——共谋。②

(二)"拒绝组件层级许可"难以产生排他性效果

除必需设施原则本身存在的弊端之外,更重要的是,目前反垄断法已经提供了替代性的分析方法,"必需设施"的认定构成了行为分析的一部分。③ 事实上,基于必需设施原则的违法性分析与基于竞争效果的违法性分析之间的界限已经不再分明,而且这种区分也不再重要。④ 在微软案中,欧盟委员会在考虑案涉行为是否满足"Bronner"案与"Magill"案建立的违法性分析标准之外,还遵循了"基于效果"的方法,重点审查案涉行为对消费者以及创新的影响。⑤ 但是,考虑到我国学术界仍存在采用必需设施原则的呼声,本文仍强调这种区分,并反对将其用于SEP拒绝许可的违法性分析。

基于竞争效果的分析路径除了在事实上认定拒绝许可的事实存在外,还需要分析该行为是否可能产生排除、限制竞争的效果。理论上有两种不同的方法来测试行为的排除、限制竞争效果。第一种是"利润牺牲测试"(sacrifice test),即反竞争行为在短期内牺牲利润且缺乏合理解释。这一方法最早应用于掠夺性定价的违法性认定中,其潜在逻辑是,经营者通过牺牲短期利润将竞争对手排挤出市场以在未

① 参见[美]基斯·N.希尔顿:《反垄断法:经济学原理和普通法演进》,赵玲译,北京大学出版社2009年版,第168页。

② See Verizon Communications Inc. v. Law Offices of Curtis V. Trinko,540 U.S.398 (2004).

③ 参见张巍:《我国应当确立必需设施理论吗——平台语境下的规则审视》,载《经济法论丛》2022年第1期。

④ See Erik Hovenkamp,*The Antitrust Duty to Deal in the Age of Big Tech*,131 Yale Law Journal 1495 (2021).

⑤ See Case T-167/08,Microsoft v. Commission,[2007] ECR Ⅱ-3601.

来实现超竞争定价补偿前期的损失。[①] 第二种方法是“没有经济意义测试”(no economic sense test),即反竞争行为缺乏经济意义,而是倾向于排斥竞争对手。[②]“没有经济意义测试”在某些方面类似于“利润牺牲测试”,或者说,后者是前者在价格层面的狭义适用。究其本质,两种方法都是在检验行为是否存在排他性目的。在反垄断法实践中,“Aspen”案采用的分析方法可以在事实层面进行快速检视,即经营者终止与相对方曾经达成的基于自愿且有利可图的交易,且这种行为除排他性目的外缺乏合理解释。[③] 欧盟在微软案中也采用了相似的分析思路,重点分析了微软在进入被许可人经营的市场后开始与被许可方竞争,并中断或延迟与被许可人的交易。

在 SEP 许可层级的争议中,针对中间产品制造商的无条件拒绝许可很难产生排除、限制竞争的效果。首先,对于采用纯许可模式,不参与中间产品或终端产品制造和销售的 SEP 权利人而言,其没有动机也没有能力在相关市场从事排他性行为。其次,对于实现了纵向一体化的 SEP 权利人而言,确实存在拒绝向中间产品制造商提供许可以实现排他性目的的理论可能性。这种情况在现实中发生的可能性较低。实践中更常见的做法是,SEP 权利人不在组件级别主张其专利,并将专利许可给终端产品制造商。尽管专利权用尽原则只能向下游移动,无法向上游逆行以保护中间产品制造商,但是 SEP 权利人的许可协议中通常会包含“已经制造”“不主张”“不起诉”等条款。[④] 此时,终端产品制造商仍可以选择从其他中间产品制造商处购买组件,上游市场的竞争并未被排除。当然,如果 SEP 权利人仅向终端产品制造商授予许可的同时向中间产品制造商主张专利权,就很有可能产生排除、限制竞争的效果,此时反垄断法应及时介入。最后,拒绝在组件级别许可通常符合行业惯例且具备合理的商业理由,例如避免专利权用尽原则、降低谈判成本、便于知识产

① See Phillip E. Areeda & Donald F. Turner, *Predatory Pricing and Related Practices Under Section 2 of the Sherman Act*, 88 Harvard Law Review 697(1975).

② See Herbert Hovenkamp, *The Harvard and Chicago Schools and the Dominant Firm*, https://papers.ssrn.com/sol3/papers.cfm?abstract_id=1014153.

③ See Aspen Skiing Co. v. Aspen Highlands Skiing Corp., 472 U.S. 585(1985).

④ See Jorge Padilla & Pekka Sääskilahti, *Revisiting the Bizarre SEP Level of Licensing Antitrust Controversy*, 12 Journal of European Competition Law & Practice 686(2021).

权管理等。①

四、余论:创新损害与反垄断法的规制边界

由上述分析可知,在许可层级的争议中,仅向终端设备制造商提供许可不太可能造成竞争损害。但是,这类分析主要是以消费者福利标准作为衡量竞争损害的尺度。仅对终端设备制造商提供许可及其中可能存在的专利劫持是否会削弱投资和创新激励,进而造成竞争损害,仍存在疑虑。知识产权法律制度的初衷是保护创新,通过对知识产权的保护,可以使经营者能够事先根据法律比较确定地预期其技术开发和创新投资的经济回报。② 当个人或企业因创新行为获取的回报与这些行为对经济的贡献大致相当时,经济激励通常会发挥良好的作用。作为一种典型的机会主义行为,专利劫持实质上是在"掠夺"标准实施者本应享受的利润。③ 在标准实施者支付了高额的许可费后,其用于研发的投资可能会减损。

在经济学意义上衡量创新主要是通过创新效率实现的。④ 反垄断法中的垄断与竞争概念更多基于经济学中的完全竞争模型:完全竞争会产生分配效率和生产效率,而垄断会造成无谓损失和福利转移。任何偏离这一最佳状态的行为都可能是"反竞争的"。这一分析仅仅考虑到了短期均衡,忽视了消费者短期利益与维持创新效率及生产效率之间固有的矛盾:消费者渴望更低的价格,而生产者追求高利润。⑤ 如果将维护消费者福利视为反垄断法中的一项长期目标,就不得不重视超竞争回报与创新效率之间可能存在的某种正向联系。当 SEP 权利人无法由其创新成果获得足额回报时,则其创新意愿会降低。此外,如果标准化受到过大的限制,专利权人参与标准开发的意愿也会降低。参与合作标准开发需要大量研发资源投

---

① See Jorge Padilla & Koren W. Wong - Ervin, *Portfolio Licensing to Makers of Downstream End - User Devices: Analyzing Refusals to License FRAND - Assured Standard - Essential Patents at the Component Level*, 62 Antitrust Bulletin 503(2017).

② 参见王先林:《知识产权与反垄断法——知识产权滥用的反垄断问题研究》(第3版),法律出版社2020年版,第78页。

③ See Joseph Farrell et al., *Standard Setting, Patents and Hold - Up*, 74 Antitrust Law Journal 603 (2007).

④ 创新效率,又称为动态效率,是指通过发明、开发和传播新产品以及增加社会财富的生产过程来实现的效率。See Joseph F. Brodley, *The Economic Goals of Antitrust: Efficiency, Consumer Welfare and Technological Progress*, 62 New York University Law Review 1025(1987).

⑤ See Joseph F. Brodley, *The Economic Goals of Antitrust: Efficiency, Consumer Welfare and Technological Progress*, 62 New York University Law Review 1037(1987).

资,只有保障一定的预期收益,才能激励更多专利权人投入到这一工作中。

创新活动通常跨越相当长的时间跨度,且具有很大的不确定性,很难估算创新活动中的具体行为对福利的影响。① 通常情况下,对于创新等非价格因素的衡量都是通过密集型事实调查完成的。② 在许可层级的争议中,作为长期以来的行业惯例,仅在终端产品层面提供许可是否会损害创新,仍存在很多疑问。支持创新受到损害的观点缺乏来自事实层面的证据支持。经济学通过调查质量发生变化后价格和产量的相对变化率来衡量创新率。基于此的实证研究表明,1997～2013 年,手机行业的创新率高出全行业平均创新率 10%。③

另一种基于创新的观点认为,在物联网的背景下,终端产品层面的创新变得越来越重要,组件级别的许可能够带来较低的交易成本并提高法律确定性,使终端产品制造商能够专注于改进产品;同时,这也能够使 SEP 权利人保持投资的积极性。④ 这种观点获得了我国产业界的响应。由中国汽车技术研究中心、中国信通院联合发布推出的《汽车行业标准必要专利许可指引(2022 版)》就明确支持"产业链任一环节均有资格获得许可原则"。我国反垄断法执法机构希冀因循反垄断法的路径解决这一问题。市场监管总局发布的《关于标准必要专利领域的反垄断指南(征求意见稿)》第 13 条明确指出,通常情况下,标准必要专利权人作出公平、合理和无歧视承诺后,如果没有正当理由,不得拒绝任何愿意获得许可的标准实施方,否则可能对市场竞争产生排除、限制影响。按照此条规定,如果具有市场支配地位的企业阻碍了其他企业的创新活动,确实存在被认定为违法的可能性。⑤ 值得注意的是,我国《反垄断法》修正时在第 1 条立法目的中新增"鼓励创新"条款。这个角度来看,保护标准实施者可能更符合我国的政策立场。但是,反垄断法有自身的逻辑框架,也在特定范围内发挥作用。不当延伸不仅会导致理论上的混乱,也会破坏市场

---

① See Melissa A. Schilling, *Towards Dynamic Efficiency: Innovation and Its Implications for Antitrust*, 60 Antitrust BULL. 191 (2015).

② See Douglas H. Ginsburg & Joshua D. Wright, *Dynamic Analysis and the Limits of Antitrust Institutions*, 78 Antitrust Law Journal 2(2012).

③ See Alexander Galetovic & Stephen Haber, *The Fallacies of Patend – Holdup Theory*, 13 Journal of Competition Law & Economics 7(2017).

④ See Damien Geradin & Dimitrios Katsifis, *End – product – vs Component – level Licensing of Standard Essential Patents in the Internet of Things Context*, https://papers.ssrn.com/sol3/papers.cfm?abstract_id=3848532.

⑤ 参见宁立志主编:《〈中华人民共和国反垄断法〉释评》,法律出版社 2023 年版,第 8 页。

机制的作用。

组件级别和终端产品级别实施许可,何者更能促进创新?对这一问题的回答已经超出了反垄断的规制边界。“知识产权在本质上是完全的或有一定限制的垄断的创造物”。[①] 知识产权与反垄断的潜在冲突无处不在,垄断和竞争哪一种市场结构能够更好地促进创新始终是一个悬而未决的话题。尽管我们无法在本文的范围内解决这一问题,但我们可以肯定,反垄断法在限制知识产权滥用,维护有效竞争等方面能够发挥重要作用。同时,我们也应认识到,反垄断法的介入并非没有限度。专利许可中的相关行为是否违反反垄断法,不能仅仅取决于特定的政策立场,而需谨慎考察相关行为是否导致了产品或服务价格提高、产出下降、创新损害等消费者福利减损的后果。只有在基于竞争效果的现实框架的约束下,反垄断法才能超越模糊的法律规则与复杂的因果关系,协调各类相互关联又存在潜在冲突的价值目标。

① 王先林:《知识产权与反垄断法——知识产权滥用的反垄断问题研究》(第3版),法律出版社2020年版,第81页。

商业特许经营中垄断行为规制的解释论展开

——从凯瑞案谈起

朱维蕊*

一、问题的提出

特许经营最早起源于美国，由于其具有独特的经营优势，自诞生后便受到一众经营者的追捧，迅速在各国推广开来。20 世纪 80 年代，这一全新的商业经营模式被引入我国。① 越来越多的经营者，尤其是中小企业经营者，开始以特许经营模式拓展业务，众多知名的特许经营品牌应运而生。作为一种建立在既有经营资源，而非单纯依赖资本进行扩张的商业模式，特许经营与知识经济条件下企业的发展方式相契合，是一种非常有潜力的企业发展模式。在我国市场化程度持续提高和反垄断执法工作不断推进的背景下，特许协议中的限制竞争条款引起反垄断执法机构的关注。2022 年 7 月 27 日，北京市市场监督管理局（以下简称市监局）公布了一则对北京凯瑞联盟教育科技有限公司（以下简称凯瑞公司）的行政处罚决定。② 根据该处罚决定书，凯瑞公司采取商业特许经营方式，授权受许人，即其加盟商将课程资源销售至终端消费者，固定了加盟商对终端消费者的课程价格，具有较为显著的反竞争效果。因此，市监局认定凯瑞公司的行为构成《反垄断法》（2008 年）第 14 条③禁止的固定转售价格行为。凯瑞案作为反垄断执法机构在特许经营领域的首次执法，释放了《反垄断法》对于特许经营领域加强监管的重要信号。

---

* 朱维蕊，上海交通大学凯原法学院博士生，上海交通大学竞争法律与政策研究中心研究助理。

① 参见许光耀：《垄断协议的反垄断法调整》，人民出版社 2018 年版，第 493 页。

② 参见北京市市场监督管理局行政处罚决定书京市监垄罚〔2022〕06002 号。

③ 新《反垄断法》自 2022 年 8 月 1 日起施行。文中部分内容引用行政处罚决定书中的表述，仍然使用旧《反垄断法》的条文表达，并对施行年份予以标注，未特别标注年份的均为新法中的条文表达。

在凯瑞案处理过程中,包括主管部门、行业协会在内的实务界和学界的诸多专业人士都提出了不同的看法。在凯瑞案的处罚决定作出后,仍然不乏质疑的声音,体现出我国目前对于特许经营反垄断规制问题的争议和分歧。有观点认为,特许经营模式具有一定的特殊性,为了实现对特许经营商品或服务品质的管控,特许人对受许人的经营活动进行限制,如控制产品的销售价格或受许人经营区域存在必要性。反垄断执法机构运用分析纵向协议的一般思路规制特许经营行为,对于执法效率的提高可能是有利的,但这一规制路径未能充分考虑特许经营的特点和行业规律,合理性有待商榷。由于特许经营模式呈现出的特殊性,如若对这一行业坚定地贯彻"违法性推定+豁免"的执法思路,特许经营商业模式恐怕难以为继。①

类似地,有观点进一步指出,在教育服务培训市场中,对课程定价进行统一,是各中小型教育服务机构在实践中的普遍做法,其旨在减少同一品牌内部加盟商之间的价格战,提高品牌整体在相关市场内的竞争力,至于个案中特定价格限制是否"无助于"甚至"有损于"消费者利益,应在综合考虑各教育服务机构定价策略的横向比较与消费者的市场反馈的基础上进行判断。而在凯瑞案中,市监局的认定逻辑与结论恐有待商榷。因为凯瑞公司在相关市场内占据的市场份额极小,其实施的固定价格行为可能产生的市场影响力是有限的,就行政处罚决定书中的罚款比例及数额而言,市监局的处罚稍显苛刻。② 还有观点认为,凯瑞案中执法机关的执法逻辑是由于特许人和受许人之间不存在隶属、控股或其他合法控制关系,认为二者之间的关系应被视为纵向上下游关系,进而根据"违法性推定+豁免"的反垄断分析模式,认定特许人限定受许人课程销售价格的行为属于达成并实施违法的纵向价格垄断协议,这一执法逻辑忽视了特许经营与普通商品转售、特许经营不同领域之间的差异,其执法结果可能与行为实际产生的市场竞争效果相背离,导致社会成本上升。③

相反地,有观点对反垄断执法机构的处罚决定作出了较为积极和肯定的评价,认为凯瑞案的行政处罚决定书内容从整体论证结构、表述专业的角度看,堪称教科

① 参见刘庆辉:《案说特许经营行业反垄断执法的合理原则认定》,载微信公众号"知产力"2022年8月16日,https://mp.weixin.qq.com/s/aWMztR2BRdHU-yIxe-CfFA。

② 参见王红燕、孙梦玥、许延科:《以案说法:特许经营模式下如何实现反垄断合规?》,载微信公众号"中伦视界"2022年8月18日,https://mp.weixin.qq.com/s/yCFz3sYzItmUJASWBwE4xg。

③ 参见潘志成、宋攀:《芝麻街英语案:执法机关如何开启特许经营"垄断"之门?》,载微信公众号"威科先行"2022年8月22日,https://mp.weixin.qq.com/s/c0XhJHN48ephNe_xDCHQ0Q。

书式的处罚决定书，并提出如果在一个市场份额较为分散的行业里，经营者普遍实施限制最低转售价格行为能够被反垄断法默许，那么消费者利益必然受到损害。而市监局在凯瑞案中旗帜鲜明地指出："若相关市场经营者均采用固定转售价格的手段，人为使相关产品和服务价格高于市场自由竞争的结果，将加重消费者家庭经济负担，削弱人民群众的获得感，增加社会支出成本，损害消费者合法权益和社会公共利益"，对《反垄断法》相关配套规制的完善具有重要的参考价值。[①]

这一案件主要涉及转售价格维持，各方争论的焦点是特许协议中转售价格维持的反垄断法分析是否应当与其他纵向协议中的转售价格维持分析有所不同。主张特许协议中的转售价格维持不应适用违法推定的观点，是出于对特许协议特殊性的考量。特许协议的特殊性在于其包含的诸多限制对维护特许品牌的统一性和品牌声誉而言可能是必要的，这也是特许经营比其他商业模式能产生更大经济效率的重要原因。正如欧盟委员会所认为的，特许协议能够使特许人在有限投资的基础上建立统一的经营网络，这有助于受许人更快地进入相关市场。因此，特许协议通常会改善商品的销售或服务的提供，帮助中小企业经营者更有效地与大型企业经营者展开竞争。[②] 不过，特许协议中包含的限制可能会破坏其所处相关市场内的竞争秩序，需通过反垄断法在充分考虑其特殊性的基础上针对性地予以规制。

更重要的是，凯瑞案的行政处罚决定作出后不到 1 个月，新《反垄断法》正式实施。而《反垄断法》中与纵向垄断协议规制相关的内容进行了重大修改。新法对纵向价格垄断协议增设了反竞争效果抗辩条款，经营者可以依据新法第 18 条主张反竞争效果抗辩。此外，新法还增设了安全港条款。新增的安全港条款同时适用于纵向价格限制与非价格限制。在特许人和受许人占有的市场份额较小的情况下，可以通过适用安全港条款认定其行为的合法性。新法正式实施后，特许经营者提出反竞争效果抗辩将会有更充分的法律基础，但从包括凯瑞案在内的我国过往反垄断执法实践来看，特许经营者证明其转售价格维持行为不具有排除、限制竞争效果难度较高。不过，此次《反垄断法》修改的内容，对特许经营的反垄断规制仍然意义重大。

---

① 参见绍耕：《明案：北京凯瑞联盟教育科技有限公司固定特许经营者服务转售价格案处罚决定的进步与不足》，载微信公众号"绍耕的竞争法冷思考"2022 年 8 月 11 日，https://mp. weixin. qq. com/s/FcaOfZSZsaFSymk3JwvhhQ。

② See Commission Regulation(EEC) No. 4087/88 of 30 November 1988 on the application of Article 85 (3) of the Treaty to categories of franchise agreements, Whereas(7).

凯瑞案中仅对特许协议中的纵向价格限制进行了处罚,并未涉及特许协议中的非价格限制。实践中,特许协议可能包含大量非价格限制内容,而目前纵向非价格垄断协议尚处于执法空白状态。在新《反垄断法》增设了反竞争效果抗辩条款的情况下,这些非价格限制是否也应当被假定具有反竞争效果,需要置于新《反垄断法》的体系下进行解释和分析。现行立法对纵向价格与非价格限制的规制采取的是分解模式,其中还可能涉及新《反垄断法》第18条第1款的兜底条款与滥用市场支配地位的法规竞合问题。

综上,在《反垄断法》修改的背景下,特许协议的反垄断法规制在实践中引发了一些困惑,而我国目前尚未就这一领域制定专门的反垄断指南,对其中存在的诸多新问题予以讨论具有必要性。因此,以对凯瑞案的讨论为契机,对特许协议中的反垄断法问题展开研究,解释和完善契合特许协议特点的反垄断规制路径与框架是一个正当时的问题,相信相关问题的讨论也能为我国未来制定特许经营领域的反垄断指南提供有益参考。

二、特许经营中限制的类型化及其竞争效果

特许经营商业模式之所以受到市场的青睐是因为其具有显著的经济效率。这一模式能够降低经营者的运营成本,打破资本数量对于规模扩大的束缚,帮助特许人和受许人实现更高的经济效率目标,同时可能产生限制市场竞争的风险。在竞争分析的过程中,应充分考虑特许经营模式的特殊性,基于特许协议中限制的不同类型展开竞争效果分析。

(一)特许经营中限制的特殊性

为了加强对特许经营新业态的管理,规范特许经营行业的发展,国务院在2007年通过了《商业特许经营管理条例》,其中第3条规定,商业特许经营是指特许人将其拥有的,包括注册商标、企业标志、专利、专有技术在内的各种经营资源,通过协议形式授权其他经营者使用,即授予其他经营者专营权。相应地,其他经营者支付一定的费用,并按照协议约定在统一的经营模式下开展经营。我国规定的特许人必须是企业,单位和个人并不属于适格的特许人。特许经营下的专营权是各种权利的集合体,通常涉及专利权、商标权、商业名称、商号、版权以及商业秘密等权利,使用专营权的目的是更好地向消费者销售产品或者提供服务。实践中,特许经营安排是知识产权资本化的重要方式。在特许经营活动中,知识产权作为特许人拥

有的经营资源存在，而不仅仅是在分销过程中简单涉及品牌商标的使用。特许经营的核心要素应当包括知识产权授权、特许人与受许人相互独立、特许人控制权与协助义务以及对价支付。

作为纵向限制类型的一种，特许协议中的限制与其他纵向限制有共通之处，其产生的竞争效果也是双面的，既可能促进相关市场内的竞争，也可能抑制相关市场的竞争，这取决于限制的类型、特许人的市场力量以及相关市场竞争状况等因素。不过，特许协议自身的特点也非常明显。具体体现在，一方面，特许协议不仅可能结合了包括代理、供应、购买、服务、许可在内的不同形式的协议要素，还可能与其他纵向限制存在交叉，体现为多种纵向限制的组合体——包括转售价格维持、排他性销售、排他性购买以及选择性销售，而不同的纵向限制对于品牌内竞争和品牌间竞争的影响是不同的。同时，特许协议还存在部分特有的限制，如特许人对受许人提出的关于门店装修、统一服装等限制，这些限制可能影响受许人的经营成本。另一方面，特许协议是基于特许权的授予，特许权的核心是知识产权，而知识产权本身具有排斥竞争的特性，明晰特许人知识产权行使的合理边界，允许特许经营制度运行特有且必要的限制至关重要。

（二）特许经营中限制的类型化

1. 知识产权与非知识产权限制

根据限制安排是否以直接保护知识产权为目的，可以将特许协议中的纵向限制分为，以直接保护知识产权为目的的限制，以及非以保护知识产权为直接目的的限制。与保护知识产权有关的限制，包括知识产权的拒绝许可、回授、竞业禁止等。特许协议中的其他限制，如转售价格维持、区域限制、搭售等，并非直接约定知识产权保护内容将其归为非知识产权限制。特许协议中知识产权限制的竞争分析，关键在于如何将知识产权的正当行使与滥用知识产权排除、限制竞争相区分。[①] 对此，需分析知识产权条款在特许协议中所占的地位，以确定相关条款应适用关于知识产权的竞争法规则，抑或关于纵向垄断协议的调整方法。[②] 适用不同的规则在竞争分析过程中需要考虑不同的因素，而这些因素会影响竞争分析的结果。

特许协议中的附属性知识产权条款与知识产权许可协议并不等同。知识产权

① 参见王晓晔：《欧共体竞争法》，中国法制出版社2001年版，第91页。
② 参见许光耀：《欧共体竞争法通论》，武汉大学出版社2006年版，第300页。

许可协议的交易标的主要是知识产权法所规定的包括著作权、商标权在内的相关知识产权的转让。换言之,知识产权转让行为构成协议的主要目的。而特许协议中的附属性知识产权条款服务于特许经营方式,其主要目的是约定特许经营方式的实施,规定特许人和受许人的权利与义务。为了协助特许经营方式更好地实施,特许协议需要对相关的知识产权内容予以规定。基于此,在特许协议和知识产权许可协议中,特许人面临的风险并不相同。在特许经营活动中,如果受许人提供的产品或服务达不到特许协议约定的标准,尽管其属于合法使用特许人的知识产权,但也可能造成特许人、其他受许人在商标、商誉方面的利益减损。更有甚者,可能破坏整个特许经营体系。因此,从知识产权许可面临风险的角度考量,特许人对受许人施加更为严格的限制存在合理之处。

2. 价格与非价格限制

在我国反垄断法下,垄断协议包括横向和纵向垄断协议。实践中,横向垄断协议可能产生显著的反竞争效果,所以各国反垄断法普遍对横向垄断协议持更为严厉的规制态度。而纵向垄断协议根据是否属于价格方面的限制,可以划分为纵向价格与非价格垄断协议。特许协议作为纵向协议的特殊类型,同样可以根据协议中的限制是否涉及固定产品或服务的价格,将其分为价格限制和非价格限制。价格限制是指特许人直接规定产品或服务的转售价格,限定受许人的最低或最高转售价格,或者在特许协议中约定建议价格条款。非价格限制则是指价格限制之外的,包括搭售、限制交易区域或客户、独家交易在内的不涉及价格的限制。划分价格限制和非价格限制的做法源自美国联邦最高法院。实际上,美国司法机关对纵向价格限制和非价格限制持不同的处理态度。美国司法机关对转售价格维持行为主要适用本身违法原则进行分析,而纵向非价格限制的违法性分析模式以合理原则为主。[①] 价格限制和非价格限制是纵向垄断协议的一个主要分类。根据我国《反垄断法》,特许协议中的价格限制和非价格限制,也应遵循不同的反垄断分析思路,后文将重点围绕这一分类展开论述。

(三)限制产生的"双向"竞争效果

"竞争"在经济学上是非常丰富的概念,鲜有法律直接对其加以定义。尽管在经济学上对"竞争"的理解各异,但对竞争的基本特征存在共识,即竞争性的市场结

① 参见古红梅:《纵向限制竞争的反垄断法规制》,法律出版社2011年版,第18页。

构应包括众多的独立参与主体,各主体实施竞争行为及参与竞争的旨趣是为了在相互争夺中成交。[①]“竞争的一个特别重要的结果是企业会变得乐于创新”。[②] 充分竞争的市场能够更合理地配置市场资源,鼓励企业进行持续性的研究和开发,通过创新性的技术和组织谋取竞争优势,为消费者带来质量更高、价格更低的商品或服务。反垄断法是维护竞争秩序的基本法。反垄断法上禁止的垄断行为是防止或者阻碍竞争自由的行为。垄断行为的构成和禁止,同样是根据其对市场竞争的危害性来确定。如适用本身违法原则的垄断行为,通常是具有固有的反竞争性的行为,而按照合理原则认定的垄断行为,则是指根据行为对竞争损益的比较结果,来判断其是否违反反垄断法。[③]

特许协议中涉及的纵向限制的类型基本上是相同的,但具体案件中特许人实施纵向限制的目的可能有所差异,其中可能涉及各种各样的财务考虑、营销安排等因素。特许协议中的纵向限制产生的行为效果可能既是排他的,又是有效率的。[④] 换言之,特许协议中的纵向限制具有复杂的经济效果。一方面,其可能会为特许人和受许人之间达成并实施垄断协议提供便利,扭曲市场价格机制和竞争机制,对品牌间竞争、品牌内竞争以及消费者利益带来消极影响。但另一方面,其可能会对竞争也产生积极的促进作用。特许协议能够充分实现纵向协调的目的,有利于促进知识产权的投入,激励产品和服务的创新,为市场竞争注入活力。对特许协议“一刀切”地适用违法推定原则或者合理原则,并不能充分体现出特许协议中不同纵向限制可能产生的不同市场竞争效果,从而导致对特许经营模式中的限制产生过度威慑,间接地增加社会成本。

三、《反垄断法》下特许经营规则适用的体系化解释

(一)“违法假定 + 豁免”:特许经营中的价格限制

1. 价格限制行为客观存在:假定违法

当特许协议排除、限制了相关市场内竞争时,才可能成为反垄断法规制的对

① 参见刘继峰:《竞争法学》,北京大学出版社 2016 年版,第 3 页。

② [挪威]A. J. 伊萨克森、[瑞典]C. B. 汉密尔顿、[冰岛]T. 吉尔法松:《理解市场经济》,张胜纪、肖岩译,商务印书馆 1996 年版,第 36 页。

③ 参见孔祥俊:《反垄断法原理》,中国法制出版社 2001 年版,第 248 页。

④ 参见[美]理查德·A. 波斯纳:《反托拉斯法》,孙秋宁译,中国政法大学出版社 2003 年版,第 193 页。

象。但是,应如何理解特许协议是否排除、限制了竞争,存在不同的看法。[①] 究竟当特许经营者具有排除、限制竞争的目的,特许协议具有竞争损害的可能性时,无须考虑竞争损害后果的存在,就可以认定特许协议具有垄断违法性,抑或当特许协议存在竞争损害后果时,才构成反垄断法所禁止的纵向垄断协议,不同司法机关之间、司法机关与执法机关之间存在不同认识,相关分歧于海南裕泰案中表现得淋漓尽致。未来不同机关在执行、解释《反垄断法》的过程中仍有可能出现冲突。如对于转售价格维持案件,反垄断执法机构倾向于只需证明经营者具有违法目的,即可推定协议具有竞争损害的可能性,而司法机关更倾向于需要证明相关协议具有竞争损害后果,方可认定其具有垄断违法性。

海南裕泰案是海南省首例纵向垄断协议行政诉讼案件,在该案审理过程中,不同层级的司法机关对于"排除、限制竞争"作出了不同的解释。最高人民法院在案件再审中认为,目前我国属于反垄断执法的初期阶段,要求反垄断执法机构对所有纵向垄断协议进行全面调查和复杂的经济分析,难以满足目前反垄断执法工作的现实需要。对于《反垄断法》(2008年)第14条列举的两类价格限制,反垄断执法机构无须承担"排除、限制竞争"的举证责任,只需证明经营者存在这两种列举的情况即可,当然经营者可以提交证据推翻反垄断执法机构的认定。这一案件具有深远的影响。实际上,反垄断执法机构和司法机关之间的冲突并非《反垄断法》规范本身所致,而是在适用《反垄断法》过程中采取的分析方法不同导致的。[②]

在分析垄断协议的违法性时,具有竞争损害的可能性或存在竞争损害后果属于选择性关系。就《反垄断法》第18条第1款列举的两类价格限制而言,其在实践中的反竞争效果较为显著,如果经营者存在限制竞争的目的,则其目的很可能通过价格限制协议得以实现。换言之,经营者的限制竞争目的与协议损害相关市场竞争的可能性之间的关联度极强。[③] 对于特许协议中的这两类价格限制,当其具有竞争损害的可能性时,应当认定相关协议具有垄断违法性,而无须再证明协议具有反竞争效果,这也是世界各主要反垄断执法区域的共同做法。

具体而言,一方面,需要分析反垄断法禁止的"转售"行为是否存在,即需要考

---

① 参见王健:《垄断协议认定与排除、限制竞争的关系研究》,载《法学》2014年第3期。

② 参见王先林:《论我国垄断协议规制制度的实施与完善——以〈反垄断法〉修订为视角》,载《安徽大学学报(哲学社会科学版)》2020年第1期。

③ 参见王岩:《数字音乐版权独家授权的反垄断法规制——以纵向非价格垄断协议为分析进路》,载《出版发行研究》2020年第7期。

虑特许人制定的“限价令”是对什么主体发出。比如在凯瑞案中,市监局首先认定许可人与加盟商之间存在转售关系,加盟商的课程销售价格被视为“转售价格”。与凯瑞公司的特许经营模式形成鲜明对比的是直营模式。以麦当劳为例,麦当劳在我国的经营模式属于直营,即便其实施了“限价令”,由于不涉及向第三方转售情形,其固定价格行为的本质是企业自主定价权的行使,只要相关的“限价令”未违反价格监管部门的指导性定价,就不会受到反垄断法的规制。值得注意的是,特许经营模式下的转售与普通商品转售应加以区分。在特许经营模式下,特许人向受许人提供的并非单纯的商品或服务,而是商品、服务与知识产权的结合,这种模式的差异作用于竞争分析的过程,可能影响对相关市场界定、限制必要性、经营成本等要素的评估。

另一方面,反垄断执法机构需要证明协议客观存在。只要特许人和受许人达成了协议,便可推定协议具有反竞争效果,无须继续分析特许协议具体的反竞争效果,而是转由达成协议的经营者进行抗辩。[①] 特许人对受许人的价格限制通常体现在特许协议相关条款中,但为了规避《反垄断法》的禁止性规定,特许经营者可能以更隐蔽的形式约定价格限制。对此,反垄断执法机构和司法机关需要结合个案中相关证据予以研判。在凯瑞案中,市监局认定凯瑞公司与加盟商达成并实施固定课程价格的垄断协议的形式,包括签署合作协议、发布规章制度、下发区域定价及优惠方案、统一客服答复等,这也是实践中特许人对受许人常见的价格限制方式。此外,关于特许人对受许人的推荐价格、建议价格等行为是否构成价格限制,需要考量如果受许人不采取推荐、建议价格是否会受到特许人的制裁,或是否需要承担相应的不利后果,进而判断相应的推荐和建议价格是否具有间接强制性。值得注意的是,新《反垄断法》第 18 条第 1 款第 1、2 项明确列举的两类纵向价格垄断协议,实质上其属于“假定违法”而非“推定违法”模式,因为《反垄断法》增设了反竞争效果抗辩条款,特许经营者拥有提出特许协议反竞争效果抗辩的权利。

2. 特许经营者增设抗辩权:反竞争效果抗辩

新《反垄断法》在第 18 条第 2 款增设了“经营者能够证明其不具有排除、限制竞争效果的,不予禁止”,即反竞争效果抗辩条款,这一条款可以理解为对纵向垄断协议的个案豁免。根据该法第 18 条第 2 款的规定,实施了纵向垄断协议的经营者可以提起实施的协议不具有反竞争效果的抗辩。这为实施纵向协议的经营者提供

① 参见韩伟:《论纵向垄断协议规制的完善路径》,载《价格理论与实践》2013 年第 4 期。

了抗辩的基础,经营者可以就其协议不具有排除、限制竞争效果进行举证抗辩。新法的规定更符合各主要反垄断执法区域在纵向垄断协议规制原则上的基本共识,也是对海南裕泰案成果的巩固。[①] 在海南裕泰案中,最高人民法院于再审裁定中指出[②],即使执法机构通过调查确认存在纵向垄断协议的事实,经营者还可以提交证据证明其签订的协议不具有"排除、限制竞争"的效果,或者能够满足《反垄断法》(2008年)第15条规定的豁免情形,以主张对其不应适用《反垄断法》(2008年)第14条的规定。反垄断执法机构应当对经营者提交的证据进行分析判断,确认其抗辩理由是否成立。

在过往的执法实践中,对于纵向垄断协议的竞争效果,反垄断执法机构都予以了不同程度的分析。如在凯瑞案中,市监局就从凯瑞公司实施的价格限制对品牌内加盟商之间的竞争、加盟商和其他品牌同业竞争者之间的竞争以及对相关市场内消费者利益的损害进行了论证分析。不过,值得商榷的是,如果将凯瑞案中的相关市场界定为少儿英语教育市场,那么在国家实施"双减"政策前,整个少儿英语教育市场的竞争较为充分,在凯瑞公司的市场份额较小的情况下,其价格管制措施是否可能导致相关市场内的竞争受到损害是存疑的。此外,少儿英语教育市场的特殊性(较强的地域性)在竞争损害分析过程中也未凸显。

《反垄断法》规定的反竞争效果抗辩条款可以同时适用于特许协议中的价格限制和非价格限制。反竞争效果抗辩条款被置于第18条第2款,第18条第1款第1项、第2项列举了纵向价格限制的两种情形,而第3项规定的是"国务院反垄断执法机构认定的其他垄断协议",即纵向非价格限制情形。对于纵向非价格垄断协议,反垄断执法机构不能直接进行"违法假定",而应当对相关协议的竞争效果进行分析,在此基础上作出"认定"。基于此,第18条第2款规定的反竞争效果抗辩仅适用于特许协议中的价格限制,而不适用于非价格限制。

综上,《反垄断法》2022年修改时增加的反竞争抗辩条款,使《反垄断法》对横向垄断协议和纵向垄断协议采取分别规制的模式有了实质性的意义。[③] 就特许协议中的价格限制,特许经营者可以根据第18条第2款就其行为提起不具有排除、限

① 参见吴韬:《我国垄断协议违法性认定框架的改进:评〈《反垄断法》修订案草案〉相关条款》,载《竞争政策研究》2022年第2期。

② 参见最高人民法院行政裁定书,(2018)最高法行申4675号。

③ 参见吴韬:《我国垄断协议违法性认定框架的改进:评〈《反垄断法》修订案草案〉相关条款》,载《竞争政策研究》2022年第2期。

制竞争效果的抗辩,也可以放弃其抗辩的权利。如果特许人放弃提起反竞争效果的抗辩,则反垄断执法机构可以认定相关协议具有垄断违法性;不过此时特许人还可以根据《反垄断法》第20条关于豁免的规定主张豁免。

3. 特许经营者可以主张适用安全港制度

如果特许经营者的整体市场力量较小,其在特许协议中约定的价格限制通常对相关市场内的竞争不会造成损害,可以通过适用《反垄断法》新增的安全港制度阻却价格限制的垄断违法性。理由在于,纵向垄断协议主要作用于品牌内竞争,当经营者在相关市场内具有实质性的市场力量,相关市场内的品牌间竞争较弱时,品牌内竞争的削弱才可能成为问题。实践中,安全港制度一般以经营者的市场份额作为评估其市场力量的首要筛选工具。

《反垄断法》对于纵向价格限制和非价格限制统一设置了集体豁免,即安全港制度,这是该次修法最突出的特色和亮点之一。根据《反垄断法》第18条第3款,如果经营者能够证明其在相关市场的市场份额低于国务院反垄断执法机构规定的标准,并符合国务院反垄断执法机构规定的其他条件,其达成的纵向垄断协议不予禁止。现行《反垄断法》下安全港制度既适用于纵向价格垄断协议,亦适用于纵向非价格垄断协议。

特许经营模式下,经营者市场份额的评估需要考虑特许人是否以与知识产权条款相结合的方式提供商品或服务。具言之,如果特许人提供的是与知识产权条款相结合的商品或服务的组合,这些组合应视为特定的商业方法,在计算特许人市场份额时,应考虑特许人作为向最终用户提供特定商品或服务的商业方法提供者的市场份额。[1] 举例而言,如果特许人向加盟商提供一套经营快餐店的商业方法,其中既包含品牌商标的使用权,也包括供应链管理与培训服务等内容。该快餐连锁品牌在相关市场内拥有20家加盟店,所有加盟店在某一年内的总销售额为5000元人民币。在计算特许人在快餐服务市场中的市场份额时,需要参考所有加盟店的总销售额5000元人民币,而非仅考虑特许人直接销售的原材料或设备在相关市场的市场份额。基于此,特许人在快餐服务市场中的竞争者不仅包括其他快餐连锁品牌店,还包括非连锁独立经营的快餐店。

4. 特许经营者可以主张符合豁免条件

特许经营者除了可以援引《反垄断法》第18条第2款规定的反竞争效果抗辩

① See European Commission, Guidelines on Vertical Restraints, OJ [2022] C 248/01, para. 174.

条款,主张其实施的价格限制不具有排除、限制竞争的效果,还可以根据《反垄断法》第20条主张豁免。认定特许经营者是否符合《反垄断法》所规定的豁免条件的过程,其实也是对特许协议的积极和消极效果进行权衡的过程。美国反托拉斯法通常以本身违法与合理原则实现垄断协议正负效果衡量,而欧盟竞争法则采用豁免制度实现对垄断协议积极和消极效果的比较评估。《反垄断法》第20条基本保留了旧法第15条对垄断协议的整体豁免规定,特许经营者可以通过证明其协议符合列举的6种豁免情形,或满足兜底条款"法律和国务院规定的其他情形"而得到反垄断法的豁免。在《反垄断法》第20条明确列举的6种豁免情形中,除非特许经营者达成的协议属于"为保障对外贸易和对外经济合作中的正当利益的",否则特许经营者还需要证明其达成的协议不会严重限制相关市场的竞争,同时能够使消费者分享由此产生的利益。

在前述凯瑞案中,凯瑞公司曾援引旧法第15条第1款的兜底条款,即"法律和国务院规定的其他情形",主张其对加盟商实施的价格限制符合豁免规定,但未得到市监局的支持。市监局在对凯瑞公司作出的处罚决定书中认为,"现行有效的涉及特许经营管理的法规及部门规章均未规定固定转售价格条款是特许经营统一商业模式中的必要组成部分。当事人未能证明固定转售价格条款是维护其统一经营模式以及品牌一致性的必要因素,也未证明所达成的协议不会严重限制相关市场的竞争,并且能够使消费者分享由此产生的利益"。实践中,特许经营者如果意图援引《反垄断法》第20条第1款的兜底条款主张豁免,可能需要满足较高的举证要求。

具体而言,一方面,其达成的协议应当属于现行有效的涉及特许经营管理的法规及部门规章中规定的情形。目前与特许经营管理直接相关的《商业特许经营管理条例》中,并未直接规定与特许经营豁免相关的情形。在反垄断执法实践中,通常会通过指南的方式更细致地规定特殊领域存在的反垄断问题,而目前也尚未出台特许经营领域的反垄断指南。另一方面,如果不满足法规及部门规章中"明文规定"的要求,特许经营者则需要对其协议不存在反竞争效果且能够提升消费者福利予以证明。但实际上,在纵向价格垄断协议的分析步骤中,如果经营者能够满足这一举证要求,其完全可以在反竞争效果抗辩条款中阻却其行为的违法性,而无须进入豁免环节。这意味着特许经营者可能难以举证证明其行为不具有反竞争效果。如果特许经营者达成的协议不符合《反垄断法》第20条规定的豁免情形,则其可能因为达成纵向价格垄断协议,而受到反垄断执法机构的处罚。

（二）合理分析：特许经营中的非价格限制

我国《反垄断法》并未规定合理原则，对于特许协议中的非价格限制，应当采取合理分析的反垄断规制路径。合理分析旨在对特许协议的反竞争效果和促进竞争效果进行分析和权衡。具体而言，首先应当由反垄断执法机构认定特许经营者达成了特许协议，而特许协议不满足安全港制度的适应要件，特许协议在相关市场内存在反竞争效果。其次，特许经营者可以主张特许协议具有积极的促进竞争效果。在此基础上，反垄断执法机构应评估特许协议的反竞争效果与促进竞争效果孰大，如果特许协议的反竞争效果大于其可能对市场竞争带来的积极促进作用，则可以认定特许协议具有垄断违法性。[①] 最后，当特许协议被认定具有垄断违法性，特许经营者可以根据《反垄断法》第 18 条主张豁免。

《反垄断法》第 18 条第 1 款第 3 项，即兜底条款“国务院反垄断执法机构认定的其他垄断协议”，是规制特许协议非价格限制的法律依据。但由于条文本身具有较大的不确定性，对经营者来说缺乏可预见性，对反垄断执法机构和司法机关而言，裁量标准和考量因素也过于模糊，致使这一条文目前尚未适用过。[②]由于非价格限制对相关市场内可能造成的竞争损害，远不如价格限制那般清晰和显著，特许人和受许人订立协议的目的与协议可能造成的损害后果之间的联系较为微弱，根据协议具有竞争损害的可能性直接认定其具有垄断违法性并不合理。因此，对特许协议中的非价格限制，根据《禁止垄断协议规定》第 16 条，同时借鉴欧盟《纵向限制指南》中的相关规定，在进行合理分析时，应当综合考察以下因素，以评估其是否具有排除、限制竞争的效果。[③]

1. 特许人和受许人的市场力量

特许协议中，特许人和受许人在相关市场内的地位，反映了其拥有市场力量的程度。通常特许人和受许人的市场份额越高，其拥有的市场力量越强，尤其是当特许人和受许人相对于其竞争者而言，拥有成本或其他方面的竞争优势时。前述竞争优势可能是由于特许人进入相关市场较早形成的市场先占优势，也可能是特许

① 参见江山：《论纵向非价格限制的反垄断规制》，载《法律科学（西北政法大学学报）》2020 年第 1 期。

② 参见张晨颖：《排他交易反垄断规制的结构性反思》，载《法律适用》2020 年第 7 期。

③ 参见江山：《论纵向非价格限制的反垄断规制》，载《法律科学（西北政法大学学报）》2020 年第 1 期。

人凭借其拥有的核心专利、卓越技术、品牌影响力或者特别的产品组合形成的经营优势。

特许经营者拥有的市场份额及可能存在的竞争优势,是用来评估其竞争者市场地位的重要指标。如果特许经营者在相关市场内存在数量较多的竞争者,会影响特许经营者市场力量的行使,特许协议可能产生反竞争效果的风险就会小。同时,还应当评估相关市场内的竞争者对于特许经营者达成的协议,能否有效、及时地采取应对策略。在某些领域,如互联网领域,尽管经营者可能拥有较大的市场份额,但是这一领域中的市场份额可能处于较大的波动或变化状态,经营者之间的竞争较为激烈。因此,不应高估市场份额可能的指示作用。此外,如果特许经营者在相关市场内竞争者数量非常少,而且彼此在规模、成本和研发潜力等方面势均力敌,则可能会增加经营者之间达成共谋的风险。

2. 特许协议所处市场的竞争状况

在分析特许协议的排除、限制竞争效果时,需要对其所处市场的竞争状况予以考量。如果作为特许经营标的的产品或服务,在相关市场内的大部分地区,没有面临与同类产品或服务的有效竞争,则特许协议中的相关限制可能具有反竞争影响。因此,在对特许协议中的非价格限制进行分析时,应对协议所处的市场竞争状况进行评估。如果非价格限制协议所处的市场是成熟市场,即这一市场已经存续了一定的期间,市场内使用的技术相对比较稳定,市场需求波动不明显,甚至可能呈下降趋势,不存在重大的品牌创新,在这种成熟市场内实施排除、限制竞争行为,其可能比在动态变化市场内实施相关行为,会产生更强的消极效果。

市场进入障碍是衡量相关市场内竞争状况的重要因素。“即使较高的市场份额容易被认为是垄断,但如果该市场的准入门槛很低,就不能判定其垄断。”[①]衡量市场进入障碍的标准是现有公司(incumbent companies)在多大程度上能够将价格提高到竞争水平之上,而增加新的经营者进入相关市场的成本,使其无利可图。进入障碍可能是基于多种因素,例如规模经济、政府管制政策、国家援助、进口关税、知识产权、资源所有权、核心设施、先进入者优势、品牌忠诚度等。在特许经营活动中,拥有专利技术和其他知识产权的特许经营者提供的产品或服务,在相关市场内拥有更高的区分度,容易积累和提升顾客对其品牌忠诚度,同时也更容易实现规模经济,特许经营者可能产生构筑市场进入障碍的动机。通过对受许人在提供产品

---

① 沈四宝、刘彤:《美国反垄断法原理与典型案例研究》,法律出版社2006年版,第13页。

或服务,或者购买原材料等方面的限制,特许人能够排除潜在的竞争者进入相关市场。

决定特许经营者能否构筑市场进入障碍的一个重要因素是沉没成本。沉没成本是指经营者进入相关市场或者投入运营必须支出的成本,如为了扩大品牌影响力、建立消费者忠诚度的广告成本。就沉没成本而言,除非经营者能够将品牌出售,或者在不承担任何损失的条件下在其他市场继续使用该品牌,否则在退出相关市场时,经营者通常无法收回这部分成本。如果进入相关市场的沉没成本非常高,特许经营者的潜在竞争对手对于自身的竞争策略将会更加慎重,其中部分潜在竞争对手可能会放弃进入相关市场。因此,在分析特许协议对市场进入的影响时,应当同时对沉没成本予以评估。如果相关市场内的市场进入障碍较低,将有效地制止或削弱特许经营者行使其市场力量。通常而言,如果市场进入在1~2年内都是有效的,可以认为市场进入障碍是较低的。①

3. 特许协议对消费者、其他经营者的影响

损害消费者利益,是反垄断法规制垄断协议的重要原因。在分析特许协议中的非价格限制对消费者利益的影响时,应当考虑以下方面:一是特许人对受许人施加的非价格限制,如地域、客户限制,是否导致消费者自主选择相关产品或服务的权利或范围受到不当限制,使消费者的可选择范围变小或者消费者在同等条件下消费成本变高。二是分析特许协议中的非价格限制是否可能导致受许人的经营成本上升,并使上升的经营成本被最终转移给消费者,导致相关产品或服务价格上升、质量下降或产出减少,如果答案是肯定的,那么相关限制很可能具有垄断违法性。

在特许协议中,特许人可能会在交易的不同环节对受许人进行限制,对其他经营者可能造成的影响体现为:一方面,特许人既可能会对受许人施加向终端消费者提供产品或服务的价格或非价格限制,如限制转售价格,这些限制可能导致受许人无法根据市场内消费者的需求,或者市场变化调整经营策略。而另一方面,特许人也可能会对受许人向其他经营者提供特许产品或服务进行限制,这些经营者购买受许人的产品或服务,用以生产其他产品或服务,最终直接或间接地销售给终端消费者。对其他经营者产生的限制,可能会对相关市场内的竞争产生更严重的消极影响。

---

① See European Commission, Guidelines on Vertical Restraints, OJ[2022]C 248/01, para. 286.

4. 与认定协议具有垄断违法性相关的其他因素

在评估一项特许协议是否构成纵向垄断协议时,还需要考虑前述因素之外的其他因素,如累积效果(accumulative effect)。欧盟的4087/88号条例第8条(a)项的规定具有借鉴意义,该条规定如果欧盟委员会发现,相关市场进入或相关市场内竞争由于特许人或者受许人通过签订类似协议导致的累积效果被严重限制,相关协议将不能通过4087/88号条例得到豁免。具言之,在特许经营活动中,可能涉及大量的受许人,尽管单个受许人或特许人本身的市场份额可能并不显著,但是从市场份额累积的角度而言,特许经营者累加的市场份额可能超越了安全港的范围,相关限制很可能会对市场竞争直接产生影响。因此,评估特许协议是否具有累积效果,是特许协议反垄断分析的重要方面。

累积效果是指相似的特许协议的市场覆盖率。一个或者少数特许人实施价格或非价格限制,除非其拥有市场支配地位,否则通常只会令品牌内竞争减少。如果相关市场内大多数,甚至全部特许人都实施类似限制,这些限制性的特许协议市场覆盖率过高,会导致特许品牌间的竞争约束被削弱。当品牌间竞争约束被削弱时,品牌内竞争将会变得特别重要。可以说,品牌内竞争的减少,通常在品牌间竞争不足的情况下,才会引起反垄断法的警惕。因此,当相似的特许协议在相关市场内形成累积效果时,特许协议中的限制性条款可能存在较大的限制竞争风险。不过,即便存在累积效果,在相关市场内拥有的市场份额较小的特许经营者达成的协议,对于累积效果的形成可能不会起到实质性的作用①,反垄断执法机构通常更加关注市场份额较大的经营者,即头部特许经营者。如果这些头部特许经营者的限制协议,受到反垄断法的规制,则相关市场内的累积效果也会瓦解。②

除累积效果外,还应分析特许协议对产品价格、数量、质量、行业创新、技术进步等方面的影响。在特许协议价格限制中,受许人出售产品或服务的最高价格也可能会被施加限制,虽然这种限制在一定程度上限制了特许经营品牌内部受许人之间的竞争,但也会抑制受许人对产品或服务不正当的加价行为,不能由于其属于价格限制,便直接假定其具有垄断违法性,而需在个案中予以合理分析。在特许经

① See Velez, Mario, *Recent Developments in Selective Distribution*, European Competition Law Review, Vol. 32, p. 242(2011).

② 参见焦海涛:《纵向非价格垄断协议的反垄断法规制:困境与出路》,载《现代法学》2019年第4期。

营活动中如涉及专有技术，则特定专有技术越重要，限制对于保护专有技术而言越有可能是必不可少的，从而更大概率满足豁免条件。此外，相关市场内提供的竞争性产品的数量和质量因素，对于特许协议可能产生的竞争效果亦非常重要，在特许协议反垄断分析过程中也需予以关注。

（三）附属性考量：特许经营中的知识产权限制

在我国反垄断法体系下，知识产权限制可以按照前述非价格限制的相关规则进行合理分析，本部分不予赘述。但应注意的是，由于知识产权天然的垄断性，在反垄断分析的过程中，其涉及的豁免或例外的情况会更多一些。[①] 欧盟《纵向限制集体豁免条例》第 2 条第 3 款规定："对于含有向购买商转让或者允许其使用知识产权相关条款的纵向协议，如果该条款不构成协议的主要目的，并且与购买商或其客户对使用、销售或转售商品或服务直接相关，则可适用本条第 1 款规定的豁免。该豁免适用的条件是：关于合同商品或服务的竞争限制，不得与本条例不予豁免的纵向限制具有相同的目的。"《纵向限制指南》第 31 段对于附属性知识产权条款的豁免分析作出了进一步规定。对于包含转让专有技术内容的特许协议，专有技术转让的重要性会影响反垄断法对相关协议的评价。实践中，专有技术的转让越重要，对其加以保护就越具有必要性，特许人基于保护专有技术实施的限制，越有可能为反垄断法豁免。[②]

特许协议中与知识产权相关的条款，在满足一定条件时，构成附属性知识产权条款。具体条件包括以下几个方面：首先，该知识产权条款应当是特许协议的一部分。特许经营者约定相关知识产权条款，是为了更好地购买、销售或转售特许产品或服务，履行特许经营协议。单纯的知识产权许可条款，不属于附属性知识产权条款。为履行特许协议而服务的知识产权，主要包括商标和专有技术。特许品牌通常蕴含着巨大的商业价值，在相关市场内可能拥有忠实的消费群体，可以帮助受许人快速进入相关市场，参与市场内的竞争。因此，特许人许可受许人使用特许商标是特许经营活动的基础内容。同时，在特许协议存续期间，特许人通常会为受许人的经营活动提供经验培训或技术支持，如人员培训、经营场所规划、财务运营计划

① 参见王先林：《知识产权许可与垄断协议法律分析的基本框架》，载《价格理论与实践》2016 年第 10 期。

② 参见许光耀：《欧共体竞争法通论》，武汉大学出版社 2006 年版，第 300 页。

以及核心技术。故而,商标和专有技术等知识产权方面的支持是特许商业模式的重要组成部分。其次,该知识产权被转让给受许人或许可受许人使用。受许人向特许人提供知识产权的情形,不属于这里指称的附属性知识产权条款。再次,特许协议中约定的知识产权条款,应当与受许人或消费者对特许产品或服务的使用、销售或转售具有直接相关性。换言之,相关知识产权条款应当有助于或服务于特许产品或服务购买或分销。① 最后,相关知识产权条款不能与《反垄断法》第18条禁止的限制行为具有相同目的,或者产生同样的排除、限制竞争效果。

附属性知识产权条款通常被认为对于保护特许人的知识产权是必要的,应当允许特许经营者约定相关条款。实践中,特许协议中的附属性知识产权条款的常见情形可能包括:(1)受许人不得直接或间接从事任何相似业务;(2)受许人不得在竞争企业中获得股份,使其有能力影响该企业的经济行为;(3)只要特许人提供的专有技术未进入公共领域,受许人负有不得向第三方披露的义务;(4)受许人告知特许人其利用特许权获得的任何经验,并授予特许人和其他受许人对基于该经验而取得的专有技术的非排他性许可;(5)受许人告知特许人被许可的知识产权遭受侵权的情形,对侵权人提起法律诉讼,或协助特许人对侵权人提起法律诉讼;(6)受许人不得为使用特许权之外的目的,使用特许人许可的专有技术;(7)未经特许人同意,受许人不得转让其在特许协议中享有的权利和应承担的义务。② 当特许协议中存在这些附属性知识产权条款,相关条款在反垄断分析过程中应当考虑予以豁免。

如果与特许协议相关的知识产权限制,并不属于附属性知识产权条款,则其反垄断法规制,应当适用一般性的知识产权反垄断法分析路径。在分析过程中,应对真正的知识产权许可协议,与作为反竞争行为手段存在的知识产权许可协议予以区分。在保护知识产权合法限制的同时,禁止严重限制竞争的知识产权许可协议,充分考虑许可人和受许人之间是否存在竞争关系、相关市场的集中度以及知识产权本身的特殊性。③

对此,我国《反垄断法》第68条对知识产权的反垄断法规制进行了原则性规定,即如果经营者依照有关知识产权的法律、行政法规规定行使知识产权,对相关

① See European Commission, Guidelines on Vertical Restraints, OJ[2022] C 248/01, para. 72.

② See European Commission, Guidelines on Vertical Restraints, OJ[2022] C 248/01, para. 87.

③ 参见王先林:《知识产权许可与垄断协议法律分析的基本框架》,载《价格理论与实践》2016年第10期。

行为通常不适用《反垄断法》。但是,如若经营者滥用知识产权,排除、限制竞争,则相关行为将受到《反垄断法》规制。这反映出我国反垄断法对知识产权行使的基本态度。不过,这一条文过于抽象,对实践指导不足,为了准确地适用法律,增强经营者的行为预期,国务院反垄断委员会制定了《关于知识产权领域的反垄断指南》。这一指南是对过往知识产权领域反垄断执法可行经验的总结,既借鉴了世界主要反垄断执法区域的成熟做法,又呈现出鲜明的本土特征。① 该指南对分析经营者是否滥用知识产权排除、限制竞争应当遵循的基本原则、基本思路,以及实践中存在的可能排除、限制竞争的知识产权协议的具体情形及相应的考虑因素进行了规定,对于一般性的知识产权反垄断法分析具有重要的规范意义。

四、结语

在现行《反垄断法》体系下,对于特许协议中的价格限制和非价格限制应采取不同的反垄断分析模式。具体而言,首先,在《反垄断法》增设了反竞争效果抗辩条款的基础上,对于特许协议中反竞争效果较为显著的价格限制,应当采取"违法假定+抗辩"的反垄断分析模式。如果特许经营者达成了《反垄断法》明令禁止的价格限制协议,则假定相关协议具有垄断违法性,特许经营者对此可以提出反竞争效果抗辩。如果特许经营者选择放弃主张反竞争效果抗辩的权利,则反垄断执法机构不再审查相关协议的竞争效果,而是直接推定其违法。但特许经营者仍然可以根据《反垄断法》第20条主张豁免。其次,对于特许协议中的非价格限制,由于其并不属于《反垄断法》明确列举的可以直接假定违法的范围,反垄断执法机构应当对非价格限制协议予以竞争效果分析,故而特许经营者在这种情形下,不拥有也无须拥有反竞争效果抗辩权利。在对特许协议中的非价格限制进行合理分析时,需要完善在垄断协议认定中需要考虑的具体因素。最后,对于特许协议中的知识产权限制,可以参照非价格限制的反垄断分析模式予以合理分析,但应对知识产权限制在合理分析过程中涉及的特殊因素予以充分考量,如特许协议中常见的附属性知识产权条款。未来可以在特许经营领域的反垄断执法指南中规定附属性知识产权的具体构成要件,并根据特许经营领域的具体场景,完善实践中可能产生的豁免情形,充分激发特许经营模式对市场经济良性运行可能产生的积极效用。

---

① 参见王先林:《我国知识产权领域反垄断规则的集中体现和全面展示——对〈国务院反垄断委员会关于知识产权领域的反垄断指南〉的评介》,载《中国市场监管研究》2020年第8期。

研究报告

中国反垄断行政执法年度分析报告(2023年)

林　文*

第一章　2023年反垄断年度回顾

第一节　2023年中国反垄断动态

一、反垄断四规章更新正式发布

2023年国家市场监督管理总局重新发布《制止滥用行政权力排除、限制竞争行为规定》《禁止垄断协议规定》《禁止滥用市场支配地位行为规定》《经营者集中审查规定》四部反垄断法配套规章。

反垄断四规章的更新正式发布象征着我国在反垄断领域法治化建设的进一步推进和深化。反垄断四规章的更新正式发布有助于进一步规范市场主体的行为,防止和打击各种形式的垄断行为。新规定通过细化反垄断法的相关规定,明确了对横向垄断协议、纵向垄断协议、滥用市场支配地位等行为的认定和处罚标准,为执法机构提供了更加明确和有力的法律依据。其次,这一更新也体现了我国对市场公平竞争环境的坚定维护。公平竞争是市场经济的基本原则,也是实现资源优化配置和经济社会持续健康发展的基础。反垄断四规章的更新正式发布将有助于打击各种破坏市场公平竞争的行为,维护市场秩序和消费者权益,推动经济社会的健康发展。此外,这一更新还反映了我国在反垄断领域与国际接轨的积极态度。随着我国经济的不断发展和开放程度的提高,反垄断领域的国际合作和交流也日益频繁。更新反垄断四规章将有助于我国更好地参与国际反垄断合作,提升我国

---

* 林文,北京金诚同达(上海)律师事务所合伙人。

在国际反垄断领域的影响力和话语权。

二、反垄断合规指引文件接续发布

在2023年,国家市场监督管理总局不仅致力于修改和完善一系列反垄断法律法规,还推出了高标准的《经营者集中反垄断合规指引》,旨在为并购企业提供明确的指导,确保他们正确完成经营者集中申报工作。与此同时,各省市市场监督管理部门也积极响应,结合当地企业市场环境,发布了系列反垄断合规指引,致力于推动反垄断合规工作的深入开展。

三、妨碍公平竞争问题治理取得新成效

自2023年6月起,国家市场监督管理总局联合国家发展和改革委员会等相关部门,共同推进妨碍统一市场和公平竞争政策措施的清理工作,并取得显著的积极成果:第一,本次清理工作纠正了一系列企业反映强烈的限制企业迁移、设置市场壁垒、追求局部小循环等问题;第二,国家市场监督管理总局通过推动公平竞争审查制度的深入实施,有效地防范了地方保护和市场分割;第三,国家市场监督管理总局致力于不断完善公平竞争法规制度,各地区积极总结实践经验,针对问题频发的领域,出台了25项相关规范性文件,如辽宁颁布了《辽宁省促进市场公平竞争条例》。

尽管清理妨碍统一市场和公平竞争政策行动取得显著效果,但是本次清理也暴露出一些深层次问题:第一,公平竞争审查制度的法律位阶偏低,缺乏一套完善的配套制度体系作为支撑。当前,该制度主要依赖于如《公平竞争审查制度实施细则》等规范性文件。第二,地方保护和市场分割现象以更多隐性方式出现,如各种“土门槛”和“土政策”,增加了发现和纠正相关行为的难度。第三,对于竞争政策的理解仍存在一定的偏差,公平竞争意识有待进一步深化。在2023年修订和废止的政策措施中,市县两级占比相对较高,这反映出公平竞争审查制度在落实过程中存在“上热”“中温”“下冷”的现象,尤其是市县两级政府部门不当干预市场的行为仍须进一步规范。部分地方政府由于过分关注短期发展和局部利益,尚未全面准确地把握全国统一大市场和地方竞争发展之间的平衡关系。

四、强化民生领域反垄断执法

党的二十大报告提出“增进民生福祉,提高人民生活品质”“健全基本公共服务

体系,提高公共服务水平"等要求。为深入贯彻党的二十大精神,坚决执行关于强化反垄断、打破地方保护和行政性垄断的决策部署,并落实"监管为民"的执法宗旨,国家市场监督管理总局在2023年启动民生领域反垄断执法专项行动,紧盯民众关切的重点问题,不断加大民生领域反垄断执法的力度,查办了一批重大典型的垄断案件,有效促进了市场公平竞争环境的持续优化,切实保障了消费者权益,为构建全国统一大市场、推动高质量发展提供了有力支持。

第二节 2023年反垄断行政执法整体情况

2024年2月29日,全国反垄断工作会议指出,2023年共查处滥用行政权力排除、限制竞争案件39件;查处垄断协议、滥用市场支配地位案件27件,罚没金额21.63亿元。① 笔者经查询、统计2023年反垄断行政处罚案件,以行政处罚案号为标准,一个案号计为一个案件,重新统计得出:其中横向垄断协议相关案件115件,纵向垄断协议相关案件1件,滥用市场支配地位相关案件12件,②涉及公用事业、医药、建筑材料等多个行业(见表1)。2023年反垄断工作取得显著成效,能够有力维护公平竞争市场秩序,促进全国统一大市场建设,推动高质量发展。

表1 2023年反垄断行政处罚案件

序号	案件名称	执法地区
1	杭州振腾实业有限公司达成并实施垄断协议案	浙江
2	杭州华杰商品混凝土有限公司达成并实施垄断协议案	浙江
3	杭州鹏程混凝土有限公司达成并实施垄断协议案	浙江
4	杭州群起建材有限公司达成并实施垄断协议案	浙江
5	浙江固城混凝土有限公司达成并实施垄断协议案	浙江
6	浙江萧山建宏商品混凝土有限责任公司达成并实施垄断协议案	浙江
7	杭州坚锋商品混凝土有限公司达成并实施垄断协议案	浙江
8	杭州振宏商品混凝土有限公司达成并实施垄断协议案	浙江

① 《市场监管总局召开2024年反垄断工作会议》,载国家市场监督管理总局官网2024年3月4日,https://www.samr.gov.cn/zt/qhfldzf/art/2024/art_383222bc99c34e78bd7c641f15da0b30.html。

② 有2件系横向垄断协议和滥用市场支配地位混合型案件,此处重复计算。

续表

序号	案件名称	执法地区
9	杭州高翔混凝土有限公司达成并实施垄断协议案	浙江
10	杭州潮洪建材有限公司达成并实施垄断协议案	浙江
11	杭州金腾商品混凝土有限公司达成并实施垄断协议案	浙江
12	杭州坚塔银元混凝土有限公司达成并实施垄断协议案	浙江
13	杭州前程混凝土有限公司达成并实施垄断协议案	浙江
14	杭州卓新建材有限公司达成并实施垄断协议案	浙江
15	杭州钱龙实业有限公司达成并实施垄断协议案	浙江
16	杭州龙兴黄家河混凝土有限公司达成并实施垄断协议案	浙江
17	杭州金桥混凝土有限公司达成并实施垄断协议案	浙江
18	杭州优狮混凝土有限公司达成并实施垄断协议案	浙江
19	杭州辰泽混凝土有限公司达成并实施垄断协议案	浙江
20	杭州宏骏商品混凝土有限公司达成并实施垄断协议案	浙江
21	杭州正方商品混凝土搅拌厂达成并实施垄断协议案	浙江
22	南京百江液化气有限公司达成并实施垄断协议案	江苏
23	南京燃博燃气有限责任公司达成并实施垄断协议案	江苏
24	南京液化石油气经营有限公司达成并实施垄断协议案	江苏
25	南京市江宁区宁丹石油液化气有限责任公司达成并实施垄断协议案	江苏
26	南京恒利石化气体有限责任公司达成并实施垄断协议案	江苏
27	南京双南液化气供应站达成并实施垄断协议案	江苏
28	南京南连光华液化气有限公司达成并实施垄断协议案	江苏
29	南京凯力液化气有限责任公司达成并实施垄断协议案	江苏
30	南京益百石化有限公司达成并实施垄断协议案	江苏
31	南京市江宁淳化燃气有限责任公司达成并实施垄断协议案	江苏
32	北京市围棋协会组织会员单位达成并实施垄断协议案	北京
33	北京市围棋协会组织北京市丰台区围棋协会达成并实施垄断协议案	北京

续表

序号	案件名称	执法地区
34	北京市围棋协会组织北京红枫叶体育文化传媒有限公司达成并实施垄断协议案	北京
35	北京市围棋协会组织北京市怀柔区围棋协会达成并实施垄断协议案	北京
36	北京市围棋协会组织北京博异英华教育咨询有限公司达成并实施垄断协议案	北京
37	北京市围棋协会组织北京弈和康体育文化有限公司达成并实施垄断协议案	北京
38	北京市围棋协会组织北京市房山区棋牌智力运动协会达成并实施垄断协议案	北京
39	北京市围棋协会组织北京市西城区武术和棋类运动管理中心达成并实施垄断协议案	北京
40	北京市围棋协会组织北京市东城区棋牌运动协会达成并实施垄断协议案	北京
41	贵州朗月新型建筑材料有限公司达成并实施垄断协议案	贵州
42	金沙县远大新型环保建材有限责任公司达成并实施垄断协议案	贵州
43	金沙县奥克新型环保建材有限公司达成并实施垄断协议案	贵州
44	贵州省金沙县节能环保建材有限责任公司达成并实施垄断协议案	贵州
45	中国人民财产保险股份有限公司重庆市巴南支公司达成并实施垄断协议案	重庆
46	中国人寿保险股份有限公司重庆市巴南区支公司达成并实施垄断协议案	重庆
47	阳光财产保险股份有限公司重庆市巴南支公司达成并实施垄断协议案	重庆
48	中国人寿财产保险股份有限公司重庆市巴南区支公司达成并实施垄断协议案	重庆
49	中国太平洋财产保险股份有限公司重庆市巴南支公司达成并实施垄断协议案	重庆

续表

序号	案件名称	执法地区
50	中国太平洋人寿保险股份有限公司重庆市巴南中心支公司达成并实施垄断协议案	重庆
51	中华联合财产保险股份有限公司重庆分公司巴南支公司达成并实施垄断协议案	重庆
52	平安养老保险股份有限公司重庆市巴南支公司达成并实施垄断协议案	重庆
53	成都市工程造价协会垄断协议案	四川
54	福建省爆破器材行业协会组织部分会员企业达成垄断协议案	福建
55	福建省爆破器材行业协会组织福建漳州久依久化工有限公司达成垄断协议案	福建
56	福建省爆破器材行业协会组织福建省闽盛民爆物品有限公司达成垄断协议案	福建
57	福建省爆破器材行业协会组织福建海峡科化股份有限公司达成垄断协议案	福建
58	上海旭东海普药业有限公司达成并实施垄断协议案	上海
59	天津天药医药科技有限公司达成并实施垄断协议案	上海
60	华能日照热力有限公司滥用市场支配地位案	山东
61	南京中燃城市燃气发展有限公司滥用市场支配地位案	江苏
62	北京紫竹医药经营有限公司达成并实施垄断协议案	北京
63	远大医药(中国)有限公司与武汉汇海医药有限公司达成并实施垄断协议、滥用市场支配地位案	国家
64	远大医药(中国)有限公司与武汉汇海医药有限公司达成并实施垄断协议、滥用市场支配地位案[1]	国家
65	蚌埠市安液清洁能源有限公司达成并实施垄断协议案	安徽
66	蚌埠市鑫源气体有限公司达成并实施垄断协议案	安徽
67	日照市水务集团供水有限公司滥用市场支配地位案	山东
68	天津金耀药业有限公司滥用市场支配地位案	天津

续表

序号	案件名称	执法地区
69	东北制药集团股份有限公司滥用市场支配地位案	辽宁
70	重庆永康燃气有限公司滥用市场支配地位案	重庆
71	福州市房地产估价协会垄断协议案	福建
72	上海上药第一生化药业有限公司滥用市场支配地位案	上海
73	武汉汇海医药有限公司、武汉科德医药有限公司、湖北民康制药有限公司滥用市场支配地位案	上海
74	焦作市二手车流通协会组织本行业经营者达成并实施垄断协议案	河南
75	焦作市二手车流通协会组织焦作市恒桥旧机动车交易市场有限责任公司达成并实施垄断协议案	河南
76	焦作市二手车流通协会组织焦作市安驰二手车交易市场有限公司达成并实施垄断协议案	河南
77	焦作市二手车流通协会组织焦作市东城国贸二手车市场有限公司达成并实施垄断协议案	河南
78	焦作市二手车流通协会组织焦作市启汇二手车交易市场有限公司达成并实施垄断协议案	河南
79	焦作市二手车流通协会组织焦作市通大二手车交易市场有限公司达成并实施垄断协议案	河南
80	焦作市二手车流通协会组织焦作市警源二手车交易市场有限公司达成并实施垄断协议案	河南
81	焦作市二手车流通协会组织焦作市富捷二手车市场有限公司达成并实施垄断协议案	河南
82	焦作市二手车流通协会组织修武县源通旧机动车交易市场有限公司达成并实施垄断协议案	河南
83	焦作市二手车流通协会组织沁阳市瑞轩旧机动车交易服务有限公司达成并实施垄断协议案	河南
84	焦作市二手车流通协会组织温县天赐二手车交易市场有限公司达成并实施垄断协议案	河南
85	焦作市二手车流通协会组织孟州市路安二手车交易市场有限公司达成并实施垄断协议案	河南

续表

序号	案件名称	执法地区
86	焦作市二手车流通协会组织孟州市路通二手车交易市场有限公司达成并实施垄断协议案	河南
87	焦作市二手车流通协会组织河南省鑫丰二手车市场管理有限公司达成并实施垄断协议案	河南
88	焦作市二手车流通协会组织博爱县德聚二手车交易市场有限公司达成并实施垄断协议案	河南
89	焦作市二手车流通协会组织博爱县盛博二手车交易有限公司达成并实施垄断协议案	河南
90	焦作市二手车流通协会组织焦作市鸿大二手车交易市场有限公司达成并实施垄断协议案	河南
91	焦作市二手车流通协会组织温县顺风二手车交易市场有限公司达成并实施垄断协议案	河南
92	焦作市二手车流通协会组织焦作市优信二手车市场有限公司达成并实施垄断协议案	河南
93	砚山县福兴页岩砖厂达成并实施垄断协议案	云南
94	砚山县砚宏页岩砖厂达成并实施垄断协议案	云南
95	砚山县信鑫页岩砖厂达成并实施垄断协议案	云南
96	砚山县柏盛页岩砖厂达成并实施垄断协议案	云南
97	砚山县江那镇金荣页岩砖厂达成并实施垄断协议案	云南
98	砚山县良贵页岩砖厂达成并实施垄断协议案	云南
99	砚山县龙马页岩砖厂达成并实施垄断协议案	云南
100	砚山县明扬页岩砖厂达成并实施垄断协议案	云南
101	砚山县平祥新型页岩砖厂达成并实施垄断协议案	云南
102	砚山县新兴建强页岩砖厂达成并实施垄断协议案	云南
103	砚山县兴红页岩砖厂达成并实施垄断协议案	云南
104	江西祥宇医药有限公司滥用市场支配地位案	上海
105	上林县三里六仙自来水有限责任公司滥用市场支配地位案	广西
106	荆门市飞图混凝土有限公司达成并实施垄断协议案	湖北

续表

序号	案件名称	执法地区
107	荆门市飞池砂浆有限公司达成并实施垄断协议案	湖北
108	荆门中和混凝土有限责任公司达成并实施垄断协议案	湖北
109	湖北腾宝新材料有限公司荆门商品混凝土分公司达成并实施垄断协议案	湖北
110	荆门东晨金建商砼有限公司达成并实施垄断协议案	湖北
111	荆门市世全混凝土有限公司达成并实施垄断协议案	湖北
112	湖北荆门安建混凝土有限公司达成并实施垄断协议案	湖北
113	华新混凝土荆门有限公司达成并实施垄断协议案	湖北
114	钟祥荆阳混凝土有限公司达成并实施垄断协议案	湖北
115	沙洋秦江水泥有限责任公司杨集商混站达成并实施垄断协议案	湖北
116	荆门金宏建材有限公司达成并实施垄断协议案	湖北
117	中国人寿保险股份有限公司鄂州分公司达成并实施垄断协议案	湖北
118	中国人民财产保险股份有限公司鄂州市分公司达成并实施垄断协议案	湖北
119	中华联合财产保险股份有限公司鄂州中心支公司达成并实施垄断协议案	湖北
120	中国人民人寿保险股份有限公司鄂州中心支公司达成并实施垄断协议案	湖北
121	湖南省爆破器材行业协会组织部分会员企业达成垄断协议案	湖南
122	湖南省爆破器材行业协会组织湖南南岭民用爆破器材股份有限公司达成垄断协议案	湖南
123	湖南省爆破器材行业协会组织衡阳宏泰民用爆破器材有限责任公司达成垄断协议案	湖南
124	湖南省爆破器材行业协会组织郴州七三二零化工有限公司达成垄断协议案	湖南
125	湖南省爆破器材行业协会组织郴州发安民爆器材有限责任公司达成垄断协议案	湖南

续表

序号	案件名称	执法地区
126	湖南省爆破器材行业协会组织永州市旺达民用爆破器材经营有限公司达成垄断协议案	湖南
127	大同华润燃气有限公司滥用市场支配地位案	江西

[1]本案既涉及横向垄断协议,又涉及滥用市场支配地位,此处作为两种案件重复计算。

第三节 2023年度反垄断行政执法典型案例

一、东北制药集团股份有限公司滥用市场支配地位案

【案号】辽市监反垄断处罚〔2023〕1号

【案例详解】东北制药集团作为国内首家生产左卡尼汀原料药的企业,于1999年取得左卡尼汀原料药批文。作为中国生产、销售左卡尼汀原料药的最主要企业,东北制药集团滥用在中国左卡尼汀原料药市场的支配地位,以不公平的高价销售左卡尼汀原料药,排除、限制了市场竞争,损害了下游左卡尼汀制剂生产企业合法利益、消费者利益和社会公共利益。执法机关认为,当事人的行为如不及时制止,将助推左卡尼汀制剂价格上涨,不仅会增加患者用药成本,损害广大消费者利益,而且还将增加国家医保支出,损害社会公共利益。2023年1月18日,辽宁省市场监督管理局依法作出行政处罚,责令当事人停止违法行为,并处以罚款13 300.44万元。

【典型意义】左卡尼汀制剂是慢性肾衰长期血透病人的常用药,是《第一批罕见病目录》中原发性肉碱缺乏症罕见病的唯一救命药物,也是治疗戊二败血症Ⅰ型、异戊酸血症、甲基丙二酸血症三种罕见病的关键药物。东北制药集团利用其优势地位,以不公平的高价销售左卡尼汀原料药,提高了其他下游左卡尼汀制剂生产企业成本,一方面将使其他下游左卡尼汀制剂生产企业在竞争中处于不利地位,另一方面将妨碍了消费者从市场公平竞争中获得利益。通过该案的处罚,能够在一定程度上矫正行业乱象,维护消费者利益和社会公共利益。

二、华能日照热力有限公司滥用市场支配地位案

【案号】鲁市监行处字〔2023〕5号

【案例详解】华能日照热力有限公司作为日照市人民政府确定的主城区供热规划范围内公共管网供热的唯一提供者,滥用市场支配地位,实施了限定开发建设单位采购安装其用热计量装置、对企事业单位的供热收费方式实施差别待遇的垄断行为,使开发建设单位无法自行选择热计量装置的交易对象,排除、限制了热计量装置销售市场的竞争,使相关企事业单位在不必要的非用热时间受热,造成了热能资源的浪费,损害了涉案企事业单位的利益。2023年4月3日,山东省市场监督管理局依法作出行政处罚,对当事人处以罚款4 259 822.05元。

【典型意义】供水、供气等公用事业行业,作为与民众日常生活紧密相连的重要领域,一直是反垄断执法机构严格监管的焦点。这些行业的垄断行为往往带有明显的地域性特点,这主要是因为它们的经营范围受限于基础设施如管道的覆盖范围。相关企业往往通过与地方政府签署特许经营协议,从而在本地区成为唯一提供特定服务的供应商。如果这些企业缺乏反垄断的合规意识,就很可能利用其独占的市场地位,采取垄断手段来获取超额利润。因此,各地的市场监管部门应当加大对这类违法企业的行政处罚力度,以此警示公共事业单位,避免其出现不当行为。

三、杭州市21家混凝土生产企业达成并实施垄断协议案

【案号】浙市监处罚〔2023〕1001号~1021号

【案例详解】经查,2016年9月~2018年,韩某某、蔡某某、杭州群起实际控制人孔某某、张某某等人以会议等形式多次召集杭州市萧山区内的商品混凝土企业负责人进行商议,达成成立行业协会、统一上调混凝土销售价格以及由协会统一分配市场份额的口头协议。21家商品混凝土生产企业通过按照配额量缴纳出资金额注册成立公司,分配生产方量。2023年7月27日,浙江省市场监督管理局依法作出行政处罚,责令涉案的21家企业停止违法行为,罚款合计1.74亿元。

【典型意义】在建材领域,部分经营者为排除竞争,常采用制定和实施垄断协议的手法。其中,行业协会作为实施垄断行为的重要推手,涉案现象屡见不鲜。虽然市场经济机制允许适时的价格调整,但坚决反对以停供为胁迫手段进行涨价。若确实因成本上升而需要提价,亦应遵循合法合规的途径。此案的处罚结果不仅彰显了国家反垄断执法机构对水泥、混凝土等建材行业的严格监管态度,更向相关企业发出了明确的警示:切勿以身试法,违法必究。

四、湖南省爆破器材行业协会组织部分会员企业达成垄断协议案

【案号】湘市监反垄断处字〔2023〕2号~5号

【案例详解】经查,2019年12月至2020年11月,湖南省爆破器材行业协会组织本省会员企业参加省际民爆物品市场秩序维护协调等会议,与有关民爆企业达成“两不增”“两不低”等共识,并签署固定商品价格、限制商品销售数量的垄断协议。2023年5月,湖南省市场监督管理局依法作出行政处罚决定,责令当事人停止违法行为,罚款金额合计120万元。

【典型意义】民用爆破器材行业属于高危行业,涉及生产安全和公共安全,主要产品有工业炸药、工业雷管、工业导爆索等多个品种,广泛应用于矿山开采、工程施工等基础设施建设,在国家经济建设中发挥了不可替代的作用。湖南省是民用爆破物品产能输出大省,本案的查处有力保护了湖南省民用爆破器材行业市场公平竞争,维护了相关经营者利益和社会公共利益,促进了湖南省民用爆破器材行业的健康发展,也进一步提高了湖南爆破协会及会员企业的竞争合规意识。

第二章　反垄断行政处罚分析

第一节　反垄断行政执法调查分析

一、反垄断行政执法机关授权的成效

2023年反垄断执法机构公布的127件反垄断行政处罚案件中,仅有2件是由国家市场监督管理总局查处,即“远大医药、武汉汇海医药实施垄断协议、滥用市场支配地位案”(国市监处罚〔2023〕9号、国市监处罚〔2023〕10号),其余的125件均由省级市场监管部门负责查处。2022年反垄断执法机构公布的123件反垄断行政处罚案件中,仅有3件是由国家市场监督管理总局查处,约占当年行政处罚案件数量的2.43%;剩余的120件均由省级市场监管部门查处,约占97.5%。[①] 对比上述数据可知,2023年国家市场监督管理总局查处的案件数量较2022年有所减少,随

---

① 参见林文:《中国反垄断行政执法年度报告(2022年)》,载王先林主编,上海交通大学竞争法律与政策研究中心、上海市法学会竞争法研究会组编:《竞争法律与政策评论》第9卷,法律出版社2023年版。

着反垄断执法授权工作的逐步深化,省级市场监管部门已经成为反垄断行政执法的主要力量。

反垄断执法授权的扩大显著提升了反垄断执法工作的效率,这主要得益于以下因素:首先,省级市场监管部门对当地市场竞争情况有更深入的了解,能更准确地结合地方实际作出与违法行为相匹配的行政处罚。其次,省级市场监管部门负责当地行政执法工作,可以更有效地推进案件线索的查找、案件证据的调查等关键环节,并有助于推动当事人间的协调沟通、举证听证、文书送达等程序活动。最后,由省级市场监管部门承担当地行政执法工作,也在一定程度上缓解了国家市场监督管理总局的执法负担,使其能更专注于宏观层面的监管与指导。

尽管省级市场监管部门在主导各地区的反垄断行政执法工作中发挥着关键作用,但也面临一系列挑战。例如,由于缺乏统一、规范的培训或指导,各地市场监管部门在理解和执行相关法律法规时难以达成共识,导致各省级市场监管部门的反垄断执法能力和水平存在显著的不均衡。

为了应对这些挑战,省级市场监管部门有必要在国家市场监督管理总局的宏观指导下,定期组织开展反垄断执法人员的专业培训工作。通过邀请专家授课、举办交流研讨会、深入剖析典型案例等多种方式,让执法人员能够深入学习反垄断相关法律法规、理论基础、典型案例以及执法经验,从而全面提升反垄断执法的能力和水平,确保执法工作的准确性和有效性。

二、反垄断行政处罚案件线索来源

如图 1 所示,在 2023 年反垄断行政处罚案件中,案件线索有 6 种来源方式,包括举报、上级机关交办、下级机关报送、依职权调查、其他部门提供以及未交代线索来源。其中,源于上级机关交办的案件数量最多,共 42 件,占 33%;由其他部门提供线索来源的案件数量和下级机关报送的案件数量排名第二与第三,分别为 34 件和 25 件,各占 27% 和 20%。

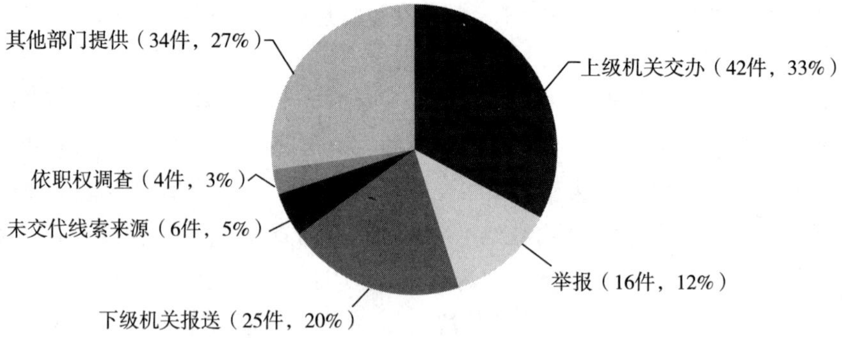

图 1　2023 年反垄断行政处罚案件线索来源

2022 年查处的 123 件案件中,源于举报的案件数量最多,共计 72 件,占 58%;源于上级机关交办的案件数量和依职权调查的案件数量并列第二,各 16 件,共占 26%。[①]

对比以上数据可知,2022 年举报仍是反垄断执法调查获取垄断案件线索的主要途径。但是到了 2023 年,尽管社会监督在维护市场竞争秩序中仍扮演不可替代的角色,但是行政机关也在加强反垄断监管执法,优化公平的竞争市场环境以推动高质量发展。同时,2023 年反垄断行政执法案件的线索来源从微观来看也更加多样,其中在其他部门提供线索来源上最为明显,除人民法院通过《司法建议书》的方式提供线索外,还包括纪委监委以及其他部门转来的线索,体现出我国各机关合力维护公平竞争的市场秩序的新样态。

三、反垄断行政处罚案件调查期限分析

如图 2 所示,在 2023 年反垄断行政处罚案件中,案件的调查期限在 12 个月(含)至 24 个月(不含)的,共计 38 件;案件调查期限超过 24 个月的共计 24 件;案件调查期限在 6 个月(含)至 12 个月(不含)的,共计 31 件;案件调查期限短于 6 个月的,仅有 2 件;此外,还有 32 件案件的行政处罚决定书未提及调查期限。

---

① 参见林文:《中国反垄断行政执法年度报告(2022 年)》,载王先林主编,上海交通大学竞争法律与政策研究中心、上海市法学会竞争法研究会组编:《竞争法律与政策评论》第 9 卷,法律出版社 2023 年版。

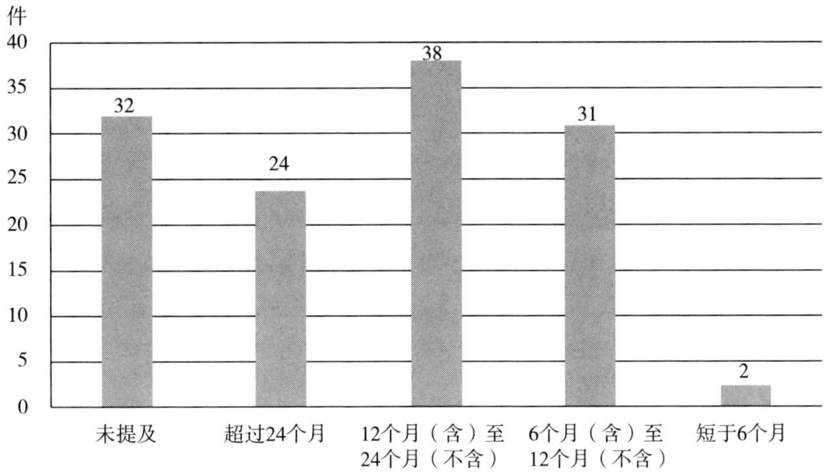

图2　2023年反垄断行政处罚案件调查期限

在2022年公布的123件反垄断行政处罚案件中,案件的调查期限在12个月至24个月的,共计56件;案件调查期限超出24个月的,共计33件;案件调查期限在6个月至12个月的,共计27件;案件调查期限短于6个月的,仅有1件;此外,还有6件案件的行政处罚决定书未提及调查期限。①

对比上述数据可知,反垄断行政处罚案件的调查期限控制在12个月至24个月的仍是主流,调查期限大于24个月的案件数量明显下降,调查期限小于12个月的案件呈现上升趋势。这一现状的出现,一方面是因为国家市场监督管理总局在2023年度开展了民生领域反垄断执法专项活动,集中力量查处垄断案件,致使该年度反垄断执法工作效率大幅提升。另一方面,2023年度发布了四部反垄断法配套规章,法律条文规定的细化与明确化,也有助于行政执法机构对于事实的认定。

对比未提及调查期限的案件数量可以发现,2023年的数量有所上升。主要原因在于,部分案件在公布的行政处罚决定书中未提及立案日期或处罚告知日期,部分案件只公布了简易的行政处罚决定而未公布全文。针对这一现状,行政执法机构应当积极履行信息公开义务,确保公众能够及时、准确地获取执法信息,以维护公平、公正的市场竞争秩序,增强社会监督和舆论监督的效力。

① 参见林文:《中国反垄断行政执法年度报告(2022年)》,载王先林主编,上海交通大学竞争法律与政策研究中心、上海市法学会竞争法研究会组编:《竞争法律与政策评论》第9卷,法律出版社2023年版。

四、反垄断行政处罚案件相关市场分析

(一)相关商品市场界定

2023年反垄断行政处罚案件中,适用替代性分析方法界定相关商品市场的案件有12件(见表2),未适用替代性分析方法界定相关商品市场的案件有115件。

表2 2023年适用替代性分析方法界定相关商品市场的案件

序号	案号	案件名称	执法地区	相关商品市场
1	鲁市监行处字〔2023〕5号	华能日照热力有限公司滥用市场支配地位案	山东	城市公共管网供热服务市场
2	苏市监反垄断案〔2023〕1号	南京中燃城市燃气发展有限公司滥用市场支配地位案	江苏	管道燃气供应服务市场
3	渝市监处字〔2022〕300号	重庆永康燃气有限公司滥用市场支配地位案	重庆	管道燃气供应服务市场
4	晋市监价监罚字〔2023〕49号	大同华润燃气有限公司滥用市场支配地位案	江西	管道燃气供应服务市场
5	鲁市监行处字〔2022〕120号	日照市水务集团供水有限公司滥用市场支配地位案	山东	市公共自来水供水服务市场
6	桂市监反垄断处〔2023〕1号	上林县三里六仙自来水有限责任公司滥用市场支配地位案	广西	乡镇集中供水服务市场
7	沪市监反垄处〔2023〕3220190101510号	江西祥宇医药有限公司滥用市场支配地位案	上海	碘化油原料药销售市场
8	国市监处罚〔2023〕9号	远大医药(中国)有限公司达成并实施垄断协议、滥用市场支配地位案	国家	甲肾上腺素原料药和肾上腺素原料药市场
9	津市监垄处〔2023〕1号	天津金耀药业有限公司滥用市场支配地位案	天津	卡莫司汀注射液市场
10	沪市监反垄处〔2023〕202301401号	上海上药第一生化药业有限公司滥用市场支配地位案	上海	注射用硫酸多黏菌素B市场

续表

序号	案号	案件名称	执法地区	相关商品市场
11	沪市监反垄处〔2023〕202301402 号	武汉汇海医药有限公司、武汉科德医药有限公司、湖北民康制药有限公司滥用市场支配地位案	上海	注射用硫酸多黏菌素 B 市场
12	辽市监反垄断处罚〔2023〕1 号	东北制药集团股份有限公司滥用市场支配地位案	辽宁	左卡尼汀原料药市场

如表 2 所示,公用事业和医药领域依旧是经营者滥用市场支配地位实施垄断行为的高发领域。以华能日照热力有限公司滥用市场支配地位案为例,从需求替代角度来看,对于城市内居民及工商业用户的供热需求一般通过城市公共管网或者自建措施解决。但是,对于大多数用热户而言,自建供热设施在环保审批、投资、场地等方面存在困难或问题,难以替代城市公共管网供热服务。市场上销售的电力供热、燃气供热产品多用于小范围的生活供热,在供热面积和供热能效上与城市公共管网供热差距大,难以形成普遍替代。从供给替代角度看,其他经营者想要提供城市公共管网供热服务,需要获得政府规划审批并投入大量资金,经济成本和时间成本均较高,短期内较难转换为城市公共管网供热企业。因此,城市公共管网供热构成单独的相关商品市场。

(二)相关地域市场界定

2023 年反垄断行政处罚案件中,适用替代性分析方法界定相关地域市场的案件有 12 件(见表 3),未适用替代性分析方法界定相关商品市场的案件有 115 件。

表 3　2023 年适用替代性分析方法界定相关地域市场的案件

序号	案号	案件名称	执法地区	地域市场
1	国市监处罚〔2023〕9 号	远大医药(中国)有限公司达成并实施垄断协议、滥用市场支配地位案	国家	中国
2	津市监垄处〔2023〕1 号	天津金耀药业有限公司滥用市场支配地位案	天津	中国

续表

序号	案号	案件名称	执法地区	地域市场
3	辽市监反垄断处罚〔2023〕1号	东北制药集团股份有限公司滥用市场支配地位案	辽宁	中国
4	沪市监反垄处〔2023〕202301401号	上海上药第一生化药业有限公司滥用市场支配地位案	上海	中国
5	沪市监反垄处〔2023〕202301402号	武汉汇海医药有限公司、武汉科德医药有限公司、湖北民康制药有限公司滥用市场支配地位案	上海	中国
6	沪市监反垄处〔2023〕3220190101510号	江西祥宇医药有限公司滥用市场支配地位案	上海	中国
7	渝市监处字〔2022〕300号	重庆永康燃气有限公司滥用市场支配地位案	重庆	永川区15个镇街
8	鲁市监行处字〔2023〕5号	华能日照热力有限公司滥用市场支配地位案	山东	日照市主城区
9	鲁市监行处字〔2022〕120号	日照市水务集团供水有限公司滥用市场支配地位案	山东	日照市主城区
10	桂市监反垄断处〔2023〕1号	上林县三里六仙自来水有限责任公司滥用市场支配地位案	广西	南宁市上林县
11	苏市监反垄断案〔2023〕1号	南京中燃城市燃气发展有限公司滥用市场支配地位案	江苏	南京市江北地区
12	晋市监价监罚字〔2023〕49号	大同华润燃气有限公司滥用市场支配地位案	江西	大同市市区

如表3所示,医药行业领域的地域市场通常为中国。因为中国药品市场存在严格的管制措施,在中国生产销售药品必须获得有关部门颁发的批文、药品生产许可证等资质,需要满足注册检验、专家评审、临床测试、定期检查等监管要求,申请获得相关资质并满足监管要求需要较长的时间。进口药品需要取得国家药品监督管

理部门颁发的《进口药品注册证》,国家药品监督管理部门需要对进口药品生产企业管理水平、生产条件等资质进行审核,申请注册的进口药品还必须在中国进行临床研究。因此,在国家药品监督管理部门未颁发《进口药品注册证》的情况下,短期内中国以外地区生产的药品无法进入中国市场。

而供气供热供水等公用事业的地域市场通常限定在同一城市中。由于公用事业具有通过城市管网统一输送的特点,决定了经营者通常系该区域内唯一的供应服务企业,而用户在所属地域内只能选择本地供应服务企业提供的服务,不存在同类经营的竞争关系。

反垄断执法机构在界定相关地域市场时,可以从需求替代角度考虑以下因素:

第一,需求者因商品价格或其他竞争因素变化,转向或考虑转向其他地域购买商品的证据。

第二,商品的运输成本和运输特征。相对于商品价格来说,运输成本越高,相关地域市场的范围越小。例如,水泥受运输成本等因素的限制,一般运输距离为150公里左右,若超出运输范围,产品将不具有经济性。

第三,多数需求者选择商品的实际区域和主要经营者商品的销售分布。

第四,地域间的贸易壁垒,包括关税、地方性法规、环保因素、技术因素等。

第五,特定区域需求者偏好、商品运进和运出该地域的数量等其他重要因素。

从供给角度界定相关地域市场时一般可以考虑的因素,包括:其他地域的经营者对商品价格等竞争因素的变化作出反应的证据;其他地域的经营者供应或销售相关商品的即时性和可行性,如将订单转向其他地域经营者的转换成本等。

五、阻碍反垄断行政调查案件分析

(一)阻碍行政调查立法

反垄断执法机构对涉嫌违法经营者依法开展反垄断调查,是预防和制止垄断行为,保护市场公平竞争和消费者合法权益的重要法律措施。根据我国《反垄断法》的规定,执法机构有权对涉嫌垄断行为进行调查,并可以采取下列措施,如进入被调查经营者的营业场所;询问相关人员要求其说明情况;查阅复制相关单位或个人的有关单证、协议、会计账簿、业务函电等文件资料;查封扣押相关证据以及查询经营者的银行账户等。

2007年公布的《反垄断法》第42条规定了被调查企业及相关个人的配合义务,即“被调查的经营者、利害关系人或者其他有关单位或者个人应当配合反垄断执法机构依法履行职责,不得拒绝、阻碍反垄断执法机构的调查”,第52条规定了未履行上述配合义务的法律后果,即“对反垄断执法机构依法实施的审查和调查,拒绝提供有关材料、信息,或者提供虚假材料、信息,或者隐匿、销毁、转移证据,或者有其他拒绝、阻碍调查行为的,由反垄断执法机构责令改正,对个人可以处二万元以下的罚款,对单位可以处二十万元以下的罚款;情节严重的,对个人处二万元以上十万元以下的罚款,对单位处二十万元以上一百万元以下的罚款;构成犯罪的,依法追究刑事责任”。

修正后的《反垄断法》并未改变第42条的内容,但对第52条的内容作出了部分改动,大幅提高了对拒绝、阻碍反垄断执法机构调查的企业及个人的处罚力度:由此前对企业顶格处100万元、对个人顶格处10万元的罚款调整为对企业顶格处上一年度销售额1%(没有销售额或销售额难以计算的,顶格处500万元罚款)、对个人顶格处50万元的罚款。

(二)阻碍行政调查类型分析

2023年度不存在阻碍反垄断行政调查的案件,2022年和2021年分别存在1件和2件阻碍反垄断行政调查的案件。这一对比可知,随着近年来反垄断执法的进行,经营者接受到良好的普法教育,能够认识到违法行为及危害,能够较好地配合执法机构查明违法事实,推动案件进展。

六、反垄断行政处罚听证制度

(一)反垄断听证制度概况

反垄断听证制度在我国已历经十载春秋。它不仅在调和反垄断法抽象性、原则性与反垄断案件综合性、复杂性之间的冲突方面发挥了显著作用,而且还大大提升了公众的参与度,有效地监督和激励了反垄断执法机构依法行政、严格执法。这一制度的实施,不仅提高了反垄断工作的透明度,也增强了公众对反垄断执法的信任感,对于维护市场公平竞争秩序具有重要意义。

我国的反垄断听证制度主要依据《行政处罚法》和《市场监督管理行政处罚听证办法》中关于听证程序的规定。2021年修改的《行政处罚法》第63条规定了听证程序的适用情形,即“行政机关拟作出下列行政处罚决定,应当告知当事人有要求听证的权利,当事人要求听证的,行政机关应当组织听证:(一)较大数额罚款;(二)没收较大数额违法所得、没收较大价值非法财物;(三)降低资质等级、吊销许可证件;(四)责令停产停业、责令关闭、限制从业;(五)其他较重的行政处罚;(六)法律、法规、规章规定的其他情形。当事人不承担行政机关组织听证的费用。”反垄断执法机构在查处上述行政处罚案件类型时一般会告知当事人享有申请听证的权利。当事人通过听证程序进行陈述申辩、维护自身合法权益;执法机构通过听证程序了解案件事实、避免处罚不当。

2021年修正的《市场监督管理行政处罚听证办法》则对听证程序作了细化的规定,如听证程序的适用情形,该办法规定:“市场监督管理部门拟作出下列行政处罚决定,应当告知当事人有要求听证的权利:(一)责令停产停业、责令关闭、限制从业;(二)降低资质等级、吊销许可证件或者营业执照;(三)对自然人处以一万元以上、对法人或者其他组织处以十万元以上罚款;(四)对自然人、法人或者其他组织作出没收违法所得和非法财物价值总额达到第三项所列数额的行政处罚;(五)其他较重的行政处罚;(六)法律、法规、规章规定的其他情形。各省、自治区、直辖市人大常委会或者人民政府对前款第三项、第四项所列罚没数额有具体规定的,可以从其规定。”

现行《反垄断法》中并未涉及听证制度的相关规定,这直接影响了听证制度在实践中的执行效果,使得公众参与度明显不足。因此,在未来的法律修订工作中,亟待对听证制度进行明确和强化,以提升其执行效率和公众参与度。

(二)反垄断行政处罚听证现状

如图3所示,在2023年公布的127件反垄断行政处罚案件中,被调查行政相对人提出听证申请或要求的共有11件,约占9%,反垄断执法机构均依法召开了听证会;反垄断执法机构依法告知行政相对人具有提出听证申请的权利,但当事人未要求听证、在法定期限内未提出听证申请或放弃听证权利的共有96件,约占75%;除此之外,还有20件案件因未公布完整版行政处罚决定书无法知悉有关听证信息。

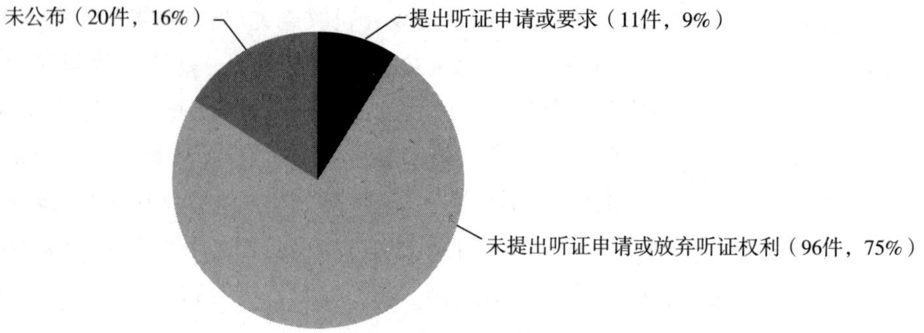

图3　处罚听证申请情况

在2022年公布的123件反垄断行政处罚案件中,被调查行政相对人提出听证申请或要求的共有25件,约占20%,反垄断执法机构均依法召开了听证会;反垄断执法机构依法告知行政相对人具有提出听证申请的权利,但当事人未申请听证或放弃听证权利的共有54件,约占44%;不属于适用听证程序范围的案件共计37件,其中有3件案件的当事人提出书面陈述、申辩意见;除此之外,还有7件案件的行政处罚决定书中并未提及有关听证信息。

对比上述数据可知,随着法律法规的明晰化和执法人员的专业化,执法机构作出的行政处罚决定越来越受被调查行政相对人的认可,因此接受行政处罚未要求听证的案件数量有所增加。并且只要当事人提出听证申请,反垄断执法机构均会依法组织听证会。此举不仅有效减少了反垄断行政处罚案件在调查取证阶段的执法成本,而且通过听证会的形式,实现了广泛的社会监督,展现了执法程序的公开透明性。这样的做法不仅提升了执法效率,也增强了公众对反垄断执法工作的信任与认可。

2023年依法适用听证程序的案件见表4。

表4　2023年依法适用听证程序的案件

序号	案号	案件名称	执法地区
1	浙市监处罚〔2023〕1004号	杭州群起建材有限公司达成并实施垄断协议案	浙江
2	黔市监价处〔2023〕2号	金沙县远大新型环保建材有限责任公司达成并实施垄断协议案	贵州

续表

序号	案号	案件名称	执法地区
3	黔市监价处〔2023〕3 号	金沙县奥克新型环保建材有限公司达成并实施垄断协议案	贵州
4	黔市监价处〔2023〕4 号	贵州省金沙县节能环保建材有限责任公司达成并实施垄断协议案	贵州
5	皖市监竞争处字〔2023〕1 号	蚌埠市安液清洁能源有限公司达成并实施垄断协议案	安徽
6	皖市监竞争处字〔2023〕2 号	蚌埠市鑫源气体有限公司达成并实施垄断协议案	安徽
7	渝市监处字〔2022〕300 号	重庆永康燃气有限公司滥用市场支配地位案	重庆
8	云市监竞处字〔2023〕01 号	砚山县福兴页岩砖厂达成并实施垄断协议案	云南
9	云市监竞处字〔2023〕02 号	砚山县砚宏页岩砖厂达成并实施垄断协议案	云南
10	云市监竞处字〔2023〕03 号	砚山县信鑫页岩砖厂达成并实施垄断协议案	云南
11	云市监竞处字〔2023〕04 号	砚山县柏盛页岩砖厂达成并实施垄断协议案	云南
12	云市监竞处字〔2023〕05 号	砚山县江那镇金荣页岩砖厂达成并实施垄断协议案	云南
13	云市监竞处字〔2023〕06 号	砚山县良贵页岩砖厂达成并实施垄断协议案	云南
14	云市监竞处字〔2023〕07 号	砚山县龙马页岩砖厂达成并实施垄断协议案	云南
15	云市监竞处字〔2023〕08 号	砚山县明扬页岩砖厂达成并实施垄断协议案	云南

续表

序号	案号	案件名称	执法地区
16	云市监竞处字〔2023〕09号	砚山县平祥新型页岩砖厂达成并实施垄断协议案	云南
17	云市监竞处字〔2023〕10号	砚山县新兴建强页岩砖厂达成并实施垄断协议案	云南
18	云市监竞处字〔2023〕11号	砚山县兴红页岩砖厂达成并实施垄断协议案	云南
19	鄂市监反垄断罚处〔2023〕5号	荆门市飞图混凝土有限公司达成并实施垄断协议案	湖北
20	鄂市监反垄断罚处〔2023〕11号	湖北荆门安建混凝土有限公司达成并实施垄断协议案	湖北

七、反垄断行政处罚案件证据

在2023年反垄断行政处罚案件中,有92件案件的行政处罚决定书中公开了反垄断执法机构作出行政处罚所依据的证据,约占72%;剩余35件案件的行政处罚决定书未公开反垄断执法机构作出行政处罚所依据的证据,约占28%(见图4)。

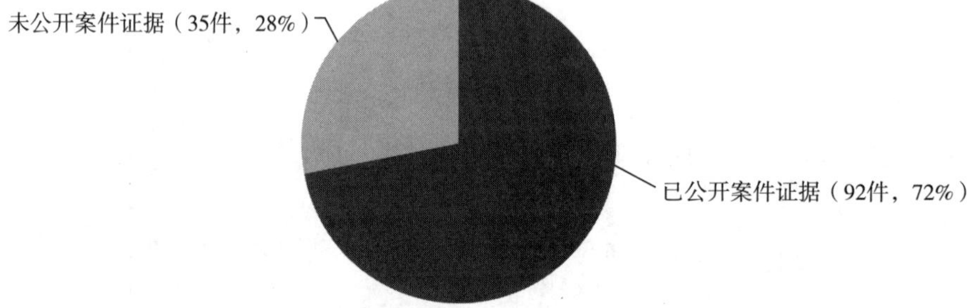

图4 2023年反垄断行政处罚案件证据公开情况

在公开行政处罚证据的92件反垄断行政处罚案件中,涉及的证据包括书证、当事人陈述、证人证言和电子数据。其中,所有的已公开行政处罚证据的案件均涉及书证和当事人陈述这两种证据,涉及证人证言证据的案件共有79件,仅有25件案件涉及电子数据证据(见图 5)。在未公开行政处罚证据的 35 件反垄断行政处罚案件中,有 13 件案件采用"以上事实,主要有(略)等证据予以证明"的方式,剩余 22 件案件由于未公布完整的行政处罚决定书而不能知悉其行政处罚证据。

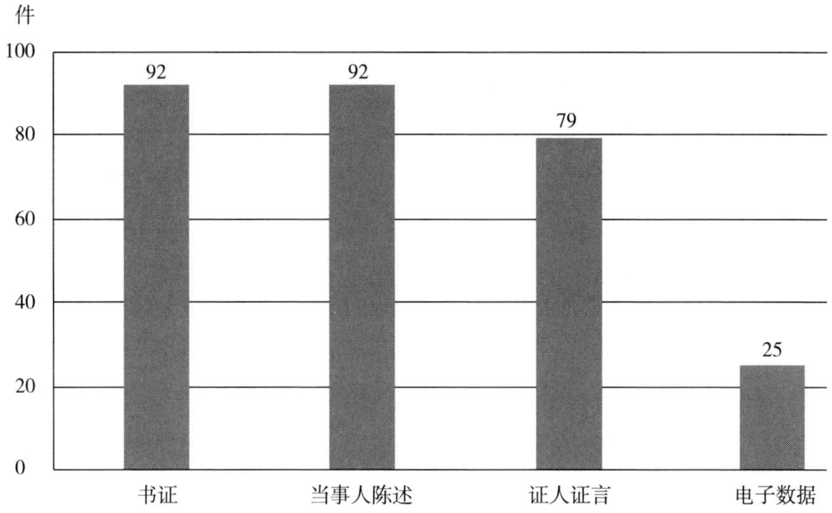

图 5　2023 年反垄断行政处罚案件证据类型

根据上述 92 件行政处罚决定书公开的证据,反垄断行政处罚案件中的书证主要包括人民法院《司法建议书》、刑事判决书、营业执照、经营许可证资质证书、会议纪要、招标文件、合同或协议文本、联合声明、财务报表或审计报告、销售票据等,执法机构也多以合同或协议文本、联合声明、会议纪要、自律公约等文件证明当事人达成垄断协议或滥用市场支配地位的违法事实,并依据财务报表、数据、凭证、审计报告或销售票据等证据作出相应的行政处罚。

值得注意的是,依据《禁止垄断协议规定》第 37 ~ 38 条的规定,经营者达成或者组织其他经营者达成垄断协议,或者为其他经营者达成垄断协议提供实质性帮助的,若主动向反垄断执法机构报告有关情况并提供重要证据,反垄断执法机构应当根据经营者主动报告的时间顺序、提供证据的重要程度以及达成、实施垄断协议的有关情况,决定是否减轻或者免除处罚。因此,违法经营者主动提供此类书证的,可以获得相应减免的行政处罚。另外,此处的"重要证据"是指反垄断执法机构尚未掌握的,能够对立案调查或者对认定垄断协议起到关键性作用的证据,或者是立案后或启动调查程序后,执法机构尚未掌握的,并且能够认定构成《反垄断法》第

16条规定的垄断协议的证据。

反垄断行政处罚案件中的当事人陈述是指当事人就案件的具体情况向执法工作人员所作的叙述。当事人作为案件事实的直接参与者,其陈述对于反垄断执法机构深入了解案件情况具有不可替代的作用。然而,鉴于当事人与案件之间的直接利害关系,其陈述难免存在倾向性,甚至可能故意隐瞒对自己不利的事实或作出不实陈述。因此,在认定案件事实的过程中,反垄断执法机构对当事人的陈述会持谨慎态度,进行细致分析和审慎考量。

反垄断行政处罚案件中的证人证言主要是指涉案当事人以外的其他与案件有关的了解案件事实的单位或个人所作出的陈述,包括被处罚当事人单位员工、上下游企业,或者与被处罚当事人具有竞争关系的经营者的调查询问笔录、情况说明等。

随着网络信息技术的迅猛发展及电子数据在日常生活中的广泛应用,反垄断执法案件中涉及的电子数据证据数量正逐年攀升,呈现出显著的增长趋势,主要包括微信聊天记录截图、往来电子函件、电子邮件截图、官网建议收费标准截屏等。例如,在南京市10家瓶装液化气经营企业达成并实施垄断协议案、上海旭东海普药业有限公司与天津天药医药科技有限公司达成并实施垄断协议案以及焦作市二手车流通协会组织本行业经营者达成并实施垄断协议案中都利用了微信聊天记录截图等电子证据证明当事人存在垄断市场行为。在北京市围棋协会组织会员单位达成并实施垄断协议案中利用了官网建议收费标准截屏等电子证据,证明当事人与具有竞争关系的经营者达成固定商品价格变动幅度的垄断协议。

第二节　反垄断行政处罚案件分析

一、反垄断行政处罚案件地域分布

将2023年公布的127件反垄断行政处罚案件按照被处罚相对人所在地区进行划分,浙江省的案件数量排名第一,共21件,约占17%;排名第二的是河南省,案件数量共计19件,约占15%;湖北省排名第三,共18件,约占14%;云南省和江苏省并列第四,各计11件,各约占9%;北京市和重庆市案件数量紧随其后,分别为10件和9件;其余省份的反垄断行政处罚案件数量均在6件及以下,共计28件(见图6)。

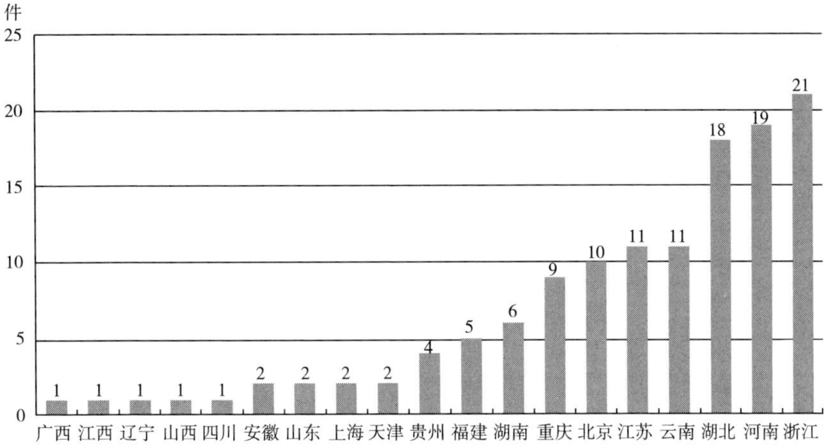

图 6　2023 年反垄断行政处罚案件地域分布

在 2023 年公布的反垄断行政处罚案件中,浙江省的案件数量最多,原因是浙江省市场监督管理局于 2023 年依法查处了杭州市 21 家混凝土生产企业达成并实施垄断协议案。在该案中,杭州市的 21 家商品混凝土生产企业通过口头或书面的方式,达成并实施了固定商品价格、分割销售市场和限制商品生产销售数量的垄断协议,排除、限制了行业的竞争。河南省的案件数量排名第二,原因是河南省市场监督管理局于 2023 年依法查处了焦作市二手车流通协会组织本行业经营者达成并实施垄断协议一案。该案中,涉案的多家二手车交易市场公司在焦作市二手车流通协会的组织下,达成并实施了固定或者变更商品价格、分割销售市场的垄断协议,排除、限制了竞争,损害了消费者利益和社会公共利益,破坏了市场秩序。

对比 2022 年公布的 123 件反垄断行政处罚案件地域分布的数据,河南省的案件数量排名第一,共 31 件,约占 25%;排名第二的是陕西省,案件数量共计 14 件,约占 11%;吉林省排名第三,共 11 件,约占 9%。[①] 根据上述数据可知,相较于 2022 年,2023 年的反垄断行政调查处罚案件数量排名第一的地区发生了变化,由河南省转变为浙江省,但河南省的案件数量仍然保持高位,其他省市的案件数量也有不同幅度的变化。此外,2023 年与 2022 年的案件数量均超过百件,与 2021 年共计 46 件

① 参见林文:《中国反垄断行政执法年度报告(2022 年)》,载王先林主编,上海交通大学竞争法律与政策研究中心、上海市法学会竞争法研究会组编:《竞争法律与政策评论》第 9 卷,法律出版社 2023 年版。

的案件数量形成鲜明反差,主要原因在于:第一,2023年与2022年查处的案件多为横向垄断协议案件,此类案件具有涉案主体较多的特点,如浙江与河南查处的案件就涉及40个行政相对人,约占总数的1/3。第二,随着市场监管机构加强重点领域的反垄断监管执法工作,民生领域的监管执法取得新突破,这也在行政执法数量上得到了体现。

二、反垄断行政处罚案件行业分布

(一)行业行政处罚总体情况

2023年反垄断行政处罚案件分布在8个行业中,其中建筑材料行业、服务行业、燃气行业占据了前三,分别为46件、30件、15件,占比分别为36%、24%、12%,保险行业、医药行业和民用爆破器材行业的数量相差不大,均为10件左右,数量最少的是供热行业和供水行业,总共占比为2%(见图7)。

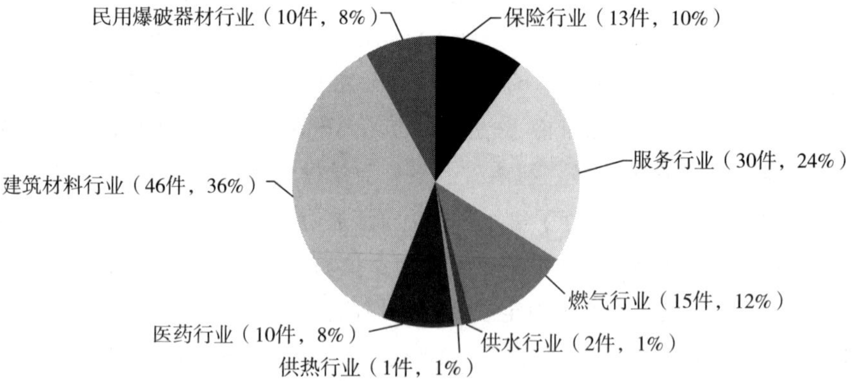

图7 2023年反垄断行政处罚案件行业分布

2022年公布的123件反垄断行政处罚案件中,服务行业数量排名第一,为71件,占比为58%;其次是建材行业,为21件,约占17%;排名第三的是燃气行业,为11件,占比为9%。

2021年公布的46件反垄断行政处罚案件中,建材行业数量排名第一,为19件,约占41%;其次是医药行业,为10件,约占22%;排名第三的是燃气行业,为7件,约占15%。

从以上数据可知,与前两年相比,除建筑材料行业和燃气行业的案件数量仍位居前列外,其他行业的排名均有明显变化。最近一年以来,除往年重点关注的医药、燃气、建材等领域外,反垄断执法机构也正不断加大对保险、民用爆破等行业的查处力度,力求执法范围全覆盖,积极维护各行各业公平竞争的市场秩序和消费者的切身利益。

(二)建材行业处罚情况

2023 年,反垄断执法机构继续加大对红砖、混凝土等建筑材料行业的反垄断执法力度。根据公布的反垄断行政处罚案件情况,2023 年全年作出行政处罚的建筑材料行业垄断协议案件共 46 件(见表 5),占 2023 年行政处罚案件数量的 36%,数量排名第一。在办结的 46 件垄断协议案件中,混凝土行业 35 件,红砖行业 11 件,均为横向垄断协议案件。

表 5 2023 年建材行业反垄断处罚案件

序号	案号	案件名称	执法地区
1	云市监竞处字〔2023〕01 号	砚山县福兴页岩砖厂达成并实施垄断协议案	云南
2	云市监竞处字〔2023〕02 号	砚山县砚宏页岩砖厂达成并实施垄断协议案	云南
3	云市监竞处字〔2023〕03 号	砚山县信鑫页岩砖厂达成并实施垄断协议案	云南
4	云市监竞处字〔2023〕04 号	砚山县柏盛页岩砖厂达成并实施垄断协议案	云南
5	云市监竞处字〔2023〕05 号	砚山县江那镇金荣页岩砖厂达成并实施垄断协议案	云南
6	云市监竞处字〔2023〕06 号	砚山县良贵页岩砖厂达成并实施垄断协议案	云南
7	云市监竞处字〔2023〕07 号	砚山县龙马页岩砖厂达成并实施垄断协议案	云南
8	云市监竞处字〔2023〕08 号	砚山县明扬页岩砖厂达成并实施垄断协议案	云南

续表

序号	案号	案件名称	执法地区
9	云市监竞处字〔2023〕09号	砚山县平祥新型页岩砖厂达成并实施垄断协议案	云南
10	云市监竞处字〔2023〕10号	砚山县新兴建强页岩砖厂达成并实施垄断协议案	云南
11	云市监竞处字〔2023〕11号	砚山县兴红页岩砖厂达成并实施垄断协议案	云南
12	浙市监处罚〔2023〕1001号	杭州振腾实业有限公司达成并实施垄断协议案	浙江
13	浙市监处罚〔2023〕1002号	杭州华杰商品混凝土有限公司达成并实施垄断协议案	浙江
14	浙市监处罚〔2023〕1003号	杭州鹏程混凝土有限公司达成并实施垄断协议案	浙江
15	浙市监处罚〔2023〕1004号	杭州群起建材有限公司达成并实施垄断协议案	浙江
16	浙市监处罚〔2023〕1005号	浙江固城混凝土有限公司达成并实施垄断协议案	浙江
17	浙市监处罚〔2023〕1006号	浙江萧山建宏商品混凝土有限责任公司达成并实施垄断协议案	浙江
18	浙市监处罚〔2023〕1007号	杭州坚锋商品混凝土有限公司达成并实施垄断协议案	浙江
19	浙市监处罚〔2023〕1008号	杭州振宏商品混凝土有限公司达成并实施垄断协议案	浙江
20	浙市监处罚〔2023〕1009号	杭州高翔混凝土有限公司达成并实施垄断协议案	浙江
21	浙市监处罚〔2023〕1010号	杭州潮洪建材有限公司达成并实施垄断协议案	浙江

续表

序号	案号	案件名称	执法地区
22	浙市监处罚〔2023〕1011号	杭州金腾商品混凝土有限公司达成并实施垄断协议案	浙江
23	浙市监处罚〔2023〕1012号	杭州坚塔银元混凝土有限公司达成并实施垄断协议案	浙江
24	浙市监处罚〔2023〕1013号	杭州前程混凝土有限公司达成并实施垄断协议案	浙江
25	浙市监处罚〔2023〕1014号	杭州卓新建材有限公司达成并实施垄断协议案	浙江
26	浙市监处罚〔2023〕1015号	杭州钱龙实业有限公司达成并实施垄断协议案	浙江
27	浙市监处罚〔2023〕1016号	杭州龙兴黄家河混凝土有限公司达成并实施垄断协议案	浙江
28	浙市监处罚〔2023〕1017号	杭州金桥混凝土有限公司达成并实施垄断协议案	浙江
29	浙市监处罚〔2023〕1018号	杭州优狮混凝土有限公司达成并实施垄断协议案	浙江
30	浙市监处罚〔2023〕1019号	杭州辰泽混凝土有限公司达成并实施垄断协议案	浙江
31	浙市监处罚〔2023〕1020号	杭州宏骏商品混凝土有限公司达成并实施垄断协议案	浙江
32	浙市监处罚〔2023〕1021号	杭州正方商品混凝土搅拌厂达成并实施垄断协议案	浙江
33	黔市监价处〔2023〕1号	贵州朗月新型建筑材料有限公司达成并实施垄断协议案	贵州
34	黔市监价处〔2023〕2号	金沙县远大新型环保建材有限责任公司达成并实施垄断协议案	贵州

续表

序号	案号	案件名称	执法地区
35	黔市监价处〔2023〕3号	金沙县奥克新型环保建材有限公司达成并实施垄断协议案	贵州
36	黔市监价处〔2023〕4号	贵州省金沙县节能环保建材有限责任公司达成并实施垄断协议案	贵州
37	鄂市监反垄断罚处〔2023〕5号	荆门市飞图混凝土有限公司达成并实施垄断协议案	湖北
38	鄂市监反垄断罚处〔2023〕6号	荆门市飞池砂浆有限公司达成并实施垄断协议案	湖北
39	鄂市监反垄断罚处〔2023〕7号	荆门中和混凝土有限责任公司达成并实施垄断协议案	湖北
40	鄂市监反垄断罚处〔2023〕8号	湖北腾宝新材料有限公司荆门商品混凝土分公司达成并实施垄断协议案	湖北
41	鄂市监反垄断罚处〔2023〕9号	荆门东晨金建商砼有限公司达成并实施垄断协议案	湖北
42	鄂市监反垄断罚处〔2023〕10号	荆门市世全混凝土有限公司达成并实施垄断协议案	湖北
43	鄂市监反垄断罚处〔2023〕11号	湖北荆门安建混凝土有限公司达成并实施垄断协议案	湖北
44	鄂市监反垄断罚处〔2023〕12号	华新混凝土荆门有限公司达成并实施垄断协议案	湖北
45	鄂市监反垄断罚处〔2023〕13号	钟祥荆阳混凝土有限公司达成并实施垄断协议案	湖北
46	鄂市监反垄断罚处〔2023〕14号	沙洋秦江水泥有限责任公司杨集商混站达成并实施垄断协议案	湖北

2023年11月9日,国家市场监督管理总局发布“杭州市21家混凝土生产企业达成并实施垄断协议案”行政处罚决定书。在该案中,21家混凝土企业通过会议等

形式,达成成立行业协会、统一上调混凝土销售价格以及由协会统一分配市场份额的口头协议。除此之外,在协会筹备、产能摸底工作基本结束后,协会筹备组成员通过与企业负责人个别商谈等方式,确定了各企业的配额并统一提高了商品混凝土销售价格。同时,该21家企业通过共同出资注册成立公司的方式,对商品混凝土供应进行统一分配。涉案的21家混凝土生产企业的行为排除、限制了杭州市混凝土市场的竞争,破坏了建材行业公平竞争市场秩序,损害了消费者利益和社会公共利益。2023年7月27日,浙江省市场监督管理局对该案依法查处,责令涉案的21家混凝土生产企业停止违法行为,并处罚款合计1.74亿元。

在云南省砚山县11家制砖企业达成并实施垄断协议案中,涉案的11家制砖企业自愿加入砚山县制砖协会,通过会议的形式达成固定或者变更商品价格的垄断协议。该垄断协议表面上表现为"制砖协会"的意志,实质上却是团体成员即涉案的11家制砖企业个体意思协同一致的结果。尽管被行政处罚相对人提出制砖协会召开会议的目的不是要形成市场垄断,而是想避免无序竞争,规范市场,确保制砖行业的良性发展,但是其未提供相应证据证明属于豁免情形,并且在事实上控制了市场价格,构成了垄断行为。2023年12月18日,云南省市场监督管理责令涉案的11家企业停止违法行为,考虑到调查期间当事人能积极配合办案人员调查和根据《审计报告》得出的结论"当事人在垄断协议执行期间违法所得为无法计算"等情况,并处罚款合计约68.63万元。

建材行业,特别是混凝土等关键建筑材料领域,由于产品特性和施工要求的限制,其销售半径相对固定,如混凝土的公路运输距离一般限制在50千米内,这些特点使其展现出强烈的区域性市场特征。然而,一些建材行业的行业协会却利用这种区域性特点,达成并实施固定销售价格的协议,阻碍了市场价格机制正常发挥作用,排除、限制了市场竞争,限制了用户自由商定交易价格的权利,严重破坏了市场公平竞争的环境和秩序。因此,建材行业一直是反垄断执法机构密切关注和严格监管的重点领域。

(三)服务行业处罚情况

服务行业作为传统行业,涉及人民群众生活的方方面面。根据2023年公布的反垄断行政处罚案件情况,共计处罚30件服务行业的垄断案件,服务行业一跃成为2023年反垄断行政处罚案件排名第二的行业,案件数量占2023年反垄断行政处罚总案件数量的24%。其中,涉及二手车交易服务19件,围棋业余段、级位证书服务及赛事活动服务 9 件,工程造价咨询服务 1 件,房地产价格评估服务 1 件。按行为类型统计,均为横向垄断协议(见表 6)。

表 6　2023 年服务行业反垄断处罚案件

序号	案号	案件名称	执法地区
1	川市监处罚〔2023〕1 号	成都市工程造价协会垄断协议案	四川
2	闽市监反垄断字〔2023〕005 号	福州市房地产估价协会垄断协议案	福建
3	豫市监处罚〔2022〕6 - 1 号	焦作市二手车流通协会组织本行业经营者达成并实施垄断协议案	河南
4	豫市监处罚〔2022〕6 - 2 号	焦作市二手车流通协会组织焦作市恒桥旧机动车交易市场有限责任公司达成并实施垄断协议案	河南
5	豫市监处罚〔2022〕6 - 3 号	焦作市二手车流通协会组织焦作市安驰二手车交易市场有限公司达成并实施垄断协议案	河南
6	豫市监处罚〔2022〕6 - 4 号	焦作市二手车流通协会组织焦作市东城国贸二手车市场有限公司达成并实施垄断协议案	河南
7	豫市监处罚〔2022〕6 - 5 号	焦作市二手车流通协会组织焦作市启汇二手车交易市场有限公司达成并实施垄断协议案	河南
8	豫市监处罚〔2022〕6 - 6 号	焦作市二手车流通协会组织焦作市通大二手车交易市场有限公司达成并实施垄断协议案	河南
9	豫市监处罚〔2022〕6 - 7 号	焦作市二手车流通协会组织焦作市警源二手车交易市场有限公司达成并实施垄断协议案	河南
10	豫市监处罚〔2022〕6 - 8 号	焦作市二手车流通协会组织焦作市富捷二手车市场有限公司达成并实施垄断协议案	河南
11	豫市监处罚〔2022〕6 - 9 号	焦作市二手车流通协会组织修武县源通旧机动车交易市场有限公司达成并实施垄断协议案	河南

续表

序号	案号	案件名称	执法地区
12	豫市监处罚〔2022〕6－10 号	焦作市二手车流通协会组织沁阳市瑞轩旧机动车交易服务有限公司达成并实施垄断协议案	河南
13	豫市监处罚〔2022〕6－11 号	焦作市二手车流通协会组织温县天赐二手车交易市场有限公司达成并实施垄断协议案	河南
14	豫市监处罚〔2022〕6－12 号	焦作市二手车流通协会组织孟州市路安二手车交易市场有限公司达成并实施垄断协议案	河南
15	豫市监处罚〔2022〕6－13 号	焦作市二手车流通协会组织孟州市路通二手车交易市场有限公司达成并实施垄断协议案	河南
16	豫市监处罚〔2022〕6－14 号	焦作市二手车流通协会组织河南省鑫丰二手车市场管理有限公司达成并实施垄断协议案	河南
17	豫市监处罚〔2022〕6－15 号	焦作市二手车流通协会组织博爱县德聚二手车交易市场有限公司达成并实施垄断协议案	河南
18	豫市监处罚〔2022〕6－16 号	焦作市二手车流通协会组织博爱县盛博二手车交易有限公司达成并实施垄断协议案	河南
19	豫市监处罚〔2022〕6－17 号	焦作市二手车流通协会组织焦作市鸿大二手车交易市场有限公司达成并实施垄断协议案	河南
20	豫市监处罚〔2022〕6－18 号	焦作市二手车流通协会组织温县顺风二手车交易市场有限公司达成并实施垄断协议案	河南
21	豫市监处罚〔2022〕6－19 号	焦作市二手车流通协会组织焦作市优信二手车市场有限公司达成并实施垄断协议案	河南
22	京市监垄罚〔2023〕06002 号	北京市围棋协会组织会员单位达成并实施垄断协议案	北京

续表

序号	案号	案件名称	执法地区
23	京市监垄罚〔2023〕06003号	北京市围棋协会组织北京市丰台区围棋协会达成并实施垄断协议案	北京
24	京市监垄罚〔2023〕06004号	北京市围棋协会组织北京红枫叶体育文化传媒有限公司达成并实施垄断协议案	北京
25	京市监垄罚〔2023〕06005号	北京市围棋协会组织北京市怀柔区围棋协会达成并实施垄断协议案	北京
26	京市监垄罚〔2023〕06006号	北京市围棋协会组织北京博异英华教育咨询有限公司达成并实施垄断协议案	北京
27	京市监垄罚〔2023〕06007号	北京市围棋协会组织北京弈和康体育文化有限公司达成并实施垄断协议案	北京
28	京市监垄罚〔2023〕06008号	北京市围棋协会组织北京市房山区棋牌智力运动协会达成并实施垄断协议案	北京
29	京市监垄罚〔2023〕06009号	北京市围棋协会组织北京市西城区武术和棋类运动管理中心达成并实施垄断协议案	北京
30	京市监垄罚〔2023〕06010号	北京市围棋协会组织北京市东城区棋牌运动协会达成并实施垄断协议案	北京

2023年服务行业反垄断处罚案件数量上升,是因为反垄断执法机构查处了两批批量案件,分别是焦作市二手车流通协会组织本行业经营者达成并实施垄断协议案和京市围棋协会组织会员单位达成并实施垄断协议案。这两批案件的共同特点是行业协会组织本行业具有竞争关系的经营者达成垄断协议。北京市围棋协会组织达成了固定北京市围棋业余段、级位证书服务费及赛事活动服务费变动幅度的垄断协议,使得各项服务费用价格出现一致化的调整,排除、限制了市场竞争;同时推动了服务费上涨,加重了参赛人员的经济负担,损害了消费者利益。而焦作市二手车流通协会组织则组织本行业经营者达成并实施了固定或者变更商品价格、分割销售市场的垄断协议。甚至,为确保协议的顺利实施,焦作市二手车流通协会

通过收取保证金、现场检查、税务数据比对等方式监督各公司价格执行和实际开票情况,套用特定公式计算出各公司当月应得销售收入,并通过现金、微信转账、个人银行卡转账等形式对销售收入再分配。

(四)公用事业处罚情况

公用事业,作为城镇经济运行和社会发展的稳固基石,具有基础支撑、先导引领和天然垄断性的显著特征。它在保障城市正常运转、推动社会进步方面发挥着不可替代的作用。2023 年全国反垄断执法机构共计查办 18 件公用事业企业垄断案件(见表 7),行为类型包括滥用市场支配地位和横向垄断协议,其中 6 件涉及滥用市场支配地位,其余均为横向垄断协议;案件类型包括供水、供热和供气 3 个行业,其中供水 2 件,供热 1 件,供气 15 件。

表 7　2023 年公用事业反垄断行政处罚案件

序号	案号	案件名称	执法地区
1	苏市监反垄断案〔2023〕1 号	南京中燃城市燃气发展有限公司滥用市场支配地位案	江苏
2	晋市监价监罚字〔2023〕49 号	大同华润燃气有限公司滥用市场支配地位案	江西
3	鲁市监行处字〔2023〕5 号	华能日照热力有限公司滥用市场支配地位案	山东
4	鲁市监行处字〔2022〕120 号	日照市水务集团供水有限公司滥用市场支配地位案	山东
5	桂市监反垄断处〔2023〕1 号	上林县三里六仙自来水有限责任公司滥用市场支配地位案	广西
6	渝市监处字〔2022〕300 号	重庆永康燃气有限公司滥用市场支配地位案	重庆
7	苏市监反垄断案〔2023〕2 号	南京百江液化气有限公司达成并实施垄断协议案	江苏
8	苏市监反垄断案〔2023〕3 号	南京燃博燃气有限责任公司达成并实施垄断协议案	江苏

续表

序号	案号	案件名称	执法地区
9	苏市监反垄断案〔2023〕4号	南京液化石油气经营有限公司达成并实施垄断协议案	江苏
10	苏市监反垄断案〔2023〕5号	南京市江宁区宁丹石油液化气有限责任公司达成并实施垄断协议案	江苏
11	苏市监反垄断案〔2023〕6号	南京恒利石化气体有限责任公司达成并实施垄断协议案	江苏
12	苏市监反垄断案〔2023〕7号	南京双南液化气供应站达成并实施垄断协议案	江苏
13	苏市监反垄断案〔2023〕8号	南京南连光华液化气有限公司达成并实施垄断协议案	江苏
14	苏市监反垄断案〔2023〕9号	南京凯力液化气有限责任公司达成并实施垄断协议案	江苏
15	苏市监反垄断案〔2023〕10号	南京益百石化有限公司达成并实施垄断协议案	江苏
16	苏市监反垄断案〔2023〕11号	南京市江宁淳化燃气有限责任公司达成并实施垄断协议案	江苏
17	皖市监竞争处字〔2023〕1号	蚌埠市安液清洁能源有限公司达成并实施垄断协议案	安徽
18	皖市监竞争处字〔2023〕2号	蚌埠市鑫源气体有限公司达成并实施垄断协议案	安徽

2023年查处的公用事业企业滥用市场支配地位行为表现为四类。第一类为没有正当理由，限定交易相对人只能与其进行交易或者只能与其指定的经营者进行交易。例如，在“华能日照热力有限公司滥用市场支配地位案”中，涉案当事人利用其市场支配地位，没有正当理由对开发建设单位实施了限定采购安装其用热计量装置的行为，使开发建设单位无法自行选择热计量装置的交易对象，排除、限制了热计量装置销售市场的竞争。第二类是没有正当理由搭售商品，在水电气暖开户

流程中设置必需环节,强制向用户搭售保险、报警器、燃气具、波纹管等非必需产品。第三类为没有正当理由在交易时附加其他不合理的交易条件。供水公司对直饮水机立户的接入及水表安装工程,是后续进行供水经营行为的必要前提,且施工后的水表及水表前相关设施产权归供水公司所有,工程费用理应由其承担。而在“日照市水务集团供水有限公司滥用市场支配地位案”中,涉案当事人向交易相对方收取本应由当事人自身承担的工程费用。尽管涉案当事人提出直饮水机作为经营设施其用水性质不属于居民用水,需要交纳管道接入工程费用的理由,但他无法提供合法有效政策依据。第四类为没有正当理由,对条件相同的交易相对人在交易价格等交易条件上实行差别待遇。例如,供热企业应当对具备用热计量条件的企事业单位按用热计量收费,而在“华能日照热力有限公司滥用市场支配地位案”中,当事人在没有正当理由的情况下,对本案涉及的企事业单位改变收费方式,由按用热计量收费改成按面积收费。在此期间,其他具备用热计量条件的同类型企事业单位仍按用热计量收费,并且当事人未提供书面证据证明涉案企事业单位不符合用热计量条件。当事人的行为使相关企事业单位承担了更多经营成本和费用,不仅损害了涉案企事业单位的利益,按面积收取供热费用使涉案企事业单位在不必要的非用热时间受热,而且造成了热能资源的浪费。

(五)医药行业

医药行业主要包括医疗卫生和医药药品两个重要部分,2023 年全国反垄断执法机构查办 10 件医药行业垄断案件(见表 8),均涉及医药药品,案件类型包括横向垄断协议和滥用市场支配地位,其中 3 件为横向垄断协议,1 件为纵向垄断协议,6 件为滥用市场支配地位。

表 8　2023 年医药行业反垄断行政处罚案件

序号	案号	案件名称	执法地区
1	沪市监反垄处〔2023〕3220190101501 号	上海旭东海普药业有限公司达成并实施垄断协议案	上海
2	沪市监反垄处〔2023〕3220190101519 号	天津天药医药科技有限公司达成并实施垄断协议案	上海
3	京市监垄罚〔2023〕06001 号	北京紫竹医药经营有限公司达成并实施垄断协议案	北京

续表

序号	案号	案件名称	执法地区
4	国市监处罚〔2023〕9号	远大医药(中国)有限公司与武汉汇海医药有限公司达成并实施垄断协议、滥用市场支配地位案[1]	国家
5	国市监处罚〔2023〕10号	远大医药(中国)有限公司与武汉汇海医药有限公司达成并实施垄断协议、滥用市场支配地位案	国家
6	津市监垄处〔2023〕1号	天津金耀药业有限公司滥用市场支配地位案	天津
7	辽市监反垄断处罚〔2023〕1号	东北制药集团股份有限公司滥用市场支配地位案	辽宁
8	沪市监反垄处〔2023〕202301401号	上海上药第一生化药业有限公司等4家公司滥用市场支配地位案	上海
9	沪市监反垄处〔2023〕202301402号	上海上药第一生化药业有限公司等4家公司滥用市场支配地位案	上海
10	沪市监反垄处〔2023〕3220190101510号	江西祥宇医药有限公司滥用市场支配地位案	上海

[1]本案既涉及横向垄断协议,又涉及滥用市场支配地位,此处作为两种案件重复计算。

2023年查处的医药企业滥用市场支配地位行为主要表现为以不公平的高价销售商品。上海市市场监督管理局在上海上药第一生化药业有限公司等4家公司滥用市场支配地位案行政处罚决定书中明确载明了如何认定涉案当事人的行为构成滥用市场支配地位以不公平的高价销售商品:第一,涉案当事人的制剂挂网价格与生产成本的比值,明显高于同一生产线所产其他制剂;第二,当事人以不公平的手段实现高价销售的目的,即安排多家医药经销公司流转过票、层层加价,逐步推高价格;第三,涉案当事人的制剂的国内销售价格明显高于同期其他国家和地区销售价格。

(六)行业协会处罚情况

我国《反垄断法》清晰界定了行业协会的角色,期望其能够强化行业内的自我约束,指导本行业的从业者依照法律开展竞争活动,确保合规经营,进而维护市场的公平竞争秩序。然而,现实中,部分行业协会并未履行其应有的职责,成为加强行业自律的助力,反而变成了推动经营者达成垄断协议、实施垄断行为的“幕后黑手”。2023 年全国反垄断执法机构共计查办 6 件行业协会垄断案件(见表 9),行为类型涉及固定或变更商品价格、限制商品的生产数量或者销售数量。

表 9　2023 年行业协会反垄断行政处罚案件

序号	案号	案件名称	执法地区
1	豫市监处罚〔2022〕6 - 1 号	焦作市二手车流通协会组织本行业经营者达成并实施垄断协议案	河南
2	京市监垄罚〔2023〕06002 号	北京市围棋协会组织会员单位达成并实施垄断协议案	北京
3	川市监处罚〔2023〕1 号	成都市工程造价协会垄断协议案	四川
4	闽市监反垄断字〔2023〕001 号	福建省爆破器材行业协会组织部分会员企业达成垄断协议案	福建
5	闽市监反垄断字〔2023〕005 号	福州市房地产估价协会垄断协议案	福建
6	湘市监反垄断处字〔2023〕2 号	湖南省爆破器材行业协会组织部分会员企业达成垄断协议案	湖南

2023 年 10 月,福建省市场监督管理局查处的“福州市房地产估价协会垄断协议案”中,福州市房地产估价协会组织相关评估企业签订了含有排除、限制竞争内容的《承诺函》。该《承诺函》中统一规定了福州市房地产价格评估差额累进收费标准,并在收费标准基础上,按评估类型设立不同的最低折扣率,且同时规定最低单价,固定了福州地区的抵押评估、招投标项目(含政府采购项目)评估、装修评估、构筑物评估等类型的房地产评估服务收费价格。为了进一步明确约束评估企业的市场报价行为,福州市房地产估价协会制定了《房地产评估项目招投标中评估费报价指引》,对评估企业在招投标中的应标行为进行了统一,并以业内通报、暂停服务、经济处罚等手段约束了评估企业的价格竞争。执法机构认为,福州市房地产估价协会作为行业协会,本应加强行业自律,引导行业经营者依据市场规律开展交易,维护正常市场竞争秩序,但其却组织制定含有统一价格内容的《承诺函》,并强制会员单位参与。其

上述行为违反了《反垄断法》“行业协会不得组织本行业的经营者从事本章禁止的垄断行为”的限制性规定,执法机构遂作出30万元罚款的行政处罚。

近年来,有关行业协会或组织参与垄断协议的事件屡见不鲜,这背后的一个重要原因是我国行业协会严格遵循“一业一会”和“一地一会”的原则。这一原则意味着在同一地域和同一行业内,通常只允许存在一个注册登记的行业协会。因此,几乎所有同一行业的竞争者都隶属于同一行业协会,这极大地增加了行业协会组织并促成横向垄断协议的可能性和便利性。为了有效遏制行业协会的垄断行为,2022年修正的《反垄断法》对行业协会的责任类型和违法处罚方式进行了加强和补充。与此同时,各地市场监管部门也加大了行政指导的力度,通过制定行业协会反垄断合规指引,来提醒和促使行业协会高度警觉并防范垄断行为的发生。例如,山东、贵州和河南等地分别发布了各自的《行业协会反垄断合规指引》,旨在通过明确的指导和规范,促进行业协会的合规经营,维护市场的公平竞争秩序。

三、垄断行为类型分析

(一)2023年垄断行为类型整体情况

根据我国《反垄断法》的规定,垄断行为类型包括垄断协议行为、滥用市场支配地位行为和行政垄断行为(此处仅对前两者进行分析),其中垄断协议行为又分为横向垄断协议和纵向垄断协议。在2023年公布的反垄断行政处罚案件中,横向垄断协议115件,占比最大,其次是滥用市场支配地位12件,最后是纵向垄断协议案件1件。其中,2件案件既涉及横向垄断协议,又涉及滥用市场支配地位(见图8)。

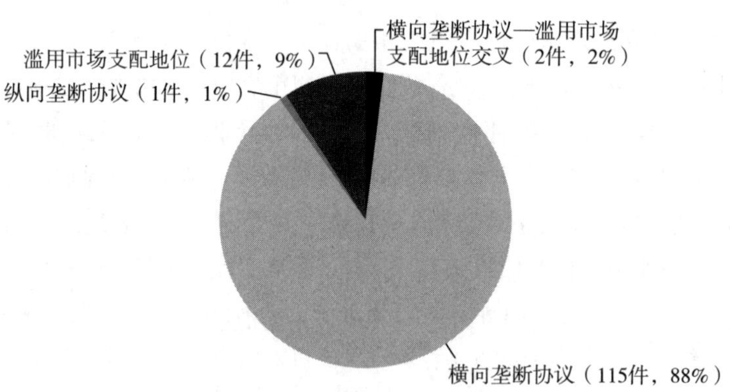

图8　2023年垄断行为类型

2022年的反垄断行政处罚案件中,共有105件横向垄断协议,滥用市场支配地位13件,纵向垄断协议案件9件;其中4件案件既涉及横向垄断协议,又涉及纵向垄断协议。

从现有数据分析,2023年反垄断执法机构对横向垄断协议案件的查处力度依然显著,这主要源于几方面原因。首先,横向垄断协议往往涉及更多参与者,这类协议通常是由在同一经营领域或行业中存在竞争关系的经营者共同达成的,目的是排除、限制竞争,因此涉及的主体更为广泛。其次,由于横向垄断协议的参与者通常处于同一经营阶段或领域,他们既存在共同利益,又存在利益冲突,容易因垄断利益分配不均而产生纠纷,进而引发举报或投诉行为,这自然引起了市场监督管理局的关注和深入调查。最后,横向垄断协议因其数量众多、覆盖面广、对市场影响显著的特点,对市场的健康有序竞争环境构成了严重威胁,因此,反垄断执法机构将此类垄断行为作为重点规范和查处的对象。

此外,在2023年查处的垄断协议案件中,有2件案件既涉及了横向垄断协议,也涉及了滥用市场支配地位。在"远大医药(中国)有限公司与武汉汇海医药有限公司达成并实施垄断协议、滥用市场支配地位案"中,国家市场监督管理总局在作出行政处罚的过程中,准确分析涉案当事人的违法垄断行为并作出精确划分。一方面,认定涉案当事人远大医药(中国)有限公司不仅与具有竞争关系的经营者达成限制商品的生产数量或者销售数量的横向垄断协议,而且利用市场支配地位,没有正当理由在交易时附加其他不合理的交易条件,而且与交易相对人达成固定转售的纵向垄断协议。另一方面,对"武汉汇海医药有限公司"仅认定其实施了与具有竞争关系的经营者达成限制商品的生产数量或者销售数量的横向垄断协议的行为。此举反映出我国反垄断行政执法的科学性和准确性。

(二)横向垄断协议

2023年的115件横向垄断协议案件涉及的违法行为包括固定或变更商品价格、限制商品的生产数量或销售数量、分割销售市场或原材料采购市场、联合抵制交易,其中固定或者变更商品价格的行为数量最多,排名第一;其次是分割销售市场或原材料采购市场行为(见图9)。

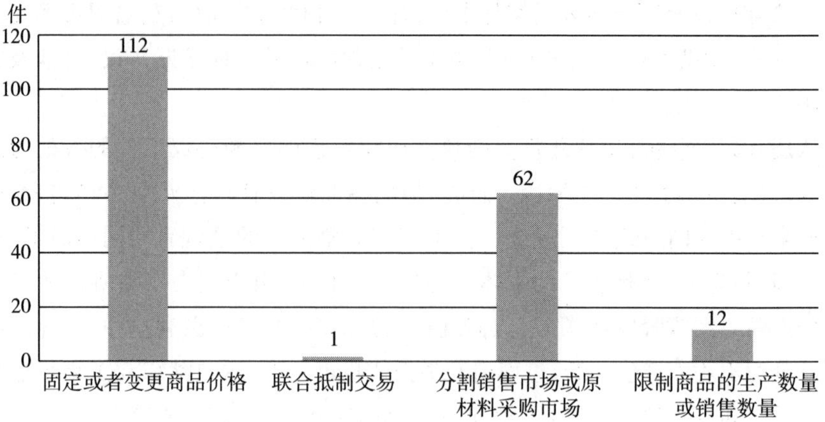

图9　2023年横向垄断行为类型

固定或者变更商品价格作为横向垄断协议最常见的行为类型,具有表现形式多样的特点。其中最基本的方式即经营者通过口头或书面协议等形式达成统一商品价格的合意。例如,在"南京市10家瓶装液化气经营企业达成并实施垄断协议案"中,涉案当事人口头约定实行价格联动,统一销售定价,统一规范一级批发、二级批发间的价格差。有的则通过行业协会或者假借行业协会之名颁布统一的价格标准以供实施。例如,在"福建省爆破器材行业协会组织部分会员企业达成垄断协议案"中,福建省爆破器材行业协会通过《省际民爆物品市场秩序维护公约》的形式,要求参与协议企业必须履行公约中有关民用爆破器材产品价格的条款,并且通过建立购销合同备案、黑名单、诚信保证金等"制约惩罚性"保障措施,以达到共谋干预市场正常竞争的效果。

无论是采用什么手段来达成和实施限制竞争的不合理价格行为,最终都会造成相关消费者的收入被不公平地转移到联合涨价的经营者手中,严重侵犯了消费者的合法权益。这种行为对消费者来说极为不公,不仅剥夺了他们应得的利益,还损害了他们的消费权益。

2023年横向垄断协议案件见表10。

表 10　2023 年横向垄断协议案件

序号	案件名称	执法地区
1	杭州振腾实业有限公司达成并实施垄断协议案	浙江
2	杭州华杰商品混凝土有限公司达成并实施垄断协议案	浙江
3	杭州鹏程混凝土有限公司达成并实施垄断协议案	浙江
4	杭州群起建材有限公司达成并实施垄断协议案	浙江
5	浙江固城混凝土有限公司达成并实施垄断协议案	浙江
6	浙江萧山建宏商品混凝土有限责任公司达成并实施垄断协议案	浙江
7	杭州坚锋商品混凝土有限公司达成并实施垄断协议案	浙江
8	杭州振宏商品混凝土有限公司达成并实施垄断协议案	浙江
9	杭州高翔混凝土有限公司达成并实施垄断协议案	浙江
10	杭州潮洪建材有限公司达成并实施垄断协议案	浙江
11	杭州金腾商品混凝土有限公司达成并实施垄断协议案	浙江
12	杭州坚塔银元混凝土有限公司达成并实施垄断协议案	浙江
13	杭州前程混凝土有限公司达成并实施垄断协议案	浙江
14	杭州卓新建材有限公司达成并实施垄断协议案	浙江
15	杭州钱龙实业有限公司达成并实施垄断协议案	浙江
16	杭州龙兴黄家河混凝土有限公司达成并实施垄断协议案	浙江
17	杭州金桥混凝土有限公司达成并实施垄断协议案	浙江
18	杭州优狮混凝土有限公司达成并实施垄断协议案	浙江
19	杭州辰泽混凝土有限公司达成并实施垄断协议案	浙江
20	杭州宏骏商品混凝土有限公司达成并实施垄断协议案	浙江
21	杭州正方商品混凝土搅拌厂达成并实施垄断协议案	浙江
22	南京百江液化气有限公司达成并实施垄断协议案	江苏
23	南京燃博燃气有限责任公司达成并实施垄断协议案	江苏
24	南京液化石油气经营有限公司达成并实施垄断协议案	江苏
25	南京市江宁区宁丹石油液化气有限责任公司达成并实施垄断协议案	江苏
26	南京恒利石化气体有限责任公司达成并实施垄断协议案	江苏

续表

序号	案件名称	执法地区
27	南京双南液化气供应站达成并实施垄断协议案	江苏
28	南京南连光华液化气有限公司达成并实施垄断协议案	江苏
29	南京凯力液化气有限责任公司达成并实施垄断协议案	江苏
30	南京益百石化有限公司达成并实施垄断协议案	江苏
31	南京市江宁淳化燃气有限责任公司达成并实施垄断协议案	江苏
32	北京市围棋协会组织会员单位达成并实施垄断协议案	北京
33	北京市围棋协会组织北京市丰台区围棋协会达成并实施垄断协议案	北京
34	北京市围棋协会组织北京红枫叶体育文化传媒有限公司达成并实施垄断协议案	北京
35	北京市围棋协会组织北京市怀柔区围棋协会达成并实施垄断协议案	北京
36	北京市围棋协会组织北京博异英华教育咨询有限公司达成并实施垄断协议案	北京
37	北京市围棋协会组织北京弈和康体育文化有限公司达成并实施垄断协议案	北京
38	北京市围棋协会组织北京市房山区棋牌智力运动协会达成并实施垄断协议案	北京
39	北京市围棋协会组织北京市西城区武术和棋类运动管理中心达成并实施垄断协议案	北京
40	北京市围棋协会组织北京市东城区棋牌运动协会达成并实施垄断协议案	北京
41	贵州朗月新型建筑材料有限公司达成并实施垄断协议案	贵州
42	金沙县远大新型环保建材有限责任公司达成并实施垄断协议案	贵州
43	金沙县奥克新型环保建材有限公司达成并实施垄断协议案	贵州
44	贵州省金沙县节能环保建材有限责任公司达成并实施垄断协议案	贵州

续表

序号	案件名称	执法地区
45	中国人民财产保险股份有限公司重庆市巴南支公司达成并实施垄断协议案	重庆
46	中国人寿保险股份有限公司重庆市巴南区支公司达成并实施垄断协议案	重庆
47	阳光财产保险股份有限公司重庆市巴南支公司达成并实施垄断协议案	重庆
48	中国人寿财产保险股份有限公司重庆市巴南区支公司达成并实施垄断协议案	重庆
49	中国太平洋财产保险股份有限公司重庆市巴南支公司达成并实施垄断协议案	重庆
50	中国太平洋人寿保险股份有限公司重庆市巴南中心支公司达成并实施垄断协议案	重庆
51	中华联合财产保险股份有限公司重庆分公司巴南支公司达成并实施垄断协议案	重庆
52	平安养老保险股份有限公司重庆市巴南支公司达成并实施垄断协议案	重庆
53	成都市工程造价协会垄断协议案	四川
54	福建省爆破器材行业协会组织部分会员企业达成垄断协议案	福建
55	福建省爆破器材行业协会组织福建漳州久依久化工有限公司达成垄断协议案	福建
56	福建省爆破器材行业协会组织福建省闽盛民爆物品有限公司达成垄断协议案	福建
57	福建省爆破器材行业协会组织福建海峡科化股份有限公司达成垄断协议案	福建
58	上海旭东海普药业有限公司达成并实施垄断协议案	上海
59	天津天药医药科技有限公司达成并实施垄断协议案	上海

续表

序号	案件名称	执法地区
60	远大医药(中国)有限公司与武汉汇海医药有限公司达成并实施垄断协议、滥用市场支配地位案[1]	国家
61	蚌埠市安液清洁能源有限公司达成并实施垄断协议案	安徽
62	蚌埠市鑫源气体有限公司达成并实施垄断协议案	安徽
63	福州市房地产估价协会垄断协议案	福建
64	焦作市二手车流通协会组织本行业经营者达成并实施垄断协议案	河南
65	焦作市二手车流通协会组织焦作市恒桥旧机动车交易市场有限责任公司达成并实施垄断协议案	河南
66	焦作市二手车流通协会组织焦作市安驰二手车交易市场有限公司达成并实施垄断协议案	河南
67	焦作市二手车流通协会组织焦作市东城国贸二手车市场有限公司达成并实施垄断协议案	河南
68	焦作市二手车流通协会组织焦作市启汇二手车交易市场有限公司达成并实施垄断协议案	河南
69	焦作市二手车流通协会组织焦作市通大二手车交易市场有限公司达成并实施垄断协议案	河南
70	焦作市二手车流通协会组织焦作市警源二手车交易市场有限公司达成并实施垄断协议案	河南
71	焦作市二手车流通协会组织焦作市富捷二手车市场有限公司达成并实施垄断协议案	河南
72	焦作市二手车流通协会组织修武县源通旧机动车交易市场有限公司达成并实施垄断协议案	河南
73	焦作市二手车流通协会组织沁阳市瑞轩旧机动车交易服务有限公司达成并实施垄断协议案	河南
74	焦作市二手车流通协会组织温县天赐二手车交易市场有限公司达成并实施垄断协议案	河南

续表

序号	案件名称	执法地区
75	焦作市二手车流通协会组织孟州市路安二手车交易市场有限公司达成并实施垄断协议案	河南
76	焦作市二手车流通协会组织孟州市路通二手车交易市场有限公司达成并实施垄断协议案	河南
77	焦作市二手车流通协会组织河南省鑫丰二手车市场管理有限公司达成并实施垄断协议案	河南
78	焦作市二手车流通协会组织博爱县德聚二手车交易市场有限公司达成并实施垄断协议案	河南
79	焦作市二手车流通协会组织博爱县盛博二手车交易有限公司达成并实施垄断协议案	河南
80	焦作市二手车流通协会组织焦作市鸿大二手车交易市场有限公司达成并实施垄断协议案	河南
81	焦作市二手车流通协会组织温县顺风二手车交易市场有限公司达成并实施垄断协议案	河南
82	焦作市二手车流通协会组织焦作市优信二手车市场有限公司达成并实施垄断协议案	河南
83	砚山县福兴页岩砖厂达成并实施垄断协议案	云南
84	砚山县砚宏页岩砖厂达成并实施垄断协议案	云南
85	砚山县信鑫页岩砖厂达成并实施垄断协议案	云南
86	砚山县柏盛页岩砖厂达成并实施垄断协议案	云南
87	砚山县江那镇金荣页岩砖厂达成并实施垄断协议案	云南
88	砚山县良贵页岩砖厂达成并实施垄断协议案	云南
89	砚山县龙马页岩砖厂达成并实施垄断协议案	云南
90	砚山县明扬页岩砖厂达成并实施垄断协议案	云南
91	砚山县平祥新型页岩砖厂达成并实施垄断协议案	云南
92	砚山县新兴建强页岩砖厂达成并实施垄断协议案	云南

续表

序号	案件名称	执法地区
93	砚山县兴红页岩砖厂达成并实施垄断协议案	云南
94	江西祥宇医药有限公司滥用市场支配地位案	上海
95	荆门市飞图混凝土有限公司达成并实施垄断协议案	湖北
96	荆门市飞池砂浆有限公司达成并实施垄断协议案	湖北
97	荆门中和混凝土有限责任公司达成并实施垄断协议案	湖北
98	湖北腾宝新材料有限公司荆门商品混凝土分公司达成并实施垄断协议案	湖北
99	荆门东晨金建商砼有限公司达成并实施垄断协议案	湖北
100	荆门市世全混凝土有限公司达成并实施垄断协议案	湖北
101	湖北荆门安建混凝土有限公司达成并实施垄断协议案	湖北
102	华新混凝土荆门有限公司达成并实施垄断协议案	湖北
103	钟祥荆阳混凝土有限公司达成并实施垄断协议案	湖北
104	沙洋秦江水泥有限责任公司杨集商混站达成并实施垄断协议案	湖北
105	荆门金宏建材有限公司达成并实施垄断协议案	湖北
106	中国人寿保险股份有限公司鄂州分公司达成并实施垄断协议案	湖北
107	中国人民财产保险股份有限公司鄂州市分公司达成并实施垄断协议案	湖北
108	中华联合财产保险股份有限公司鄂州中心支公司达成并实施垄断协议案	湖北
109	中国人民人寿保险股份有限公司鄂州中心支公司达成并实施垄断协议案	湖北
110	湖南省爆破器材行业协会组织部分会员企业达成垄断协议案	湖南
111	湖南省爆破器材行业协会组织湖南南岭民用爆破器材股份有限公司达成垄断协议案	湖南
112	湖南省爆破器材行业协会组织衡阳宏泰民用爆破器材有限责任公司达成垄断协议案	湖南

续表

序号	案件名称	执法地区
113	湖南省爆破器材行业协会组织郴州七三二零化工有限公司达成垄断协议案	湖南
114	湖南省爆破器材行业协会组织郴州发安民爆器材有限责任公司达成垄断协议案	湖南
115	湖南省爆破器材行业协会组织永州市旺达民用爆破器材经营有限公司达成垄断协议案	湖南

[1]本案既涉及横向垄断协议,又涉及滥用市场支配地位,此处作为两种案件重复计算。

(三)纵向垄断协议

纵向垄断协议是指不具有竞争关系的经营者之间达成的垄断协议,一般是上游经营者对下游经营者实施的商品定价自由的限制。① 与横向垄断协议不同,纵向垄断协议的上下游经营者之间不存在共同的竞争利益关系。2023年共查办1件纵向垄断协议案件,主要涉及经营者与交易相对人达成限定最低转售价格和固定转售价格的垄断协议两种行为类型。

2023年5月29日国家市场监督管理总局公布了北京紫竹医药经营有限公司达成并实施垄断协议一案。在该案中,北京紫竹医药经营有限公司以上游经营者的身份,通过与一级经销商签订协议,与一级、二级经销商签订三方协议的方式,规定了一级经销商、二级经销商销售涉案商品的价格,以及经销商必须严格执行产品销售层级价格规定,无权调低层级价格销售。与此同时,涉案当事人还通过向经销商、零售药店发放调价函、承诺函、维价通知等形式,实现对涉案商品的价格管控。此外,涉案当事人还通过细化销售管理制度、委托第三方数据公司监控经销商销售价格、强化内部监督的措施实施固定转售价格和限定最低价格的垄断协议。北京市市场监督管理局经审查认为,当事人固定转售价格和限定最低价格的行为致使

① 参见《反垄断法》第18条规定:"禁止经营者与交易相对人达成下列垄断协议:(一)固定向第三人转售商品的价格;(二)限定向第三人转售商品的最低价格;(三)国务院反垄断执法机构认定的其他垄断协议。对前款第一项和第二项规定的协议,经营者能够证明其不具有排除、限制竞争效果的,不予禁止。经营者能够证明其在相关市场的市场份额低于国务院反垄断执法机构规定的标准,并符合国务院反垄断执法机构规定的其他条件的,不予禁止。"

经销商之间价格趋同,阻碍了市场价格机制正常发挥作用,排除、限制了经销商之间的价格竞争,减损了消费者从市场竞争中获利的机会,损害了消费者利益和社会公共利益。

2023 年纵向垄断协议案件见表 11。

表 11　2023 年纵向垄断协议案件

序号	案件名称	执法地区
1	北京紫竹医药经营有限公司达成并实施垄断协议案	北京

(四)滥用市场支配地位

2023 年共有 12 件滥用市场支配地位案件,涉及限定交易、差别待遇、搭售商品或附加不合理的交易条件和以不公平的高价销售商品 4 种行为类型,其中 1 件案件涉及 2 种滥用市场支配地位的行为,即"华能日照热力有限公司滥用市场支配地位案"。

根据图 10 的数据可知,2023 年滥用市场支配地位案件中最常出现的行为类型是搭售商品或附加不合理的交易条件。搭售商品或附加不合理的交易条件,也可以被理解为附加条件交易行为。搭售商品是指具有市场支配地位的经营者滥用市场支配地位,无正当理由要求买方购买其提供的商品或服务的同时必须购买其销售的另一种产品或服务。此时,经营者提供的第一种商品或服务为搭售商品,而提供的第二种非必要商品或服务为被搭售商品。搭售商品的目的是扩大其市场支配地位至被搭售产品的市场上,或者妨碍其他潜在竞争者进入相关市场。

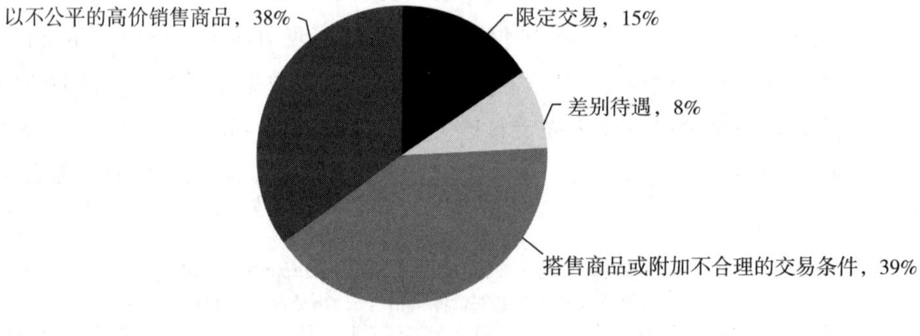

图 10　2023 年滥用市场支配地位类型

在“南京中燃城市燃气发展有限公司滥用市场支配地位案”中,南京中燃城市燃气发展有限公司在与新建住宅小区开发商开展燃气管道工程安装业务时,将购买燃气保险、燃气报警器、燃气具、金属波纹管等增值产品作为新建住宅小区开发商燃气入户过程中的必需环节,强制要求其购买。当开发商提出异议时,涉案当事人则以拖延工程进度、拒绝供气等手段迫使其接受增值业务。

2023 年滥用市场支配地位案件见表 12。

表 12 2023 年滥用市场支配地位案件

序号	案件名称	执法地区
1	大同华润燃气有限公司滥用市场支配地位案	江西
2	华能日照热力有限公司滥用市场支配地位案	山东
3	远大医药(中国)有限公司与武汉汇海医药有限公司达成并实施垄断协议、滥用市场支配地位案[1]	国家
4	上林县三里六仙自来水有限责任公司滥用市场支配地位案	广西
5	南京中燃城市燃气发展有限公司滥用市场支配地位案	江苏
6	日照市水务集团供水有限公司滥用市场支配地位案	山东
7	重庆永康燃气有限公司滥用市场支配地位案	重庆
8	上海上药第一生化药业有限公司滥用市场支配地位案	上海
9	武汉汇海医药有限公司、武汉科德医药有限公司、湖北民康制药有限公司滥用市场支配地位案	上海
10	天津金耀药业有限公司滥用市场支配地位案	天津
11	江西祥宇医药有限公司滥用市场支配地位案	上海
12	东北制药集团股份有限公司滥用市场支配地位案	辽宁

[1]本案既涉及横向垄断协议,又涉及滥用市场支配地位,此处作为两种案件重复计算。

(五)涉价格垄断分析

如图 11 所示,2023 年查处的 127 件案件中,有 116 件案件涉及价格垄断,约占 91%;有 11 件案件不涉及价格垄断,约占 9%;可见,在反垄断行政处罚案件中,绝大部分违法行为都涉及价格垄断行为。

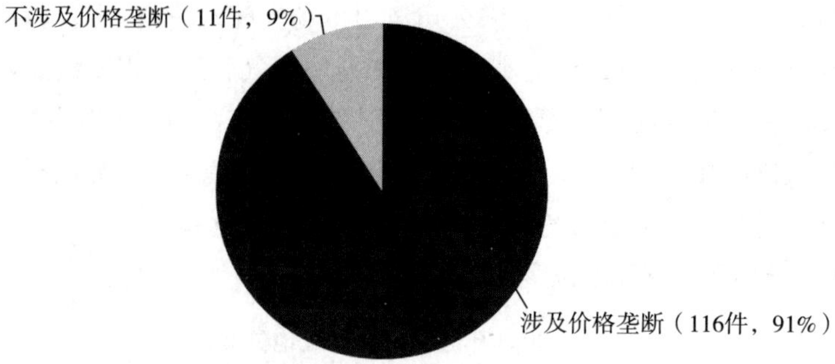

图11　2023年反垄断执法中是否涉及价格垄断

价格垄断是垄断厂商凭借自身的垄断地位(在一个行业内,某些企业所占份额很大,既可决定产量又可操纵产品价格),为谋求自身利益最大化而制定垄断高价或垄断低价的行为。通过垄断价格行为,垄断者可获得高额垄断利润。

从价格垄断行为的表现形式来看,目前反垄断执法机关调查和查处的案件主要有以下三种:一是有的行业协会组织本行业的经营者,达成固定或者变更商品价格,或限定向第三人转售商品最低价格的垄断协议;二是有的行业内具有竞争关系的经营者之间达成固定或者变更商品价格的垄断协议;三是个别具有市场支配地位的经营者滥用市场支配地位,实施不公平高价、价格歧视或拒绝交易,排除、限制市场竞争。① 垄断价格行为的存在,一是规模经济的需要。在一个行业内,某个企业能够比别的企业提供更多的产出,随着产量的扩大它的平均成本会低于其他企业,同时会降低自己的价格,最终使其他企业在本行业内无利可图,从而该行业被这个企业垄断。由规模经济引起的垄断,为经济性垄断。经济性垄断厂商很容易产生垄断价格行为。二是由控制稀缺自然资源引起。某个垄断厂商控制了某种自然原料供应或者拥有受专利保护的知识,使其他企业无法与之竞争,从而无法自行决定产量和操纵其价格。三是由拥有商品专卖权而产生。个人或政府拥有某种商品专卖权,就有了操纵价格的决定权。四是由行政垄断产生。某些部门和地方的行政主管机关,受垄断利润诱惑,强化独占地位,排斥他人进入,操纵价格,引起行政垄断。由经济性垄断产生的垄断价格行为,主要是规模经济和企业集中化高度发展、市场竞争、优胜劣汰的自然结果。由超经济垄断侵入市场而产生的垄断价格行为,

① 张晓松:《发展改革委负责人:我国价格垄断主要呈现三种形式》,载中华人民共和国中央人民政府网,https://www.gov.cn/jrzg/2011-09/21/content_1953305.htm。

不是规模经济高度发达和生产高度集中的必然产物,更不是充分竞争的自然结果,而是由行政化垄断所带来的产物。

价格垄断不仅会使市场公平竞争环境受到损害,也将直接造成消费者合法权益的损失。在此前的监管模式下,价格垄断协议由国家发展和改革委员会负责查处,国家发展和改革委员会就此制定并颁布了《反价格垄断规定》(已失效)和《反价格垄断行政执法程序规定》(已失效);其他形式的非价格垄断协议则由原国家工商行政管理总局根据《工商行政管理机关禁止垄断协议行为的规定》(已失效)予以认定。部门重组后,在吸收整合国家发展和改革委员会和原国家工商行政管理总局有关规定的基础上,结合反垄断执法实践要求,国家市场监督管理总局制定《禁止垄断协议规定》《禁止滥用市场支配地位行为规定》,对价格垄断行为予以规制,但相关规定散落在不同法条中,不具有系统性。鉴于价格垄断行为的普遍性和危害性,应当尽快出台具有针对性和系统性的法律法规,预防和制止价格垄断行为,保护市场公平竞争,维护消费者利益和社会公共利益。

(六)消费者福利影响

如图 12 所示,2023 年度查处的 127 件反垄断行政处罚案件中,反垄断执法机构就垄断行为对于消费者福利的影响进行分析的案件共计 105 件,约占 83%。其中主要分析了违法行为加重了消费者负担,损害了消费者的价格优惠和福利;未进行消费者福利分析的共计 16 件,约占 12%,还剩 6 件案件未公布完整的行政处罚决定书,因而不知其中是否进行了消费者福利分析。

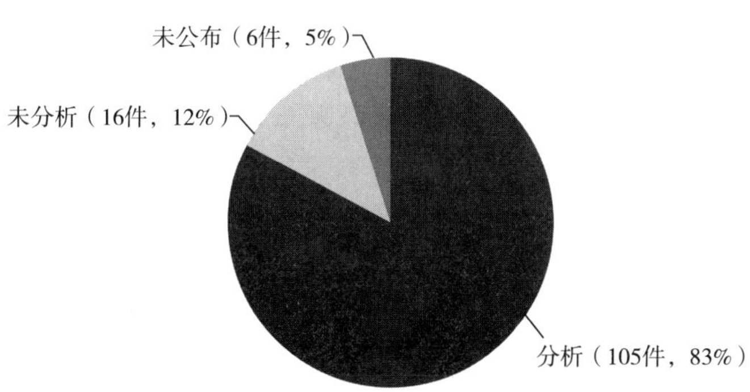

图 12　2023 年反垄断执法中是否分析消费者福利影响

对以上数据进行分析可知,2023年度执法机关就垄断行为对于消费者福利的影响进行分析的案件数量占比较大,体现了执法机关对消费者利益的关注,以及执法人员对于反垄断法的专业理解有所上升。《反垄断法》第1条规定:“为了预防和制止垄断行为,保护市场公平竞争,鼓励创新提高经济运行效率,维护消费者利益和社会公共利益,促进社会主义市场经济健康发展,制定本法。”可见我国反垄断法的立法目的中已经包含了提高经济效率和保护消费者利益的要求,但由于学界对消费者福利标准的制度价值认识不足,盲目追求整体经济福利标准,对两个标准的关系没有深入研究,致使反垄断法执法与司法实践中消费者福利标准没有真正确立,消费者利益不能得到有效的维护。还是存在很多案件没有对消费者福利进行分析的情况。

消费者福利标准是竞争效果分析的重要标杆,可以作滥用市场支配地位违法性的认定标准,也可以在垄断协议豁免审查中独立作一种标准去矫正整体经济福利标准的“劫富济贫”。反垄断法的最基本目标不是效率问题,而是分配问题,是阻止财富不公平地从消费者转移给拥有市场势力的生产者,即防止通过垄断剥夺消费者应得的福利。因此,在执法实践中,执法机构只有充分分析垄断行为对于消费者福利的影响,才能更好地实现反垄断法提高经济效率、维护消费者利益的立法目标。

(七)适用原则分析

本身违法原则和合理推定原则,是执法机关在判断商业行为是否应受规制时所依据的两种核心原则。

一方面,本身违法原则主要针对那些显而易见地限制竞争且缺乏正面影响的行为。以横向竞争者达成的固定价格协议为例,此类行为一旦确认,便无须进一步抗辩,执法机关可迅速采取行动,因此具有较高的执法效率。另一方面,当某一行为本身并不构成违法要件时,执法机关会转向合理推定原则。在这一原则下,主要考量的是行为对市场竞争的实际影响,而非行为本身。例如,横向竞争者之间的并购行为是否合法,并非单凭行为本身就能断定,而是需要执法机构深入评估经营者垄断市场的真实意图及其实现这一意图的能力。

在美国法院的反垄断司法实践中,合理推定原则是主导的规制原则,而本身违法原则的适用场景则相对有限。在涉及滥用市场支配地位和纵向协议的案件中,法院会全面权衡相关行为所带来的效率提升与限制竞争的效应,从而作出裁决。

对于掠夺性定价行为,法院往往展现出较为宽容的态度。相对而言,在美国法院,本身违法原则主要适用于那些具有明显限制竞争特征的横向垄断协议,如经营者之间达成的固定价格、分割市场等协议。

在中国反垄断的实际行政执法中,本身违法原则占据主导地位,同时也兼顾合理推定原则的应用。特别是在垄断协议、滥用市场支配地位以及滥用行政权力排除、限制竞争等领域,执法机构对违法行为的关注度尤为突出。他们往往基于当事人的行为,直接依据《反垄断法》的相关条款来认定违法行为,较少进行对竞争结果的深入剖析。比如,在涉及滥用行政权力排除、限制竞争的案件中,执法机关主要关注行政机关是否通过制定或发布文件等方式,对市场公平竞争进行干预或间接干预。对于经营者之间达成垄断协议的行为,执法机构也采取类似的规制原则。而在滥用市场支配地位的案件中,执法机构同样聚焦于经营者的行为,对相关市场的界定进行定量分析是其主要工作。又如,在 2023 年查处的反垄断行政处罚案件中,所有的案件都直接依据《反垄断法》的规定来认定违法行为并进行处罚。

第三节　反垄断行政处罚案件法律责任

一、反垄断法律责任立法

《反垄断法》中有关法律责任的规定如下:

第五十六条　经营者违反本法规定,达成并实施垄断协议的,由反垄断执法机构责令停止违法行为,没收违法所得,并处上一年度销售额百分之一以上百分之十以下的罚款,上一年度没有销售额的,处五百万元以下的罚款;尚未实施所达成的垄断协议的,可以处三百万元以下的罚款。经营者的法定代表人、主要负责人和直接责任人员对达成垄断协议负有个人责任的,可以处一百万元以下的罚款。

经营者组织其他经营者达成垄断协议或者为其他经营者达成垄断协议提供实质性帮助的,适用前款规定。

经营者主动向反垄断执法机构报告达成垄断协议的有关情况并提供重要证据的,反垄断执法机构可以酌情减轻或者免除对该经营者的处罚。

行业协会违反本法规定,组织本行业的经营者达成垄断协议的,由反垄断执法机构责令改正,可以处三百万元以下的罚款;情节严重的,社会团体登记管理机关可以依法撤销登记。

第五十七条 经营者违反本法规定,滥用市场支配地位的,由反垄断执法机构责令停止违法行为,没收违法所得,并处上一年度销售额百分之一以上百分之十以下的罚款。

第五十八条 经营者违反本法规定实施集中,且具有或者可能具有排除、限制竞争效果的,由国务院反垄断执法机构责令停止实施集中、限期处分股份或者资产、限期转让营业以及采取其他必要措施恢复到集中前的状态,处上一年度销售额百分之十以下的罚款;不具有排除、限制竞争效果的,处五百万元以下的罚款。

第五十九条 对本法第五十六条、第五十七条、第五十八条规定的罚款,反垄断执法机构确定具体罚款数额时,应当考虑违法行为的性质、程度、持续时间和消除违法行为后果的情况等因素。

第六十二条 对反垄断执法机构依法实施的审查和调查,拒绝提供有关材料、信息,或者提供虚假材料、信息,或者隐匿、销毁、转移证据,或者有其他拒绝、阻碍调查行为的,由反垄断执法机构责令改正,对单位处上一年度销售额百分之一以下的罚款,上一年度没有销售额或者销售额难以计算的,处五百万元以下的罚款;对个人处五十万元以下的罚款。

第六十三条 违反本法规定,情节特别严重、影响特别恶劣、造成特别严重后果的,国务院反垄断执法机构可以在本法第五十六条、第五十七条、第五十八条、第六十二条规定的罚款数额的二倍以上五倍以下确定具体罚款数额。

二、没收违法所得

违法所得,是指通过实施犯罪直接或者间接产生、获得的任何财产。在2023年公布的127件案件的行政处罚决定书中,反垄断执法机构共对16件案件作出没收违法所得的处罚决定,约占13%,其中7件案件反垄断执法机构说明了如何计算违法所得;没有没收违法所得的案件共计111件,约占87%,其中64件案件因无法计算违法所得而导致未作出没收违法所得的行政处罚(见图13)。

在2022年公布的123件案件的行政处罚决定书中,反垄断执法机构共对21件案件作出没收违法所得的处罚决定,约占17%,其中7件案件反垄断执法机构说明了如何计算违法所得;没有没收违法所得的案件共计102件,约占83%,其中23件案件因无法计算违法所得而导致未作出没收违法所得的行政处罚。

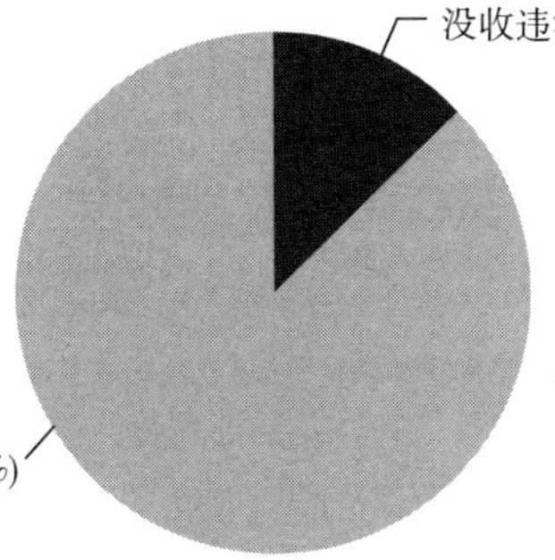

图 13　没收违法所得情况

对比上述数据可知,2023 年反垄断执法机构在行政处罚实施过程中没收违法所得的比例有所降低,主要原因如下:

第一,违法所得的计算难度较大,不仅需要涉案当事人予以配合,而且需要大量证据进行佐证,在 2023 年未没收违法所得的 111 件案件中,有 64 件案件是因无法计算违法所得而未作出相关处罚决定的。第二,部分案件的涉案经营者虽然达成了垄断协议但尚未实施,此种情况下并不存在违法所得的问题,不具备没收违法所得的可行性条件。第三,部分案件不具备适用没收违法所得的条件,典型的如行业协会组织并达成的垄断协议案件,行业协会多出于维护会员单位利益或保护商品价格,组织或强制会员单位达成并实施垄断协议,行业协会通常不产生违法所得,因此也不具备没收违法所得的条件。

2023 年没收违法所得反垄断行政处罚案件见表 13。

表 13　2023 年没收违法所得反垄断行政处罚案件

序号	案件名称	执法地区
1	远大医药(中国)有限公司与武汉汇海医药有限公司达成并实施垄断协议、滥用市场支配地位案[1]	国家
2	平安养老保险股份有限公司重庆市巴南支公司达成并实施垄断协议案	重庆
3	上林县三里六仙自来水有限责任公司滥用市场支配地位案	广西
4	中国太平洋财产保险股份有限公司重庆市巴南支公司达成并实施垄断协议案	重庆

续表

序号	案件名称	执法地区
5	中国太平洋人寿保险股份有限公司重庆市巴南中心支公司达成并实施垄断协议案	重庆
6	中国人寿保险股份有限公司重庆市巴南区支公司达成并实施垄断协议案	重庆
7	蚌埠市安液清洁能源有限公司达成并实施垄断协议案	安徽
8	南京中燃城市燃气发展有限公司滥用市场支配地位案	江苏
9	远大医药(中国)有限公司与武汉汇海医药有限公司达成并实施垄断协议、滥用市场支配地位案	国家
10	上海上药第一生化药业有限公司滥用市场支配地位案	上海
11	中华联合财产保险股份有限公司重庆分公司巴南支公司达成并实施垄断协议案	重庆
12	中国人寿财产保险股份有限公司重庆市巴南区支公司达成并实施垄断协议案	重庆
13	武汉汇海医药有限公司、武汉科德医药有限公司、湖北民康制药有限公司滥用市场支配地位案	上海
14	蚌埠市鑫源气体有限公司达成并实施垄断协议案	安徽
15	中国人民财产保险股份有限公司重庆市巴南支公司达成并实施垄断协议案	重庆
16	阳光财产保险股份有限公司重庆市巴南支公司达成并实施垄断协议案	重庆

[1]本案既涉及横向垄断协议,又涉及滥用市场支配地位,此处作为两种案件重复计算。

在行政处罚的过程中,没收违法所得一般优先于行政罚款适用,其主要原因是,没收违法所得使垄断经营者无利可图,能够在最大限度上打击违法垄断行为,而行政罚款因明确的法定数额或比例,罚款数额并不能全面覆盖垄断者的违法利润。在上述的21件垄断案件中,反垄断执法机构均既作出没收违法所得,又作出行政罚款,其中,共计11件的没收违法所得的数额超过行政罚款的数额(见表14)。

表14　2023年没收违法所得超过行政罚款数额的案件

单位:万元

序号	案件名称	没收违法所得数额	行政罚款数额
1	远大医药(中国)有限公司与武汉汇海医药有限公司达成并实施垄断协议、滥用市场支配地位案	14 945	13 613
2	平安养老保险股份有限公司重庆市巴南支公司达成并实施垄断协议案	151	10
3	上林县三里六仙自来水有限责任公司滥用市场支配地位案	15	3
4	中国太平洋人寿保险股份有限公司重庆市巴南中心支公司达成并实施垄断协议案	210	42
5	蚌埠市安液清洁能源有限公司达成并实施垄断协议案	27	24
6	南京中燃城市燃气发展有限公司滥用市场支配地位案	2956	2083
7	远大医药(中国)有限公司与武汉汇海医药有限公司达成并实施垄断协议、滥用市场支配地位案[1]	3092	412
8	上海上药第一生化药业有限公司滥用市场支配地位案	33 787	12 419
9	中华联合财产保险股份有限公司重庆分公司巴南支公司达成并实施垄断协议案	39	10
10	中国人寿财产保险股份有限公司重庆市巴南区支公司达成并实施垄断协议案	39	39
11	武汉汇海医药有限公司、武汉科德医药有限公司、湖北民康制药有限公司滥用市场支配地位案	4758	1110

[1]本案既涉及横向垄断协议,又涉及滥用市场支配地位,此处作为两种案件重复计算。

三、行政罚款

(一)反垄断行政罚款整体情况

在2023年公布的127件反垄断行政处罚案件中,所有案件均作出了行政罚款的处罚,合计约21.63亿元。在2022年公布的123件反垄断行政处罚案件中,仅有

3件未作出行政罚款的处罚决定,其中1件因涉案当事人上一年度无营业收入而未作出行政罚款的处罚,2件的行政处罚决定书中未说明反垄断执法机构未作出行政罚款的具体原因;其余120件案件的涉案当事人均被处以行政罚款,合计约6.68亿元。

与2022年相比,2023年的反垄断行政处罚数额大幅上升。这主要是因为在2023年度的行政处罚案件中,“上海上药第一生化药业有限公司等4家公司滥用市场支配地位案”“远大医药(中国)有限公司达成并实施垄断协议、滥用市场支配地位案”“杭州潮洪建材有限公司达成并实施垄断协议案”“东北制药集团股份有限公司滥用市场支配地位案”的罚款金额均过亿元,罚款金额超过千万元的案件数量有9件。而在2022年度的行政处罚案件中,仅“尧柏特种水泥集团有限公司垄断协议案”的罚款金额超过1亿元。

(二)“上一年度”的认定

根据《反垄断法》的规定,执法机构对于违法经营者处以行政罚款需要以上一年度销售额为基准,但立法并未明确“上一年度”的标准,执法机构在具体适用的过程中多以立案调查的上一年度作为行政罚款认定标准中的上一年度。

在2023年公布的作出行政罚款处罚的127件行政处罚案件中,共计110件案件的行政罚款依据上一年度销售额;剩余的17件案件中,有6件案件的涉案当事人为行业协会,行业协会因处罚基准为50万元以下的罚款,不涉及上一年度销售额的问题,还有5件案件在行政处罚决定书中未提及上一年度销售额。

在依据上一年度销售额作出行政罚款决定的110件案件中,有4件案件以2015年的销售金额作为上一年度销售额的依据,约占4%;有8件案件以2016年的销售金额作为上一年度销售额的依据,约占7%;有21件案件以2017年的销售金额作为上一年度销售额的依据,约占19%;有12件案件以2018年的销售金额作为上一年度销售额的依据,约占11%;有18件案件以2019年的销售金额作为上一年度销售额的依据,约占16%;有16件案件以2020年的销售金额作为上一年度销售额的依据,约占15%;而有28件案件以2021年的销售金额作为上一年度销售额的依据,约占25%;而仅有3件案件以2022年的销售金额作为上一年度销售额的依据,约占3%(见图14)。

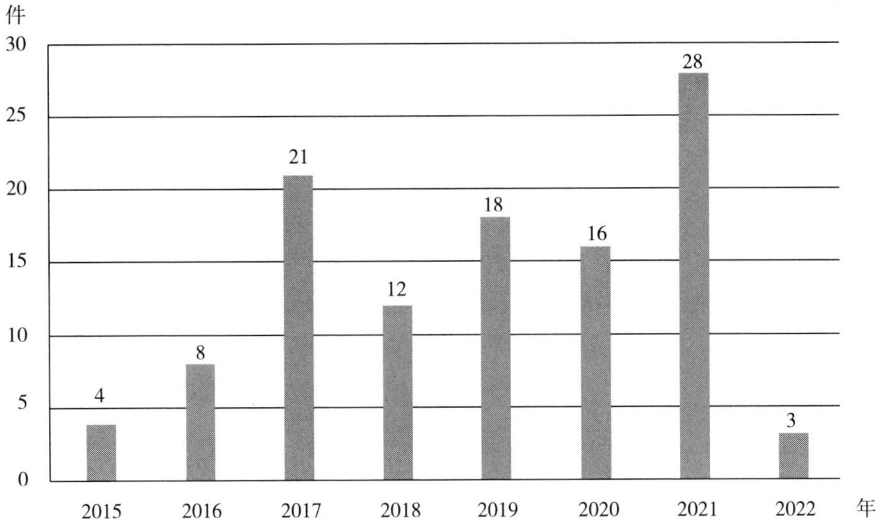

图 14　2023 年反垄断行政罚款"上一年度销售额"的认定年度

(三)罚款计算基础

在 2023 年公布的依据上一年度销售额作出行政罚款的 127 件反垄断行政处罚案件中,反垄断执法机构在行政处罚决定书中说明了罚款数额的计算基础为经营者违法年度相关市场销售额的案件共计 110 件,约占 87%;其余的 17 件案件的行政处罚决定书中,反垄断执法机构没有说明罚款数额的计算基础为经营者违法年度相关市场销售额,或仅作出笼统的计算说明(见图 15)。

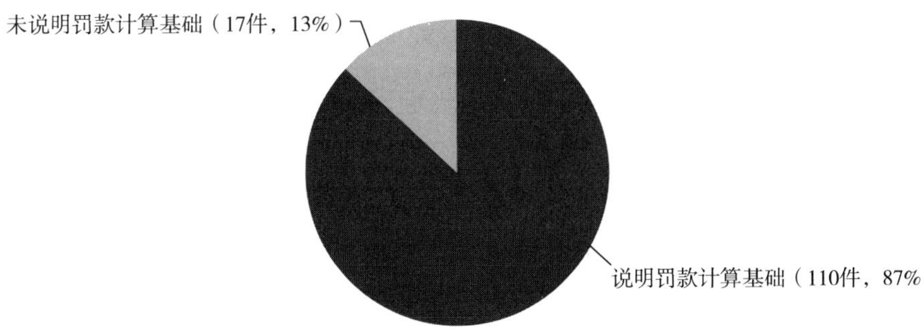

图 15　2023 年反垄断行政处罚案件罚款计算基础说明情况

在 2022 年公布的依据上一年度销售额作出行政罚款的 115 件反垄断行政处罚

案件中,说明了罚款数额的计算基础为经营者违法年度相关市场销售额的案件共计13件,约占11%;其余的102件案件的行政处罚决定书中,反垄断执法机构没有说明罚款数额的计算基础为经营者违法年度相关市场销售额,或仅作出笼统的计算说明。① 与2022年相比,2023年执法机构对行政罚款计算基础进行说明的数量和比例大幅提高。这主要是因为,随着反垄断行政执法的进行,各地反垄断执法机构对处罚决定信息公开越来越重视。

(四)罚款比例

在2023年公布的依据上一年度销售额作出行政罚款的110件反垄断行政处罚案件中,罚款数额为上一年度销售额1%的共计25件,约占22%;罚款数额为上一年度销售额2%的共计44件,约占40%;罚款数额为上一年度销售额3%的共计21件,约占19%;罚款数额上一年度销售额4%的共计5件,约占4%;罚款数额上一年度销售额5%的共计14件,约占12%;罚款数额上一年度销售额8%的共计1件,约占1%(见图16)。

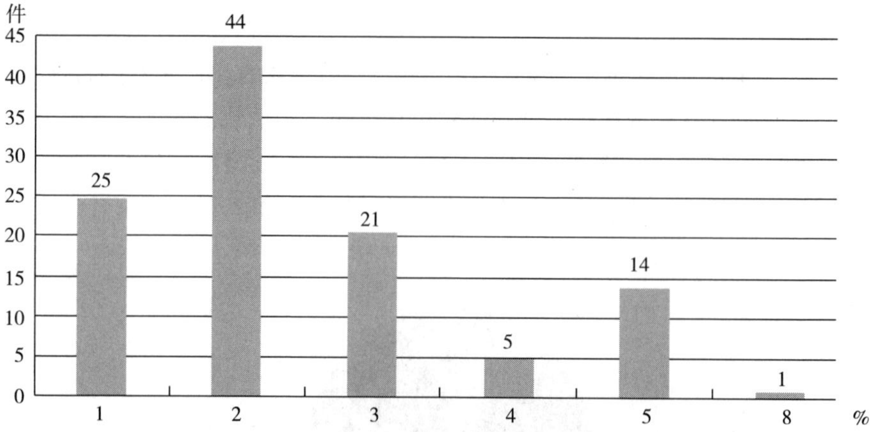

图16 2023年反垄断行政处罚案件罚款比例

从图16数据可以看出,罚款比例主要集中于违法经营者上一年度销售额的

① 参见林文:《中国反垄断行政执法年度报告(2022年)》,载王先林主编,上海交通大学竞争法律与政策研究中心、上海市法学会竞争法研究会组编:《竞争法律与政策评论》第9卷,法律出版社2023年版。

1% ~3%,罚款比例普遍较低。2023 年的案件主要适用修改前的《反垄断法》,即法定的罚款比例为 1% ~10%,而 2023 年的行政处罚案件并未出现顶格处罚的情形,最高的也只处上一年度销售额 8% 的行政罚款,其中,在"上海上药第一生化药业有限公司等 4 家公司滥用市场支配地位案"中,对武汉汇海医药有限公司、武汉科德医药有限公司均处了上一年度销售额 8% 的行政罚款。

为保证执法的准确性,在同一案件中,针对不同当事人,反垄断执法机构选择适用的罚款比例也有所区分。例如,在"上海上药第一生化药业有限公司等 4 家公司滥用市场支配地位案"中共涉及 4 位违法当事人,其中对武汉汇海医药有限公司、武汉科德医药有限公司均处了上一年度销售额 8% 的行政罚款,对湖北民康制药有限公司仅处了上一年度销售额 3% 的行政罚款。这主要是因为本案违法行为主要由武汉汇海医药有限公司策划和发起,当事人垄断利润主要由武汉科德医药有限公司获取,湖北民康制药有限公司参与程度相对较浅、时间相对较短,故被处以更轻的行政罚款。

(五)罚款数额

在 2023 年公布的依法作出行政罚款的 127 件反垄断行政处罚案件中,罚款数额在 100 万元以下的案件共计 75 件,约占 59%;罚款数额在 100 万元(不含)至 500 万元(含)的案件共计 31 件,约占 25%;罚款数额在 500 万元(不含)至 1000 万元(含)的案件共计 4 件,约占 3%;罚款数额超过 1000 万元的案件共计 17 件,约占 13%(见图 17)。

从图 17 数据可以看出,2023 年案件罚款数额大多都在 100 万元以下。排名第三的罚款数额区间是 1000 万元以上的高额罚款,其中,"上海上药第一生化药业有限公司等 4 家公司滥用市场支配地位案""东北制药集团股份有限公司滥用市场支配地位案""远大医药(中国)有限公司与武汉汇海医药有限公司达成并实施垄断协议、滥用市场支配地位案""杭州潮洪建材有限公司达成并实施垄断协议案"的垄断案件,涉案当事人共被处以5.4亿元的行政罚款。其主要原因是涉案企业的上一年度销售额基数较高,或者在违法行为中起策划和发起作用,因此,在综合考虑当事人违法行为的性质、程度和持续时间的情况下作出上述高额罚款决定。在一定程度上反映出反垄断执法机构对于打击大型企业垄断行为的决心,同时给各行各业以警示。

2023 年反垄断行政罚款 1000 万元以上案件见表 15。

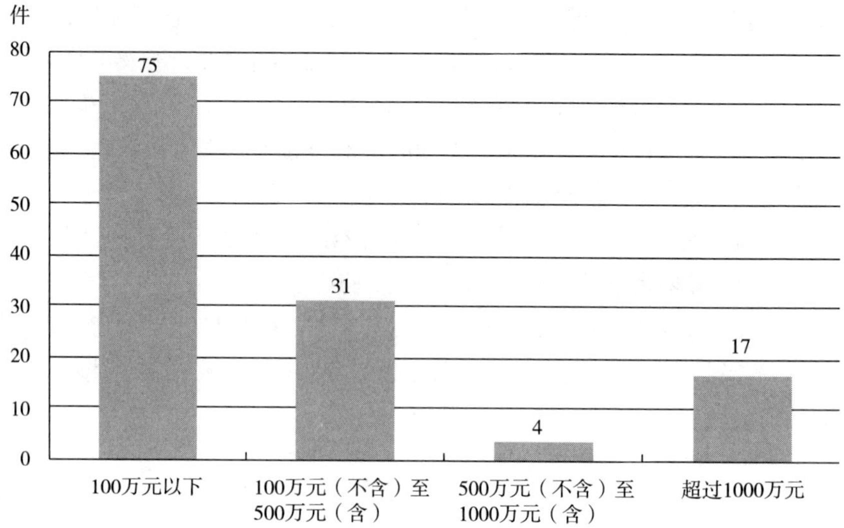

图17　2023年反垄断行政处罚案件罚款数额

表15　2023年反垄断行政罚款1000万元以上案件

序号	案号	案件名称	罚款金额/千万元
1	沪市监反垄处〔2023〕202301402号	武汉汇海医药有限公司、武汉科德医药有限公司、湖北民康制药有限公司滥用市场支配地位案	1.11
2	京市监垄罚〔2023〕06001号	北京紫竹医药经营有限公司达成并实施垄断协议案	1.26
3	浙市监处罚〔2023〕1003号	杭州鹏程混凝土有限公司达成并实施垄断协议案	1.36
4	浙市监处罚〔2023〕1009号	杭州高翔混凝土有限公司达成并实施垄断协议案	1.37
5	浙市监处罚〔2023〕1001号	杭州振腾实业有限公司达成并实施垄断协议案	1.67
6	浙市监处罚〔2023〕1006号	浙江萧山建宏商品混凝土有限责任公司达成并实施垄断协议案	1.91

续表

序号	案号	案件名称	罚款金额/千万元
7	苏市监反垄断案〔2023〕1 号	南京中燃城市燃气发展有限公司滥用市场支配地位案	2.08
8	浙市监处罚〔2023〕1011 号	杭州金腾商品混凝土有限公司达成并实施垄断协议案	2.20
9	苏市监反垄断案〔2023〕8 号	南京南连光华液化气有限公司达成并实施垄断协议案	2.61
10	沪市监反垄处〔2023〕3220190101501 号	上海旭东海普药业有限公司达成并实施垄断协议案	2.71
11	浙市监处罚〔2023〕1004 号	杭州群起建材有限公司达成并实施垄断协议案	2.75
12	津市监垄处〔2023〕1 号	天津金耀药业有限公司滥用市场支配地位案	2.77
13	沪市监反垄处〔2023〕3220190101519 号	天津天药医药科技有限公司达成并实施垄断协议案	2.98
14	沪市监反垄处〔2023〕202301401 号	上海上药第一生化药业有限公司滥用市场支配地位案	12.40
15	辽市监反垄断处罚〔2023〕1 号	东北制药集团股份有限公司滥用市场支配地位案	13.30
16	国市监处罚〔2023〕9 号	远大医药(中国)有限公司与武汉汇海医药有限公司达成并实施垄断协议、滥用市场支配地位案[1]	13.60
17	浙市监处罚〔2023〕1010 号	杭州潮洪建材有限公司达成并实施垄断协议案	15.60

[1]本案既涉及横向垄断协议,又涉及滥用市场支配地位,此处作为两种案件重复计算。

四、法定考量因素

(一)法定考量因素规定

根据我国《反垄断法》和《行政处罚法》的相关规定,反垄断执法机构在处罚反垄断案件当事人时应当将法定考量因素纳入考量范围,从而对垄断行为从轻或者从重处罚。

我国《行政处罚法》第32条规定:"当事人有下列情形之一,应当从轻或者减轻行政处罚:(一)主动消除或者减轻违法行为危害后果的;(二)受他人胁迫或者诱骗实施违法行为的;(三)主动供述行政机关尚未掌握的违法行为的;(四)配合行政机关查处违法行为有立功表现的;(五)法律、法规、规章规定其他应当从轻或者减轻行政处罚的。"第33条规定:"违法行为轻微并及时改正,没有造成危害后果的,不予行政处罚。初次违法且危害后果轻微并及时改正的,可以不予行政处罚。当事人有证据足以证明没有主观过错的,不予行政处罚……"

《反垄断法》(2007年公布)第49条规定:"对本法第四十六条、第四十七条、第四十八条规定的罚款,反垄断执法机构确定具体罚款数额时,应当考虑违法行为的性质、程度和持续的时间等因素。"

《禁止滥用市场支配地位行为规定》第41条第2款、第4款规定,反垄断执法机构确定具体罚款数额时,应当考虑违法行为的性质、程度、持续时间和消除违法行为后果的情况等因素。经营者因行政机关和法律、法规授权的具有管理公共事务职能的组织滥用行政权力而滥用市场支配地位的,按照第一款规定处理。经营者能够证明其受行政机关和法律、法规授权的具有管理公共事务职能的组织滥用行政权力强制或者变相强制滥用市场支配地位的,可以依法从轻或者减轻处罚。

《禁止垄断协议规定》第45条规定:"反垄断执法机构确定具体罚款数额时,应当考虑违法行为的性质、程度、持续时间和消除违法行为后果的情况等因素。违反本规定,情节特别严重、影响特别恶劣、造成特别严重后果的,市场监管总局可以在本规定第四十二条、第四十三条、第四十四条规定的罚款数额的二倍以上五倍以下确定具体罚款数额。"第46条规定:"经营者因行政机关和法律、法规授权的具有管理公共事务职能的组织滥用行政权力而达成垄断协议的,按照本规定第四十二条、第四十三条、第四十四条、第四十五条处理。经营者能够证明其受行政机关和法律、法规授权的具有管理公共事务职能的组织滥用行政权力强制或者变相强制达成垄断协议的,可以依法从轻或者减轻处罚。"

(二)法定考量因素案件分析

在 2023 年公布的 127 件反垄断行政处罚案件中,有 77 件案件的行政处罚决定书中提及了反垄断执法机构在作出行政处罚决定时予以考量的因素,约占 61%;有 28 件案件的行政处罚决定书中并未提及反垄断执法机构在作出行政处罚决定时予以考量的因素,或者仅粗略提及"综合考虑当事人违法行为的性质、程度和持续时间",而未作详细说明,约占 22%;剩余 22 件案件因未公布完整的行政处罚决定书而不知悉其中是否提及法定考量因素(见图 18)。

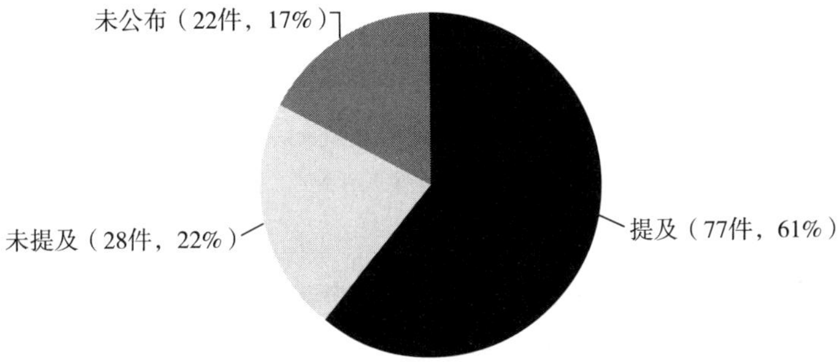

图 18　2023 年反垄断行政处罚考量因素提及情况

在 2022 年公布的 123 件反垄断行政处罚案件中,有 87 件案件的行政处罚决定书中提及了反垄断执法机构的法定考量因素,约占 71%。与 2022 年相比,2023 年反垄断执法机构提及执法考量因素的处罚决定书的数量有所下降。我国《行政处罚法》第 34 条明确规定:"行政处罚裁量基准应当向社会公布。"因此,反垄断执法机构在制作行政处罚决定书时,应当就其作出的处罚决定的考量因素予以详细说明。

(三)法定考量因素行为类型

在 2023 年提及反垄断执法机构在作出行政处罚决定时考量因素的 77 件行政处罚决定书中,反垄断执法机构考虑的法定考量因素主要包括是否主动采取措施减轻危害后果、是否积极配合调查、是否积极整改、违法严重程度、是否已被刑事处罚、是否主动提供证据、主动停止违法行为。其中,考虑是否积极配合调查因素的案件数量最多,共计 70 件;排名第二的是涉及违法严重程度的案件,共计 15 件;考虑主动停止违法行为因素的案件数量排名第三,共计14件(见图19)。

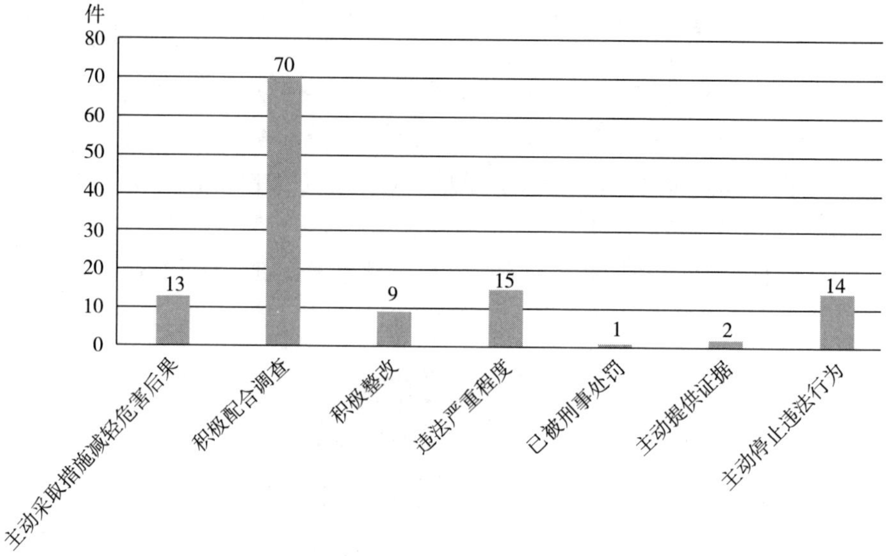

图19　2023年反垄断行政处罚考量因素行为类型

2022年反垄断执法机构查处的行政处罚案件中,反垄断执法机构考虑的法定考量因素主要包括是否积极整改、是否配合调查、受到疫情影响、主动停止违法、违法严重程度和违法行为作用。其中,考虑是否配合调查因素的案件数量最多,共计70件;考虑主动停止违法行为因素的案件数量排名第二,共计43件;排名第三的是考虑是否积极整改的案件,共计32件;考虑违法严重程度因素的案件有14件;考虑受到疫情影响和违法行为作用的案件均为5件。

对比上述数据可以看出,被处罚对象是否积极配合调查一直是反垄断执法机构在决定行政处罚时重点考虑的因素。这主要是因为,若被处罚对象能主动配合调查工作,不仅有助于降低行政执法的压力,还可以显著提升行政执法的整体效率。因此,一般情况下,只要被处罚对象具有配合执法调查的行为,反垄断执法机构在作出行政处罚时就会作出相应的考量。在2023年提及反垄断执法机构在作出行政处罚决定时考量因素的77件案件的行政处罚决定书中,考量范围涉及是否积极配合调查的有70件。

除此之外,违法严重程度、主动停止违法行为和主动采取措施减轻危害后果这三项考量因素在2023年提及反垄断执法机构在作出行政处罚决定时考量因素的

77 件案件的行政处罚决定书中,也占了一半比例。主动停止违法行为和主动采取措施减轻危害后果均能反映被处罚对象的悔罪程度,因此,为鼓励被处罚对象在作出行政处罚前主动停止违法行为,并积极整改、消除违法行为所造成的不良后果,进而填补受害人所遭受的损失,反垄断执法机构在作出行政处罚决定时通常会考量这两项因素。

值得注意的是,反垄断执法机构在作出行政处罚决定时一般会考量多项因素。例如,在"天津金耀药业有限公司滥用市场支配地位案"中,反垄断执法机构综合考量了涉案的当事人在调查过程中是否主动提供证据、是否积极配合调查、是否积极整改等方面的因素,最终作出行政处罚决定。这表明,反垄断执法机构在裁定罚款金额时,通常会进行全面的考量,旨在确保执法的合理性与公正性。这也为经营者提供了一个重要启示:当面对反垄断执法机构的调查和处罚时,应积极从多个角度出发,寻求合法合规的救济途径,以期从轻或减轻处罚。

五、反垄断行政处罚豁免制度

(一)垄断协议豁免制度立法

反垄断法中的豁免制度,亦可称之为反垄断法的适用除外原则,是指原本应受到反垄断法限制或禁止的某些行为,在法律明文规定或经特定法定程序认可的情况下,仍被允许实施,并免于受到相应的法律制裁或追究的反垄断制度。

反垄断法禁止相关市场中的经营者之间达成垄断协议,但垄断协议的经济后果,在带来弊害的同时,也可能会带来经营者的绩效和整个市场效率的提升,消费者还可能分享效率提升带来的利益。经济效率可因经营者自主判断的自由竞争带来,也可因基于提升市场绩效目的或效果达成协议而带来,比如,为了改进质量提高效益等效率的提升,为了产品的标准化、为了技术进步等其他市场绩效。垄断协议被处罚源于其损害竞争的弊害,协议也可因所提升经济效率而根据法律规定被豁免。[①] 在成文法中,豁免制度是合理原则适用的载体,适用本身也是对该原则的发展。一般立法例中就是采取概括的禁止和广泛的豁免相结合的方式,明确了究竟"合理"到何种程度、满足何种要件的行为才是可豁免的,以此减少不确定性。豁免制度以欧共体竞争法和《德国反限制竞争法》中的规定为两种类型的代表。

---

① 参见肖江平:《我国垄断协议豁免执法程序的制度设计——基于〈反垄断法〉修订的分析》,载《华东政法大学学报》2020 年第 2 期。

我国《反垄断法》(2007年公布)第15条规定了反垄断的豁免制度,当被调查的经营者满足一定条件,即使其行为可能在表面上会被认定达成了垄断协议,也不会被认定排除、限制竞争从而被反垄断行政执法机构处罚。

在2023年国家市场监督管理总局公布的《禁止垄断协议规定》第20条规定:“反垄断执法机构认定被调查的垄断协议是否属于反垄断法第二十条规定的情形,应当考虑下列因素:(一)协议实现该情形的具体形式和效果;(二)协议与实现该情形之间的因果关系;(三)协议是否是实现该情形的必要条件;(四)其他可以证明协议属于相关情形的因素。反垄断执法机构认定消费者能否分享协议产生的利益,应当考虑消费者是否因协议的达成、实施在商品价格、质量、种类等方面获得利益。”

(二)垄断协议豁免申请分析

在2023年公布的127件反垄断行政处罚案件中,当事人申请豁免的案件共计10件(见表16),约占8%;当事人未申请豁免的案件共计119件,约92%。

表16 2023年申请豁免的反垄断行政处罚案件

序号	案号	案件名称	执法地区
1	渝市监罚字〔2023〕29号	中国人民财产保险股份有限公司重庆市巴南支公司达成并实施垄断协议案	重庆
2	渝市监罚字〔2023〕30号	中国人寿保险股份有限公司重庆市巴南区支公司达成并实施垄断协议案	重庆
3	渝市监罚字〔2023〕31号	阳光财产保险股份有限公司重庆市巴南支公司达成并实施垄断协议案	重庆
4	渝市监罚字〔2023〕32号	中国人寿财产保险股份有限公司重庆市巴南区支公司达成并实施垄断协议案	重庆
5	渝市监罚字〔2023〕33号	中国太平洋财产保险股份有限公司重庆市巴南支公司达成并实施垄断协议案	重庆
6	渝市监罚字〔2023〕34号	中国太平洋人寿保险股份有限公司重庆市巴南中心支公司达成并实施垄断协议案	重庆

续表

序号	案号	案件名称	执法地区
7	渝市监罚字〔2023〕35号	中华联合财产保险股份有限公司重庆分公司巴南支公司达成并实施垄断协议案	重庆
8	渝市监罚字〔2023〕36号	平安养老保险股份有限公司重庆市巴南支公司达成并实施垄断协议案	重庆
9	云市监竞处字〔2023〕01号	砚山县福兴页岩砖厂达成并实施垄断协议案	云南
10	云市监竞处字〔2023〕02号	砚山县砚宏页岩砖厂达成并实施垄断协议案	云南

在“重庆市巴南区八家保险公司达成并实施垄断协议案”中,执法机构认为:达成、实施垄断协议的行为均由当事人自主决定、自行实施,且作为公司收入自主受益。当事人也未能证明有符合修改前的《反垄断法》第15条豁免条款的规定:“经营者能够证明所达成的协议属于下列情形之一的,不适用本法第十三条、第十四条的规定:(一)为改进技术、研究开发新产品的;(二)为提高产品质量、降低成本、增进效率,统一产品规格、标准或者实行专业化分工的;(三)为提高中小经营者经营效率,增强中小经营者竞争力的;(四)为实现节约能源、保护环境、救灾救助等社会公共利益的;(五)因经济不景气,为缓解销售量严重下降或者生产明显过剩的;(六)为保障对外贸易和对外经济合作中的正当利益的;(七)法律和国务院规定的其他情形。属于前款第一项至第五项情形,不适用本法第十三条、第十四条规定的,经营者还应当证明所达成的协议不会严重限制相关市场的竞争,并且能够使消费者分享由此产生的利益。”因此,重庆市市场监督管理局认定当事人提出的主张无法成立。

在“云南省砚山县11家制砖企业达成并实施垄断协议案”中,涉案当事人认为制砖协会召开会议的目的不是要形成市场垄断,而是想避免无序竞争,规范市场,确保制砖行业的良性发展。但是,云南省市场监督管理局指出,涉案当事人未提供相应证据证明属豁免情形,因此不予采纳其意见。

在2022年公布的123件反垄断行政处罚案件中,当事人申请豁免的案件共计5件,约占4%;当事人未申请豁免的案件共计118件,约占96%。

与2022年相比,2023年当事人主动申请豁免的案件数量总体呈现上升趋势,但总体数量仍较低。其主要原因是,一方面,当事人越来越注重其合法权利;另一方面,尽管我国当前的《反垄断法》已经对垄断协议豁免制度有了明确的规定,但在具体的实践操作中,仍缺乏详尽的立法指导。在此背景下,国家发展和改革委员会于2016年发布了《关于垄断协议豁免一般性条件和程序的指南(征求意见稿)》,公开向社会征求意见。然而,时至今日,相关立法仍未正式出台。我们期待在不久的将来,能够看到这些制度的真正落地,从而让豁免制度在反垄断工作中发挥其应有的重要作用,为市场主体的公平竞争提供有力的法律保障。

六、反垄断行政处罚宽恕制度

(一)垄断协议宽恕制度立法

宽恕制度是指参与核心垄断行为的经营者,在该垄断行为被发现之前,或者在反垄断执法机构发现之后着手调查之前主动向反垄断执法机构报告,并给予积极配合、提供有力证据,反垄断执法机构对其予以减轻或免除处罚的反垄断制度。[①]该制度旨在减免垄断成员公法上的责任,鼓励垄断协议成员和有关个人向相对反垄断执法机构揭发违法行为,提供垄断协议存在的相关证据,从而促进对垄断行为的发现、调查和处理。宽恕制度是反垄断执法的有效政策工具,它有利于破坏垄断协议的稳定性,有利于提高执法效率。通过对垄断协议的内部分化瓦解,以解决反垄断执法机构对此类垄断行为发现难、取证难的问题,对及时查处垄断行为、提高执法效率、吓阻违法行为具有非常明显的效果。

首先,宽恕制度本身的目的是以比较低的成本获取垄断协议内部的违法信息,此类信息仅凭借执法机构的调查很难被发现。垄断协议是两个或两个以上处于竞争关系的经营者组成的限制竞争的联合,其目的在于避免竞争可能带来的风险,获取高额的利润回报。

其次,通过减少举报者公法上的责任引导其主动申请宽恕。垄断协议严重限制了市场竞争,损害了社会整体经济利益和消费者利益,各国和地区都将对实施垄断协议的企业或个人处以刑事处罚或行政处罚,同时垄断协议的成员也将对其造成的经济损失进行民事赔偿。

---

① 参见娄丙录:《论反垄断法之宽恕制度》,载《政法论坛》2009年第3期。

最后,宽恕制度通过保密性和确定性为举报者解决宽恕接触的后顾之忧。宽恕制度是专门针对核心垄断协议的。核心垄断协议不但损害消费者权益和社会公共利益,还会破坏一国市场经济自由公正的竞争秩序,是被国际社会公认为危害最大的反竞争行为,因此历来是各国反垄断法严厉打击的对象。为了逃避法律的制裁,经营者往往采取极为隐蔽的方式制定和实施垄断协议,传统的调查取证方式往往无法奏效,或进一步调查取证的成本非常高昂。宽恕制度很好地弥补了这一不足,通过申请宽恕的垄断协议成员提供的线索,反垄断执法机构可以顺藤摸瓜地对垄断协议进行调查,从内部使核心垄断协议分裂瓦解,从而显著地提高执法效率,降低执法成本。

宽恕制度在我国体现为《反垄断法》(2007年)第46条第2款,该款规定:"经营者主动向反垄断执法机构报告达成垄断协议的有关情况并提供重要证据的,反垄断执法机构可以酌情减轻或者免除对该经营者的处罚。"

(二)垄断协议宽恕制度适用分析

2023年我国127件反垄断行政处罚案件中,当事人申请了宽恕制度的案件共计4件。

在"蚌埠市安液清洁能源有限公司与蚌埠市鑫源气体有限公司达成并实施垄断协议案"中,当事人在听证会上提出其在调查时积极配合应予以减轻或免予处罚。安徽省市场监督管理局认为,配合反垄断调查是当事人应当履行的义务,本案处罚时已根据相关规定,综合考虑了当事人违法行为的性质、程度和持续时间,予以一定幅度内处罚。因此,对当事人提出的意见不予采纳。

在"重庆永康燃气有限公司滥用市场支配地位案"中,当事人提出其在调查中积极整改且没有直接获利,纠正及时,申请减轻处罚。重庆市市场监督管理局认为当事人提出的陈述申辩理由不成立:一是当事人具有市场支配地位,且强制要求购买的行为比较普遍,并非个案;二是当事人的违法行为持续2年,且是由于电视台曝光之后才停止,造成了不良的社会影响。因此对当事人提出的陈述申辩理由不予采纳。

在"云南省砚山县11家制砖企业达成并实施垄断协议案"中,砚山县福兴页岩砖厂和砚山县砚宏页岩砖厂均请求撤销或减轻处罚。但是云南省市场监督管理局认为,当事人陈述申辩没有事实和法律依据,因此不予采纳。

2022年公布的123件反垄断行政处罚案件中,仅有1件案件适用了宽恕制度,即“黄山市黄山区太平湖游船发展有限责任公司垄断协议案”。

2021年我国46件反垄断行政处罚案件中,采用了宽恕制度的案件有2件,约占4%。

2020年我国143件反垄断行政处罚案件中,采用了宽恕制度的案件有78件,约占55%。被给予一定程度宽大处理(如减轻处罚、免除处罚)的理由有企业主动报告配合调查、提供重要证据、情节轻微等。①

2019年我国87件反垄断行政处罚案件中,采用了宽恕制度的案件仅有1件,为湖南省张家界市永定区瓶装液化气垄断协议案。该案中,共有7家经营者达成并实施横向垄断协议。其中,张家界市新纪元石化有限公司第一个主动报告达成《合作协议》有关情况并提供重要证据,执法机构对其予以了一定程度宽大处理,最终对其处以上一年度销售额1%的罚款。另外6家经营者均被处以了上一年度销售额2%的罚款。②

2018年我国92件反垄断行政处罚案件中,采用了宽恕制度的案件也只有1件,为天津市发展和改革委员会负责调查处罚的天津外代物流有限公司与其他16个物流公司的横向垄断案件。在该案中,天津市发展和改革委员会认为,天津外代物流有限公司能够积极配合,主动停止违法行为,第一个主动报告达成价格垄断协议的有关情况并提供重要证据,决定对于当事人予以免除行政处罚。

2016年、2017年原国家工商行政管理总局及国家发展和改革委员会查处的181件垄断协议案件中,无垄断协议案件适用宽恕制度,也未发现有当事人依据《反垄断法》(2007年公布)第46条第2款向反垄断执法机构申请宽恕。③ 2008年至2015年年底,国家发展和改革委员会查处的190件垄断案件中,适用宽恕制度的案件共计28件,其中免除处罚的案件12件,约占查处案件的6.3%;减轻处罚的案件16件,约占查处案件的8.4%。2008年至2015年年底,工商反垄断执法仅1件适用

① 参见林文:《中国反垄断行政执法数据分析报告(2020)》,载王先林主编,上海交通大学竞争法律与政策研究中心、上海市法学会竞争法研究会组编:《竞争法律与政策评论》第7卷,法律出版社2021年版。

② 参见林文:《中国反垄断行政执法数据分析报告(2019)》,载王先林主编,上海交通大学竞争法律与政策研究中心、上海市法学会竞争法研究会组编:《竞争法律与政策评论》第6卷,法律出版社2020年版。

③ 参见林文:《中国反垄断行政执法数据分析报告(2018)》,载王先林主编,上海交通大学竞争法律与政策研究中心、上海市法学会竞争法研究会组编:《竞争法律与政策评论》第5卷,法律出版社2019年版;林文、甘蜜:《中国反垄断行政执法和司法报告(2016)》,知识产权出版社2017年版。

宽恕制度中的免除处罚。其中,2013 年奶粉纵向垄断案件中,3 家奶粉企业因为主动向国家发展和改革委员会报告达成垄断协议的有关情况并提供重要证据,被免除处罚,成为中国纵向联合限制竞争行为适用宽恕制度第一案。①

对历年数据分析可以看出,在 2020 年之前,宽恕制度的适用条件较严格,但 2020 年反垄断执法机构对于宽恕制度的适用有大幅度增加,2021 年至 2023 年反垄断执法机构对宽恕制度的适用范围又进行收紧。

从我国既往的案例来看,反垄断执法机构在适用宽恕制度减轻处罚时,会在较大程度上使用自由裁量权,减免处罚的比例浮动也较大。例如,在 2015 年的 8 家国际海运企业实施价格垄断协议案中,对于首个坦白的日本邮船株式会社,国家发展和改革委员会对其免除处罚,而对于第二个主动报告的川崎汽船株式会社,国家发展和改革委员会则予以了减免 60% 的罚款的优惠。又如,在 2013 年的中国人寿浙江分公司等保险公司横向垄断协议案中,国家发展和改革委员会对第二个主动提交关键证据的中国人寿浙江分公司予以了 90% 的罚款减免,对第三个提供关键证据的中国平安浙江分公司予以了 45% 的罚款减免。因此,国家市场监督管理总局《禁止垄断协议暂行规定》(已失效)的出台对于统一适用宽恕制度减轻处罚的幅度具有重要意义。

反垄断宽恕制度的适用条件包括以下几点:第一,主体要件:告发者必须是最先提出宽恕申请的该垄断协议成员。宽恕制度的设计目的在于激励被处罚的垄断协议成员主动告发,以及时发现秘密垄断协议,提高反垄断执法机构的执法效率,而告发者告发的动因在于可以因此获得执法机构对其处罚的减轻或免除。第二,时间条件:告发必须是在反垄断执法机构发现该垄断协议之前,或虽已发现并开始调查,但还未获得充分证据。第三,告发者必须立即停止违法活动,并应积极、全面配合反垄断执法机构的调查工作。申请者必须真诚、持续、全面地协助垄断协议案件的调查作为取得宽恕待遇的对价,申请者必须如实向反垄断执法机构报告其掌握的有关垄断协议案件的全部信息和证据,不得存在隐瞒或毁损相关证据的情形。

第四节　反垄断行政处罚信息公开

2022 年修正的《反垄断法》第 52 条规定:"反垄断执法机构对涉嫌垄断行为调查核实后,认为构成垄断行为的,应当依法作出处理决定,并可以向社会公布。"

① 参见林文:《中国反垄断行政执法报告(2008～2015)》,知识产权出版社 2016 年版。

2022 年修正的《市场监督管理行政处罚程序规定》第 63 条规定:“市场监督管理部门作出的具有一定社会影响的行政处罚决定应当按照有关规定向社会公开。公开的行政处罚决定被依法变更、撤销、确认违法或者确认无效的,市场监督管理部门应当在三个工作日内撤回行政处罚决定信息并公开说明理由。”因此,反垄断执法机构对于具有一定社会影响的案件应当公开发布处罚信息,而对于其他案件也可根据具体情况选择是否公开。

在 2023 年公布的 127 件反垄断行政处罚案件中,从作出处罚决定到公开的时间小于或者等于 7 天的共计 13 件,占 10%;从作出处罚决定到公开超过 7 天且小于或者等于 30 天的共计 35 件,占 27%;从作出处罚决定到公开的时间超过 30 天的共计 79 件,占 63%(见图 20)。

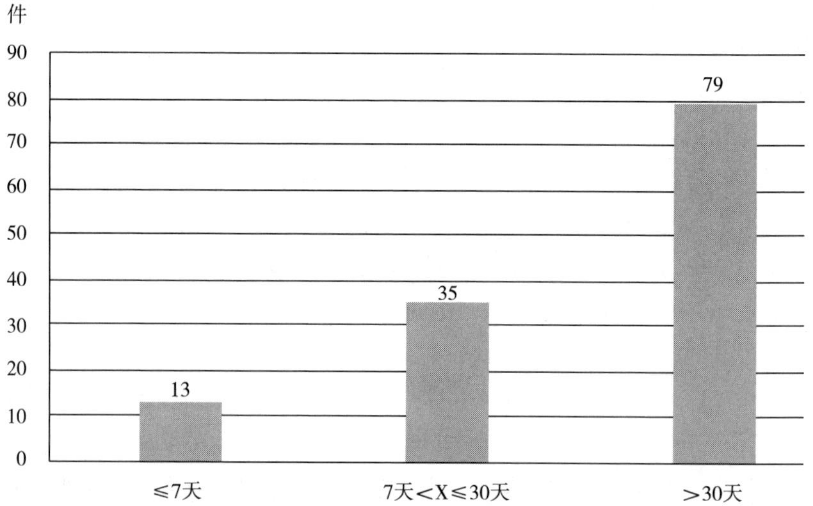

图 20　2023 年反垄断行政处罚决定公开时间

在 2022 年公布的 123 件反垄断行政处罚案件中,从作出处罚决定到公开的时间小于或者等于 7 天的共计 5 件,占 4%;从作出处罚决定到公开超过 7 天且小于或者等于 30 天的共计 98 件,占 80%;从作出处罚决定到公开的时间超过 30 天的共计 20 件,占 16%。

对比上述数据可以看出,2023 年和 2022 年大部分案件从作出处罚决定到公开行政处罚判决书时间超过 7 天,仅有少数案件作出处罚决定到公开的时间小于或者等于 7 天。其中,2023 年的“成都市工程造价协会涉嫌垄断协议案”自 2023 年 1 月

10 日作出行政处罚决定至 2023 年 6 月 2 日处罚决定书得以公开,其间历经将近 5 个月的时间。这反映出我国反垄断执法机构行政处罚信息公开仍有待加强。

第三章　反垄断合规管理建议

法律法规对企业提出了一定的反垄断合规要求,但除了外部法规之外,企业内部也需要进行相应的合规设置。如果说外部法律法规是企业的行为底线,那么内部规章制度就是企业的行为指引。2019 年 1 月 4 日国务院反垄断委员会发布《关于知识产权领域的反垄断指南》《关于汽车业的反垄断指南》。2020 年 9 月 11 日,国务院反垄断委员会发布《经营者反垄断合规指南》,为经营者提供了系统的反垄断合规指引。2021 年 2 月 7 日国务院反垄断委员会公布《关于平台经济领域的反垄断指南》。2021 年 11 月 15 日国务院反垄断委员会公布《关于原料药领域的反垄断指南》。下文将结合上述合规指南对企业内部合规体系进行介绍。

一、建立反垄断合规管理制度

为了提升经营管理效率、规避合规风险并塑造依法经营的企业形象,企业可以根据自身的业务状况、规模及行业属性,量身定制反垄断合规管理制度,或在现有的合规框架内专门强化反垄断合规管理。

当前,众多企业倾向于采用"1 + 1 + N"的合规制度构建模式。首先,从战略高度进行反垄断合规的顶层设计,为企业在此领域的合规工作描绘出宏观蓝图。其次,围绕知识产权等关键领域制定专门的规章制度或操作细则,明确各项事务的处理准则。最后,针对企业的具体业务领域,细分并制定一系列的单体文件,以指导各业务线条的合规实践。

对于条件成熟的企业,建议设立专门的反垄断合规管理部门或岗位,明确其职责与负责人,并制定详尽的内部合规管理规范,确保合规要求与流程清晰可循,从而推动各部门的有效执行。此外,通过设立反垄断合规咨询、检查、汇报及考核等内部机制,可以进一步降低企业在运营过程中可能遇到的合规风险,保障企业的安全合规运营。

企业可以采取如下措施。强调反垄断合规管理部门和合规管理人员应深入研究国内外反垄断法的相关法规,推动合规管理制度的完善,明确合规管理的战略目标和规划,确保企业的生产经营活动始终符合法律法规的要求。制定内部合规管理办法,明确合规管理的具体要求和流程,并督导各部门严格执行,确保合规理念深入各项业务领域,成为企业日常运营的一部分。定期开展合规检查,对企业的经营活动和业务行为进行监督和审核,评估其合规性,及时发现并纠正不合规的行为,对违规人员追究责任或提出处理建议,确保企业运营的规范性和合法性。协助业务部门和人事部门开展反垄断合规教育培训,提供合规咨询,帮助员工增强合规意识,提升合规能力。建立合规报告和记录台账制度,确保合规工作的可追溯性,同时推动合规责任纳入岗位职责和员工绩效考评体系,建立合规绩效指标,激励员工积极履行合规职责。在面临反垄断合规风险事件时,迅速应对,协调资源配合反垄断执法机构的调查工作,并及时制定和推动实施整改措施,确保企业能够迅速恢复合规状态,降低风险损失。

二、把握企业合规风险重点

企业应注意不得与其他经营者达成或者组织其他经营者达成《反垄断法》禁止的垄断协议,不参与、不支持行业协会组织的垄断协议。因行政机关和法律、法规授权的具有管理公共事务职能的组织滥用行政权力而达成垄断协议的,仍应承担法律责任。具有市场支配地位的企业应注意不得从事反垄断法相关规定所禁止的滥用市场支配地位行为。经营者实施《反垄断法》规定的经营者集中行为,达到申报标准的,应依法事先向反垄断执法机构申报,未申报的不得实施。

企业应妥善应对反垄断合规风险事件,在涉嫌垄断行为时积极配合反垄断执法机构的调查,提醒员工在反垄断执法机构采取未预先通知的突击调查中应当全面配合执法人员,避免出现拒绝或者阻碍调查的行为,如拒绝、阻碍执法人员进入经营场所,提供误导性信息或者虚假信息等,并及时制定和推动实施整改措施,争取获得处罚的减免。此外,若经营者在境外开展业务,应当了解并遵守业务所在国家或者地区的反垄断相关法律规定,可以咨询反垄断专业律师的意见。经营者在境外遇到反垄断调查或者诉讼时,可以向反垄断执法机构报告有关情况。

企业可以根据自身规模、行业特性、市场状况、反垄断执法环境等识别其可能面临的反垄断风险,并在分析和评估合规风险的来源、发生的可能性以及后果的严重性后,把所识别的反垄断合规风险分为三类:重大反垄断风险、中等反垄断风险、一般反垄断风险。

重大反垄断风险包括:法律、规则、准则以及地方法治环境的重大变化对经营活动产生的反垄断风险;监管机构出具各类处罚决定、监管意见、风险提示等情况;

向监管机构报送证明性材料、专项汇报材料、监管意见落实整改情况、各类合规材料等相关情况;业务开展过程中存在的违反法律、规则和准则的重大风险信息;各类制度文件中存在的不符合法律、规则和准则要求的情况;因反垄断合规问题导致企业被诉的情况;其他应被确定为重要合规风险的事项。

中等反垄断风险包括:企业经营活动中新出现的反垄断风险或原有风险的变化;既定合规风险应对方案执行情况及执行效果发生变化,不能全部达到原来目标;对企业经营可能存在一定影响,但影响较小或未来造成直接损失较小;其他可以被认定为中等合规风险的事项。

除上述重大反垄断风险、中等反垄断风险外,企业对推动反垄断合规管理、提升依法合规经营管理水平、保障公司持续健康发展影响较小,需要通过加强管理等方式进行完善的事项,作为一般反垄断风险事项进行管理。

企业可以针对不同职位、级别和工作范围的员工所面临的合规风险差异,对员工进行风险测评和提供风险提醒服务。通过此举,可以更加精准地识别每个员工可能面临的合规挑战,并据此制定更具针对性的风险防控措施。这样不仅能够提高风险防控工作的有效性,还能显著降低员工违法违规的风险,确保企业的稳健运营。

三、开展反垄断合规培训

为了构建稳健的反垄断合规体系,企业应当加强对员工的反垄断宣传教育和合规培训,从而提升他们的反垄断意识。企业可以邀请专业机构来企业内部举办反垄断合规的教育培训和讲座,为各个业务部门和员工普及反垄断合规知识。通过加大教育和宣传的力度,帮助员工更好地理解和遵守反垄断法的相关规定,从而加大企业和员工对反垄断合规的重视程度。

此外,企业可以结合实际情况建立合规风险问责机制,确保各项措施能够有效预防不合规行为的发生。对于违反企业反垄断合规规定的人员,企业将采取适当的纪律处分,并在必要时追究其相关责任,以确保合规文化的有效落实和企业的稳定发展。企业还可以结合自身的反垄断管理制度,建立激励机制,定期评估反垄断合规绩效目标、奖金激励措施等,以激发员工的工作热情和积极性,共同为企业的合规经营贡献力量。

第四章　行政垄断处罚

第一节　行政垄断执法整体情况

一、反垄断执法概况

根据国家市场监督管理总局发布的2023年工作总结,2023年共计查办滥用行政权力排除、限制竞争案件39件,其中公布了38件(见表17),剩余1件暂未公布。

表17　2023年度行政垄断案件统计

序号	案件名称	纠正情况	行业领域
1	江西省市场监管局纠正德安县城市管理局滥用行政权力排除、限制竞争行为案	主动纠正	共享电单车
2	天津市市场监督管理委员会纠正天津市道路运输管理局滥用行政权力排除、限制竞争行为案	主动纠正	网约车
3	贵州省市场监管局纠正铜仁市住房和城乡建设局滥用行政权力排除、限制竞争行为案	主动纠正	培训
4	宁夏回族自治区市场监督管理厅纠正平罗县财政局滥用行政权力排除限制竞争行为案	主动纠正	保险业务
5	湖南省市场监管局纠正邵阳县人民政府滥用行政权力排除、限制竞争行为案	主动纠正	服务
6	湖南省市场监管局纠正永兴县人民政府滥用行政权力排除、限制竞争行为案	主动纠正	健康体检
7	安徽省市场监管局纠正马鞍山市当涂县人民政府滥用行政权力排除、限制竞争行为案	主动纠正	二次供水设施工程建设市场
8	四川省市场监管局纠正宜宾市珙县住房城乡建设和城镇管理局滥用行政权力排除、限制竞争行为案	主动纠正	集中燃气报警控制系统
9	江西省市场监管局纠正定南县城市管理局滥用行政权力排除、限制竞争行为案	主动纠正	共享电动单车

续表

序号	案件名称	纠正情况	行业领域
10	浙江省市场监管局纠正宁波市象山县住房和城乡建设局滥用行政权力排除、限制竞争行为案	主动纠正	房屋安全鉴定业务
11	浙江省市场监管局纠正绍兴市新昌县人民政府滥用行政权力排除、限制竞争行为案	主动纠正	学校食堂大宗食品综合配送
12	黑龙江省市场监督管理局纠正哈尔滨市城市管理局滥用行政权力排除、限制竞争行为案	主动纠正	共享电单车
13	湖北省市场监管局纠正荆门市城市管理执法委员会滥用行政权力排除、限制竞争行为案	主动纠正	户外广告设置
14	重庆市市场监管局纠正花溪街道办事处滥用行政权力排除、限制竞争行为案	主动纠正	物业行业电子投票系统领域
15	甘肃省市场监管局纠正兰州市城市管理委员会滥用行政权力排除、限制竞争行为案	主动纠正	餐厨垃圾服务
16	吉林省市场监管厅纠正通化市自然资源局滥用行政权力排除、限制竞争行为案	主动纠正	测绘服务
17	云南省市场监管局纠正昆明市五华区人民政府办公室滥用行政权力排除、限制竞争行为案	主动纠正	城市更新改造
18	上海市市场监管局纠正上海市金山区亭林镇人民政府滥用行政权力排除、限制竞争行为案	主动纠正	小型建设工程项目承包
19	浙江省市场监管局纠正嘉兴市南湖区人民政府滥用行政权力排除、限制竞争行为案	主动纠正	服务采购
20	浙江省市场监管局纠正建德市人民政府滥用行政权力排除、限制竞争行为案	主动纠正	天然气
21	湖南省市场监管局纠正资兴市人民政府滥用行政权力排除、限制竞争行为案	主动纠正	健康体检
22	湖南省市场监管局纠正株洲市芦淞区卫生健康局滥用行政权力排除、限制竞争行为案	主动纠正	健康体检

续表

序号	案件名称	纠正情况	行业领域
23	广西壮族自治区市场监督管理局纠正防城港市城市监督管理局滥用行政权力排除、限制竞争行为案	主动纠正	共享电单车
24	贵州省市场监管局纠正六盘水市钟山区人民政府滥用行政权力排除、限制竞争行为案	主动纠正	公章刻制服务
25	江西省市场监管局纠正瑞金市城市管理局滥用行政权力排除、限制竞争行为案	主动纠正	共享电单车
26	北京市市场监督管理局纠正门头沟区城市管理委员会滥用行政权力排除、限制竞争行为案	主动纠正	共享单车
27	甘肃省市场监管局纠正白银市保健委员会、白银市财政局、白银市卫生健康委员会滥用行政权力排除、限制竞争行为案	主动纠正	健康体检
28	甘肃省市场监管局纠正白银市平川区人民政府及白银市平川区卫生健康局滥用行政权力排除、限制竞争行为案	主动纠正	健康体检
29	甘肃省市场监管局纠正靖远县卫生健康局、靖远县财政局滥用行政权力排除、限制竞争行为案	主动纠正	健康体检
30	辽宁省市场监管局纠正盘锦市住房和城乡建设局滥用行政权力排除、限制竞争行为案	主动纠正	液化石油气
31	安徽省市场监管局纠正滁州市凤阳县住房和城乡建设局滥用行政权力排除、限制竞争行为案	主动纠正	共享电单车
32	辽宁省市场监管局纠正辽阳市白塔区住房和城乡建设局滥用行政权力排除、限制竞争行为案	主动纠正	瓶装燃气
33	辽宁省市场监管局纠正辽阳县住房和城乡建设局滥用行政权力排除、限制竞争行为案	主动纠正	液化石油气
34	江苏省市场监管局纠正常州市住房和城乡建设局滥用行政权力排除、限制竞争行为案	主动纠正	保险业务
35	广西壮族自治区市场监督管理局纠正钦州市交通运输局滥用行政权力排除、限制竞争行为案	主动纠正	共享电单车

续表

序号	案件名称	纠正情况	行业领域
36	广东省市场监管局纠正广州市黄埔区教育局滥用行政权力排除、限制竞争行为案	主动纠正	校内课后服务
37	广东省市场监管局纠正英德市教育局滥用行政权力排除、限制竞争行为案	主动纠正	保险业务
38	海南省市场监管局依法调查处理省卫健委滥用行政权力排除、限制竞争行为案	主动纠正	保险业务

二、行政垄断法律责任

在2023年度国家市场监督管理总局公布的38件行政垄断案件中,0件行政垄断案件的当事人被反垄断执法机构责令改正(见表17),所有案件均是由当事人主动纠正;其中1件行政垄断案件中并无指定的受益经营者(见表18)。

表18 无受益经营者统计

序号	被调查执法当事人	受益经营者	行业领域	适用法律
1	象山县住房和城乡建设局	无	房屋安全鉴定	2022年《反垄断法》

在"浙江省市场监管局纠正宁波市象山县住房和城乡建设局滥用行政权力排除、限制竞争行为案"中,浙江省市场监管局认为,当事人印发文件要求在该县开展房屋安全鉴定业务的房屋安全鉴定机构向该局登记,规定未经登记不得开展鉴定服务,年度考核分低于60分的视为考核不合格,予以撤销登记,对登记考核合格的鉴定机构建立推荐名录的行为,排除、限制了该县房屋安全鉴定服务市场公平竞争,违反了《反垄断法》第45条的内容。

第二节 反行政垄断地域与行业

一、行政垄断地域

将2023年国家市场监督管理总局公布的38件行政垄断案件按照违法机关所在地域进行划分,浙江、江西、湖南和甘肃的案件数量并列排名第一,均为4件,共占

42%;其次是辽宁,案件数量为3件,排名第二;排名第三的是贵州、广西、广东和安徽,案件数量均为2件;剩余案件中,11个地区的案件数量为1件(见图21)。

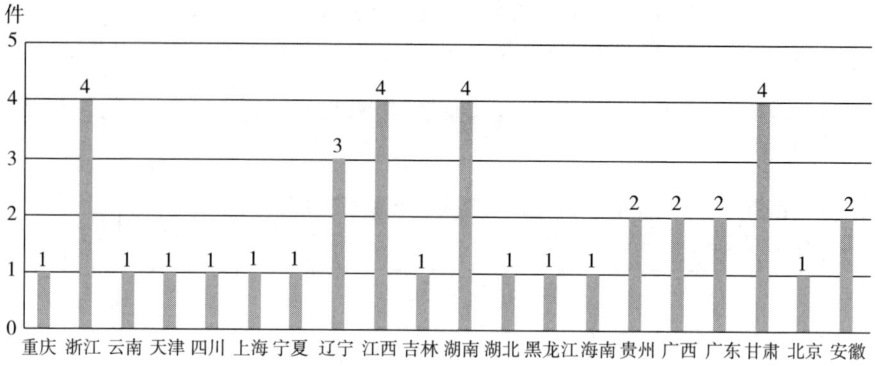

图21 2023年行政垄断案件地域分布

2022年国家市场监督管理总局公布的68件行政垄断案件按照违法机关所在地域进行划分,湖南的案件数量排名第一,共12件,约占18%;其次是浙江和黑龙江,案件数量均为5件,并列排名第二;排名第三的是江西和宁夏,案件数量均为4件;剩余案件中,8个地区的案件数量为3件,2个地区的案件数量为2件,10个地区的案件数量为1件。

对比2022年的数据,可以发现2023年湖南省查处的案件数量有所降低,主要原因在于:2022年湖南省市场监督管理局开展了多次不公平政策措施专项清理、妨碍全国统一大市场建设自查清理工作,治理了大部分滥用行政权力排除、限制竞争的行为。

此外,在已公布的38件行政垄断案件中,案件分布区域广泛,共计20个省级行政区,虽部分地区案件数量仅有1件,但也可侧面说明为营造统一开放、公平高效、安全有序的市场竞争环境,反行政垄断执法行动正在全国范围内积极展开。

二、行政垄断行业

在2023年国家市场监督管理总局公布的38件行政垄断案件中,共享单车案件数量排名第一,共计8件,占比约21%;并列排名第二的是健康体检和其他行业行政垄断案件,均为6件,共占32%;供气、保险业务、服务行业的案件数量并列排名第三,共计12件,共占30%;工程建设、培训、网约车的案件数量紧随其后,共计6件

(见图 22)。

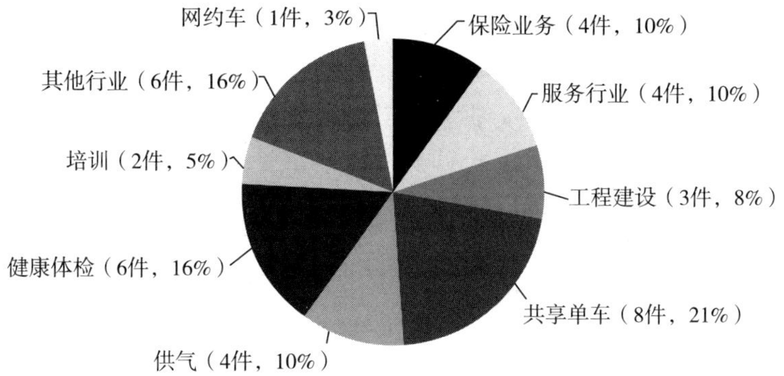

图 22　2023 年行政垄断案件行业分布

近年来,共享单车凭借其"即用即扫、停则无忧"的便捷性特点受到了大众的广泛欢迎。随着这一市场趋势的兴起,越来越多的企业希望通过大规模生产投放来分享这一市场的红利。大多数共享单车企业都是通过获得政府的批准文件、与政府签署合作协议或者参与招投标的方式,来进入各个地域市场。

然而,也有一些地方政府,通过遴选的方式,排除或限制其他具备合格资质和服务能力的共享单车品牌进入当地市场。例如,在"广西壮族自治区市场监督管理局纠正防城港市城市监督管理局滥用行政权力排除、限制竞争行为案"中,防城港市城市监督管理局通过制定《2021 年互联网租赁助力车运营遴选公告》,并发布《防城港市城市管理监督局关于互联网租赁助力车企业评审结果的公示》,只允许入围的 2 家互联网租赁助力车运营企业在防城港城区范围内营运,限制了防城港市城区范围内的互联网租赁助力车用户的自由选择权,排除、限制了防城港市城区范围内的互联网租赁助力车营运企业之间的竞争,对当地互联网租赁助力车营运市场的公平竞争产生限制影响。

三、行政垄断机关的层级

在 2023 年国家市场监督管理总局公布的 38 件行政垄断案件中,以被纠正的行政机关的层级进行划分,区/县级行政垄断案件数量排名第一,共计 20 件,约占 53%;市级行政垄断案件数量排名第二,共计 15 件,约占 39%;乡/镇级行政垄断案件数量排名第三,共计 2 件,约占 5%;省级行政垄断案件数量排名第四,仅 1 件(见图 23)。这体现出各地市场监管部门按照国家市场监督管理总局的部署,围绕"激发市场主体活力,畅通国内大循环"的方针政策,积极开展反行政垄断执法工作。

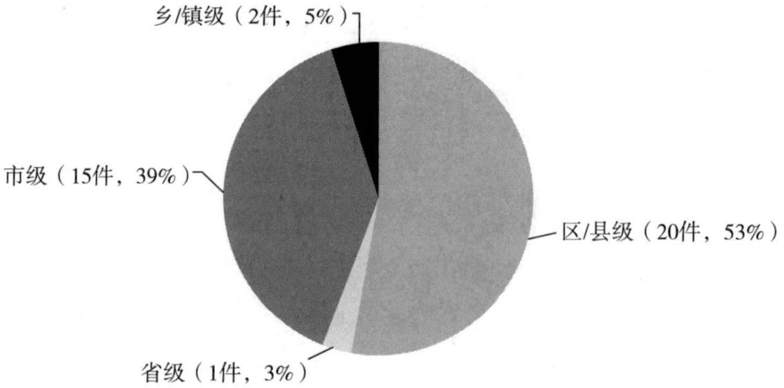

图23　2023年行政垄断层级分布

省级行政垄断案件为"海南省市场监督管理局依法调查处理海南省卫生健康委员会滥用行政权力排除、限制竞争行为案"。在该案中,原海南省卫生厅(现海南省卫健委)、原中国保险监督管理委员会海南保监局、原省卫生厅通过印发文件的方式,限定海南公立医疗机构购买、使用原海南省卫生厅招标确定的保险公司提供的医疗责任保险服务,同时变相限定海南公立医疗机构使用特定保险经纪机构提供的医疗责任保险经纪服务。海南省市场监督管理局认为,医疗责任保险服务市场、医疗责任保险经纪服务市场是各类经营主体公平竞争的开放市场,海南省卫健委的行为,限制了海南公立医疗机构自主选择承保企业、保险经纪机构的权利,排除、限制了相关市场的竞争。

第三节　行政垄断行为类型

一、行政垄断违法现状

2007年公布的《反垄断法》在第32~37条规定了行政垄断的行为类型,包括限定交易、妨碍商品自由流通、限制经营者招投标、限制设立分支机构、强制垄断行为、制定限制规定。2022年修正后的《反垄断法》在第39~45条规定了行政垄断的行为类型,并新增"协议垄断"这一行政垄断行为类型。综上所述,现行的《反垄断法》共规定了7种行政垄断行为类型。

经统计,在2023年国家市场监督管理总局公布的38件行政垄断案件中,共出现了 6 种行政垄断行为类型,其中 14 件涉及 2 种行为类型,1 件涉及 3 种行为类型,其余 23 件均为 1 种行为类型,包括限定交易 29 件、制定限制规定 19 件、限制经营者招投标及其他 3 件、签订协议妨碍进入市场/不平等待遇 1 件、妨碍商品自由流通 1 件、强制设立分支机构 1 件(见图 24)。

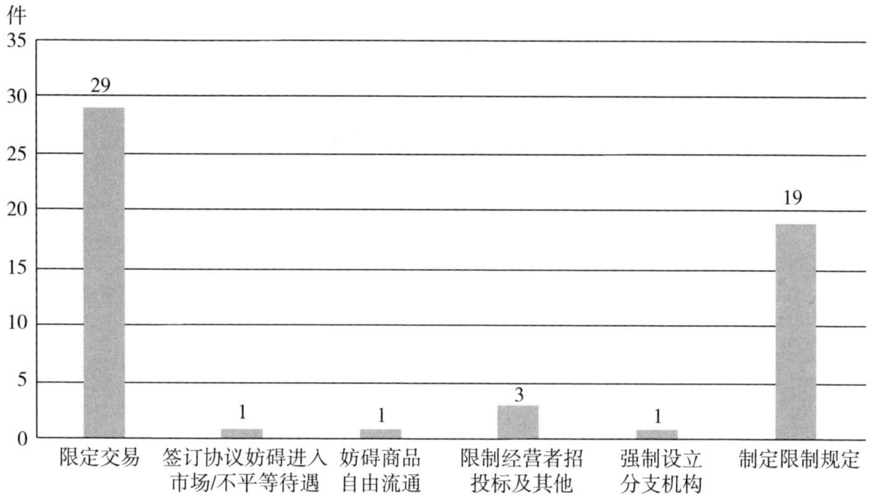

图 24　2023 年行政垄断行为类型

二、行政垄断违法类型

(一)限定交易

2022 年修正的《反垄断法》在第 39 条规定了限定交易行为:"行政机关和法律、法规授权的具有管理公共事务职能的组织不得滥用行政权力,限定或者变相限定单位或者个人经营、购买、使用其指定的经营者提供的商品。"2023 年度国家市场监督管理总局公布的 29 件限定交易行为的行政垄断案件,27 件适用修正后的《反垄断法》,2 件适用修正前的《反垄断法》(见表 19)。

例如,在"江苏省市场监管局纠正常州市住房和城乡建设局滥用行政权力排除、限制竞争行为案"中,常州市住房和城乡建设局印发通知,规定全市项目施工企业必须向指定的 5 家保险公司组建的共保体投保常州市建筑施工安全生产责任保险。江苏省市场监管局认为,当事人限定新开工建筑施工企业在指定保险公司组成的共保体投保建筑施工安全生产责任保险的行为,排除、限制了常州地区建筑施工安全生产责任保险市场的竞争。

又如,在“安徽省市场监管局纠正马鞍山市当涂县人民政府滥用行政权力排除、限制竞争行为案”中,当涂县人民政府办公室印发通知要求当涂县新建开发小区涉及二次供水的,在项目实施前,开发企业应当与项目所在区域取得特许经营权的供水单位签订二次供水管理协议,协议应明确双方对二次供水设施建设、维护和运行管理的权利和义务;在建的二次供水设施由建设单位委托取得特许经营权的供水单位进行施工。安徽省市场监管局认为,当事人的上述行为排除、限制了该县新建小区二次供水设施工程建设市场的竞争,构成滥用行政权力排除、限制竞争行为。

表19　2023年限定交易行政垄断案件

序号	案件名称	行为类型	适用法律
1	四川省市场监管局纠正宜宾市珙县住房城乡建设和城镇管理局滥用行政权力排除、限制竞争行为案	限定交易	2007年《反垄断法》
2	江苏省市场监管局纠正常州市住房和城乡建设局滥用行政权力排除、限制竞争行为案	限定交易;制定限制规定	2007年《反垄断法》
3	贵州省市场监管局纠正铜仁市住房和城乡建设局滥用行政权力排除、限制竞争行为案	限定交易	2022年《反垄断法》
4	宁夏回族自治区市场监督管理厅纠正平罗县财政局滥用行政权力排除限制竞争行为案	限定交易	2022年《反垄断法》
5	湖南省市场监管局纠正邵阳县人民政府滥用行政权力排除、限制竞争行为案	限定交易	2022年《反垄断法》
6	安徽省市场监管局纠正马鞍山市当涂县人民政府滥用行政权力排除、限制竞争行为案	限定交易	2022年《反垄断法》
7	江西省市场监管局纠正定南县城市管理局滥用行政权力排除、限制竞争行为案	限定交易	2022年《反垄断法》
8	重庆市市场监管局纠正花溪街道办事处滥用行政权力排除、限制竞争行为案	限定交易	2022年《反垄断法》
9	湖南省市场监管局纠正资兴市人民政府滥用行政权力排除、限制竞争行为案	限定交易	2022年《反垄断法》

续表

序号	案件名称	行为类型	适用法律
10	湖南省市场监管局纠正株洲市芦淞区卫生健康局滥用行政权力排除、限制竞争行为案	限定交易	2022年《反垄断法》
11	广西壮族自治区市场监督管理局纠正防城港市城市监督管理局滥用行政权力排除、限制竞争行为案	限定交易	2022年《反垄断法》
12	江西省市场监管局纠正瑞金市城市管理局滥用行政权力排除、限制竞争行为案	限定交易	2022年《反垄断法》
13	甘肃省市场监管局纠正白银市保健委员会、白银市财政局、白银市卫生健康委员会滥用行政权力排除、限制竞争行为案	限定交易	2022年《反垄断法》
14	甘肃省市场监管局纠正靖远县卫生健康局、靖远县财政局滥用行政权力排除、限制竞争行为案	限定交易	2022年《反垄断法》
15	安徽省市场监管局纠正滁州市凤阳县住房和城乡建设局滥用行政权力排除、限制竞争行为案	限定交易	2022年《反垄断法》
16	辽宁省市场监管局纠正辽阳市白塔区住房和城乡建设局滥用行政权力排除、限制竞争行为案	限定交易	2022年《反垄断法》
17	甘肃省市场监管局纠正兰州市城市管理委员会滥用行政权力排除、限制竞争行为案	限定交易	2022年《反垄断法》
18	广东省市场监管局纠正英德市教育局滥用行政权力排除、限制竞争行为案	限定交易;限制招标投标以及其他;制定限制规定	2022年《反垄断法》
19	天津市市场监督管理委员会纠正天津市道路运输管理局滥用行政权力排除、限制竞争行为案	限定交易;制定限制规定	2022年《反垄断法》
20	黑龙江省市场监督管理局纠正哈尔滨市城市管理局滥用行政权力排除、限制竞争行为案	限定交易;制定限制规定	2022年《反垄断法》
21	湖北省市场监管局纠正荆门市城市管理执法委员会滥用行政权力排除、限制竞争行为案	限定交易;制定限制规定	2022年《反垄断法》

续表

序号	案件名称	行为类型	适用法律
22	吉林省市场监管厅纠正通化市自然资源局滥用行政权力排除、限制竞争行为案	限定交易;制定限制规定	2022年《反垄断法》
23	上海市市场监管局纠正上海市金山区亭林镇人民政府滥用行政权力排除、限制竞争行为案	限定交易;制定限制规定	2022年《反垄断法》
24	贵州省市场监管局纠正六盘水市钟山区人民政府滥用行政权力排除、限制竞争行为案	限定交易;制定限制规定	2022年《反垄断法》
25	北京市市场监督管理局纠正门头沟区城市管理委员会滥用行政权力排除、限制竞争行为案	限定交易;制定限制规定	2022年《反垄断法》
26	甘肃省市场监管局纠正白银市平川区人民政府及白银市平川区卫生健康局滥用行政权力排除、限制竞争行为案	限定交易;制定限制规定	2022年《反垄断法》
27	辽宁省市场监管局纠正盘锦市住房和城乡建设局滥用行政权力排除、限制竞争行为案	限定交易;制定限制规定	2022年《反垄断法》
28	广东省市场监管局纠正广州市黄埔区教育局滥用行政权力排除、限制竞争行为案	限定交易;制定限制规定	2022年《反垄断法》
29	海南省市场监管局依法调查处理省卫健委滥用行政权力排除、限制竞争行为案	限定交易;制定限制规定	2022年《反垄断法》

(二)制定限制规定

2022年修正的《反垄断法》在第45条规定了制定限制规定行为:"行政机关和法律、法规授权的具有管理公共事务职能的组织不得滥用行政权力,制定含有排除、限制竞争内容的规定。"2023年国家市场监督管理总局公布共计19件制定限制规定行为的行政垄断案件(见表20),其中18件适用修正后的《反垄断法》,1件适用修正前的《反垄断法》。

例如,在"云南省市场监管局纠正昆明市五华区人民政府办公室滥用行政权力排除、限制竞争行为案"中,昆明市五华区人民政府办公室印发通知,要求城市更新改造项目合作企业(伙伴)中标人须在五华辖区范围内注册成立全资子公司或控股的合资项目公司。云南省市场监管局认为,昆明市五华区人民政府办公室的行为属于制定含有排除、限制竞争内容的规定,违背了市场公平竞争原则。

又如,在"广西壮族自治区市场监督管理局纠正钦州市交通运输局滥用行政权力排除、限制竞争行为案"中,钦州市交通运输局通过制定《钦州市互联网租赁电动自行车规范运营试点示范项目公告》、发布《钦州市城区互联网租赁电动自行车规范运营试点示范项目评审结果公示》,只允许1家品牌作为试点示范项目经营企业,其余品牌互联网租赁电动自行车被要求限期清理出钦州市城区。广西壮族自治区市场监督管理局认为,钦州市交通运输局的行为限制了钦州市城区内的互联网租赁电动自行车用户的自由选择权,排除、限制了钦州市城区范围内的互联网租赁电动自行车营运企业之间的竞争,对当地互联网租赁电动自行车营运市场的公平竞争产生限制影响。

表20　2023年制定限制规定行政垄断案件

序号	案件名称	行为类型	适用法律
1	江苏省市场监管局纠正常州市住房和城乡建设局滥用行政权力排除、限制竞争行为案	限定交易、制定限制规定	2007年《反垄断法》
2	广东省市场监管局纠正英德市教育局滥用行政权力排除、限制竞争行为案	限制招标投标以及其他、限定交易、制定限制规定	2022年《反垄断法》
3	天津市市场监督管理委员会纠正天津市道路运输管理局滥用行政权力排除、限制竞争行为案	限定交易、制定限制规定	2022年《反垄断法》
4	黑龙江省市场监督管理局纠正哈尔滨市城市管理局滥用行政权力排除、限制竞争行为案	限定交易、制定限制规定	2022年《反垄断法》
5	湖北省市场监管局纠正荆门市城市管理执法委员会滥用行政权力排除、限制竞争行为案	限定交易、制定限制规定	2022年《反垄断法》
6	吉林省市场监管厅纠正通化市自然资源局滥用行政权力排除、限制竞争行为案	限定交易、制定限制规定	2022年《反垄断法》
7	上海市市场监管局纠正上海市金山区亭林镇人民政府滥用行政权力排除、限制竞争行为案	限定交易、制定限制规定	2022年《反垄断法》

续表

序号	案件名称	行为类型	适用法律
8	贵州省市场监管局纠正六盘水市钟山区人民政府滥用行政权力排除、限制竞争行为案	限定交易、制定限制规定	2022年《反垄断法》
9	北京市市场监督管理局纠正门头沟区城市管理委员会滥用行政权力排除、限制竞争行为案	限定交易、制定限制规定	2022年《反垄断法》
10	甘肃省市场监管局纠正白银市平川区人民政府及白银市平川区卫生健康局滥用行政权力排除、限制竞争行为案	限定交易、制定限制规定	2022年《反垄断法》
11	辽宁省市场监管局纠正盘锦市住房和城乡建设局滥用行政权力排除、限制竞争行为案	限定交易、制定限制规定	2022年《反垄断法》
12	广东省市场监管局纠正广州市黄埔区教育局滥用行政权力排除、限制竞争行为案	限定交易、制定限制规定	2022年《反垄断法》
13	海南省市场监管局依法调查处理省卫健委滥用行政权力排除、限制竞争行为案	限定交易、制定限制规定	2022年《反垄断法》
14	浙江省市场监管局纠正嘉兴市南湖区人民政府滥用行政权力排除、限制竞争行为案	限制招标投标以及其他、制定限制规定	2022年《反垄断法》
15	浙江省市场监管局纠正建德市人民政府滥用行政权力排除、限制竞争行为案	强制设立分支机构、制定限制规定	2022年《反垄断法》
16	湖南省市场监管局纠正永兴县人民政府滥用行政权力排除、限制竞争行为案	制定限制规定	2022年《反垄断法》
17	浙江省市场监管局纠正宁波市象山县住房和城乡建设局滥用行政权力排除、限制竞争行为案	制定限制规定	2022年《反垄断法》
18	云南省市场监管局纠正昆明市五华区人民政府办公室滥用行政权力排除、限制竞争行为案	制定限制规定	2022年《反垄断法》
19	广西壮族自治区市场监督管理局纠正钦州市交通运输局滥用行政权力排除、限制竞争行为案	制定限制规定	2022年《反垄断法》

(三)限制经营者招投标及其他

2022年修正的《反垄断法》在第42条规定了设定歧视性招投标标准:"行政机关和法律、法规授权的具有管理公共事务职能的组织不得滥用行政权力,以设定歧视性资质要求、评审标准或者不依法发布信息等方式,排斥或者限制经营者参加招标投标以及其他经营活动。"2023年国家市场监督管理总局公布的共计3件设定歧视性招投标标准行为的行政垄断案件(见表21),均适用修正后的《反垄断法》。

表21 2023年限制经营者招投标及其他行政垄断案件

序号	案件名称	行为类型	适用法律
1	浙江省市场监管局纠正绍兴市新昌县人民政府滥用行政权力排除、限制竞争行为案	限制招投标以及其他	2022年《反垄断法》
2	浙江省市场监管局纠正嘉兴市南湖区人民政府滥用行政权力排除、限制竞争行为案	限制招投标以及其他、制定限制规定	2022年《反垄断法》
3	广东省市场监管局纠正英德市教育局滥用行政权力排除、限制竞争行为案	限定交易、限制招投标以及其他、制定限制规定	2022年《反垄断法》

例如,在"浙江省市场监管局纠正绍兴市新昌县人民政府滥用行政权力排除、限制竞争行为案"中,新昌县人民政府通过会议协调的方式,明确新昌县学校食堂大宗食品综合配送Ⅰ类准入企业为新昌县本地企业。浙江省市场监管局认为,新昌县人民政府的行为排斥、限制了具有相应资质的外地企业参加该县学校食堂大宗食品综合配送企业招投标。

又如,在"广东省市场监管局纠正英德市教育局滥用行政权力排除、限制竞争行为案"中,英德市教育局在招投标评审中设置不公平条件,要求有关保险经营者必须承诺将总保费15%用作教育部门防灾防损经费作为参与招投标的条件之一。广东省市场监管局认为,英德市教育局的行为属于以设定歧视性资质要求、评审标准或者不依法发布信息等方式,排斥或者限制经营者参加招投标以及其他经营活动。

(四)协议垄断

2022年修正的《反垄断法》在第40条新增了“协议垄断”的行为类型:“行政机关和法律、法规授权的具有管理公共事务职能的组织不得滥用行政权力,通过与经营者签订合作协议、备忘录等方式,妨碍其他经营者进入相关市场或者对其他经营者实行不平等待遇,排除、限制竞争。”2023年国家市场监督管理总局公布共计1件协议垄断行为类型的行政垄断案件(见表22)。

表22　2023年协议垄断行政垄断案件

序号	案件名称	行为类型	适用法律
1	江西省市场监管局纠正德安县城市管理局滥用行政权力排除、限制竞争行为案	协议垄断	2022年《反垄断法》

在“江西省市场监管局纠正德安县城市管理局滥用行政权力排除、限制竞争行为案中”,德安县城市管理局以引入德安县共享电单车公共出行服务合作伙伴的名义,分别与3家共享电单车运营企业签订合作协议,并确定上述3家共享电单车运营企业为德安县辖区内共享电单车服务的运营主体。江西省市场监管局认为,当事人没有法律、法规及国家政策依据,通过签订合作协议方式,确定3家共享电单车运营企业为德安县共享电单车公共出行服务合作伙伴的行为,限制了其他具有合格资质和服务能力的经营主体进入德安县主城区经营共享电单车服务市场,妨碍了该市场的公平竞争。

协议垄断与限定交易的区别就在于行政机关和法律、法规授权的具有管理公共事务职能的组织是以何种形式实施的行政垄断行为。若是以文件通知的形式,限定相关区域内的交易对象则是限定交易行为,若是与受益方以签订合作协议的方式实施垄断行为则属于协议垄断。在2022年《反垄断法》修正之前,以合作协议的方式实施的垄断行为通常以限定交易的条款实施调查,修正后的《反垄断法》对行政垄断行为类型进一步细化,体现了行政执法的精确性和科学性。

(五)妨碍商品自由流通

2022年修正的《反垄断法》在第41条规定了妨碍商品流通行为:“行政机关和法律、法规授权的具有管理公共事务职能的组织不得滥用行政权力,实施下列行为,妨碍商品在地区之间的自由流通:(一)对外地商品设定歧视性收费项目、实行歧视性收费标准,或者规定歧视性价格;(二)对外地商品规定与本地同类商品不同的技术要求、检验标准,或者对外地商品采取重复检验、重复认证等歧视性技术措施,限制外地商品进入本地市场;(三)采取专门针对外地商品的行政许可,限制外地商品进入本地市场;(四)设置关卡或者采取其他手段,阻碍外地商品进入或者本地商品运出;(五)妨碍商品在地区之间自由流通的其他行为。”2023年国家市场监督管理总局公布共计1件妨碍商品自由流通行为的行政垄断案件(见表23)。

表23 2023年妨碍商品自由流通行政垄断案件

序号	案件名称	行为类型	适用法律
1	辽宁省市场监管局纠正辽阳县住房和城乡建设局滥用行政权力排除、限制竞争行为案	妨碍商品自由流通	2022年《反垄断法》

在“辽宁省市场监管局纠正辽阳县住房和城乡建设局滥用行政权力排除、限制竞争行为案”中,受辽阳县住房和城乡建设局委托的辽阳县城乡公用事业服务中心为了确保“三保险”安装工作顺利进行,对辽阳县10家液化石油气站经营区域进行划分,明确要求气站不得超范围、跨区域经营。辽宁省市场监管局认为,辽阳县住房和城乡建设局委托服务中心负责液化石油气管理监督执法工作,依法承担受委托单位有关行为所产生的法律责任。服务中心在管理公共事务过程中,对10家气站经营区域进行划分,导致瓶装燃气气瓶在辽阳县区域内不能自由流通,限制了用户的自主选择权,损害了瓶装燃气市场的公平竞争。

(六)强制设立分支机构

2022年修正的《反垄断法》在第43条规定:“行政机关和法律、法规授权的具有管理公共事务职能的组织不得滥用行政权力,采取与本地经营者不平等待遇等方式,排斥、限制、强制或者变相强制外地经营者在本地投资或者设立分支机构。”2023年国家市场监督管理总局公布共计1件强制设立分支的行政垄断案件(见表24)。

表24 2023年强制设立分支机构行政垄断案件

序号	案件名称	行为类型	适用法律
1	浙江省市场监管局纠正建德市人民政府滥用行政权力排除、限制竞争行为案	强制设立分支机构、制定限制规定	2022年《反垄断法》

在“浙江省市场监管局纠正建德市人民政府滥用行政权力排除、限制竞争行为案”中,建德市人民政府印发文件,明确要求实行天然气经营企业准入制度,进驻建德市范围内开展天然气经营的企业,其公司注册地必须在建德。浙江省市场监管局认为,建德市人民政府制发文件强制要求进驻建德市范围内开展天然气经营的企业注册地必须在该市的行为,排除、限制了具有相应资质的外地企业参与相关市场竞争。

中国反垄断诉讼案件年度分析报告(2023 年)

杜爱武[*]　陈云开[**]

司法裁判是反垄断法实施的重要机制之一。随着我国反垄断法的深入实施,垄断纠纷案件的数量趋于稳定,裁判质量不断提高,为解决垄断纠纷发挥了重要作用。2023 年是《反垄断法》修改后实施的第一个完整年度,也是最高人民法院知识产权法庭(以下简称最高法知产庭)试点五周年。本文以公开的裁判文书等信息为基础,对 2023 年反垄断诉讼案件情况及其延伸问题进行分析。

案件审理方面,最高人民法院(以下简称最高法)未披露 2023 年全国法院受理和审结垄断纠纷的具体案件数量,仅披露了最高法知产庭二审案件的相关数据。2023 年,最高法知产庭受理垄断实体案件 66 件(其中新收 44 件),审结 19 件。新收的 44 件中,民事二审实体案件 25 件,行政二审实体案件 19 件。试点五年期间(2019～2023 年),最高法知产庭共受理垄断实体案件 149 件,其中民事二审实体案件 104 件,行政二审实体案件 45 件。[①]

回顾我国反垄断法实施以来的司法裁判成效,截至本文完稿,共有 3 件案件被列为最高人民法院指导性案例[②];其中,指导性案例 221 号被列为"最高人民法院知识产权法庭成立五周年十大影响力案件"。在最高法 2023 年发布的"最高人民法

---

* 杜爱武,上海邦信阳律师事务所主任、合伙人。

** 陈云开,上海邦信阳律师事务所合伙人。

① 参见《最高人民法院知识产权法庭年度报告(2023)》,载最高人民法院知识产权法庭网 2024 年 2 月 23 日,https://enipc.court.gov.cn/zh-cn/news/view-2789.html。

② 北京奇虎科技有限公司诉腾讯科技(深圳)有限公司、深圳市腾讯计算机系统有限公司滥用市场支配地位纠纷案,最高人民法院指导案例 78 号(2017 年);吴某秦诉陕西广电网络传媒(集团)股份有限公司捆绑交易纠纷案,最高人民法院指导案例 79 号(2017 年);张某勋诉宜宾恒某投资集团有限公司、四川省宜宾市吴某建材工业有限责任公司等垄断纠纷案,最高人民法院指导案例 221 号(2023 年)。

院知识产权法庭成立五周年100件典型案例”当中,涉及垄断纠纷的典型案例共13件。①

案件裁判规则方面,《最高人民法院知识产权法庭年度报告(2023)》提到,“结合有关反垄断行政法规和执法指南等制定、修改情况,进一步修改完善反垄断民事诉讼司法解释稿,努力健全完善反垄断案件裁判规则。”此前,最高法于2022年11月向社会公布了《关于审理垄断民事纠纷案件适用法律若干问题的规定(公开征求意见稿)》,该司法解释稿是在2012年发布的最高法《关于审理因垄断行为引发的民事纠纷案件应用法律若干问题的规定》(以下简称《垄断纠纷司法解释》)的基础上修订、起草的。

一、垄断民事案件

(一)概述

笔者于2023年5月登录中国裁判文书网,以“案由:垄断纠纷”“裁判年份:2023”为搜索条件,共搜得19篇裁判文书;同时,登录人民法院案例库,以“案由:垄断纠纷”“审判年份:2023”为搜索条件,共搜得3篇裁判文书,经对照,该3篇文书均为中国裁判文书网搜得的19篇所涵盖。此外,笔者还以“案由:民事案由”“全文:反垄断法”“裁判年份:2023”为搜索条件,经搜索、甄别,搜得1篇“建设工程施工合同纠纷及滥用市场支配地位纠纷案件”的裁判文书。该20篇裁判文书共涉及20件案件(见表1)。

表1 中国裁判文书网公开的垄断民事案件基本信息(裁判年份:2023)

编号	案件名称
1	汇某物资公司与壳某(中国)公司横向垄断协议纠纷案
2	日某株式会社与宁波同某强磁材料有限公司滥用市场支配地位纠纷案
3	日某株式会社与宁波华某磁业有限公司滥用市场支配地位纠纷案
4	日某株式会社与宁波永某磁业有限公司滥用市场支配地位纠纷案

① 参见《最高人民法院知识产权法庭成立五周年100件典型案例》,载最高人民法院网2024年2月23日,https://www.court.gov.cn/zixun/xiangqing/425832.html。其中,案例46~56、案例83、案例87等共13件典型案例涉及垄断纠纷。

续表

编号	案件名称
5	日某株式会社与宁波科某磁业股份有限公司滥用市场支配地位纠纷案
6	泉州鲤城立某殡仪服务公司与泉州市集某殡仪服务公司拒绝交易纠纷案
7	扬某集团、扬某集团海某公司(合称扬某方)与医某公司、恩某公司(合称医某方)、海某公司滥用市场支配地位纠纷案
8	王某等三十五人与武汉市出租汽车暨汽车租赁协会、马某甲等五十五人垄断纠纷案
9	科技有限公司与计算机系统有限公司拒绝交易纠纷案
10	海南某某公司与北京某某公司、上海某某公司滥用市场支配地位纠纷案
11	毕节市七星关区某某食品有限公司与李某秀垄断纠纷案
12	山东某检测有限公司与北京某餐饮管理有限公司垄断协议纠纷案
13	天津久日新材料股份有限公司与意大利共和国卡法罗工业股份有限公司(CAF-FAROINDUSTRIES. P. A.)滥用市场支配地位纠纷案
14	上海游族信息技术有限公司与华特迪士尼(中国)有限公司滥用市场支配地位纠纷案
15	上海彧菡汽车科技有限公司与北京与车行信息技术有限公司滥用市场支配地位纠纷案
16	诸暨市联华旧机动车交易市场管理有限公司、诸暨市联强二手车交易市场管理有限公司与诸暨市润达二手车市场管理有限公司、浙江省诸暨市进出口有限公司垄断协议纠纷案
17	内蒙古胜源牧业有限公司与内蒙古蒙牛乳业科尔沁有限责任公司、通辽市蒙牛乳制品有限责任公司、内蒙古蒙牛乳业(集团)股份有限公司滥用市场支配地位纠纷案
18	宁夏某乳业有限责任公司与宁夏某牧业发展有限责任公司、内蒙古某实业集团股份有限公司滥用市场支配地位纠纷管辖权异议案
19	天津市河西区速捷网络技术服务部诉中国互联网络信息中心、厦门易名科技股份有限公司、丹东市住房和城乡建设委员会垄断纠纷案
20	陕西甲公司与西安乙公司建设工程施工合同纠纷及滥用市场支配地位纠纷案

上述20件案件的基本情况如下:

(1)从处理方式和处理结果来看,除2件涉及管辖权案件外,其余18件实体案件中,撤回起诉(含视为撤诉)的9件,二审判决的8件(含认定案涉行为构成垄断的2件)、二审裁定驳回起诉的1件。

(2)从涉及的垄断行为类型来看,除1件案件因信息所限无法判断外,其余19件中涉及滥用市场支配地位纠纷的15件、涉及垄断协议的4件。

(3)从法律适用来看,二审判决的8件案件均适用修改前的《反垄断法》裁判,法律适用的判断标准是看被诉垄断行为是否发生在修改后的《反垄断法》施行前(2022年8月1日前)。

(二)裁判观点分析

本文梳理出的2023年度垄断民事案件,反映了一个特征:反垄断民事诉讼,不仅涉及反垄断法的适用,还涉及民事诉讼法、侵权责任法的适用,一个案件的完整审理和裁判需要兼顾三方面的法律适用。下文就相关案件中的典型争议问题进行评析;需要说明的是,个别案件中可能还涉及其他具有探讨价值的争议焦点,并不限于下文所述,只是囿于篇幅,未作逐一分析。

1.诉的利益:仅诉请确认特定行为构成垄断时的处理

王某等与武汉出租汽车协会垄断纠纷案[案号:(2021)最高法知民终2131号,以下简称2131号案件],最高法裁判认为,原告起诉仅请求法院确认被告的特定行为构成垄断,而不请求被告承担民事责任的,该类起诉不具有诉的利益,法院可以裁定不予受理或者驳回起诉。

有无诉的利益,是法院判断当事人的诉讼请求是否足以具有利用审判制度的必要性的过程。[①] 确认之诉的诉的利益(确认利益),功能在于阻止对不需要确认或可通过更简单的途径予以澄清的法律关系提起确认之诉。如果原告的权利或者权利地位面临当前之危险或不安定威胁,并且确认判决适合消除这种危险,即存在确认利益。[②] 2131号案件中,原告请求法院确认被告行为构成"横向垄断的民事侵权行为",而没有据此提出停止侵害、赔偿损害等请求,故该案为确认之诉,且是确认

① 参见田晔:《民事诉讼中确认之诉"诉的利益"的实证考察与制度完善——以中国裁判文书网300份裁判文书为分析样本》,载《法律适用》2022年第10期。

② 参见周翠:《民事诉讼中诉的利益:判例与学说》,载《人民司法》2022年第16期。

侵权之诉。从诉的利益角度分析,我国民事诉讼法没有对"诉的利益"作出直接规定,最高法结合《民事诉讼法》(2017年修正)第119条规定的起诉条件之一"有具体的诉讼请求和事实、理由",认为"具体的诉讼请求"是指原告向法院提出保护自己民事权益的具体内容,而原告仅仅提出"确认被告侵权"的请求,并不必然导致其民事权益获得保护,因为原告要求被告承担赔偿损失等民事责任,还涉及损失与因果关系的证明、诉讼时效等一系列问题。故单独地确认侵权之诉缺乏诉的利益。

从现行法角度考虑,我国《反垄断法》第1条规定,"为了预防和制止垄断行为",反垄断民事诉讼作为反垄断法实施机制之一,其功能应服务于上述立法目的,而仅仅确认特定行为构成垄断的司法裁判,显然无法达到预防和制止垄断行为之目的。《反垄断法》第60条第1款规定:"经营者实施垄断行为,给他人造成损失的,依法承担民事责任。"原告提起反垄断民事诉讼的条件之一是经营者的垄断行为给自身造成损失而要求其承担民事责任,因此,反垄断民事诉讼主要为给付之诉。

值得注意的是,在横向垄断协议纠纷中,经认定存在横向垄断协议行为的,案涉协议可以被认定为无效;但横向垄断协议的原告往往也是案涉协议当事人,其自身行为具有违法性,其赔偿损失(合理支出除外)的诉讼请求一般难以得到支持。如果原告基于对横向垄断协议纠纷处理的预判,仅要求确认案涉协议无效,尽管请求确认合同无效之诉属于确认之诉,但是确认合同无效后,将使案涉协议丧失约束力,当事人无须受案涉协议的约束,可以消除当事人因不遵协议而面临违约的风险。因此,法院应当对确认合同无效之诉进行审理裁判。事实上,最高法的《民事案件案由规定》即包括"确认合同无效纠纷"之案由。

进一步延伸讨论上诉利益的问题。上诉利益,是指当事人对于第一审法院的裁判结果有所不服,利用上诉审程序除去其不利结果,予以进一步救济的必要性。①我国《民事诉讼法》规定的上诉条件"当事人不服地方人民法院第一审判决",是指当事人认为原判决主文错误而不服判决书中的判决主文的情形。② 因此,在滥用市场支配地位纠纷案件中,一审判决如果认定被告具有市场支配地位,但相关行为不构成滥用市场支配地位行为,无须承担相应民事责任,则该一审判决结果对被告并

---

① 参见江伟、肖建国主编:《民事诉讼法》,中国人民大学出版社2018年版,第336页。

② 参见余晓汉:《民事上诉利益作为法律分析工具的基本问题》,载《中国应用法学》2021年第4期。

无不利,被告无法仅就一审判决关于相关市场界定、市场支配地位认定等事实认定部分进行上诉。此时,被告要么在原告提起的上诉审中进行抗辩,推翻一审认定的事实;要么在判决生效后,以"原判决、裁定认定的基本事实缺乏证据证明"等理由申请启动审判监督程序;或者,在其他诉讼中通过相反证据推翻该既定事实。

2. 请求权基础:认定轴心经营者民事责任的法律适用

汇某物资公司与壳某(中国)公司横向垄断协议纠纷案[案号:(2021)最高法知民终1315号,以下简称1315号案件],最高法判决认为,轴辐协议本质上是轮缘经营者之间达成的横向垄断协议。如果轴心经营者组织轮缘经营者达成、实施横向垄断协议的主观故意明显,则应当审查判断其是否构成共同侵权;如果轴心经营者为轮缘经营者达成、实施横向垄断协议提供实质性帮助,则应当审查判断其是否构成帮助侵权。

关于轴辐协议的讨论,一般围绕法律属性、违法性、规范建构等问题展开。围绕上述问题,具有代表性的观点包括:观点1认为,轴辐协议是一种游离在横向垄断协议、纵向垄断协议之外的新型垄断协议,它有自身独特的结构、性质与认定方法。① 观点2认为,规制轴辐协议应当回归横向垄断协议的分析框架,明确本身违法作为其分析模式,于证据的发现与认定上聚焦于轴心—轮辐—轮辋三大构件。② 观点3认为,轴辐协议虽然同时涉及横向协议与纵向协议,但从竞争效果出发应当将其视为横向协议;但与当然违法的横向垄断协议相比,轴辐协议的构成应当包含两个额外要件:一为横向竞争者之间的合谋,二为纵向经营者积极促进横向合谋的形成。③ 观点4认为,建议用描述方式界定轴辐协议的内涵与特征,构建以一致行为、意思联络和附加因素为主的事实认定规则,采用合理原则分析其违法性,科学划分责任主体与责任内容。④

结合1315号案件来看,在反垄断法的私人执行(反垄断诉讼)方面,借助请求权基础思维和侵权责任法关于共同侵权、帮助侵权的法律规定,《反垄断法》是否明确"轴辐协议"的规定,似乎并不影响法院对经营者组织或帮助达成垄断协议的行

① 参见张晨颖:《垄断协议二分法检讨与禁止规则再造——从轴辐协议谈起》,载《法商研究》2018年第2期。

② 参见江山:《论轴辐协议的反垄断规制》,载《社会科学研究》2021年第4期。

③ 参加侯利阳:《轴辐协议的违法性辨析》,载《中外法学》2019年第6期。

④ 参见叶明、石晗晗:《轴辐协议的反垄断法规制新思路》,载《中国价格监管与反垄断》2021年第12期。

为进行裁判。

首先,垄断行为的民事责任是一种侵权民事责任,对此应有共识。一方面,无论是《反垄断法》规定的“经营者实施垄断行为,给他人造成损失的,依法承担民事责任”,还是《垄断纠纷司法解释》规定的“本规定所称因垄断行为引发的民事纠纷案件(以下简称垄断民事纠纷案件),是指因垄断行为受到损失以及因合同内容、行业协会的章程等违反反垄断法而发生争议的自然人、法人或者非法人组织,向人民法院提起的民事诉讼案件”,原告得以诉诸法院要求被告承担民事责任的条件之一是“受到损失”。另一方面,即便是垄断协议纠纷,当事人之间一般存在合同关系,但原告得以主张权利的依据并非合同约定本身。横向垄断协议方面,结合进贤县温圳镇艺术幼儿园与进贤县温圳镇六佳一幼儿园等横向垄断协议纠纷案[案号:(2021)最高法知民终2253号]的最高法裁判观点,横向垄断协议应当依法认定无效,故对各方当事人均无约束力,当事人无权根据涉案协议的约定提出利益诉求。纵向垄断协议方面,结合北京锐邦涌和科贸有限公司与强生(上海)医疗器材有限公司等纵向垄断协议纠纷案[案号:(2012)沪高民三(知)终字第63号]上海高院裁判观点,限制最低转售价格协议构成垄断协议,意味着该协议排除、限制市场竞争并造成消费者利益损失,因此,当限制最低转售价格协议的当事人主张反垄断损失赔偿时,不应该按照履行限制最低转售价格协议的可得利润来计算损失,而应参照相关市场的正常利润计算利润损失,否则会陷入通过反垄断诉讼追求垄断利润的逻辑冲突。

其次,反垄断民事诉讼属于民事诉讼的一种,可以适用请求权基础思维进行分析。请求权基础,又称请求权规范,指可支持一方当事人向他方当事人有所主张的法律规范。[①] 就其组成而言,请求权基础是一个具有构成要件与法律效果的完全性法条。[②] 我国《反垄断法》(旧法第50条、新法第60条第1款)的规定,并非一条可以作为请求权基础的完全性法条。原告提起垄断侵权之诉,还需要结合民法中(原《侵权责任法》第6条第1款、《民法典》第1165条第1款)关于过错侵权责任的规定,方得构成完整的请求权基础。因此,按照请求权基础思维,在垄断民事案件中不仅“可以”同时适用反垄断法和侵权责任法,而且“应当”同时适用。进一步地,借助共同侵权规则(原《侵权责任法》第8条、《民法典》第1168条)、帮助侵权规则(原

① 参见崔建远:《债法总论》,法律出版社2013年版,第43页。

② 参见王泽鉴:《民法思维:请求权基础理论体系》,北京大学出版社2009年版,第46页。

《侵权责任法》第9条第1款、《民法典》第1169条第1款),即便《反垄断法》没有对组织或帮助达成垄断协议进行明确规定,也不影响法院对相关行为进行裁判。

在反垄断法的公共执行(反垄断执法)方面,2022年修改后的《反垄断法》新增的第19条和第56条第2款就显得必要。根据《行政处罚法》(2021年修订)第4条规定:"公民、法人或者其他组织违反行政管理秩序的行为,应当给予行政处罚的,依照本法由法律、法规、规章规定,并由行政机关依照本法规定的程序实施。"对经营者组织或帮助达成垄断协议的行为,除非《反垄断法》明确规定,否则反垄断执法机构无法进行行政处罚。

从现行法角度考虑,禁止经营者促成他人达成垄断协议在性质上不是《反垄断法》修订所增设的一类新的垄断协议,而是对可以导致垄断协议达成的成因所作的补漏。① 反垄断执法时,重点在于对"组织"或"实质性帮助"的事实进行认定和佐证,至于适用本身违法或合理分析的模式,并未超出修法前对垄断协议分析模式的讨论范畴。在法律责任方面,修改后的《反垄断法》第56条第2款规定"适用前款规定"(即适用关于经营者达成或实施垄断协议的法律责任规定)。对于"适用前款规定",可以有两种理解:一是组织者、帮助者与垄断协议当事人同责,即垄断协议当事人承担什么样的法律责任,组织者、帮助者就承担什么样的法律责任;二是在第56条第1款规定的幅度内追究组织者、帮助者的法律责任,具体责任幅度可以与垄断协议当事人有所区别。② 本文持第二种解释,从文义来看,"适用前款规定"之义为依照前款规定的罚则标准进行适用,而不是个案中的组织者、帮助者与垄断协议当事人同责;从规范目的来看,组织、实质性帮助的主观过错等情节可能与垄断协议当事人存在差异,不同个案中也会存在差异,按照过罚相当原则,应当允许反垄断执法在处罚幅度范围内进行调节。

3. 垄断行为认定:超高定价行为的认定

扬某集团、扬某集团海某公司(合称扬某方)与医某公司、恩某公司(合称医某方)、海某公司滥用市场支配地位纠纷案[案号:(2020)最高法知民终1140号,以下简称1140号案件]中,最高法就不公平高价行为(或称超高定价行为)的认定和规制等问题阐明了裁判观点,包括:对规制超高定价行为的基本态度、超高定价行为的初步认定、竞争效果和消费者福利分析等三个方面。

---

① 参见丁茂中:《经营者促成他人达成垄断协议的规范认定》,载《环球法律评论》2023年第5期。

② 参见焦海涛:《垄断协议达成中的组织与帮助行为》,载《中州学刊》2023年第2期。

对规制超高定价行为的基本态度。是否将超高定价行为作为滥用市场支配地位行为予以禁止,各国理论上和实践中存在争议。我国《反垄断法》禁止经营者滥用市场支配地位以不公平的高价销售商品或者以不公平的低价购买商品。有关国家和地区在实施超高定价规制制度中一般采取比较谨慎和温和的态度。之所以如此,除了超高定价的规制面临着反垄断执法机构和法院都极力避免成为价格管制机构的角色定位难题之外,最主要的还在于超高定价的标准不易确定,即究竟该怎样去判断特定的价格是否为不公平的高价。① 1140 号案件阐明了立场。缺乏明确排除、限制竞争效果的高价行为,通常意味着市场可能仅仅是暂时失灵,高价行为可以通过市场自我矫正。对于高价行为的分析需要更加注重其实际或者潜在的反竞争效果,注意避免损害市场中在位经营者和潜在进入者的投资积极性,否则会导致"寒蝉效应"并减少创新,最终损害消费者福利。这一点在反垄断执法中也有所体现。在《反垄断法》实施的 15 年期间(2008 ~ 2023 年),查处垄断协议、滥用市场支配地位案件共 340 件②,(据笔者统计)而涉及超高定价行为的案件仅 12 件。

超高定价行为的初步认定。《禁止滥用市场支配地位行为规定》第 14 条第 2 款规定了通过价格比较的方式认定超高定价,主要有两种比较方法:横向比较,就是在同一时间阶段,将该经营者的价格与其他经营者比较,或者与该经营者在其他区域的价格进行比较,上述价格都是静态的。纵向比较,就是在不同时间阶段,分析该经营者的价格变化幅度是否正常,上述价格是动态的,是对价格变化的公平性进行分析。③ 本文对《反垄断法》实施以来对超高定价的行政处罚案件进行梳理发现,基本采用的是价格比较方法。基本情况如表 2 所示。

---

① 参见王先林:《超高定价反垄断规制的难点与经营者承诺制度的适用》,载《价格理论与实践》2014 年第 1 期。

② 参见许新建:《砺剑为民护公平 赋能发展启新程——写在反垄断法实施十五周年之际》,载市场监管总局网 2023 年 8 月 1 日,https://www.samr.gov.cn/zt/ndzt/2023n/2023jzz/mtjj/art/2023/art_af5d60e04df54d05a4e6c7dd872266b7.html。

③ 参见国家市场监督管理总局反垄断局:《中国反垄断立法与执法实践》,中国工商出版社 2020 年版,第 126 - 127 页。

表2 反垄断执法案件中对超高定价的初步认定方法

案号	当事人	相关市场	认定方法
沪市监反垄处〔2023〕3220190101510号	江西祥宇医药有限公司	中国碘化油原料药销售市场	案涉商品售价明显高于其他经营者在相似市场条件下的售价(4.1倍);在成本基本稳定的情况下,售价涨幅达3.1倍,进销差价率达19.7倍;提价幅度明显高于成本增长幅度(3.4倍)。
沪市监反垄处〔2023〕202301401号	上海上药第一生化药业有限公司	中国注射用硫酸多黏菌素B市场	案涉商品挂网价格与生产成本的比值(157~339:1),明显高于同一生产线所产其他制剂(7~29:1);案涉商品国内售价明显高于同期其他国家和地区销售价格。
津市监垄处〔2023〕1号	天津金耀药业有限公司	中国卡莫司汀注射液市场	成本基本稳定的情况下,提价幅度达7.5倍。
辽市监反垄断处罚〔2023〕1号	东北制药集团股份有限公司	中国左卡尼汀原料药市场	1. 成本基本稳定的情况下,平均价的涨幅2.05倍,最高价的涨幅为3.17倍至3.96倍。 2. 平均价的价格涨幅是成本涨幅的1.89倍、4.27倍等,提价幅度明显高于成本增长幅度。 3. 与竞争对手相比,平均价是竞争对手的1.64倍,明显高于竞争对手。
国市监处罚〔2022〕87号	同方知网(北京)技术有限公司/同方知网数字出版技术股份有限公司/《中国学术期刊(光盘版)》电子杂志社有限公司	中国境内中文学术文献网络数据库服务市场	同时考虑了总体年均涨幅达10.06%、年均涨幅超过30%、年均涨幅在10%~30%的客户数量[1]。
沪市监反垄处〔2021〕3220190101511号	南京宁卫医药有限公司	中国境内氯解磷定原料药销售市场	(加价情况)售价是进价的5~10倍;4~5年间上涨26.09~52.17倍。

续表

案号	当事人	相关市场	认定方法
豫市监处字〔2021〕1号	商丘市新先锋药业有限公司	中国苯酚原料药销售市场	(加价情况)售价是进价的2.8~4倍;较历史价格上涨达6.8~9.2倍。
苏市监反垄断案〔2021〕4号	宜兴港华燃气有限公司	宜兴市管道天然气供应及管道设施安装服务市场	成本没有明显变化的情况下,收费涨价达9~24倍。
国市监处〔2020〕8号	山东康惠医药有限公司、潍坊普云惠医药有限公司、潍坊太阳神医药有限公司	中国注射用葡萄糖酸钙原料药销售市场	(加价)售价是进价的9.5倍至27.3倍;3年间上涨19~54.6倍。
国市监处〔2018〕21号	湖南尔康医药经营有限公司	中国扑尔敏原料药市场	售价是成本价的3~4倍。
发改办价监处罚〔2017〕2号	天津汉德威药业有限公司	国内医药级异烟肼原料药市场	在成本和供需基本稳定的情况下,涨幅达19倍。
发改办价监处罚〔2015〕1号	高通公司(Qualcomm Incorporated)	CDMA基带芯片市场、WCDMA基带芯片市场和LTE基带芯片市场	对过期无线标准必要专利收取许可费;要求被许可人将专利进行免费反向许可。

[1]案涉产品具有“低边际成本”的特点。

1140号案件最高法判决认为,对于不公平高价的初步认定,可以借助收益率分析、利润分析、价格比较分析等经济分析手段。在准确性和可靠性方面,收益率分析是更优选择。其中,计算内部收益率时,研发成本的计算应当考量研发和创新风险,即基于创新风险的考虑对研发成本作适当调整。

竞争效果和消费者福利分析。其中:(1)竞争效果分析主要是对价格挤压的分析。所谓价格挤压,是指占市场支配地位的经营者自身既在上游市场提供中间投入品,又直接进入下游市场与下游企业竞争,其在上游市场高价向交易相对人销售中间投入品,同时又在下游市场低价销售终端产品,使得同样效率的下游市场经营者难以开展实质性竞争。1140号案件中,尽管被诉垄断者医某方既是上游原料药的供应者,又是下游制剂的经营者,与扬某方形成竞争关系,但在案证据难以认定医某方的提价行为致使扬某方在下游市场处于不利竞争地位。在滥用相关原料药市场支配地位的反垄断执法案件中,当事人强制要求成品药生产企业将成品药回售给当事人负责销售的做法,通常被认定为排除、限制了下游成品药市场的竞争(比如:表2所列的注射用葡萄糖酸钙原料药案)。(2)消费者福利分析。1140号案件中从成品药的售价和销量方面,消费者福利并未因被诉原料药涨价而减损。在滥用相关原料药市场支配地位的反垄断执法案件中,反垄断执法机构通常分析是否损害下游成品药企业的合法利益、是否增加患者用药成本、是否增加国家医保基金支出等分析消费者福利和社会公共利益的损害情况(比如:表2所列的碘化油原料药案)。

4. 民事责任:拒绝交易行为的停止侵害责任承担方式、损害赔偿计算

泉州鲤城立某殡仪服务公司与泉州市集某殡仪服务公司拒绝交易纠纷案[案号:(2021)最高法知民终242号,以下简称242号案件]中,最高法围绕拒绝交易行为的民事责任等问题阐明了裁判观点,包括因拒绝交易行为而产生的停止侵害、赔偿损失的认定问题。

对于拒绝交易行为的救济措施,已引起理论关注和探讨。执法机构在对不作为型滥用适用"责令停止违法行为"这种处罚时,须对当事人的交易义务如交易对象、交易价格、交易时间等作出具体安排,并对违反这种具体安排的法律后果作出相应规定,否则,"责令停止违法行为"这种禁令救济就不完整。执法机构对原料药经营者拒绝交易所作的"责令停止违法行为"处罚决定都只停留在宣示层面,未就原料药经营者的交易义务作出进一步安排,受害人的权利也未能因此获得真正保障。① 除了禁止垄断者实施此类行为之外,拒绝交易的救济方式应当包含强迫垄断者与其他经营者以正常的交易条件进行交易。② 在242号案件中,最高法判决认为,如果在被诉垄断行为发生前,具有市场支配地位的经营者与被拒绝的交易对象

① 参见郑鹏程:《论拒绝交易反垄断规制的立法完善——以原料药反垄断执法为切入点》,载《现代法学》2021年第5期。

② 参见侯利阳:《我国〈反垄断法〉中的拒绝交易分析框架之重构》,载《产业组织评论》2023年第1期。

之间存在相关交易(即被拒绝的交易),特别是如果曾经形成过相对稳定的交易关系,则要求该经营者恢复与被拒绝的交易对象之间的原有交易,可以视为是对原有交易和原有竞争秩序的恢复,而并非强加交易义务。这一裁判,呼应了理论界关于对拒绝交易行为救济不足的关切。而在反垄断执法中,基于严格遵守法律的实体性和程序性规定考虑,现阶段恐怕难以在"责令停止违法行为"的基础上进一步深化或明确。值得注意的是,近年来国家市场监督管理总局统筹运用规则引导、行政指导、约谈警示、跟进执法等梯次性监管政策工具。[①] 梯次性监管的做法或可发挥作用。除了行政处罚决定之外,反垄断执法机构可以通过行政指导书等方式进一步指导经营者纠正拒绝交易等不作为型的滥用行为。

因不同垄断行为造成的损失,其计算方式存在差异。根据《民法典》第1184条规定:"侵害他人财产的,财产损失按照损失发生时的市场价格或者其他合理方式计算。"从既有裁判来看,消费者因转售价格维持行为而遭受的损失,赔偿金额应当为经营者之间限定的最低转售非竞争价格与竞争价格之间的差额[如:(2020)最高法知民终1137号,缪某与上汽通用汽车销售有限公司等纵向垄断协议纠纷案];因限定交易行为而遭受的损失,应当以限定交易的实际支出高于正常竞争条件下的合理交易价格的差额来计算[如:(2022)最高法知民终395号,威海宏福置业有限公司与威海市水务集团有限公司滥用市场支配地位纠纷案]。

对于因拒绝交易行为而遭受的损失计算,242号案件中最高法判决认为:(1)损失的范围包括直接损失和可得利益损失,其中可得利益损失是指交易相对人因为被拒绝交易而减损的预期利益。(2)受可预见性的约束。认定可得利益损失时,交易相对人必须具备明确的预期利益,例如在被诉行为发生前,具有市场支配地位的经营者与被拒绝的交易相对人之间存在长期交易关系。(3)必要成本扣除。计算可得利益损失时,原则上应当从可得利益总额中扣除进行相关交易的必要交易成本。(4)如果有证据证明拒绝交易行为已经给交易相对人造成损失,但损失数额难以确定的,法院也可以根据交易相对人的主张和案件证据,根据拒绝交易行为持续时间、影响的程度,综合确定合理的赔偿数额。在确定因拒绝交易导致的可得利益损失时,可以结合其他同行业经营者在同类交易中的获利情况。在早前的华为技

① 参见中国市场监管报:《法治筑基迈出新步伐 亮剑垄断谱写新篇章》,载国家市场监督管理总局网2022年7月30日,https://www.samr.gov.cn/fldys/sjdt/gzdt/art/2023/art_5cc0dc520258472f8656a88ec90afae3.html。

术有限公司与交互数字技术公司等滥用市场支配地位纠纷案[案号:(2013)粤高法民三终字第306号],对于因交互数字就涉案必要专利许可设定过高定价和搭售行为等垄断行为导致的损失,由于华为公司和交互数字均未提供证据证明华为公司因交互数字侵权所受到的实际损失,亦未提供证据证明交互数字因侵权行为的实际获利,法院综合考虑交互数字侵权行为性质、主观过错程度、侵权持续时间和损害影响,并考虑华为公司因调查、制止垄断行为所支付的合理开支,酌定交互数字赔偿华为公司2000万元。

二、垄断行政案件

(一)概述

笔者于2023年5月登录中国裁判文书网,以"案由:行政案由""全文:反垄断""裁判年份:2023"为搜索条件,共搜得9篇裁判文书;同时,登录人民法院案例库,以"案由:行政""全文:反垄断""审判年份:2023"为搜索条件,搜得1篇裁判文书,经对照,该1篇文书被中国裁判文书网搜得的9篇所涵盖。笔者进一步简化关键词为"全文:垄断"进行搜索,新增2篇裁判文书。上述11篇裁判文书剔除仅关键词涉及,但案件事由与垄断纠纷或反垄断法无关的部分后,仅余5篇相关文书,涉及5件案件,具体见表3。

表3 中国裁判文书网公开的垄断行政案件基本信息(裁判年份:2023)

编号	案件名称
1	重庆某公司与重庆市市场监督管理局反垄断行政处罚案
2	桂某1、桂某2与国家市场监督管理总局驳回行政复议申请决定案
3	周某诉北京市市场监督管理局不履行监督法定职责案
4	海某公司诉国家卫生健康委员会认定13C-UBT合格剂量为75mg的行为案
5	季某峰等诉泰州市姜堰区行政审批局其他行政行为案

上述5件案件中,案件1是反垄断行政处罚案件,即当事人被反垄断处罚后,对处罚结果不服提起的行政诉讼;案件2、案件3涉及的均是相关主体进行反垄断举报后,认为反垄断执法机构不履行法定职责而提起的行政诉讼;案件4、案件5则是涉及行政机关滥用行政权力损害当事人公平竞争权的纠纷。

(二)裁判观点分析

1. 价格卡特尔的认定与抗辩

在重庆某公司与重庆市市场监督管理局反垄断行政处罚案[案号:(2023)最高法知行终 29 号,以下简称 29 号案件],最高法就固定商品价格的垄断协议(以下简称价格卡特尔)所涉及的固定价格方式等阐明了裁判观点。

关于价格卡特尔涉及的固定价格的表现形式,《禁止垄断协议规定》第 8 条(原《禁止垄断协议暂行规定》第 7 条)已有规定。29 号案件中,当事人通过约定"价格变动幅度""不同灌注方式的灌注费和一定运输距离以上的运输费""据以计算价格的标准算法"等多种条件共同实现对不同型号商砼价格的固定,与《禁止垄断协议规定》第 8 条第 1 款规定的第 1 项、第 2 项情形相一致。而当事人采用的"未经参加协议的其他经营者同意不得变更价格",以及当事人辩称的没有固定最低价格或者可能低于约定标准价销售的主张,按照涉案协议的约定的低于约定标准价进行销售需要报经双方负责人同意的做法,则属于第 3 项通过"限制参与协议的经营者的自主定价权"达成或实施价格卡特尔的情形。

结合实践,对价格卡特尔的抗辩中,还有一种抗辩是独立定价抗辩。在没有价格协调的情况下,不同经营者根据市场变化和自身情况作出的独立的价格决策,有时也可能导致相同或类似价格行为的出现,这属于正常的商业行为而非价格卡特尔。[①] 对此,结合《禁止垄断协议规定》第 6 条关于"其他协同行为"的认定,除了市场行为一致性之外,还应当考虑意思联络要件、合理解释要件、市场状况要件等。

2. 对行政机关反竞争行为的规制

2023 年涉及的 2 件对行政机关反竞争行为的行政诉讼中,均以不属于受案范围而被驳回起诉。其中:海某公司诉国家卫生健康委员会认定 13C－UBT 合格剂量为 75mg 的行为案[案号:(2023)最高法行申 573 号,以下简称 573 号案件],海某公司认为《健康体检应用尿素呼气试验技术质控规范(试行)》中有关 13C－UBT 合格剂量确定为 75mg 的行为涉及行政垄断。最高法裁判认为,该规范并不属于针对特定对象或主体作出的行政行为,海某公司提起的本案之诉,不属于行政诉讼受案范围。季某峰等诉泰州市姜堰区行政审批局其他行政行为案[案号:(2023)苏 12 行终 215 号,以下简称 215 号案件],法院认为,季某峰等认为姜堰审批局存在刻制

---

① 参见游钰:《论价格垄断违法性认定的难点与对策》,载《价格理论与实践》2015 年第 1 期。

印章询价(招标)垄断行为、拒绝自行纠正违法的询价行为、拒绝其听证申请等侵犯其公平竞争权的违法行为,可向对政府采购活动具有监督管理职责的行政机关进行控告和检举,该事项均不属于行政审判权限范围。

关于行政机关反竞争行为的法律规制,现行法下主要有四种路径:

一是依据《反垄断法》第五章的规定,由反垄断执法机构对行政机关滥用行政权力排除、限制竞争行为进行调查、处理。《反垄断法》对行政性垄断的规制限于事后救济,且以滥用行政权力为要件,反垄断执法机构主要享有调查、建议等职权。事后救济的滞后性、违法性要件的严苛性以及手段的有限性,使得对行政机关不当干预市场竞争行为的规范效果较为有限。

二是以提起行政诉讼方式进行救济,这也是广义的反垄断私人诉讼,即原告指控行政机关滥用行政权力限制竞争,并由此使他们受到了损害。① 现行法下的主要依据是《行政诉讼法》(2017年修正)第12条第1款第8项、最高法《关于适用〈中华人民共和国行政诉讼法〉的解释》(法释〔2018〕1号)第12条第1项。经笔者不完全统计,近年来通过对行政性垄断行为进行行政诉讼而获得支持的,仅2件案件:深圳市斯维尔科技股份有限公司诉广东省教育厅侵犯公平竞争权行政纠纷案[案号:(2015)粤高法行终字第228号],法院判决确认广东省教育厅指定使用广联达公司相关软件行为违法。福建省泉州海丝船舶评估咨询有限公司诉福鼎市海洋与渔业局行政垄断行为案[案号:(2019)闽行终159号],法院认为,被诉行政机关未能举证证明可以对渔民选择评估机构的范围进行限定且无正当性的依据,故被诉行政行为属于滥用行政权力;被诉行政行为将相关渔民选择评估机构的范围限定在福建省人民政府国有资产监督管理委员会备案名录中,实际上排除了包括被上诉人在内的其他具有相应评估资质的评估机构公平参与市场竞争的权利,违反了反垄断法的相关规定。

三是申请行政复议。2023年修订的《行政复议法》将"认为行政机关滥用行政权力排除或者限制竞争"作为公民、法人或其他组织申请行政复议的情形之一。修订后的《行政复议法》自2024年1月1日起施行,故其实践效果尚待检验。

四是开展公平竞争审查。公平竞争审查,是指政策制定机关(行政机关和被授权公共组织)对拟制定涉及市场主体经济活动的政策措施是否排除、限制竞争进行评估的前置审查活动。我国的公平竞争审查制度建立和实施逐步呈现出以下特

① 参见王晓晔:《反垄断法》,法律出版社2011年版,第348页。

征:(1)纵向深入,以建立和实施公平竞争审查制度的机关层级来看,目前已经实现国家、省、市、县四级政府全覆盖,部分地区已下沉到街镇、园区。(2)横向拓宽,就审查对象的类型而言,已经覆盖行政法规、规章、政策性文件等规范性文件,一事一议的具体政策措施。(3)标准全面,《公平竞争审查制度实施细则》第13条规定的标准,涵盖了从市场准入和退出的全生命周期,体现了合法原则、公平竞争原则和统一市场理念。但公平竞争审查制度也存在相应的困局和偏差,比如,“自我审查”机制蕴含着因能力缺失而不能审查、因激励扭曲而不愿审查的悖论式困局。[①] 公平竞争审查制度实施的文本规范呈现出严重的同质化倾向,且实践模式单一僵化,无法形成有效的外部化约束,预设的制度效果难以期至。[②]

就上述四种路径,各有长短、不可偏废,但无疑公平竞争审查制度具有前置审查、全面覆盖的优势,值得广泛而深入地推进。结合215号案件和573号案件来看,215号案件涉及的政府采购无疑属于公平竞争审查的对象范围。但审查内容的选择、审查对象的确定还没有明确的规则,审查程序、审查标准也亟待完善。[③] 在实践操作过程中,还需考虑《政府采购法》的制度安排和规范要求。有鉴于此,应当进一步发挥政府采购监督管理部门(即各级人民政府财政部门)的主导作用,将公平竞争审查制度要求融入政府采购的制度设计和执行监管当中。

573号案件中涉及的《健康体检应用尿素呼气试验技术质控规范(试行)》,经查询是由国家健康体检与管理专业质控中心、国家消化内镜专业质控中心联合制定的,印发给下级质控中心供在工作中参考的文件。此类文件能否为公平竞争审查所覆盖?对此需要结合该文件是否涉及行政权力行使或履行公共管理职能、是否涉及市场主体经济活动、是否具有对外效力等因素综合判断。但在实践中,行政机关下属事业单位、与行政脱钩的行业协会等,其提供公共服务时往往带有“行政色彩”,相关做法的影响范围较广,开展公平竞争的前置审查有利于防止排除限制竞争的风险。而且,竞争评估完全可以作为自我合规的工具,在与市场相关的主体中使用,并不会产生不利影响。因此,可以考虑公平竞争审查适用的适度扩容。可以通过加强倡导、自律规范等方式,鼓励在特定领域、特定场景中参照适用公平竞

① 参见李俊峰:《公平竞争自我审查的困局及其破解》,载《华东政法大学学报》2017年第1期。

② 参见金善明:《公平竞争审查机制的制度检讨及路径优化》,载《法学》2019年第12期。

③ 参见孙晋、袁野:《论公平竞争审查在我国政府采购领域的适用》,载《湖北行政学院学报》2016年第5期。

争审查。比如:《招标投标领域公平竞争审查规则》(规章)规定的公共资源交易平台运行服务机构制定招标投标交易服务文件,应当参照该规则开展公平竞争审查;《关于严格执行招标投标法规制度进一步规范招标投标主体行为的若干意见》(发改法规规〔2022〕1117号)提出,"鼓励参照《公平竞争审查制度实施细则》,建立依法必须招标项目招标文件公平竞争审查机制"。

三、反垄断公益诉讼

2022年修改后的《反垄断法》第60条第2款规定:"经营者实施垄断行为,损害社会公共利益的,设区的市级以上人民检察院可以依法向人民法院提起民事公益诉讼。"对此,最高人民检察院专门印发《关于贯彻执行〈中华人民共和国反垄断法〉积极稳妥开展反垄断领域公益诉讼检察工作的通知》,要求认真贯彻实施修订后的反垄断法,积极稳妥开展反垄断领域公益诉讼检察工作,重点关注互联网、公共事业、医药等民生保障领域。

从公开信息来看,2023年度"山东省菏泽市检察院针对本地共享单车领域存在的行政性垄断问题开展监督,督促行政机关废止原协议,引进其他3家共享单车运营商进入本地市场,有效促进公平竞争,推动当地共享单车行业健康发展。"①该案中,检察机关首先对菏泽市城市管理局与A公司签署独家经营协议且对A公司违规经营行为未予制止的情况进行了检察监督;同时,对"3家共享电动单车运营商以实质性价格联盟形式确定共同收费标准,应认定为涉嫌滥用市场支配地位牟取不合理利润,损害社会公共利益"进行检察监督。② 该案件中,检察机关首先对行政机关违法履职(签署违反《反垄断法》的独家经营协议)、怠于履职(对A公司违规经营行为未制止)的行为进行检察监督;随后,又对经营者的违法行为进行检察监督。二者均在诉前解决,没有进入到向法院起诉的阶段。上述案件一定程度上反映了反垄断公益诉讼当前的困惑及其探索。

公益诉讼,顾名思义是以维护公共利益为目的之诉讼。我国现行法下,存在行政公益诉讼和民事公益诉讼两类。《行政诉讼法》(2017年修正)第25条第4款、

---

① 《公益诉讼检察工作白皮书(2023)》,载最高人民检察院网,https://www.spp.gov.cn/xwfbh/wsfbh/202403/t20240309_648329.shtml。

② 参见《共享电动单车任性定价"割韭菜",如何治理?》,载检察日报正义网,https://newspaper.jcrb.com/2023/20231012/20231012_007/20231012_007_2.htm。

《民事诉讼法》(2023年修正)第58条第2款分别对行政和民事公益诉讼作出了概括性规定,《反垄断法》等个别领域的单行法规定了本领域的公益诉讼制度。起诉负有执法职责的监管者,要求其严格履职,此即我国所谓"行政公益诉讼"。因为其实际效果是强制执法者履职,故又被称为"强制执法诉讼"。直接起诉肇事者,要求其依法担责,也即我国所谓"民事公益诉讼"。因为要求他人承担本应由执法者追究的公共责任,客观上起到相当于严格执法的效果,故又被称为"代位执法诉讼"。①《反垄断法》规定的是对经营者实施垄断行为损害公共利益的民事公益诉讼。检察机关能否依据《行政诉讼法》第25条第4款的概括性规定提起行政公益诉讼,本身存在争议,暂且按下不表。仅就反垄断民事公益诉讼,目前要解决的首要问题包括:如何处理与行政执法、私人诉讼的关系,如何界定"损害社会公共利益"的起诉条件,等等。

处理检察公益诉讼与反垄断执法、私人诉讼之间的关系,须从检察公益诉讼的性质、功能说起。反垄断执法和私人诉讼是我国《反垄断法》的两大实施机制。修改后的《反垄断法》第60条,其中第1款规定了垄断侵权行为的民事责任,是反垄断私人诉讼的执行依据;与之并列的第2款即规定了检察公益诉讼。因此,不妨将检察公益诉讼作为一种新的、补充性的反垄断实施机制。《反垄断法》第1条规定了立法目的,反垄断执法、私人诉讼、检察公益诉讼等实施机制均应服务于立法目的的实现。从《人民检察院公益诉讼办案规则》第2条规定的"人民检察院办理公益诉讼案件的任务,是通过依法独立行使检察权……"可以看出,检察公益诉讼带有公共实施的属性。反垄断民事公益诉讼是以司法方式来"执行"反垄断法的体现,是反垄断法的公共实施,与普通的损害赔偿诉讼具有本质区别。② 因此,检察公益诉讼虽然方式上与私人诉讼同属于司法"序列",但性质上具有通过公权力进行法律实施的属性,与反垄断执法更具互补性。私人诉讼是对垄断行为损害私人利益时的救济;我国的反垄断执法作为反垄断法实施的主要机制,可以对垄断行为进行责令停止违法行为、没收违法所得、罚款,以维护公共利益。根据《人民检察院公益诉讼办案规则》第98条第1款规定,人民检察院可以向人民法院提出要求被告停止侵害、排除妨碍、消除危险、恢复原状、赔偿损失等诉讼请求。尽管对检察公益诉讼

① 参见巩固:《公益诉讼的属性及立法完善》,载《国家检察官学院学报》2021年第6期。

② 参见焦海涛:《反垄断民事公益诉讼的性质定位与适用方向》,载《华东师范大学学报(哲学社会科学版)》2024年第1期。

的诉讼请求设置具有侵权责任的色彩,但从实际效果上,与反垄断执法的效果也可能对应和重叠,比如:“停止侵害”和“责令停止违法行为”,“恢复原状、赔偿损失”和“没收违法所得”等。既然检察公益诉讼的效果与执法效果可能存在对应或重叠,那么二者理应有所分工,否则可能造成对同一违法行为重复评价的现象。检察公益诉讼与反垄断执法的互补性,应尽量减少在同一案件中的互补、尽量避免检察机关“后继诉讼”,尽管逻辑上仍有可能(比如:反垄断执法未对垄断行为当事人没收违法所得,检察公益诉讼可以通过要求恢复原状、赔偿损失等方式进一步维护公共利益),但现实中可能难以操作,因为执法没有作出没收违法所得的决定,往往是因为违法所得难以计算,诉讼要求恢复原状、赔偿损失的操作难度可想而知。检察公益诉讼与反垄断执法的互补性,应更多体现在类案之间的互补,比如:检察公益诉讼可以更多地聚焦于涉及行政性垄断和经济性垄断交织等能够发挥检察机关执法办案优势的类案,或者涉及广大个人消费者直接利益的类案。在案件选择上或办案权冲突时,基于《反垄断法》“国务院反垄断执法机构负责反垄断统一执法工作”的规定,反垄断执法具有优先性。

进一步地,修改后的《反垄断法》第60条第2款以“损害社会公共利益的”作为检察公益诉讼的起诉条件。结合反垄断法的功能定位和立法目标,垄断行为本身具有损害公共利益的危害性,反垄断自带公共利益属性。但不能据此而无限扩大检察公益诉讼的范围,赋予检察机关类似于反垄断执法机构的功能。通常意义上的垄断行为损害公共利益,是指垄断行为的竞争损害,它破坏了市场机制正常运行,损害了消费者整体福利。而《反垄断法》第60条第2款将“经营者实施垄断行为”和“损害社会公共利益”作为并列的两个起诉条件,显然不宜把“损害社会公共利益”宽泛地理解为竞争损害。在传统反垄断竞争损害理论考察的经济效率损害之外,检察公益诉讼的受案范围应当有所突破,重点关注包括平台垄断在内的可能对公平交易权、消费者选择权、个人信息权益、公共卫生健康等产生损害的垄断行为。①

四、结语

2022年修改后的《反垄断法》规定“加强反垄断执法司法,依法公正高效审理垄断案件,健全行政执法和司法衔接机制”,包含了加强公正司法、健全衔接机制等

① 参见吴佩乘:《反垄断民事检察公益诉讼制度的解释论》,载《现代法学》2024年第2期。

题中之义。本文讨论的垄断民事案件、垄断行政案件、反垄断公益诉讼均与此相关。无论是何种实施机制,最终均服务于《反垄断法》的有效实施,服务于统一、开放、竞争、有序的市场体系的建立健全。

中国经营者集中反垄断审查年度分析报告(2023年)

潘志成*

一、经营者集中反垄断审查概况

(一)总体概况

根据国家市场监督管理总局(以下简称市场监管总局)公布的数据,2023年度共审结经营者集中案件797件,其中批准786件,11件受理后申报方撤回申报。批准的786件案件中,4件为附加限制性条件批准案件,782件为无条件批准案件。2023年度经营者集中案件交易规模共计3.92万亿元,比2022年度微增0.5%;平均审结时间25.7天,比2022年度减少0.8天。

具体而言,2023年度市场监管总局公示的经营者集中相关审查执法案件的数量及简易案件占比数据与2022年度相比的变动情况如表1所示。

表1　2022年度与2023年度经营者集中案件对比

案件类型		2022年度案件数据	2023年度案件数据	同比增长/%
违法实施经营者集中行政处罚案件数量/件		32	0	-100
无条件批准案件	案件数量/件	767	782	2.0
	简易案件占比[1]	89%左右	91%左右	—

* 潘志成,上海市汇业律师事务所高级合伙人,法学博士。

续表

案件类型		2022 年度案件数据	2023 年度案件数据	同比增长/%
附加限制性条件批准、禁止集中案件	附加限制性条件批准案件数量/件	5	4	-20
	禁止集中案件数量/件	0	0	0
	合计数量/件	5	4	-20
解除限制性条件案件数量/件		0	1	100

[1]简易案件占比为当年度公示的简易案件数量与当年度公示的无条件批准案件数量的比值。

总体而言,2023 年度违法实施经营者集中行政处罚案件数量与 2022 年度相比大幅下降至 0 件;无条件批准案件数量与 2022 年度相比小幅上涨;附加限制性条件批准、禁止集中案件数量与 2022 年度基本接近;简易案件占无条件批准案件的比例与 2022 年度相比略有提高。

在上述案件类型之外,2023 年度市场监管总局也针对部分受关注的并购交易发出提示函,例如 2023 年 7 月,市场监管总局向上市公司新巨丰发出提示函,建议其就收购纷美包装的交易提交经营者集中申报。

此外,2023 年度的经营者集中审查执法案件还体现出一些新的特点与动向,具体如下:

1. 经营者集中审查停表制度开始在实践中适用

2023 年度 4 件经营者集中附加限制性条件批准案件中,有 3 件适用了停表制度,具体信息如表 2 所示。

表 2　2023 年度附加限制性条件案件停表制度

时间节点	附加限制性条件批准迈凌公司收购慧荣科技公司股权案	附加限制性条件批准先声药业有限公司收购北京托毕西药业有限公司股权案	附加限制性条件批准博通公司收购威睿公司股权案
案件受理	2022 年 10 月 28 日	2022 年 11 月 23 日	2023 年 4 月 25 日
停表开始	2023 年 1 月 6 日	2023 年 4 月 25 日	2023 年 9 月 25 日
停表结束	2023 年 7 月 14 日	2023 年 9 月 21 日	2023 年 11 月 17 日
停表持续	189 天	149 天	53 天
案件公布	2023 年 7 月 26 日	2023 年 9 月 22 日	2023 年 11 月 21 日

停表制度的适用可以使得申报方在原本的审查期限届满时,无须申请撤回案件并在之后再次进行申报,有助于减轻复杂案件给申报方和执法机构带来的程序负担。

2.首次出现对未达申报标准自愿提出申报的经营者集中进行审查并附加限制性条件的案件

2023年9月22日公告的附加限制性条件批准先声药业有限公司收购北京托毕西药业有限公司股权案,是目前公告的附加限制性条件批准案件中,首件未达申报标准而由当事人自愿申报的案件。由于该项集中可能具有排除、限制竞争效果,市场监管总局不但对该项集中予以立案审查,还附加了限制性条件,体现出经营者集中审查更注重对竞争影响进行分析,而不拘泥于是否符合申报标准。

3.经营者集中委托审查进一步推进

自2022年8月1日起,市场监管总局正式开始试点委托部分省级市场监管部门开展部分经营者集中案件的反垄断审查。以试点五省市市场监管部门在各自官网上公示简易案件的时间为标准,2023年度开展试点的五省市市场监管部门共公示经营者集中简易案件368件,占同期公示的简易案件总量的比例约为52%,占同期无条件批准案件总量的比例约为47%。而2022年8~12月,开展试点的五省市市场监管部门公示的简易案件占比仅为30%上下。由此可见,2023年度经营者集中委托审查的案件比例大幅提高。

此外,2023年度委托审查的简易案件类型也进一步扩大。2022年度委托审查的简易案件基本仅限于有境内主体参与的案件,而2023年度委托审查的简易案件还包括了参与集中的经营者均为境外主体的案件,这也表明几乎所有类型的简易案件都有可能委托五省市市场监管部门审查。

经营者集中委托审查的进一步推进有助于进一步提高经营者集中的审查效率与审查能力。

(二)案件基本情况

2023年度4件附加限制性条件批准案件的基本情况如表3所示。

表3　2023年度附加限制性条件案件基本情况

序号	案件名称	当事人成立地	行业	经营者集中类型	限制性条件类型及概要
1	附加限制性条件批准万华化学集团股份有限公司收购烟台巨力精细化工股份有限公司股权案	中国	化工	同时涉及横向集中和纵向集中	均为行为性条件,主要包括: 1. 向中国境内市场客户供应甲苯二异氰酸酯的年度均价不高于承诺日前二十四个月平均价格; 2. 保持或扩大中国境内甲苯二异氰酸酯的产量,并持续研发创新; 3. 依据公平、合理、无歧视原则向中国境内市场客户供应甲苯二异氰酸酯; 4. 不得强制中国境内市场客户排他性地采购甲苯二异氰酸酯产品或进行搭售。
2	附加限制性条件批准迈凌公司收购慧荣科技公司股权案	美国、开曼群岛	电子信息	没有横纵向关系的混合集中	均为行为性条件,主要包括: 1. 继续公平、合理、无歧视地向中国境内供应NAND闪存主控芯片产品; 2. 不得实质性地改变慧荣科技现有的业务模式和运营;保留慧荣科技在中国台湾地区与NAND闪存主控芯片相关的研发;保留慧荣科技在中国境内的现场应用工程师; 3. 对于在中国境内销售的NAND闪存主控芯片,不得在其设计中加入任何恶意编码。
3	附加限制性条件批准先声药业有限公司收购北京托毕西药业有限公司股权案	中国	医药	同时涉及横向集中和纵向集中	结构性条件和行为性条件相结合的综合性条件,主要包括: 1. 解除先声药业与DSM在中国境内独家、排他供应巴曲酶原料药的协议约定;

续表

序号	案件名称	当事人成立地	行业	经营者集中类型	限制性条件类型及概要
					2. 剥离先声药业在研巴曲酶注射液业务; 3. 下调临床常用规格的巴曲酶注射液终端价格; 4. 保障临床常用规格的巴曲酶注射液用药需求。
4	附加限制性条件批准博通公司收购威睿公司股权案	美国	电子信息	同时涉及横向集中和相邻关系	均为行为性条件,主要包括: 1. 不得搭售或者附加其他不合理的交易条件; 2. 继续保证服务器虚拟化软件与相关硬件产品的互操作性; 3. 对第三方硬件制造商的保密信息采取保护措施。

2023 年度 1 件解除限制性条件案件的基本情况如表 4 所示。

表 4　2023 年度解除限制性条件案件基本情况

序号	案件名称	当事人所在地	行业	限制性条件概要	竞争分析及解除限制性条件的原因
1	解除丸红公司收购高鸿公司 100% 股权经营者集中限制性条件	日本、美国	农业	维持丸红公司和高鸿公司向中国出口和销售大豆业务的分离与独立;维持丸红大豆子公司与高鸿大豆子公司之间的分离和独立等	与丸红公司无关联关系的蔚特有限公司于 2022 年收购了高鸿公司大豆业务。本案集中交易方已经发生重大变化,继续实施限制性条件已无必要,解除限制性条件不会产生排除、限制相关市场竞争的效果

(三)案件地域分布

1. 无条件批准案件地域分布

根据市场监管总局公布的数据,2023年度782件无条件批准案件中,过半数案件的当事人均位于境内,32%左右案件的当事人均位于境外,由境外当事人和境内当事人共同参与的案件较少,仅占11%左右。

具体数据如图1所示。

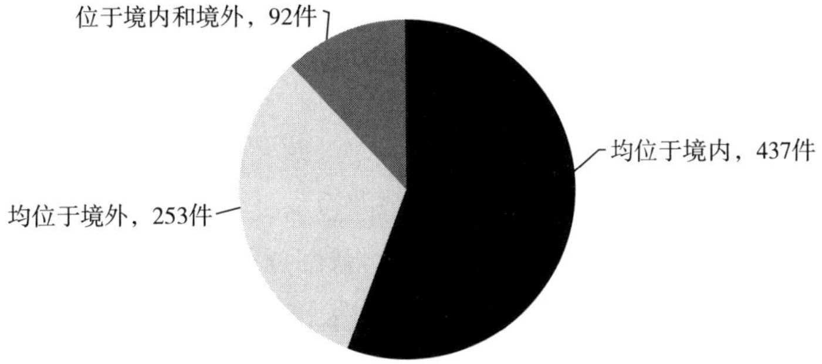

图1 2023年度无条件批准案件当事人地域分布

就当事人的具体国家和地区以及省市分布而言,根据市场监管总局公布的数据,2023年度参与经营者集中的企业来自全球30余个国家和地区,境外企业主要涉及美国、日本、法国等国家。在中国境内,广东、上海、北京、浙江、山东为参与集中企业注册地数量前五大省市。

2. 附加限制性条件批准案件地域分布

2023年度4件附加限制性条件批准案件共涉及8家当事人。其中注册成立于中国境内的当事人数量最多,达到4家;成立于美国的当事人有3家。

具体如图2所示。

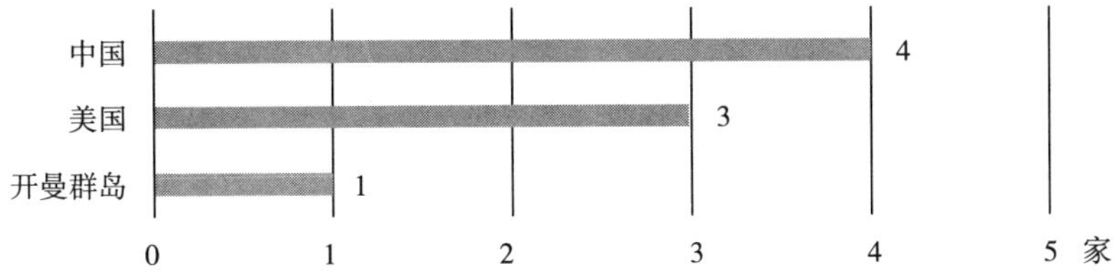

图2 2023年度附加限制性条件批准案件当事人地域分布

(四)案件当事人的企业性质

根据市场监管总局公布的数据,2023年度国有企业参与集中案件388件,占案件总数的比例为49%;外企参与集中案件361件,占案件总数的比例为46%;民营企业参与集中案件296件,占案件总数的比例为38%。

2023年度无条件批准案件当事人的企业性质数据与上述总体数据基本一致。

就2023年度附加限制性条件批准案件当事人的企业性质(根据最终控制人判断)而言,国有企业有1家,外企有4家,民营企业有3家。

(五)案件所在行业分布

根据市场监管总局公布的数据,2023年度审结实体经济制造业的案件数量最多,为291件,占比37%;其他占比较高的行业包括批发零售、交通运输、水电气热生产供应、金融、房地产、信息技术服务业等。从细分行业类别看,制造业中涉及化学原料及制品的案件数量最多,为53件,占制造业案件总数的18%;其他占比较高的包括汽车制造业、计算机及电子设备制造业、医药制造业等。

1. 无条件批准案件所在行业分布

2023年度无条件批准案件的行业分布与上述总体行业分布情况基本一致,具体而言,涉及电子信息、化工、汽车、医药、能源、矿冶、房地产、批发零售、交通运输、私募基金等行业的案件数量较多。

2. 附加限制性条件批准案件所在行业分布

2023年度4件附加限制性条件批准案件所在行业分布具体如图3所示。

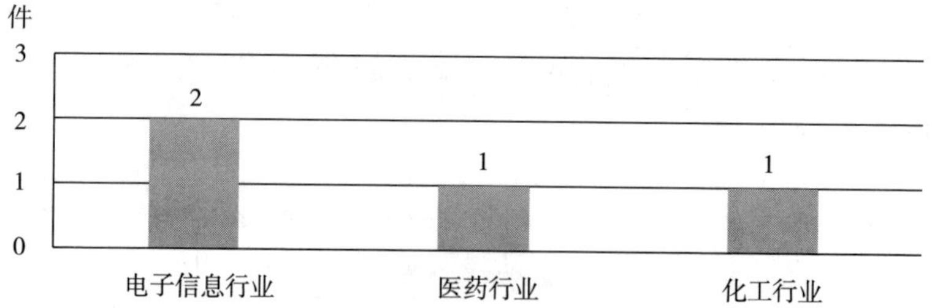

图3　2023年度附加限制性条件批准案件行业分布

与2022年度相比,电子信息行业依旧是附加限制性条件批准案件主要涉及的行业。

(六)经营者集中类型分布

根据市场监管总局公布的数据,2023年度经营者集中案件中,横向集中占比最多,股权收购仍为主要交易模式。从交易类型看,涉及同行竞争者的横向集中案件417件,占案件总数的比例为53%;涉及上下游企业的纵向集中案件311件,占案件总数的比例为40%;没有横纵向关系的混合集中案件191件,占案件总数的比例为24%。从交易模式看,涉及股权收购的案件数量最多,为445件,占案件总数的比例为56%;其次是设立合营企业,为270件,占案件总数的比例为34%。

2023年度无条件批准案件的交易类型和交易模式与上述总体情况基本一致。就交易模式而言,除涉及股权收购、设立合营企业的案件之外,其余少量案件涉及业务收购、资产收购、通过合同取得控制权以及合并等交易模式。

2023年度4件附加限制性条件批准案件的交易模式均为股权收购;就交易类型而言,有2件案件同时涉及横向集中和纵向集中,1件案件同时涉及横向集中和相邻关系,1件案件为没有横纵向关系的混合集中案件。

(七)委托审查案件数据

以2023年度委托审查试点五省市市场监管部门在各自官网上公示的简易案件数量为标准,五省市审查案件的具体数量如图4所示。

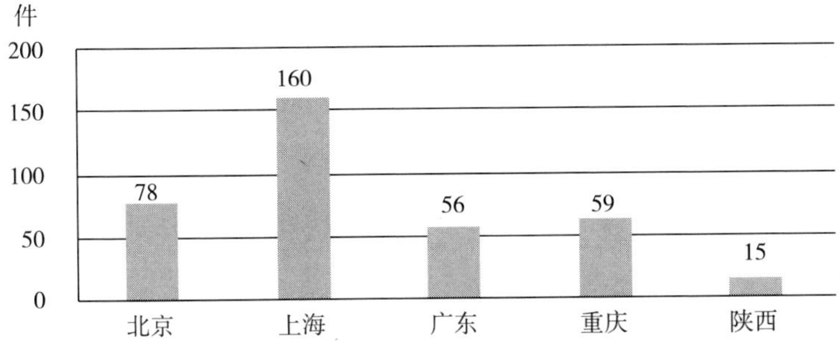

图4 2023年度经营者集中委托审查各省市审查案件数量

二、审查执法案例分析

1. 附加限制性条件批准万华化学集团股份有限公司收购烟台巨力精细化工股

份有限公司股权案①

(1)案件基本情况

收购方万华化学主要从事化工产品生产和销售。被收购方烟台巨力主要从事甲苯二异氰酸酯、烧碱生产和销售。

万华化学拟收购烟台巨力股权,并取得烟台巨力单独控制权。

2022年8月9日,市场监管总局收到本案经营者集中反垄断申报。经审核,市场监管总局认为申报材料不完备,要求申报方予以补充。2022年9月16日,市场监管总局予以立案并开始初步审查。2022年10月13日,市场监管总局决定实施进一步审查。2023年1月9日,经申报方同意,市场监管总局决定延长进一步审查期限。2023年3月9日,进一步审查延长阶段届满前,申报方申请撤回案件并得到市场监管总局同意。同日,市场监管总局对申报方的再次申报予以立案审查。

(2)相关市场

相关商品市场:万华化学和烟台巨力均从事烧碱和甲苯二异氰酸酯生产与销售,存在横向重叠。同时,烧碱为甲苯二异氰酸酯原料之一,集中双方存在纵向关系。因此相关商品市场界定为烧碱市场、甲苯二异氰酸酯市场。

相关地域市场:烧碱、甲苯二异氰酸酯的相关地域市场均界定为中国境内。

(3)竞争分析

此项集中对中国境内烧碱市场不具有排除、限制竞争效果;此项集中对中国境内甲苯二异氰酸酯市场可能具有排除、限制竞争效果。原因如下:

一是集中增强了集中后实体的市场控制力。2021年,从销量看,万华化学和烟台巨力在中国境内甲苯二异氰酸酯市场份额分别为25%~30%和10%~15%,合计份额35%~40%;从产能看,万华化学在建产能完全投产释放后,万华化学和烟台巨力占中国境内甲苯二异氰酸酯总产能的比例分别为35%~40%和10%~15%,合计份额为45%~50%。集中前万华化学市场份额排名第一,集中将进一步增强市场力量。当前中国境内甲苯二异氰酸酯产能利用率和产品销售率均较高,若集中后实体涨价,下游客户难以转向其他竞争者获得充足供应,无法形成有效竞争约束。第三方经济学分析显示,交易后的价格上涨压力指数为17%,表明集中后实体单方面涨价的可能性大。

---

① 本报告仅为摘要,全文请参见 https://www.samr.gov.cn/fldes/tzgg/ftj/art/2023/art_c2b34c8db90d4415a4025b84a4cf837f.html。

二是集中增强了相关市场集中度。交易前,中国境内甲苯二异氰酸酯市场的HHI 指数为 1799,交易后 HHI 指数为 2451,集中产生的 HHI 增量为 652。

三是相关市场短期内无法出现新的有效竞争者。甲苯二异氰酸酯生产技术复杂、装置投资大、过程控制困难,环保和安全生产要求高,新进入者进入市场难度大,新建产能耗时长。

四是下游客户无法构成有效买方制约。甲苯二异氰酸酯下游客户多为小而分散的海绵制造厂,议价能力相对较弱。

(4)审查决定

市场监管总局决定附加限制性条件批准此项集中,要求集中双方和集中后实体履行如下义务:

一是在交易条件相当的情况下,交易交割完成后向中国境内市场客户供应甲苯二异氰酸酯的年度均价不高于承诺日前 24 个月平均价格。若主要原材料价格出现一定幅度下降,应当对向中国境内市场客户供应甲苯二异氰酸酯的价格进行公平合理的下调。

二是除非有正当理由,交割完成后保持或扩大中国境内甲苯二异氰酸酯的产量,并持续研发创新。

三是依据公平、合理、无歧视原则向中国境内市场客户供应甲苯二异氰酸酯。除非有正当理由,不得拒绝、限制或延迟向中国境内市场客户供应产品;不得降低对中国境内市场客户的供应质量和服务水平;在同等条件下,除合理的商业惯例外,不得对中国境内市场客户实行差别待遇。

四是除非有正当理由,不得强制中国境内市场客户排他性地采购甲苯二异氰酸酯产品或进行搭售。

限制性条件的监督执行除按公告办理外,申报方于 2023 年 3 月 30 日向市场监管总局提交的附加限制性条件承诺方案对集中双方和集中后实体具有法律约束力。

限制性条件自交易交割日起 5 年后,集中后实体可以向市场监管总局提出解除条件的申请。市场监管总局将依申请并根据市场竞争状况作出是否解除的决定。未经市场监管总局批准解除,集中后实体应继续履行限制性条件。

(5)案件评析

本案中,虽然参与集中的经营者的市场份额及相关市场集中度相较其他附加限制性条件案件而言不算很高(双方的合计市场份额未超过 50%、相关市场的 HHI

指数未超过2000),但结合集中后实体单方面涨价的可能性大、本次集中产生的HHI增量较高、相关市场进入门槛较高、下游客户议价能力较弱等因素,仍对本次集中附加限制性条件。

2. 附加限制性条件批准迈凌公司收购慧荣科技公司股权案①

(1)案件基本情况

收购方迈凌主要为家庭宽带连接、无线基础设施、数据中心以及工业和多市场应用提供通信片上系统(SoC)解决方案等业务。被收购方慧荣科技主要提供NAND闪存主控芯片和固态硬盘。

2022年5月5日,迈凌与慧荣科技签署协议,迈凌拟收购慧荣科技所有已发行流通股。交易完成后,迈凌单独控制慧荣科技。

2022年9月15日,市场监管总局收到本案经营者集中反垄断申报。经审核,市场监管总局认为申报材料不完备,要求申报方予以补充。10月28日,市场监管总局予以受理并开始初步审查。11月25日,市场监管总局决定实施进一步审查。2023年1月6日,市场监管总局对本案作出中止计算审查期限的决定,后于7月14日继续计算审查期限。

(2)相关市场

相关商品市场:从慧荣科技业务出发,将相关商品市场界定为第三方NAND闪存主控芯片市场、客户级固态硬盘市场和企业级固态硬盘市场。

相关地域市场:将第三方NAND闪存主控芯片、客户级固态硬盘和企业级固态硬盘的相关地域市场界定为全球市场,重点考察中国境内市场竞争状况。

(3)竞争分析

此项集中对中国境内第三方NAND闪存主控芯片市场具有或者可能具有排除、限制竞争效果。原因如下:

一是相关市场高度集中,集中方具有市场支配地位。2021年全球第三方NAND闪存主控芯片市场的HHI指数为4137,中国境内第三方NAND闪存主控芯片市场HHI指数为3932,均为高度集中市场。慧荣科技在全球和中国境内第三方NAND闪存主控芯片市场上的份额分别为50%~55%和50%~55%,均排名第一。同时,NAND闪存主控芯片行业技术和资金密集型特点突出,慧荣科技拥有雄厚的

① 本报告仅为摘要,全文请参见https://www.samr.gov.cn/fldes/tzgg/ftj/art/2023/art_a685ac0dd85647b3898dff75f68fa2c4.html。

财力和先进的技术水平,年均出货量在 5 亿件以上,掌握专利数量领先于其他供应商,具有市场支配地位。

二是下游客户对集中方依赖度高,转换供应商难度大。NAND 闪存及固态硬盘对安全性、稳定性要求较高,NAND 闪存主控芯片与存储设备之间的适配度决定产品性能。下游客户普遍认为,其他竞争者技术发展水平滞后于慧荣科技,慧荣科技 NAND 闪存主控芯片在工艺、性能、功耗、成本、供应规模等方面均优于其他竞争者,短期内没有企业能在技术或产业链控制上与其比肩。

三是相关市场进入困难,存在实质性障碍。NAND 闪存主控芯片研发设计资金投入较大、研发周期较长,对企业的初始资金投入、技术积累和创新能力要求较高。同时,第三方 NAND 闪存主控芯片新产品的销售需要经历技术平台验证、下游客户对供应商的测试认证、产品验证等流程才能形成规模化销售。因此,竞争者难以在短期内进入市场或扩大市场份额。

四是集中可能对中国境内第三方 NAND 闪存主控芯片市场竞争状况产生较大影响。2021 年在全球第三方 NAND 闪存主控芯片市场,CR2(行业前两大企业市场占有率)为 88.9%,CR5(行业前五大企业市场占有率)为 92.61%;在中国境内第三方 NAND 闪存主控芯片市场,CR2 为 85.8%,CR5 为 90.9%;市场集中度较高,竞争者数量较少。根据市场调查,中国境内下游客户普遍反映慧荣科技是其目前最重要的第三方 NAND 闪存主控芯片供应商,且与慧荣科技具有良好合作关系,担心交易可能影响产品供应的稳定性。考虑到慧荣科技对第三方 NAND 闪存主控芯片市场的控制力,同时考虑到市场上有些第三方 NAND 闪存主控芯片供应商正在发展自身固态硬盘产品,与下游客户合作较为消极,一旦慧荣科技产品供应出现问题,不仅其他竞争者在短期内难以满足中国境内下游客户的需求,而且将导致中国市场上的相关商品价格上涨,损害相关市场竞争,进而对下游固态硬盘市场竞争状况也会产生较大影响。

(4)审查决定

市场监管总局决定附加限制性条件批准此项集中,要求交易双方和集中后实体履行(包括但不限于)如下义务:

一是继续公平、合理、无歧视地向中国境内供应 NAND 闪存主控芯片产品。履行慧荣科技的现有客户合同。维持慧荣科技的现有商业关系。

二是不得实质性地改变慧荣科技现有的业务模式和运营。

三是保留慧荣科技在中国台湾地区与 NAND 闪存主控芯片相关的研发。

四是保留慧荣科技在中国境内的现场应用工程师作为研发资源的一部分,以向慧荣科技 NAND 闪存主控芯片的客户提供支持。

五是对于在中国境内销售的 NAND 闪存主控芯片,不得在其设计中加入任何恶意编码。

限制性条件的监督执行除按公告办理外,申报方于 2023 年 7 月 25 日向市场监管总局提交的附加限制性条件承诺方案对交易双方和集中后实体具有法律约束力。上述承诺自生效日起 5 年内有效,期限届满后自动解除。

(5)案件评析

本案是 2022 年《反垄断法》修订增加停表制度后,首例适用停表制度的经营者集中附加限制性条件批准案件,停表期间为 2023 年 1 月 6 日至 2023 年 7 月 14 日,共计 189 日。本案的公告未具体说明适用停表制度的理由,但本案适用停表制度后,申报方在原本的审查期限届满时无须申请撤回案件并在之后再次进行申报,有助于减轻复杂案件给企业和执法机构带来的程序负担。

此外,本案为当事人之间没有横纵向关系的混合集中案件,本项交易本身不会导致相关市场的 HHI 指数发生变化,但考虑到慧荣科技对相关市场的控制力,且本项交易可能影响慧荣科技产品供应的稳定性,市场监管总局仍对本项交易附加了限制性条件。

3. 附加限制性条件批准先声药业有限公司收购北京托毕西药业有限公司股权案①

(1)案件基本情况

收购方先声药业及关联方主要从事药品生产和销售。被收购方托毕西从事巴曲酶注射液生产和销售。

2017 年 7 月,先声药业与托毕西的股权持有人子博有限公司签订协议,拟收购托毕西全部股权。集中至今未实施。

2022 年 6 月 29 日、7 月 20 日,托毕西、先声药业分别自愿向市场监管总局提交本案经营者集中申报材料。经审核,市场监管总局认为该申报材料不完备,要求申报方予以补充。11 月 23 日,市场监管总局确认经补充的申报材料符合《反垄断法》第 28 条规定,本案未达到申报标准,但是经审查认为有必要立案,按照《反垄断法》

① 本报告仅为摘要,全文请参见 https://www.samr.gov.cn/fldes/tzgg/ftj/art/2023/art_90a71deadd224689b026920807c0389c.html。

和《经营者集中审查暂行规定》第 12 条、第 13 条、第 16 条规定,对此项经营者集中予以立案并开始初步审查。12 月 21 日,市场监管总局决定实施进一步审查。2023 年 3 月 19 日,经申报方同意,市场监管总局决定延长进一步审查期限。4 月 25 日,市场监管总局对本案作出中止计算审查期限的决定;后于 9 月 21 日继续计算审查时限。

(2)相关市场

相关商品市场:先声药业从事巴曲酶原料药销售,托毕西从事巴曲酶注射液生产与销售,二者存在纵向关系。同时,先声药业正在从事巴曲酶注射液研发,与托毕西存在横向重叠。具体界定的相关商品市场包括:巴曲酶原料药销售市场、巴曲酶注射液市场。

相关地域市场:巴曲酶原料药销售和巴曲酶注射液相关地域市场均界定为中国境内。

(3)竞争分析

本项集中对中国境内巴曲酶注射液市场可能具有排除、限制竞争效果。原因如下:

一是集中可能消除中国境内巴曲酶注射液市场潜在进入者,巩固托毕西在该市场的支配地位,产生排除、限制竞争效果。托毕西在中国境内巴曲酶注射液市场份额为 100%,具有市场支配地位。先声药业有巴曲酶注射液在研项目,已获批以日本东菱药品工业株式会社原研药为参比制剂进行仿制,2021 年 7 月获得药物临床试验批准,为中国境内巴曲酶注射液市场潜在进入者。集中直接消除了这一潜在竞争对手,巩固了托毕西在中国境内巴曲酶注射液市场的支配地位,可能产生排除、限制竞争效果。

二是集中后实体可能实施原料封锁,对中国境内巴曲酶注射液市场产生排除、限制竞争效果,具体包括:

集中后实体具有实施原料封锁,排除、限制中国境内巴曲酶注射液市场竞争的能力。第一,集中后实体在中国境内巴曲酶原料药销售市场具有市场支配地位。第二,集中后实体具有控制巴曲酶原料药销售市场的能力,下游经营者议价能力弱。第三,其他经营者进入相关市场难度较大。

集中后实体具有实施原料封锁,排除、限制中国境内巴曲酶注射液市场竞争的动机。目前中国境内巴曲酶注射液市场仅有托毕西一家供应商,集中后实体有动机通过封锁巴曲酶原料药供应或提高供应价格,阻碍其他竞争者进入市场,或获取更大利益。

集中可能对中国境内巴曲酶注射液市场具有排除、限制竞争效果。一是集中后实体可能通过拒绝、限制或拖延向托毕西竞争对手提供巴曲酶原料药,妨碍其研发及生产;二是在托毕西与竞争对手之间实行差别待遇;三是向托毕西竞争对手收取不合理高价等,提高竞争对手研发及生产成本。本项经营者集中完成后,将显著提高巴曲酶注射液市场进入门槛,打击其他企业研发、生产巴曲酶注射液的动力,巩固托毕西在下游中国境内巴曲酶注射液市场的支配地位。

(4)审查决定

市场监管总局决定附加限制性条件批准此项集中,要求先声药业和集中后实体履行(包括但不限于)如下义务:

一是解除先声药业与DSM在中国境内独家、排他供应巴曲酶原料药的协议约定。

二是按照《经营者集中审查规定》规定的时限剥离先声药业在研巴曲酶注射液业务。向剥离买方承担巴曲酶原料药供应义务,并为剥离买方与DSM达成直接供应关系提供必要协助。

三是集中实施后下调临床常用规格的巴曲酶注射液终端价格不少于当前挂网价格的20%。

四是集中实施后保障临床常用规格的巴曲酶注射液用药需求。

五是若未按时解除协议约定、未按时完成剥离或者剥离买方未按时实施研发,集中实施后下调临床常用规格的巴曲酶注射液终端价格不少于当前挂网价格的50%。

限制性条件的监督执行除按公告办理外,先声药业于2023年8月25日向市场监管总局提交的附加限制性条件承诺方案对先声药业和集中后实体具有法律约束力。

行为性条件自生效日起6年后,先声药业和集中后实体可以向市场监管总局提出解除条件的申请。市场监管总局将依申请并根据市场竞争状况作出是否解除的决定。未经市场监管总局批准解除,先声药业和集中后实体应继续履行限制性条件。

(5)案件评析

本案为首个未达申报标准但当事人自愿提出申报的经营者集中附加限制性条件批准案件。本案未达申报标准的原因很可能是被收购方托毕西中国境内的营业额未达到4亿元。即使托毕西的营业额较低,但其在中国境内巴曲酶注射液市场的份额为100%,具有市场支配地位;同时,收购方先声药业的业务与托毕西存在纵向关系以及横向重叠。执法机构认为此项集中对中国境内巴曲酶注射液市场可能具有排除、限制竞争效果,最终对本案附加限制性条件。

因此,即使参与集中的经营者的营业额未达到申报标准,但如果集中涉及的相关市场集中度较高,参与集中的经营者的市场份额较高,或存在其他导致集中对相关市场可能具有排除、限制竞争效果的因素,则也可能会被执法机构审查甚至被附加限制性条件。

4. 附加限制性条件批准博通公司收购威睿公司股权案①

(1)案件基本情况

收购方博通主要从事有线和无线通信半导体产品的设计、生产和销售,以及提供特定类型的基础设施软件解决方案。被收购方威睿主要从事软件生产与技术服务,核心产品虚拟化软件主要用于数据中心和云计算环境。

2022年5月26日,博通与威睿签署协议,拟收购威睿全部股权。交易完成后,威睿将并入博通。

2022年9月6日,市场监管总局收到本案经营者集中反垄断申报。经审核,市场监管总局认为申报材料不完备,要求申报方予以补充。2023年4月25日,市场监管总局予以受理并开始初步审查。5月25日,市场监管总局决定实施进一步审查。8月22日,经申报方同意,市场监管总局决定延长进一步审查期限。9月25日,市场监管总局对本案作出中止计算审查期限的决定;后于11月17日恢复计算审查期限。

(2)相关市场

相关商品市场:博通、威睿在端点保护软件市场存在横向重叠。同时,博通的光纤通道适配器、存储适配器、网卡产品与威睿的虚拟化软件面临共同客户群,存在相邻关系。具体界定的相关商品市场包括:端点保护软件市场、非公有云虚拟化软件市场、光纤通道适配器市场、存储适配器市场和以太网网卡市场。

相关地域市场:上述商品的相关地域市场界定为全球,同时考察中国境内市场的情况。

---

① 本报告仅为摘要,全文请参见 https://www.samr.gov.cn/fldes/tzgg/ftj/art/2023/art_cae805a5e37d489ea929af8a4a369f6b.html。

(3)竞争分析

本项集中对全球和中国境内非公有云虚拟化软件市场、光纤通道适配器市场、存储适配器市场和以太网网卡市场具有或可能具有排除、限制竞争效果。原因如下:

第一,集中后实体在非公有云虚拟化软件、光纤通道适配器、存储适配器和以太网网卡市场具有排除、限制竞争的能力。

一是集中后实体在全球和中国境内非公有云虚拟化软件市场具有市场控制力。2021年,威睿在全球和中国境内非公有云虚拟化软件市场的份额分别为92%~97%和22%~27%(均排名第一),具有市场控制力。

二是集中后实体在全球和中国境内光纤通道适配器市场具有支配地位。2021年,博通在全球和中国境内光纤通道适配器市场的份额分别为60%~65%和70%~75%(均排名第一)。全球和中国境内光纤通道适配器市场HHI指数分别为5247、6254,相关市场高度集中,为双寡头市场结构,博通具有市场支配地位。

三是集中后实体在全球和中国境内存储适配器市场具有较强竞争力。2021年,博通在全球和中国境内存储适配器市场的份额分别为30%~35%和15%~20%(均排名第一),具有一定的市场力量。

四是集中后实体是全球和中国境内以太网网卡市场的主要竞争者。2021年博通在全球和中国境内以太网网卡市场的份额分别为10%~15%和5%~10%。全球和中国境内以太网网卡市场的HHI指数分别在3200和4300以上,市场高度集中,博通在全球和中国境内以太网网卡市场上均排名第三,具有一定竞争力。

五是威睿的非公有云虚拟化软件和博通的光纤通道适配器、存储适配器和以太网网卡均在服务器上使用,面临共同客户群,存在相邻关系。为确保与威睿软件的互操作性及获得威睿认证,硬件厂商可能向集中后实体提供竞争性敏感信息,集中后实体有能力利用该信息获得不正当竞争优势,从而进一步提升其自身产品的竞争力。

第二,集中后实体在非公有云虚拟化软件、光纤通道适配器、存储适配器和以太网网卡市场具有排除、限制竞争的动机。

一是集中后实体具有将威睿非公有云虚拟化软件与博通光纤通道适配器、存储适配器和以太网网卡(以下简称博通硬件)进行搭售的动机。二是集中后实体具有降低威睿非公有云虚拟化软件与博通竞争者硬件产品互操作性的动机。三是集中后实体具有不正当使用其他竞争者商业敏感信息的动机。

第三,集中后实体在非公有云虚拟化软件、光纤通道适配器、存储适配器和以太网网卡市场具有或者可能具有排除、限制竞争的效果。

一是集中后实体可能搭售虚拟化软件和光纤通道适配器、存储适配器和以太网网卡等硬件,损害下游客户利益和选择权。二是集中后实体可能拒绝或者延迟威睿虚拟化软件对于其他非博通硬件产品的认证或功能实现,降低威睿虚拟化软件与其他非博通硬件产品之间的互操作性以及博通的光纤通道适配器与非威睿虚拟化软件之间的互操作性。三是集中后实体可能通过本交易获得其他硬件厂商向威睿提供的商业敏感信息,使其拥有竞争优势,排除、限制其他竞争者并进而可能对行业内技术创新产生消极影响。

(4)审查决定

市场监管总局决定附加限制性条件批准此项集中,要求交易双方和集中后实体履行如下义务:

第一,向中国境内市场销售博通的光纤通道适配器、存储适配器、以太网网卡(以下简称相关硬件产品)和威睿的服务器虚拟化软件时,无正当理由,不得以任何方式进行搭售,或者附加任何其他不合理的交易条件;不得阻碍或限制客户单独购买或使用上述产品;不得在服务水平、价格或功能等方面歧视单独购买上述产品的客户。

第二,继续保证威睿的服务器虚拟化软件与在中国境内市场销售的第三方相关硬件产品的互操作性。

第三,博通的光纤通道适配器认证团队将维持原有做法,继续开发、认证和发布博通光纤通道适配器的驱动程序,以确保与第三方服务器虚拟化软件的互操作性。

第四,对第三方硬件制造商的保密信息采取保护措施,包括但不限于与第三方硬件制造商签订保密协议、明确信息使用范围、单独储存保密信息、确保相关人员分离、禁止交叉任职等。

第五,【保密信息】

第六,【保密信息】

限制性条件的监督执行除按本公告办理外,申报方于 2023 年 11 月 20 日向市场监管总局提交的附加限制性条件承诺方案对交易双方和集中后实体具有法律约束力。上述承诺自生效日起 10 年内有效,期限届满后自动解除。

(5)案件评析

本案中,市场监管总局公示的附加限制性条件中,有两项条件标示为“【保密信息】”而没有公布具体内容。而《经营者集中审查规定》第 75 条对市场监管总局的保密义务进行了规定:“市场监管总局以及其他单位和个人对于知悉的商业秘密、未披露信息、保密商务信息、个人隐私和个人信息承担保密义务,但根据法律法规规定应当披露的或者事先取得权利人同意的除外。”结合本案的处理方式,虽然附加限制性条件批准案件需要对外公告,但如涉及规定的保密信息,市场监管部门仍需履行相应保密义务。

5. 解除丸红公司收购高鸿公司 100% 股权经营者集中限制性条件①

(1)案件背景和审查程序

2013 年 4 月 22 日,商务部发布 2013 年第 22 号公告(以下简称《公告》),附加限制性条件批准丸红公司收购高鸿公司 100% 股权经营者集中,要求丸红公司与高鸿公司履行如下义务:一是经营者集中完成后,维持丸红公司和高鸿公司向中国出口和销售大豆业务的分离与独立,包括决定生效之日起 6 个月内设立两家独立的法人实体,组建两支独立的运营团队负责向中国出口和销售大豆;维持丸红大豆子公司与高鸿大豆子公司之间的分离和独立;丸红大豆子公司不得从高鸿美国资产采购大豆,除非交易依据公平市场条件进行;丸红大豆子公司和高鸿大豆子公司之间不得交换竞争性信息等内容。二是丸红公司应委托独立的监督受托人对履行义务的情况进行监督,以及每 6 个月就其遵守义务的情况向商务部和监督受托人报告。

2022 年 10 月,丸红公司基于其已出售高鸿公司全部的粮谷和配料业务(包括大豆业务),提出解除《公告》附加的限制性条件的申请。市场监管总局收到申请后与当事方、监督受托人等进行了多次沟通,要求当事方补充提交了相关证据材料,核实了当事方履行义务的情况。市场监管总局重点考察了《公告》的执行情况,核实了集中交易方是否发生重大变化,综合评估了解除限制性条件的理由和影响。

(2)公告执行情况

根据丸红公司履行义务情况的报告以及监督受托人的工作报告,在执行期间,丸红公司维持了丸红公司和高鸿公司向中国出口和销售大豆业务的分离与独立。经执法机构批准,当事方委托了独立的监督受托人,监督其履行义务情况。丸红公司定期提交书面报告,说明履行义务情况。经监督检查,市场监管总局未发现当事方向中国出口和销售大豆业务存在涉嫌违反独立性的情况,也未收到关于当事方

① 本报告仅为摘要,全文请参见 https://www.samr.gov.cn/fldes/tzgg/ftj/art/2023/art_489e3947def64fa6a49a495452eeabff.html。

违反《公告》的举报。市场监管总局评估认为,在执行期间,当事方履行了《公告》要求的各项义务。

(3)竞争分析

市场监管总局评估了集中交易方是否发生重大变化,以及解除限制性条件对市场竞争的影响。

在丸红公司收购高鸿公司100%股权交易完成后,高鸿农业投资有限公司持有高鸿公司全部的粮谷和配料业务(包括大豆业务)。2022年1月26日,蔚特公司与丸红公司签订协议,收购高鸿农业投资有限公司的全部股份,交易完成后蔚特公司单独控制高鸿农业投资有限公司。该交易已于2022年10月3日完成交割。交易前,丸红公司单独控制高鸿公司大豆业务;交易完成后,蔚特公司单独控制高鸿公司大豆业务。经核查,蔚特公司与丸红公司无关联关系。本案集中交易方已经发生重大变化,继续实施《公告》附加的限制性条件已无必要,解除限制性条件不会产生排除、限制相关市场竞争的效果。

(4)审查决定

根据《反垄断法》第33条和《经营者集中审查规定》第54条、第55条,经评估,集中交易方已发生重大变化,市场监管总局决定解除《公告》附加的限制性条件。

(5)案件评析

本案中,在限制性条件的实施期间,目标公司和目标业务的控制权发生变化,且新旧控制方之间不存在关联关系,实质上相当于集中的收购方由丸红公司变为蔚特公司,因此得以适用"集中交易方已发生重大变化"的情形,被准予解除限制性条件。

三、最新立法评述和对未来执法的展望

(一)《经营者集中反垄断合规指引》发布

2023年9月11日,市场监管总局正式对外发布《经营者集中反垄断合规指引》。

该指引的制定目的是引导经营者落实经营者集中反垄断合规主体责任,提高经营者集中反垄断合规意识和管理水平,促进社会主义市场经济健康发展。该指引对经营者集中审查主要规定、经营者集中领域重点合规风险、经营者集中领域合规风险管理各项制度机制进行了具体规定。该指引明确鼓励具有经营者集中需求的经营者建立经营者集中反垄断合规管理制度,市场监管部门指导经营者做好相

关合规、申报等工作,同时明确规定了合规激励制度,市场监管总局在查处违法实施集中行为时可以考虑经营者集中反垄断合规管理制度建设及实施情况。

该指引的发布体现出经营者集中领域的反垄断执法更加注重事前合规和常态化监管。鼓励经营者建立经营者集中反垄断合规管理制度,有助于经营者尽早识别、评估和管控相关法律风险,避免具有或者可能具有排除、限制竞争效果的经营者集中,防范因违法实施集中承担法律责任,从源头上减少经营者集中领域违法行为的发生,有助于提高监管效能。

此外,在市场监管总局发布的《关于〈经营者集中反垄断合规指引〉的解读》中,市场监管总局对下一步的监管执法任务和目标进行明确:

一是做好经营者集中合规宣传培训,会同省级市场监管部门、商协会、律师事务所等多方积极开展合规宣传和培训,在全社会营造竞争合规的良好氛围。

二是研究经营者集中合规评价体系,指导省级市场监管部门定期了解企业管理情况,及时给予企业必要支持,遴选推广典型案例,激励企业合法经营。

三是完善经营者集中风险预警机制,指导省级市场监管部门依托企业登记注册系统建立健全经营者集中申报风险提示机制,靠前一步服务企业依法申报。

四是落实常态化沟通机制,不定期与企业、律师事务所召开座谈会,听取优化改进经营者集中审查的意见建议,了解企业需求,为企业投资并购提供高质量经营者集中监管指导。

(二)《国务院关于经营者集中申报标准的规定》修订

2024年1月,修订后的《国务院关于经营者集中申报标准的规定》正式对外发布。

新标准主要作出如下修订:一是将参与集中的所有经营者上一会计年度的全球合计营业额标准,由现行超过100亿元人民币提高至超过120亿元人民币;二是将参与集中的所有经营者上一会计年度的中国境内合计营业额标准,由现行超过20亿元人民币提高至超过40亿元人民币;三是将参与集中的所有经营者中至少两个经营者上一会计年度在中国境内的营业额标准,由现行均超过4亿元人民币提高至均超过8亿元人民币。

新标准将经营者集中申报的门槛进行了一定幅度的提高,有助于降低经营者集中的制度性交易成本,稳定市场预期,激发经营主体活力,促进投资并购。新标准体现出经营者集中领域的反垄断执法更加注重增强监管执法效能,提高审查效率,聚焦重点问题实施精准监管,将执法重点更多地聚焦于具有或者可能具有排除、限制竞争效果的经营者集中。

此外,市场监管总局也已明确经营者集中简易案件“双二十”的内部工作要求,即从企业申报到正式受理原则上不能超过 20 天,从正式受理到审结原则上不能超过 20 天,超过的话系统将予以提醒,经办人员也要解释说明,从而为企业提供更加清晰、稳定的监管预期。这也是经营者集中领域的反垄断执法更加注重提高审查效率、增强执法效能的体现。

(三)《市场监管总局办公厅关于完善经营者集中反垄断合规风险提示机制的通知》发布

2024 年 1 月 31 日,《市场监管总局办公厅关于完善经营者集中反垄断合规风险提示机制的通知》发布并施行。

该通知规定,在现有经营者集中风险提示机制的基础上,进一步拓展提示覆盖范围,通过国家企业信用信息公示系统填报年度报告等环节及企业开办、政务服务等应用移动终端,对达到经营者集中申报标准的经营主体,以弹窗等形式提示经营者集中申报义务及未依法申报可能产生的法律责任。探索利用国家企业信用信息公示系统企业年度报告营业额数据,针对性开展风险提示。

此外,部分地方市场监管部门也针对经营者集中反垄断合规风险提示机制印发规定,例如重庆市市场监管局于 2024 年 4 月发布《经营者集中提醒敦促函》,对于经营者未依法申报、违反审查决定等违法实施经营者集中风险的,提醒敦促经营者做好相关风险的预防和整改。

上述规定作为经营者集中领域法规政策的配套机制,有助于将监管关口前移,从源头预防经营者集中领域的违法行为,体现出经营者集中领域的反垄断执法更加注重事前监管,同时注重经营者集中规定的宣贯实施,服务经营主体合规发展,而不局限于事后的追责处罚。

研究中心动态

上海交通大学竞争法律与政策研究中心近期动态(第 10 期)

1. 2023 年 6 月 20 日上午,上海交通大学凯原法学院与邦信阳律师事务所关于合作开展“邦信阳·凯原竞争法会客厅”学术交流活动的合作签约仪式正式举行。“会客厅”第一期活动邀请了中国社会科学院法学研究所二级研究员、深圳大学特聘教授王晓晔教授,带来题为“我国数字经济反垄断与监管需要‘二元分治’吗?”的学术讲座。本期讲座由李剑教授主持。

2. 2023 年 7 月,上海交通大学特聘教授王先林所著的教材《竞争法学》(第四版)由中国人民大学出版社出版发行,书号是 978 - 7 - 300 - 31915 - 5。本书是中国人民大学出版社组织编写的“21 世纪中国高校法学系列教材”中的一种,并获得了上海交通大学教材建设的立项。本书第一版于 2009 年出版,在 2011 年获得上海普通高校优秀教材奖。由于国内外反不正当竞争法和反垄断法的实践已经发生了重大的变化,本书于 2015 年和 2018 年分别修订出版了第二版和第三版。

3. 2023 年 8 月 10 日至 11 日,香港竞争事务委员会与香港大学经济管理学院共同在香港主办第二届“竞争法执法官员与学术界高峰会”,邀请亚太地区的竞争执法机构官员与学界代表讨论双方的互动合作成果及有益经验。来自亚太地区多个国家和地区的竞争执法官员和学者出席了本次论坛。上海交通大学竞争法律与政策研究中心主任王先林教授作为内地竞争法学者的代表应邀出席了本次会议,并在 8 月 10 日下午发表了题为“反垄断视阈下 ESG 实践的问题与因应”的演讲。

4. 2023 年 9 月 15 日,中国公平竞争宣传周·公平竞争专家研讨会在上海举行。会议由市场监管总局竞争政策与大数据中心主办、上海交通大学承办,主题为“以习近平新时代中国特色社会主义思想为引领 用高质量竞争监管推动我国经济高质量发展”。国务院反垄断委员会专家咨询组组长郎胜、上海交通大学党委副书记周承到会致辞,市场监管总局反垄断总监许新建发表主旨演讲。我国反垄断、反不正当竞争领域的专家学者,总局有关司局负责同志,上海、浙江、安徽、广东等省市市场监管部门代表,上海交通大学师生代表等40余人参加会议。

5.2023年9月16日下午,上海交通大学竞争法律与政策研究中心系列学术讲座第71讲在徐汇校区凯原法学院203会议室成功举办。本次讲座以《香港竞争法律制度及其实施》为题,由香港竞争事务委员会行政总裁毕仲明(Rasul BUTT)先生主讲,竞争法律与政策研究中心主任王先林教授主持,经济法学科诸多同学参加了此次讲座。

6.2023年9月22日,中共浙江省委党校(浙江行政学院)举办秋季学期第三期红色学府大讲堂,邀请国务院反垄断委员会专家咨询组成员、上海交通大学特聘教授、上海市法学会竞争法研究会会长王先林教授作"强化公平竞争政策实施,打造一流营商环境升级版"专题讲座。

7.2023年10月28日至29日,第七届中国知竞论坛暨湖北省法学会竞争法学研究会2023年年会在武汉召开。本次会议由中国法学会经济法学研究会竞争法专业委员会和湖北省法学会竞争法学研究会共同主办,武汉大学知识产权与竞争法研究所、武汉大学法学院承办,来自理论界和实务界的专家学者和产业界相关代表通过线上线下相结合的方式,就竞争法与知识产权法相关领域的前沿和热点问题展开了多场学术研讨与交流。中心研究助理、博士生喻张鹏和朱维蕊分别获得本届中国知竞论坛的二等奖和三等奖。

8.2023年10月,第八批国家"万人计划"教学名师入选人员名单确定,上海交通大学特聘教授、凯原法学院博士生导师、竞争法律与政策研究中心主任王先林名列其中。

9.2023年11月4日至5日,中国法学会经济法学研究会2023年年会暨第三十一届全国经济法理论研讨会在天津召开。本次会议以"因应数字时代经济法发展挑战"为主题,由中国法学会经济法学研究会主办,南开大学法学院承办。来自全国各地的专家、学者就经济法相关问题展开了多场学术研讨与交流。上海交通大学竞争法律与政策研究中心研究助理、博士生曹汇获得本次年会青年优秀论文三等奖。

10.2023年11月18日,由北京师范大学法学院主办的"第五届京师法学博士论坛"在北京海淀花园饭店成功举行。论坛以"国家治理与新时代法学理论创新发展"为主题,下设7个单元、2个圆桌会议。来自理论界和实务界的专家、学者、博士研究生齐聚京师。上海交通大学竞争法律与政策研究中心研究助理、博士生朱维蕊应邀参会进行主题汇报,其提交的论文获论坛三等奖。

11. 2023年12月23日,由广东省法学会反垄断与反不正当竞争法学研究会主办的“第四届粤港澳大湾区竞争政策论坛暨广东省法学会反垄断与反不正当竞争法学研究会2023年年会”在广州举行。来自理论界和实务界的专家、学者、嘉宾参加会议,共同研讨反垄断法、反不正当竞争法、粤港澳大湾区竞争政策发展等领域的前沿与热点问题。上海交通大学竞争法律与政策研究中心研究助理、博士生朱维蕊提交的论文《功能主义视角下滥用相对优势地位的理论检视与规范构造》获会议优秀青年论文三等奖。

12. 2023年12月底,香港竞争事务委员会(HKCC)致函上海交通大学特聘教授、竞争法律与政策研究中心主任王先林,通知其从2024年2月起再次被续聘为国际竞争网络(ICN)的非政府顾问(Non - Governmental Adviser, NGA),聘期仍为2年。这是王先林教授开始的第三个聘期。

13. 2023年12月30日,上海市法学会竞争法研究会2023年年会暨竞争治理前沿问题研讨会在上海交通大学徐汇校区202会议室顺利举行。本次会议由上海市法学会竞争法研究会主办、上海交通大学凯原法学院承办,20多位从事竞争法理论研究和相关实务工作的理事、会员,就“竞争政策前沿问题”、“反垄断法前沿问题”、“反不正当竞争法前沿问题”和“公平竞争审查制度前沿问题”四个单元进行了精彩发言与热烈讨论。

14. 2024年3月22日上午,德国阿登纳基金会上海代表处庄呈展经理一行三人到访上海交通大学竞争法律与政策研究中心,双方就相关合作议题进行了讨论并深入交换了意见。会谈由上海交通大学竞争法律与政策研究中心主任王先林教授主持。参加会谈的有上海交通大学凯原法学院院长彭诚信教授,凯原法学院副院长、竞争法律与政策研究中心执行主任李剑教授,经济法教研部主任、竞争法律与政策研究中心副主任侯利阳教授以及德国阿登纳基金会上海代表处项目助理徐莉丽女士和陈雨悦女士。

15. 2024年3月,上海交通大学2023年优秀博士学位论文及提名论文名单评选结果正式揭晓,本次全校共评选出15篇优博论文和26篇优博提名论文。上海交通大学竞争法律与政策研究中心研究助理、凯原法学院博士生詹馥静(指导教师:王先林)的博士学位论文《滥用著作权的反垄断法规制研究》获“上海交通大学2023年优秀博士学位论文提名论文”,这是该奖项设立以来凯原法学院博士第二次获得校优博提名,也是此次人文社科类唯一1篇入选论文。

16.2024年3月29日,“李浩培法学讲座”第四讲在浙江大学之江校区5号楼206室顺利举行。上海交通大学特聘教授、竞争法律与政策研究中心主任、《交大法学》主编王先林应邀分享题为“知识产权领域的反垄断问题”的学术讲座。本次讲座由浙江大学光华法学院李永明教授主持,霍海红副院长、张占江教授、魏立舟助理教授和吴佩乘研究员出席。另有来自上海交通大学、上海财经大学、华东政法大学、杭州师范大学、杭州电子科技大学、浙江中医药大学等多名校外师生参与本次讲座。

17.2024年4月3日上午,比利时那慕尔大学法学院Alexandre de streel教授以“欧盟的数字规制:欧洲的傲慢抑或互联网的文艺复兴?”为主题,为上海交通大学凯原法学院带来了一场学术盛宴。讲座由上海交通大学凯原法学院王先林教授主持,侯利阳教授作总结发言。

18.2024年5月15日,国务院反垄断反不正当竞争委员会专家咨询组全体会议在京举行。市场监管总局党组书记、局长,委员会副主任罗文出席会议并讲话,市场监管总局党组成员、副局长孟扬主持会议。会上,上海交通大学特聘教授、竞争法律与政策研究中心主任王先林受聘担任该专家咨询组成员。这是王先林教授在连续担任国务院反垄断委员会专家咨询组成员后,再次担任这一新的委员会专家咨询组成员。

19.2024年5月16日下午,上海交通大学凯原法学院与邦信阳律师事务所合作开展的“凯原·邦信阳竞争法会客厅”第二期讲座在上海交通大学凯原法学院举行。本次讲座邀请了对外经济贸易大学竞争法中心主任、涉外法治研究院常务副院长、法学院经济法系主任、博士生导师黄勇教授,作题为“竞争政策与反垄断执法前沿问题思考”的学术演讲。上海交通大学凯原法学院特聘教授王先林、上海市市场监督管理局反垄断办副主任张宏、反垄断办一级主任科员倪国宸、上海市人民检察院第八检察部检察官马方飞、邦信阳律师事务所主任杜爱武、凯原法学院教授侯利阳等专家、学者与会并作交流发言。讲座由上海交通大学凯原法学院副院长李剑教授主持。

20.2024年5月,上海交通大学凯原法学院王先林教授主持的2021年度国家社科基金重点课题“强化反垄断促进平台经济健康发展研究”(项目批准号为:21AZD017),通过了结题鉴定并被评定为优秀等级。最终成果为同名的研究报告和相关的系列论文。这是王先林教授继2019年获得国家社科基金重点项目优秀结项等级后,再次以优秀等级结项。

21.2024年7月,经专家通讯评审和会议评审,奖励委员会审议通过,并经过网上公示等程序,教育部第九届高等学校科学研究优秀成果奖(人文社会科学)颁发。上海交通大学凯原法学院王先林教授的成果《知识产权与反垄断法——知识产权领域的反垄断问题研究》(第三版)荣获一等奖。高等学校科学研究优秀成果奖(人文社会科学)是国内人文社科领域最具公信力和影响力的奖项,代表了中国人文社会科学成果的最高水平。该奖项自1995年设立,每三至四年评选一次。